AF329506

COLLECTION DES OUVRAGES
DE LA
Chambre Syndicale d'Organisation Commerciale

La Technique
du
Travail de Bureau

PAR

UN GROUPE DE TECHNICIENS

SOUS LA DIRECTION DE

GASTON RAVISSE

LIBRAIRIE FRANÇAISE DE
DOCUMENTATION COMMERCIALE & INDUSTRIELLE
ED. LANGLOIS & Cie, Editeurs
186, Faub. St-Martin, PARIS-Xe
1928

LA TECHNIQUE DU TRAVAIL DE BUREAU

LA TECHNIQUE DU TRAVAIL DE BUREAU

◆

Compte rendu des Cours et Conférences
donnés pendant la Semaine d'organisation
commerciale de 1927

◆

SOUS LA DIRECTION
DE *GASTON RAVISSE*

◆

Avec le patronage
de M. le Ministre de l'Instruction Publique
(Direction de l'Enseignement Technique)
et sous le contrôle
de la Chambre Syndicale de l'Organisation Commerciale
et des Industries et Professions qui s'y rattachent

Librairie Française de Documentation Commerciale et Industrielle
EDMOND LANGLOIS ET Cⁱᵉ, ÉDITEURS
186, Faubourg Saint-Martin
PARIS (10ᵉ)

AVANT-PROPOS

Le livre que nous présentons aujourd'hui aux lecteurs sous le titre de Technique du Travail de Bureau renferme la matière des cours et conférences professés à la Semaine d'organisation commerciale de 1927.

Il convient de rappeler l'origine de ces semaines d'organisation qui, depuis quelques années, ont lieu chaque automne à Paris. C'est à la Chambre syndicale d'organisation commerciale de France qu'en est due l'initiative et qu'en revient l'honneur. Cette Chambre syndicale, qui est, comme on sait, avant tout un groupement de propagande, organise depuis 1910 dans toute la France, et en particulier chaque année à Paris, des Expositions destinées à « faire mieux connaître et apprécier les méthodes et l'outillage du bureau moderne et les services qu'ils sont susceptibles de rendre en vue de la simplification du travail et de la réduction de cette portion des frais généraux de jour en jour plus considérable qui s'appelle : les frais de bureau. »

Mais l'organisation, comme l'a très justement fait remarquer d'Estournelles de Constans ne consiste pas seulement en un outillage, c'est aussi une science. A côté de l'Exposition d'outillage, il était donc nécessaire d'instaurer des séries de cours et de conférences pour y enseigner les méthodes d'organisation, y démontrer les meilleurs procédés d'exécution du travail. C'est ce qu'a parfaitement réalisé la Chambre syndicale d'organisation commerciale.

Cet enseignement de l'organisation scientifique, elle a été la première à le donner en France. Elle l'a fait depuis vingt ans avec un *égal succès dont témoignent l'empressement que mettent les auditeurs à venir suivre ses « Semaines » et la bienveillance que lui manifeste la Direction de l'Enseignement Technique du Ministère de l'Instruction publique, qui ne lui ménage ni son concours ni son patronage, fait suivre ses cours par ses professeurs, et se propose d'inscrire au programme de ses Ecoles techniques les matières même qu'elle enseigne.*

** **

La Semaine d'organisation commerciale de 1927 avait pour objet, comme l'indique le titre de ce livre, l'étude de la meilleure technique à suivre dans l'exécution au travail de bureau.

Il n'est peut-être pas, dans l'état actuel de nos connaissances, de technique dont on se soit aussi peu occupé, qu'on ait même plus dédaignée, que celle qui a pour mission de rechercher et d'enseigner les procédés les meilleurs pour accomplir dans les conditions à la fois les plus économiques et les plus exactes ces travaux multiples et complexes qui s'exécutent dans nos bureaux et y occupent de si nombreux employés. Il faut reconnaître, d'ailleurs, que cette technique est particulièrement délicate, qu'elle n'a pris d'importance que relativement récemment ; et que, par suite, il n'y a rien d'étonnant qu'elle ait été négligée jusqu'ici. Mais aujourd'hui, avec l'accroissement considérable des affaires, et la nécessité de les traiter rapidement, l'obligation d'organiser scientifiquement le travail de bureau se fait sentir de façon d'autant plus urgente que cette organisation dans la plupart des cas est entièrement à faire, et que peu nombreux sont encore ceux qui sont capables de l'entreprendre.

** **

On a dit maintes fois, et le répéter peut paraître un lieu commun, que le « bureau » est le « cerveau » des entreprises. Cependant, il y a dans cette comparaison une telle part de vérité, en même temps, qu'une analogie si frappante, qu'on ne les doit pas négliger. Car, de même que le corps humain serait incapable d'agir utilement, de se mouvoir, de vivre, en un mot, sans recevoir à chaque instant l'impulsion directive des centres cérébraux : il est impossible de s'imaginer un organisme social, une entreprise, capable d'accomplir normalement ses fonctions et de réaliser son but, qui n'aurait pas à sa tête une direction. Conçoit-on un croiseur lancé à toute vitesse sur l'océan, sans en même temps apercevoir, par la pensée, dans sa cabine, et entouré de son état-major, le commandant du croiseur, imposant à tous sa direction, et ordonnant de façon précise la bonne marche du navire ?

Or, le bon équilibre du corps humain dépend du bon état de son cerveau. Si celui-ci est sain, en bon état de santé : alors tout l'organisme fonctionne harmonieusement, vit sainement et utilement. Si, au contraire, il est malade, ou même seulement, comme on dit quelquefois « détraqué, mal organisé », alors on peut avoir toutes les craintes, non seulement pour la santé même du corps qu'il anime, mais encore pour les autres organismes avec lesquels il est en contact, et que le désordre de ses actes, conséquence des troubles de son cerveau, peut leur procurer.

La nécessité d'un « cerveau » bien organisé apparaît donc comme une exigence des lois naturelles. C'est à l'étude du bon fonctionnement de cet élément essentiel de tout corps vraiment organisé qu'est consacré le présent volume.

*
* *

Cet ouvrage est divisé en trois parties :

La première comprend l'énumération précise et complète de tous les éléments d'outillage nécessaires pour assurer l'exécution rationnelle et la bonne organisation du travail de bureau.

Dans la deuxième partie, sont donnés des exemples d'application des méthodes d'organisation scientifique du travail dans quelques services administratifs de l'entreprise.

La troisième partie, enfin, est consacrée à l'étude des méthodes modernes de vente, à la formation et au contrôle des agents de vente.

La Technique du Travail de bureau forme donc un ensemble satisfaisant qu'on a souhaité aussi homogène et complet que possible. Peut-être, cependant, trouvera-t-on encore quelques détails qui pourront paraître laisser à désirer. Mais on voudra bien se rappeler que cet ouvrage est le résultat d'un travail collectif ; que chacun des chapitres qui le composent représente la matière d'un cours ou d'une conférence qu'il a fallu remanier pour la mieux adapter au cadre plus rigide du livre. D'ailleurs, ce manque de cohésion, si tant est qu'il puisse être constaté, ne manquera pas de disparaître avec les éditions suivantes : dès que chaque auteur, ayant pu juger de l'ensemble de l'œuvre, remaniera son travail propre, pour le mettre mieux en harmonie avec celui-ci.

Mais l'important était de réunir les premiers matériaux et de construire l'édifice. Les améliorations viendront par la suite. C'est chose faite à présent ; et tous ceux qui y ont coopéré doivent en ressentir une certaine fierté. Car c'est la première fois qu'un ouvrage de cette importance est lancé en librairie.

Nous espérons qu'il recevra du grand public l'accueil sympathique dont il est digne.

G. R.

L'outillage et le matériel nécessaires
pour l'organisation rationnelle
et la simplification
du Travail de Bureau

CHAPITRE PREMIER

* * *

LA TECHNIQUE DU COURRIER

*Méthodes et outillage pour l'exécution parfaite et rapide
de la correspondance commerciale*

Par Albert NAVARRE

* * *

LE COURRIER DANS LES ENTREPRISES MODERNES

L'importance du courrier dans une organisation quelconque ne saurait se discuter, car dans beaucoup de maisons le service du courrier est à la base même de toute l'affaire. Pour cette raison, il nous paraît utile d'étudier dans ses détails le fonctionnement de ce service auquel la Semaine d'Organisation commerciale de 1927 a consacré la première de ses journées.

Quelque intéressante que puisse être au point de vue rétrospectif l'histoire de la correspondance à travers les âges, nous nous bornerons à rappeler seulement ici les origines récentes de la machine à écrire qui a transformé les habitudes commerciales, pour rester dans les applications actuelles des machines de bureau.

Sous le vocable général de machines de bureau, nous comprenons tous les appareils simples ou compliqués, minuscules ou volumineux, de prix modiques ou de prix élevé, qui concourent à la parfaite organisation des services administratifs et notamment à celle des services de la correspondance et de la comptabilité.

Dans le premier chapitre, consacré plus spécialement au service du courrier, nous ne parlerons que des machines, assez nombreuses d'ailleurs, qui sont utilisées dans les bureaux bien organisées.

Nous traiterons successivement :

Des machines à écrire,
De la duplication au carbone,
Des duplicateurs,
De la sténographie, des machines à sténographier,
Des machines à dicter,
Des machines à adresser,
Des machines à copier,

Des machines accessoires diverses (à ouvrir le courrier, à timbrer,
à affranchir, à plier, à mettre sous enveloppe, etc.).
Du mobilier du bureau propre au service du courrier,
Du personnel du service du courrier,
Des dispositions administratives, postales, etc., qui régissent la
correspondance.

Cette étude étant très objective, nous nous sommes efforcés,
lorsque plusieurs machines peuvent effectuer le même travail de
ne point préconiser telle marque de préférence à telle autre. Cette
conception est également appliquée dans les autres chapitres qui
composent cet ouvrage.

La machine à écrire. Son invention. Ses progrès

La correspondance joue un rôle primordial dans les affaires de
tout ordre. Il est donc d'un haut intérêt de voir, au stade actuel,
comment se fait la correspondance que des inventions ou des perfectionnements modernes ont considérablement développée.

Une découverte a contribué plus que tout autre à accroître
l'importance du courrier, c'est l'invention de la machine à écrire.

Nous jouissons pleinement aujourd'hui de ses bienfaits et nous
pourrions sans autre préambule dire ses applications, mais auparavant nous voulons brièvement rappeler les efforts des inventeurs
et des pionniers de cette industrie auxquels nous devons les appareils perfectionnés que nous utilisons maintenant.

On célébrait naguère le 50e anniversaire de l'invention pratique
de la machine à écrire, c'est dire qu'il s'agit d'une œuvre récente
et d'un développement très rapide qui est bien caractéristique du
siècle présent.

La première machine à écrire construite industriellement l'a été
par les usines Remington qui ont vendu leur premier modèle en
1873. Les deux premiers « dactylographes » sont un sténographe
américain Ch. Weller et la fille de l'inventeur, l'aînée de 11 enfants.
Il faut rendre hommage en passant aux chercheurs qui avaient
travaillé à la solution de l'écriture mécanique. Plusieurs pays
revendiquent l'honneur d'avoir donné le jour à des hommes qui
ont inventé la première machine à écrire. La France, dans cette
liste, occupe, nous pouvons le dire, les premiers rangs.

Nous pourrions citer une dizaine de nos compatriotes qui ont
imaginé, plusieurs théoriquement, il est vrai, des machines à écrire.

En préparant l'Exposition du cinquantenaire de l'invention de
la machine à écrire et le tri-centenaire de l'invention de la machine
à calculer par Pascal, l'auteur de ce rapport a eu l'heureuse for-
tune de découvrir, avant sa destruction totale, une machine à
écrire inventée et construite en 1859 par un artisan parisien
Charles Guillemot.

Cette machine, à laquelle il manque quelques pièces qui en assu-
raient le fonctionnement intégral, écrivait parfaitement ainsi
qu'en témoignent les quelques phrases écrites sur les feuilles qui
ont été trouvées, chez les descendants de l'inventeur.

La machine à écrire fut en réalité une invention de la seconde moitié du xixe siècle, mais elle n'a été pratiquement employée en France qu'après 1885 ; toutefois les premiers brevets pris pour des appareils à écrire remontent à une époque déjà ancienne. On cite le brevet de l'ingénieur anglais Henry Mill, daté du 7 janvier 1714, et un brevet anonyme pris en France en 1784. On a retrouvé vers la même époque des traces d'un brevet italien. Ces machines, même celle de William Burt (1829), n'ont jamais été construites industriellement.

D'après les documents de nos bibliothèques, c'est le Marseillais Xavier Progin qui, en 1833, aurait imaginé un appareil capable d'écrire.

Les essais intéressants, mais peu pratiques comme résultats furent faits dans la première moitié du xixe siècle, notamment par A. Bain et T. Wright (1841), Ch. Thurber (1843), Fairbank (1848), tous sujets américains.

De 1850 à 1865, commencent à apparaître des machines encore rudimentaires sans doute, mais permettant d'écrire couramment. Ce sont les essais et les inventions faits pendant cette période qui contribuèrent à hâter l'avènement de la machine à écrire moderne.

Citons, pour mémoire, la machine à écrire pour aveugles de Foucault et celle de John (1852), la première à manipulateur, celle de A. Beach, à levier (1856), qui fit merveille à l'Exposition universelle de Londres (1857), la machine de Francis (1857) qui ressemblait à un petit piano ; G. House, de Buffalo, construisit une machine en 1863 qui rappelle la Remington primitive ; l'année suivante, Thomas Hall, de New-York, construisit une machine qui figura à l'Exposition de Paris en 1867. Des journaux techniques appelèrent l'attention sur ces appareils.

En résumé, la machine à écrire pas plus que beaucoup d'autres inventions, n'est pas sortie du cerveau d'un seul homme.

Les dates des principales inventions

Voici les dates de quelques-unes des principales inventions se rapportant aux dactylotypes qui ont précédé la fabrication de la machine définitive.

La disposition des *types sur leviers* séparés disposés en cercle a été imaginée, en 1833, par Xavier Progin, de Marseille.

Le *rouleau porte-papier* a été inventé en 1843 par Charles Thurber, de Worcester (E.-U.).

L'impression au moyen d'un *papier chimique* a été appliquée par Littledale, en 1844.

Le *clavier* composé de touches rondes a été inventé, en 1850, par Eddy.

Le *mouvement automatique* de l'encreur (alors une bande de papier chimique), a été inventé en 1856, par Beach.

C'est le Dr S. W. Francis qui inventa, en 1857, le *ruban encreur*.

Le *clavier combiné* est dû au grand physicien anglais Wheatstone.

John Pratt est l'inventeur du *barillet* (1867).

La *première machine* dont on s'est servi pratiquement pour écrire est due à l'Américain Latham Sholes.

Ce sont les inventeurs Spiro, Williams, Hammond qui ont construit les premières machines à écriture visible.

C'est en 1867 que Latham Sholes et Soulé, imprimeurs à Milvaukee (États-Unis), aidés de Gildden, inventèrent la machine construite par la Manufacture d'armes bien connue d'Illion, qui acheta les brevets aux inventeurs et apporta par la suite d'importants perfectionnements aux premiers modèles. C'est en 1872 que Sholes, aidé de Yost et Densmore, capitalistes qui s'étaient intéressés aux premiers essais, proposèrent cette invention à la Manufacture Remington qui fabriqua et vendit les premières machines en 1873.

De 1875 à ce jour, c'est par dizaines que furent pris les brevets relatifs au perfectionnement ou à l'invention de nouvelles machines.

Dans toutes ces machines, l'écriture n'était pas directement visible pour l'opérateur. A partir de 1908, les manufactures n'ont plus construit que des modèles à écriture visible. C'est pendant cette période de près de trente ans qu'un grand nombre d'inventeurs ont apporté aux dactylotypes d'intéressants perfectionnements qui nous ont conduits aux appareils de précision actuels.

Cette industrie s'est remarquablement développée en un quart de siècle. L'Amérique, qui fut le véritable berceau de ces machines a conservé la suprématie bien qu'au cours de ce siècle des manufactures aient été créées dans quelques pays, pour construire des marques nouvelles de machines à écrire, en France notamment, où existe maintenant une importante industrie mécanographique.

Les principaux progrès réalisés depuis l'origine sont : la visibilité de l'écriture que tous les modèles possèdent maintenant, la facilité d'insérer le papier, la possibilité d'employer un assez grand nombre de feuilles, un maniement très simple de toute la machine, le rappel en arrière par l'intermédiaire d'une touche placée sur le clavier, le ruban automatique, le démontage des parties principales, l'adjonction possible de grands chariots, la douceur du mouvement et récemment la frappe électrique. Ce sont autant de perfectionnements qui rendent l'emploi de la machine à écrire tout à fait pratique et facile.

Les claviers et les principales caractéristiques des machines à écrire

Les machines à écrire actuelles, il faut le constater, sont parvenues à un degré de précision qui ne paraît laisser place qu'à quelques améliorations de détail pour certains modèles. Nous ne conseillerons donc pas plus pour les machines à écrire que pour les autres appareils de bureau, — car tel n'est pas ici notre rôle — d'adopter un modèle de préférence à un autre, laissant à chacun le soin de choisir telle marque, tel type qui lui paraîtra répondre le mieux à son goût, à ses besoins, et aussi à ses ressources car le prix constitue parfois une grande différence entre ces divers appareils et établit déjà une classification.

Toutes les machines à écrire dans leur ensemble peuvent faire le même travail. Toutefois, même pour les dactylotypes, une classification peut être faite.

Presque toutes les marques permettent l'utilisation de chariots de longueur différentes qui varient suivant les types de 28 centimètres à un mètre. Il existe cependant encore quelques marques qui n'offrent pas ces possibilités.

Deux marques seulement sont établies pour pouvoir écrire dans diverses langues et avec des signes mathématiques et spéciaux.

Un type invoque comme qualité principale le silence presque complet ; presque tous les modèles, on le sait, font un bruit spécial bien connu.

Pour l'usage restreint ou pour la correspondance des particuliers, on construit des machines de format et de poids réduit, dites « machines portables ». Le poids de celles-ci varie de 3 à 5 kilos, c'est-à-dire environ le tiers des machines dites de bureau.

Jusqu'à ces derniers temps les machines pouvaient être classées suivant la forme et l'étendue de leur clavier. Actuellement, le *clavier complet* (celui dont chaque touche correspondait à un caractère) achève de disparaître. Il ne reste plus que deux sortes de claviers : le *clavier standard*, ou le clavier simple (celui dans lequel chaque touche correspond à deux caractères) et le *clavier restreint* (trois caractères correspondant à chaque touche).

Ce dernier clavier à son tour, bien qu'il permette d'utiliser sur chaque machine le plus grand nombre de caractères, semble perdre de sa vogue au profit du clavier standard qui comporte quatre rangées de caractères, soit 42 ou 45 touches, les claviers des machines de fabrication américaine sont à 42 touches, les autres ont tendance à adopter 45 touches.

On appelle « clavier universel » la disposition des lettres et signes sur les touches des claviers. Cette disposition, à de petits changements près, n'a pas varié depuis celle adoptée, un peu au hasard d'ailleurs, par l'inventeur de la première machine à écrire construite commercialement.

Les tentatives faites en France, en Belgique et pour les langues latines tendant à obtenir un clavier plus rationnel n'ont pas, pour des raisons d'ordre matériel, obtenu gain de cause bien qu'elles représentent nettement un progrès.

C'est à ce motif qu'est due, pour une large part, la difficulté qu'éprouvent pratiquement les dactylographes français à se servir de la méthode des dix doigts qui réussit si bien aux Américains.

Il faut enfin signaler la récente apparition de la machine à écrire électrique dont plusieurs modèles ont figuré à l'Exposition d'Organisation commerciale.

Les deux principaux avantages qu'invoquent les constructeurs des machines électriques sont : une rapidité accrue, une frappe plus régulière et surtout une fatigue bien diminuée pour les opératrices qui n'ont sur les machines qu'à effleurer légèrement les touches pour que l'impression se produise.

Nous ne parlons pas des machines à écrire dites comptables, cette question devant être traitée dans une autre partie de cet ouvrage.

La réception et la répartition du courrier

Envisageons maintenant l'emploi de ces machines dont nous venons très sommairement d'évoquer l'origine récente et les progrès mécaniques.

Faut-il dire que le courrier écrit à la main n'existe que lorsqu'il prend une forme très personnelle et que dans tous les autres cas il est fait usage de la machine à écrire, qu'il s'agisse d'une petite maison ou d'une administration très importante. L'organisation du service du courrier, on le conçoit sans peine, diffère notablement suivant l'importance de l'entreprise. Nous avons pu constater cette grande différence en visitant des administrations et des maisons d'importance très diverse.

Dans des maisons considérées comme très modernisées, le service du courrier est ainsi compris :

Toute la correspondance est ouverte par un bureau unique chargé de la répartition. Tous les plis à l'arrivée passent sous le numéroteur. Dans les services centralisés on inscrit le courrier reçu d'une façon à la fois précise et sommaire sur des feuilles numérotées d'avance, indiquant le nom de l'envoyeur et la ville et en 2 ou 3 mots généralement, l'objet de la lettre.

Exemple :

3185	Dupont	Rouen	Commande 5 appareils.
3186	Romain	Lyon	Un chèque 3.000 francs.
3187	Laurent	Paris	Refuse paiement.

Lorsque les services sont plus autonomes et le courrier volumineux, ce sont les différents services qui inscrivent chacun les lettres qui leur sont remises généralement dans des corbeilles spéciales.

Si théoriquement une absolue centralisation de toute la correspondance paraît préférable, dans certains genres d'affaires la division par services se justifie et présente même des avantages sur la centralisation complète.

La répartition du courrier faite, il faut que les intéressés y répondent. Nous disons comment par ailleurs.

Comment répartir
plusieurs demandes inscrites sur une même lettre

C'est un principe d'organisation moderne du bureau de ne traiter qu'un sujet sur une même feuille. On comprend combien cela facilite le travail des différents services.

Cette façon de faire est de plus en plus respectée. Pour les clients et correspondants non réguliers qui, n'ayant pas encore accepté ou qui, ne connaissant pas cette règle, écrivent sur les mêmes feuilles des demandes variées s'adressant à plusieurs services, certaines maisons ont affecté des dactylographes à la copie

rapide des documents partiels ou totaux pour que les services intéressés reçoivent sans perte de temps la partie de la lettre qui les
concerne.

La dactylographe même ayant été considérée ou trop coûteuse,
ou pas assez rapide ou sujette à des omissions ou erreurs souvent
préjudiciables, certaines maisons font photographier les documents, opération qui s'effectue avec une grande rapidité. On obtient de la sorte un fac-similé qui vaut l'original lui-même.

Les appareils « photostats » disposés pour ce travail spécial ne
sont pas encore très employés à cause du prix de revient un peu
élevé des photographies ainsi obtenues.

La dictée du courrier
La sténographie manuscrite. Les machines à sténographier
Les machines à dicter

Quel est pour un chef le meilleur moyen pour transmettre sa
pensée à la personne qui est chargée d'écrire à la machine la correspondance.

Les connaissant tous et les ayant vus pratiquer tous avec succès,
nous pouvons dire qu'il n'y a pas de système qui possède tous les
avantages.

Le système qui est de beaucoup le plus employé est celui qui
consiste à dicter les lettres à une personne connaissant l'un quelconque des systèmes de sténographie manuscrite. Autrefois les
méthodes employées étaient assez nombreuses. Aujourd'hui
95 % des sténographes français se servent de l'une des deux méthodes les plus répandues en France : Prévost-Delaunay et Du-
ployé-Institut qui sont enseignées l'une par l'Association unitaire, l'autre par l'Institut sténographique de France, deux grandes
associations reconnues d'utilité publique.

La dictée du courrier est un acte important de la vie quotidienne
du bureau qu'il ne faut point négliger. D'autre part, sauf lorsqu'il
s'agit d'administrations où cette fonction est confiée à des chefs
de service, il ne faut pas que celui qui est à la tête d'une affaire,
soit absorbé la majeure partie de son temps par la dictée de la correspondance.

C'est ici qu'une secrétaire habile et intelligente fait économiser
à son patron un temps précieux.

Le meilleur système consiste à faire réunir et à parcourir rapidement les documents nécessaires. Muni de tous ceux qui lui sont
indispensables et sans avoir à se déranger ni à s'arrêter pendant
qu'il dicte, le patron ne perd pas de temps et il peut donner à sa
correspondance une forme plus nette, plus correcte et précise.

Pour éviter de dicter les adresses, l'orthographe des noms peu
connus et certaines indications particulières contenues dans les
lettres auxquelles on répond, il convient de remettre les documents au sténo-dactylographe aussitôt la réponse dictée.

À un secrétaire exercé, il est superflu de dicter certaines « clauses
de style », certaines formules qui ne varient guère, au début et à la

fin des lettres notamment. Toutes ces conditions remplies, on peut répondre beaucoup plus rapidement à la correspondance.

A de rares exceptions près, il faut que le chef d'une entreprise dicte lui-même certaines lettres, car lui seul étant vraiment au courant de l'ensemble de l'affaire, sait exactement ce qu'il faut écrire et dans quels termes il faut le dire. Connaissant ses correspondants, il emploiera une forme différente suivant leur tempérament, leur importance, leur âge, leurs besoins.

Mais toutes les lettres et tous les plis reçus ne nécessitent pas l'envoi d'une lettre spéciale.

Si, cependant, le genre d'affaires le permet, on peut répondre à chacun par lettre particulière, mais d'après des formules diverses établies d'avance et qui s'appliquent à des demandes de même ordre.

Nous venons de voir le cas le plus fréquent, celui du patron dictant son courrier à une personne qui le prend en sténographie pour le transcrire ensuite à la machine à écrire.

Pour être complets, puisque nous envisageons ici tous les côtés de la question, il faut noter que d'autres procédés s'offrent au chef pour répondre aux lettres reçues et pour écrire celles qui sont nécessaires en dehors de ces réponses.

Il peut annoter rapidement et succinctement les lettres et un secrétaire compétent fait le reste.

Il peut rédiger et écrire complètement les brouillons de lettres qu'une « dactylo » lui transcrit. Ce procédé n'est pas à recommander, car il ne fait pas gagner de temps. Il est encore très employé lorsqu'il s'agit de l'élaboration de certains rapports documentés, et dans ce cas on le comprend mieux.

Il peut dicter à un sténotypiste qui, au lieu de se servir du crayon, utilise la machine à sténographier.

Il peut aussi, s'il la connaît, écrire rapidement en sténographie ses notes et ses réponses. La chose n'est pas très rare aujourd'hui depuis qu'on apprend la sténographie dans presque toutes les écoles de commerce ou assimilées.

Nous connaissons des chefs qui emploient ce procédé depuis assez longtemps et qui s'en déclarent très satisfaits.

Comme il n'y a guère que trois ou quatre systèmes connus de sténographie, en France, il est facile de prendre des secrétaires qui pratiquent la même méthode. Ce dernier procédé a l'avantage de ne pas immobiliser la sténodactylographe.

Les élèves-hommes des écoles de commerce qui se destinent pour la plupart aux différentes carrières commerciales et non pas aux seuls emplois de bureau doivent cependant connaître dans le détail les rouages d'un bureau commercial. C'est pour cette raison qu'une place assez importante est faite à cette question dans le programme des études commerciales.

Parmi les notions solides que les futurs patrons ou chefs de service devraient tous acquérir dans cette période de scolarité figure l'apprentissage de dicteur. On apprend, en effet, à dicter une lettre, une communication, un rapport au même titre que d'autres matières.

Ce côté de la question ne doit pas être perdu de vue dans les heures consacrées à la correspondance commerciale. De même qu'un classement et des prix sont décernés aux élèves qui écrivent de bonnes lettres, on peut envisager les mêmes encouragements pour ceux qui dictent vite et bien des réponses aux correspondances.

Les chefs de service, les rédacteurs des grandes administrations n'utilisent pas autant qu'ils pourraient le faire ce moyen moderne et rapide que représente la sténo-dactylographie. Cela tient à ces deux raisons principales : manque d'entraînement des chefs à dicter, défaut de connaissances générales ou professionnelles chez ceux qui doivent transcrire leur pensée.

Lorsqu'on aura pu par un enseignement meilleur et une sélection plus grande remédier à ces deux lacunes, un pas important aura été fait dans la voie de l'organisation parfaite des bureaux administratifs et commerciaux.

En dehors des lettres personnelles dictées par le chef de la maison ou son remplaçant, les maisons importantes envoient soit des lettres imprimées, soit des lettres dactylographiées et tirées au duplicateur, auxquelles ont été ajoutées des mentions particulières dans des blancs réservés à cet effet.

Ce système acceptable pour certaines administrations, certains grands magasins, dans des cas déterminés où il se justifie, n'est pas à recommander pour beaucoup de maisons.

Un procédé très pratique et qui évite de dicter chaque fois des réponses pour des demandes de même nature, consiste à établir des collections de lettres-types qui peuvent être numérotées. Il suffit alors d'indiquer au dactylographe pour chaque réponse le numéro de la lettre-formule qui doit être copiée.

On peut encore constituer seulement des phrases-type qui n'ont qu'à être intercalées dans les réponses dont une partie doit être dictée ou écrite par un chef de service.

Cette façon de faire économise du temps au patron et à l'employé, évite parfois des erreurs et des oublis, et les lettres ainsi obtenues ne sont que plus précises et mieux écrites puisqu'on a pu en soigner spécialement le fond et la forme.

Les machines à sténographier

Parmi les procédés employés pour recueillir la dictée du courrier et des rapports il faut également mentionner l'emploi des machines à sténographier.

Les indications générales données pour la sténographie manuscrite s'appliquent également pour la sténographie mécanique.

Dans cet exposé très objectif, il ne saurait être question d'établir une controverse dans le but de prôner un système unique, mécanique ou autre.

Les détails qui précèdent démontrent amplement qu'il n'y a pas, qu'il ne peut pas y avoir un système qui annihile tous les autres et qui réponde à tous les besoins.

L'expérience et la constatation des faits nous oblige, par exemple, à constater que plus sont importantes les entreprises, plus sont « taylorisés » les travaux et, si l'on peut dire, stéréotypées, les réponses dans la correspondance.

La sténographie — quel que soit le procédé envisagé, mécanique ou manuscrit — est beaucoup moins employée dans les grandes entreprises (grandes usines, grands magasins, etc.), que dans les petites et moyennes maisons. Cela tient à la fois à la multiplicité des marchandises fabriquées ou vendues, à la division extrême de travail, à l'uniformité de la correspondance, à la nécessité du contrôle.

Les machines à sténographier, qui permettent entre des mains expertes la prise des discours les plus rapides, font valoir comme argument en faveur de leur emploi la possibilité de faire traduire les bandes sténotypées par des dactylographes moyennes, la prise étant faite par un sténotypiste habile.

Une seule opératrice peut de la sorte fournir du travail à plusieurs dactylographes qui n'ont qu'à reprendre les bandes et à les traduire en clair à la machine à écrire.

En dehors des caractéristiques que nous venons de rappeler, lorsqu'on emploie des machines à sténographier l'ensemble du courrier se dicte et se transcrit, s'expédie comme nous le disons dans d'autres chapitres.

Détail à noter : il n'existe à l'heure actuelle, en Europe, que deux types de machines à sténographier et toutes les deux sont françaises.

Les machines à dicter

Un autre procédé, qui donne d'excellents résultats dans certaines maisons, est l'emploi de phonographes ou dictaphones. Ces appareils suppriment complètement la sténographie et ses avantages théoriques sont indiscutables ; cependant ces procédés mécaniques n'ont pas le succès qu'ils seraient en droit d'attendre.

Voici comment on utilise les machines à dicter. Le chef de maison, ayant un phonographe spécial devant lui, approche de sa bouche un tube acoustique correspondant à l'appareil qui enregistre sur un cylindre de cire la lettre dictée. Lorsqu'il est nécessaire de consulter des notes et pour éviter que la machine tourne à vide, il appuie le pied sur une pédale et il ne le lève que lorsqu'il est prêt à continuer.

Les cylindres (ou les disques) sur lesquels peuvent, suivant leur longueur, être enregistrées plusieurs lettres, sont déposés dans une corbeille que l'on fait passer au dactylographe. Celui-ci place les cylindres sur un autre appareil à portée de sa machine. Ce phonographe est muni d'un dispositif écouteur adapté aux oreilles et qui permet à l'opérateur d'écrire comme sous la dictée. On peut régler la vitesse à son gré.

Lorsque les cylindres sont utilisés, ils sont passés sur une machine qui rabote une très légère couche de cire et chaque cylindre peut servir un grand nombre de fois.

Beaucoup de maisons hésitent devant l'achat d'appareils et de fournitures dont ils ne voient pas l'absolue nécessité ; certains ont encore la crainte de les voir se déranger.

L'emploi du phonographe exige des chefs sachant bien dicter, correctement, sans se reprendre, dans le cas contraire, les transcriptions dactylographiques s'en ressentent.

Les bonnes sténo-dactylographes ayant souvent refusé de se servir de ce procédé, le recrutement des dactylographes travaillant au phonographe a été souvent inférieur, et c'est une des raisons pour lesquelles cette façon de dicter le courrier ne s'est pas répandu comme on aurait pu le supposer.

Devant le développement de la correspondance, enfin, on dicte aujourd'hui, toutes proportions gardées, moins dans le détail qu'autrefois. Le chef, dans ce cas, préfère indiquer de vive voix à un bon secrétaire intelligent qui sténographie non seulement les phrases particulières qui doivent constituer la réponse à chaque lettre ou document, mais aussi les indications nécessaires pour y répondre d'après des formules, des précédents, etc. Tout cela se fait plus rapidement, à demi-mot et le patron est libéré plus vite, tout en ayant assuré les réponses à faire.

De la dictée à la signature

En principe, les réponses doivent être faites le jour même ou le lendemain pour les lettres qui ne sont pas arrivées par les courriers du matin. Cette règle facile à appliquer pour beaucoup de lettres est matériellement impossible à observer pour certaines correspondances, étant entendu qu'on ne considère pas comme une réponse, un accusé de réception qu'on envoie quelquefois d'après une formule imprimée à laquelle on ne fait qu'ajouter une date et parfois une indication relative à l'objet de la lettre reçue.

Dans la plupart des grandes entreprises où le courrier est centralisé, le chef de ce service ne pouvant tout connaître est obligé de demander les éléments de la réponse aux différentes personnes qualifiées qui sont très nombreuses parfois, ce qui est le cas dans un grand magasin. La centralisation de ces renseignements nécessite une bonne organisation intérieure.

D'après les affaires de moyenne importance, ce sont les administrateurs ou chefs de services qui dictent eux-mêmes les réponses dont ils connaissent *a priori* tous les éléments.

La lecture du courrier avant la signature, surtout dans les administrations, est faite par le ou les chefs de services, les sténo-dactylographes n'en ayant généralement pas le temps et pouvant, d'autre part, ne pas être frappées par les erreurs ou omissions qu'elles ont commises.

Aux lettres dictées s'ajoutent souvent des documents ; c'est encore le rôle du chef de service de s'assurer qu'ils sont contenus dans l'enveloppe ou qu'ils accompagnent la lettre présentée à la signature. Celle-ci engageant l'entreprise on comprend qu'elle soit réservée aux personnalités responsables.

Quelles que soient les personnes qui aient dicté les lettres ou qui les aient écrites, dans la généralité des cas, ces lettres sont signées par le directeur ou la plus haute autorité de l'administration envisagée et très souvent, surtout lorsque le courrier est important, après qu'elles ont été revues et parafées par le chef du service du courrier.

Le papier à lettre et les enveloppes

La préparation du courrier nous conduit à parler des formats d'enveloppes et du papier à lettre que certains organisateurs ont cherché à standardiser. Ce projet a peu de chance d'aboutir, chacun tenant à sa conception.

Pour la correspondance commerciale, c'est le papier du format 21 × 27 qui est de beaucoup le plus employé, en France. Dans la plupart des pays d'Europe, on lui a d'ailleurs donné le nom de « format commercial ». Le papier ministre (format 21 × 33) n'est plus guère employé que dans quelques administrations d'État. Il en est de même des enveloppes. Le format commercial correspondant au quart du papier à lettre, format 21 × 27, est utilisé non seulement dans la correspondance d'affaires, mais dans la plupart des correspondances privées.

En Amérique, c'est le format oblong, la largeur étant souvent plus du double de la hauteur, qui est le format préféré des enveloppes.

Les enveloppes dites « à fenêtre » ont l'appréciable avantage d'éviter de recopier les adresses et, pour les gros courriers notamment, les intervertions possibles de destinataires.

D'après une récente statistique postale, elles ne sont pas cependant aussi utilisées qu'on pourrait le supposer pour la correspondance.

Bien que tous les prospectus, les circulaires, les notices, dépliants, petits catalogues et en général tous les procédés de publicité soient envoyés sous enveloppe pleine, les enveloppes à fenêtres sont essentiellement considérées par le public français, comme « enveloppes commerciales », employées plus spécialement pour l'envoi de relevés, de factures, de règlements, etc.

Dans l'état actuel de la psychologie des non commerçants, l'envoi d'une lettre circulaire sous enveloppes à fenêtres contribue à faire perdre l'illusion d'une lettre personnelle. Le fait qu'elles soient employées surtout par de grandes firmes qui n'ont pas la réputation, pour faire leurs offres, d'écrire des lettres personnelles à leurs clients et clientes contribue à accréditer cette idée dans le public.

Quel que soit le système ou le format adopté, il est recommandé de faire figurer apparemment le nom et l'adresse de l'expéditeur pour permettre le retour du pli en cas d'erreur provenant d'une cause quelconque.

Le prix d'une lettre

Il intéresse au premier chef de savoir ce que coûte une lettre. Ce prix, on le comprend aisément, varie suivant l'organisation même de la maison, mais on peut cependant établir un prix moyen.

Nous nous servirons des études qui ont été faites sur cette question, en France, par la *Revue du Bureau*, aux États-Unis, par l'*Office Appliances*, en Allemagne, par *Buro-Bedarf Rundschau*.

Pour la France ce calcul a été fait dans une maison de moyenne importance. Une secrétaire sténo-dactylographe travaillant 25 jours par mois (et même moins en comptant les vacances), revient à 30 francs par jour. Elle peut faire 40 lettres variant de 100 à 150 mots, en supposant qu'il y ait 40 lettres à répondre par jour.

Chaque lettre écrite ainsi coûtera donc 0 fr. 75. A cette somme s'ajoute l'affranchissement, soit 0 fr. 50 pour la France et 1 fr. 50 pour l'étranger. Le prix du papier à lettre, de l'enveloppe, de l'usure du ruban, du carbone, même sans compter l'amortissement de la machine à écrire, le papier et les fournitures qui sont gâchées par les plus soigneux, tout cela représente 0 fr. 25 en moyenne.

Dans ces dépenses devrait être compté le temps passé par le chef s'il dicte lui-même ou par son collaborateur, mais ceci est plus difficile à évaluer de façon précise.

Il ressort qu'une lettre revient à un minimum de 1 franc plus l'affranchissement. Des enquêtes nous ont montré que les lettres revenaient dans certaines maisons ou administrations à 2 francs et même 3 francs chacune, affranchissement en plus.

La question du nombre de secrétaires nécessaires pour assurer un courrier quotidien se pose, notamment pour les commerces ou entreprises dont la correspondance n'est pas importante.

Il y a bien des cas où deux sténo-dactylographes semblent du superflu et où pratiquement une seule n'est pas suffisante. Le travail à faire n'est pas régulier comme un mouvement d'horlogerie.

Une maison dépend des clients, sans même faire entrer en ligne de compte d'autres considérations.

Tel jour, elle aura plus de 150 lettres à envoyer, tel autre jour elle n'en aura pas cent.

D'autre part, il faut compter avec les indispositions et les maladies de ce personnel féminin et la nécessité de faire en tout temps face à la besogne.

Dans beaucoup de petites maisons les sténo-dactylographes ne peuvent pas, comme dans les « usines de dactylographie », copier du matin au soir sous la surveillance et la direction d'un chef de service, qui répartit le travail. Il faut compter le temps de la prise sténographique, des recherches impossibles à éviter, du classement obligatoire, qui n'est pas assez important pour nécessiter un employé spécial, le pliage et le timbrage des lettres, le collage des enveloppes, sans compter certains travaux accessoires parfois indispensables, appels ou réponses téléphoniques et autres.

Pour les États-Unis « Office Appliances » a fait ce calcul : le prix d'établissement de mille lettres se répartit environ ainsi (en dollars) : dictée 125, sténographie 80, papier à lettre, enveloppes, etc., 60, postage 25, classement 6, carbone ruban 2, soit pour 1.000 lettres, près de 300 dollars qui convertis en francs (au taux de 25 francs le dollar) représentent environ 7.500 francs.

En Amérique, d'après cette estimation où le temps du chef est compté, le prix d'une lettre, affranchissement compris, dépasserait 7 francs de notre monnaie.

L'auteur fait observer que le carbone et le ruban surtout, qui contribuent à donner une bonne apparence à la lettre lorsqu'on emploie de bonnes marques, n'entrent que pour une part infime dans le coût de chaque lettre. Il conclut en disant qu'il ne faut pas hésiter dans ce domaine à acheter des fournitures de premier choix.

En Allemagne, la revue technique que nous avons citée évalue ainsi les frais d'une lettre :

En supposant qu'un correspondant travaillant huit heures par jour, écrive en moyenne 50 lettres journellement, il touche des appointements moyens de 200 marks par mois (S'il s'agit de marks-or). La dictée d'une lettre revient déjà à 0 mark 16 au moins. Une dactylographe reçoit 100 marks par mois, la machine à écrire coûte 500 marks environ.

Les frais généraux d'une lettre sont alors de :

Correspondant...................................	0,16 mark.
Sténo-dactylo...................................	0,08 —
Usure de la machine à écrire, amortissement . .	0,005 —
Ruban	0,002 —
Papier bleu....................................	0,001 —
Carbone	0,002 —
Papier à écrire...............................	0,015 —
Enveloppe.....................................	0,005 —
Bloc à sténogramme, crayon...................	0,002 —
Frais de lumière, chauffage, loyer, etc.	0,04 —
Signature, affranchissement, pliage	0,01 —
	0,322 mark.

Il ressort donc de ce tableau qu'une lettre « sans le port » coûte 0 mark 32. Ces prix sont calculés très bas, le contrôle de certaines maisons montre qu'une lettre coûte souvent 0 mark 50 et même davantage.

L'utilisation du papier carbone

Dans les services de correspondance d'un grand nombre de maisons les sténo-dactylographes pendant longtemps n'ont pas su tirer parti du carbone comme on commence à le faire un peu partout aujourd'hui.

A telles enseignes qu'on peut dire que sans l'emploi du carbone la machine à écrire perd près de la moitié de ses avantages.

Toutes les notes s'adressant à plusieurs chefs de service, toutes les communications intéressant plusieurs agents de maîtrise doivent être établies en autant d'exemplaires qu'il est nécessaire, d'abord parce qu'on est sûr que chacun reçoit la même note, ensuite parce qu'il a suffi de « taper » une seule fois la communication, d'où grande économie de temps.

Cette duplication facile que procure l'usage du carbone est une des caractéristiques de l'organisation du bureau. La facilité d'obtenir, sans temps ni fatigue supplémentaire, des duplicata exacts d'un document quelconque contribue très notablement à la rapidité du travail, au classement logique et permet d'éviter les erreurs de transcription et de copie.

Ces avantages, minuscules en apparence, sont d'une importance de premier ordre dans la technique du travail du bureau.

D'une façon ou d'une autre toutes les maisons doivent conserver une copie de la correspondance. Nous signalons, sans toutefois la recommander, la façon de faire de quelques maisons qui, pour diminuer le volume des dossiers classés, se servent souvent du verso de la feuille envoyée par le correspondant pour y recevoir le duplicata au carbone de la réponse. Possible dans certains cas, ce procédé ne peut être généralisé sans inconvénient.

Les administrations à services multiples font établir plusieurs duplicata au carbone pour que chaque service puisse en avoir un exemplaire.

Quel nombre de copies peut fournir une dactylographe avec l'une quelconque des machines à écrire en usage dans les bureaux ?

Sans tenir compte des performances faites par des spécialistes qui ont pu obtenir, avec des papiers appropriés, plus de 40 copies lisibles au carbone — ces expériences ont au moins l'avantage de prouver que la chose est possible — nous nous en tiendrons au travail quotidien et courant.

Une dizaine de copies peuvent être et sont obtenues normalement dans certaines administrations qui ont l'emploi de ce nombre d'exemplaires.

Si des opérateurs ne peuvent pas les obtenir cela provient soit de leur manque d'habileté, soit de la machine à écrire dont ils se servent, soit du papier blanc, soit du papier carbone choisi.

Le service du courrier, surtout dans une maison de quelque importance, a recours pour la duplication aux appareils duplicateurs, dont nous parlons dans un chapitre suivant.

Il est facile de se rendre compte des travaux qu'on peut faire simplement à l'aide du papier carbone et de ceux pour lesquels il faut avoir recours au duplicateur.

Lorsqu'on a besoin de plus de 50 exemplaires d'un texte, à moins qu'il ne soit très court, il convient de faire appel à un appareil duplicateur que doit posséder tout service bien organisé.

La présentation des lettres

La question de la présentation des lettres adressées à la clientèle revêt aussi son importance. Le service du courrier doit s'attacher à ne présenter à la signature que des lettres aussi parfaites que possible.

Voici quelques indications qui s'appliquent à l'ensemble des cas. Les lettres sont généralement disposées ainsi :

Date en haut et à droite.

Adresse complète en deux ou trois lignes, quelques centimètres plus bas, de préférence à l'adresse mise tout à fait au bas de la page.

La marge à 15 ou 20 et les retraits d'alinéas de 5 divisions sont les plus fréquents et à recommander.

Sauf pour les textes courts où le double espace entre les lignes s'impose, on adopte généralement l'intervalle simple et l'on sépare les alinéas par un double espace.

Imitant en cela la pratique américaine, on laisse de plus en plus une grande marge à droite. Sans la pousser à l'excès, cette façon de faire est à recommander.

Ne pas descendre trop bas dans la copie du texte.

Toutefois, si on n'a que deux lignes à ajouter, plutôt que de tourner la page ou encore de prendre une feuille nouvelle, il vaut presque toujours mieux les faire tenir dans la première page, pourvu qu'il reste suffisamment de place pour apposer la signature.

Les fautes de frappes et, il est à peine besoin de le dire, les fautes d'orthographe ne peuvent être tolérées dans une lettre.

Cette correction fait partie de la bonne présentation d'une lettre ou d'un document quelconque.

Les machines à adresser

Beaucoup d'administrations et de grandes affaires ont à écrire souvent aux mêmes personnes ; d'autre part le développement de la publicité commerciale oblige à la confection rapide et fréquente des mêmes adresses. C'est de cette nécessité que sont nées les machines à adresser qui répondent à un besoin moderne.

Pas plus pour ces appareils que pour les autres machines de bureau, nous n'entreprendrons leur description.

Il existe un assez grand nombre de ces machines dont les petits modèles fonctionnent à la main, les autres à l'électricité. En dehors de cette particularité, on peut les classer en deux catégories : les machines qui impriment avec des matrices en métal et les machines dont les matrices sont en carton perforé ou découpé sur des baudruches perforées à la machine à écrire, tout comme s'il s'agissait de préparer un stencil pour duplicateurs.

Quant aux matrices de métal (zinc), elles sont obtenues à l'aide d'un appareil généralement connu sous le nom de « Graphotype ».

On utilise les machines à adresser pour les travaux courants du courrier : envoi d'enveloppes, de bandes, de cartes postales, etc., et aussi pour les travaux de comptabilité tel que adressage de quittances, de relevés, de factures, confection de bordereaux, feuilles de labeur, etc.

Elles sont d'un usage courant dans les banques, les compagnies d'assurances, les journaux et revues, les compagnies d'éclairage, les bureaux des chèques postaux. L'économie de personnel qu'elles font réaliser et la rapidité d'envoi qu'elles permettent sont les principales raisons de l'emploi croissant et du succès de ces machines.

Pour ne parler que du service du courrier proprement dit, voici notamment ce que permet une de ces machines.

Toutes les lettres arrivées passent au service de l'adressage, lequel appose sur chacune d'elles le numéro donné par le répertoire du client ou du fournisseur dont émane la lettre.

Dès ce moment la lettre circule dans la maison sous un numéro. Au départ seulement l'employé chargé d'adresser le courrier va droit au numéro du cliché qui porte l'adresse du client et l'appose sur la lettre, sur l'enveloppe et les pièces jointes s'il y a lieu et cela sans erreur.

Pour pouvoir obtenir ce résultat des casiers métalliques peu encombrants contenant des milliers de clichés d'adresses accompagnent la machine.

Une fois établis, les jeux d'adresses, triés, sélectionnés permettent d'envoyer aussi fréquemment qu'on le désire les documents voulus. Par exemple :

Une grande usine d'automobiles peut envoyer une circulaire à tous ses agents, sous-agents et correspondants.

Une grande banque peut toucher avec la rapidité des courriers actuels telle partie de sa clientèle qu'elle a parfois intérêt à atteindre sans le moindre retard.

Une grande maison d'alimentation peut envoyer des prix courants et des circulaires constamment mises à jour concernant notamment des arrivages de marchandises périssables à écouler dans les plus courts délais.

Une fabrique d'objets quelconques peut faire connaître à tous ses voyageurs la hausse ou la baisse survenue depuis leur départ.

Pour tous les cas envisagés la rapidité joue un rôle capital. Seule une organisation de correspondance comprenant le matériel, les machines dont nous venons de parler, permet d'obtenir ce résultat.

Les machines à copier

Légalement le courrier doit être copié. Pratiquement et dans beaucoup de maisons, on classe une des copies au carbone qu'on relie par journée, étant entendu qu'il reste toujours une copie de la réponse attachée à l'original lorsqu'il est répondu à une lettre reçue.

Les copies au carbone numérotées et reliées ne forment-elles pas un véritable copie de lettres. En dehors du copie de lettres ancien système qu'il n'est pas possible d'utiliser lorsqu'il s'agit de prendre la copie rapide de centaines de lettres, on utilise des machines à copier à grand rendement qui donnent même plusieurs copies lorsqu'on le désire.

Il existe maintenant des machines à copier très rapides à des prix inférieurs à celui d'une machine à écrire et destinées aux moyennes et petites entreprises. Ces machines à copier font ressortir l'avantage de l'économie de fournitures et le fait qu'elles copient la signature qui avalise la lettre ainsi que les corrections manuscrites portées parfois sur l'original.

Les rubans encreurs

Le ruban encreur des machines à écrire (car on en emploie pour d'autres machines) est une bande de tissu résistant (soie et coton) imprégnée d'une encre fixe ou copiante et de couleurs diverses.

Les Américains premiers constructeurs de dactylotypes, ont imposé la dimension des rubans qui tendent à se standardiser. Bien qu'elle soit encore variable, on peut dire que la plupart des rubans sont d'un demi-pouce anglais, soit 13 millimètres environ. La longueur des rubans va de 8 à 14 mètres, suivant la fabrication et le type.

Quant à la durée, il est difficile de donner d'aussi grandes précisions. Certains rubans sont « fatigués », « épuisés », à leur 40e tour, tandis que d'autres arrivent à 80 tours et parfois davantage. La qualité de fabrication, la température, l'âge, le toucher de l'opérateur sont des facteurs qui influent beaucoup sur la durée du ruban.

Certains dactylographes usent un ruban par mois ; d'autres font durer un ruban plusieurs mois en utilisant la machine à écrire chaque jour. Dans certaines marques on peut retourner le ruban lorsqu'il est usé d'un seul côté.

Autrefois, la France était en grande partie tributaire de l'étranger pour cette fabrication qu'elle fait aujourd'hui sur une grande échelle et dans d'excellentes conditions de rendement.

Les rubans se font en plusieurs couleurs, mais les plus employés sont le violet et le noir. On en fabrique à couleurs fixes et à copier.

On donne le nom de ruban hectographe à celui qui sert pour la reproduction à la pâte.

Les rubans bicolores permettent, en écrivant une même lettre, d'employer les deux couleurs noir et rouge, ou violet et rouge généralement.

Pour la copie des lettres à la presse, on emploie les rubans copiants, dont il existe plusieurs catégories. Le noir se divise en noir copiant violet, noir copiant bleu, noir copiant vert. Dans cette catégorie on recommande le noir copiant bleu qui, par la force de son colorant, peut être considéré comme indélébile.

Toutes les machines n'emploient pas des rubans de la même largeur. Il faut en tenir compte lorsqu'on commande des rubans et indiquer non seulement la marque de la machine mais encore le numéro du type.

Les rubans les plus larges sont ceux des anciennes machines Remington no 7 (non visible), Smith Premier, etc. qui mesurent 35 millimètres. On tend à unifier ces rubans à 13 millimètres.

Les appareils duplicateurs

Le service du courrier ne comprend pas seulement l'envoi de lettres mais aussi celui de circulaires. Celles-ci sont faites à l'aide des duplicateurs.

Il en existe de plusieurs catégories. les duplicateurs à main, appareils économiques, sont utilisés lorsqu'on n'a besoin que d'une petite quantité de circulaires faites à la machine à écrire sur stencil cire ou sur stencil chiffonnable.

Nous ne croyons pas utile de nous appesantir sur la construction de ces appareils ni sur la façon de s'en servir. Les opérateurs et les chefs de service trouveront ces détails un peu techniques dans notre classique *Manuel d'Organisation du Bureau*.

Nous nous contenterons, sans nommer les différentes marques, de rappeler leur classification.

On peut ranger les duplicateurs en trois grandes catégories non seulement d'après leur prix d'achat mais aussi d'après leur conception et le genre de travail qu'ils peuvent fournir, ce sont :

Les appareils duplicateurs à plat,

Les appareils duplicateurs rotatifs,

Les appareils duplicateurs à caractères.

Dans la première catégorie on peut classer les pâtes gélatineuses et les « mastics » ou « ciments plastiques » sur lesquelles on décalque soit un texte écrit à la main à l'encre spéciale, soit un texte obtenu à la machine à écrire à l'aide d'un ruban imprégné d'une encre copiante et vendu dans le commerce sous le nom de ruban hectographique. Il suffit dans ce cas, de décalquer « l'original » ainsi obtenu sur la plaque duplicatrice.

Dans les duplicateurs à plat, proprement dits, l'impression s'obtient en passant un rouleau encré sur un stencil préalablement perforé à la machine à écrire.

On obtient également une impression du même genre lorsque la perforation a été obtenue à l'aide d'une molette qui a tracé des lettres ou des dessins sur un stencil ou une baudruche placée préalablement sur une lime spéciale très fine.

Les stencils qui servent à faire les « clichés » pour duplicateurs sont des feuilles de papier ramie, fibreux, enduits d'une mince couche de cire ou de paraffine.

On se sert de plus en plus de « stencil » d'une préparation spéciale ne comportant pas de couche de cire dits « stencils chiffonnables » ; ils sont moins fragiles que les premiers et permettent un tirage pratiquement illimité.

Basés sur le même principe que les duplicateurs à stencil à plat, les duplicateurs rotatifs en diffèrent par leur application. Ces derniers sont aux appareils à plat ce que les machines à imprimer rotatives sont aux machines à imprimer ordinaires.

Il existe un assez grand nombre de modèles de duplicateurs rotatifs mus à la main ou à l'électricité ; ils se différencient les uns des autres par des perfectionnements ou des particularités spéciales touchant l'encrage, le nettoyage, la prise automatique du papier, l'impression recto-verso, l'impression en une ou deux couleurs, le repérage, l'adjonction de clichés, la rapidité même du tirage, la possibilité d'employer toutes sortes d'encre et de papier, etc.

Au cours de ces dernières années, de grands progrès ont été faits dans la construction de ces appareils. Le développement de la publicité directe et l'emploi des machines à adresser dont il est question dans un autre chapitre ont beaucoup facilité l'envoi rapide et précis de circulaires et permis une grande prospection.

Il existe une troisième catégorie de duplicateurs permettant d'imiter la lettre personnelle : ce sont les duplicateurs à caractères mobiles d'imprimerie qui comprennent les appareils imprimant à plat et les appareils imprimant à la façon des rotatives.

Ces derniers permettent de tirer à une grande vitesse des circulaires nombreuses. Pour donner l'illusion d'une lettre personnelle on ajoute « en repiquage » le nom et l'adresse du destinataire.

Si l'effet est souvent manqué, c'est parce que le client, de plus en plus averti en ces matières, se rend compte au premier abord qu'il s'agit d'une circulaire, celle-ci étant trop souvent mal composée et mal tirée et l'adresse ajoutée après coup ayant été faite avec une machine de caractères différents avec un ruban d'une couleur différente, sans compter d'autres indices de détail.

Mentionnons qu'à l'Exposition qui a accompagné la Semaine d'Organisation on a vu pour la première fois une machine mue à l'électricité permettant d'imprimer une circulaire et en même temps sur chacune d'elles l'adresse du destinataire, le tout très rapidement fait à l'aide d'un même ruban encreur.

Les machines accessoires de bureau

A côté des machines indispensables dans un bureau dont nous venons de parler dans les chapitres précédents, il convient, pour être complets, de signaler un certain nombre d'autres machines qui trouvent une utilisation pratique dans les bureaux d'organisations qui ne négligent aucun facteur de rendement, d'économie de temps et de personnel.

Une énumération rapide de ces diverses machines suffit sans qu'il soit nécessaire d'entrer dans les détails de leur construction, ni même de leur emploi.

Les *machines à ouvrir les lettres* sont de deux sortes : les unes à lame, les autres à meule. Dans les premières une lame fine enlève une très mince partie de l'enveloppe, dans l'autre, c'est une meule rotative tournant à une grande vitesse qui use une partie également très faible de l'enveloppe.

Suivant le cas on ouvre un ou deux côtés de l'enveloppe pour permettre de retirer facilement et rapidement le contenu. Les constructeurs de ces machines s'attachent à répondre à l'objection faite par les usagers qui tiennent justement à ce que les documents intérieurs, chèques, mandats, valeurs, ne soient point endommagés par la machine.

Les *machines à plier* intéressent surtout ceux qui ont un volumineux courrier et des circulaires ou imprimés à envoyer fréquemment.

Certains types de machines plient les lettres, les mettent sous enveloppes et ferment chaque enveloppe. On a pu, grâce à ces appareils, expédier automatiquement 2.000 lettres ou plis à l'heure avec une seule personne, tandis que cinq ou six personnes sont nécessaires pour effectuer le même travail.

Les *machines à cacheter* sont utilisées par les maisons qui envoyent fréquemment des plis recommandés qu'on scellait autrefois à la bougie et la cire. Ces machines fonctionnent à l'électricité, cachètent très rapidement, très proprement et économisent de la cire.

Les *machines à écrire* et à *perforer les chèques* ont pris une grande extension depuis que le paiement par chèques s'est répandu dans les règlements commerciaux. Il en existe des modèles variés qui, avec des procédés différents, tendent au même but, les uns perforent le papier, genre emporte-pièce, les autres ne perforent qu'un léger pointillé, d'autres refoulent le papier en imprimant en creux avec encrage de couleur.

Les *perforateurs* sont de petits appareils qui trouent à des dimensions déterminées les lettres et les documents qu'on désire ranger dans des classeurs spéciaux.

Les *perforateurs-renforceurs*, en perforant une feuille, collent en même temps sur la marge perforée une feuille de papier coupée en bande de faible largeur pour renforcer et éviter la déchirure des papiers à classer généralement légers.

Les *ferme-enveloppes*, comme leur nom l'indique, sont des appareils fermant et collant automatiquement les enveloppes et plis ordinaires qu'on leur confie. Ces machines, il faut le reconnaître, ne sont pratiques que pour d'importantes administrations ayant un volumineux courrier, telle, notamment, l'administration des chèques postaux.

Il existe des modèles différents de ces machines, il s'en fabrique dans plusieurs pays (États-Unis, France, Allemagne, etc.), ce qui indique qu'elles sont employées dans un certain nombre d'entreprises.

Les *machines à timbrer* le courrier et les *machines à affranchir* s'adressent également aux administrations importantes. Les premières comportent des rouleaux de timbres des affranchissements les plus fréquents, par exemple : 0 fr. 15 pour les imprimés ordinaires, o fr. 50 pour les lettres, 1 fr. 50 pour les lettres destinées à l'étranger, etc.

Elles ont l'avantage d'affranchir rapidement et proprement, mais surtout de donner un décompte exact et constant des timbres employés. L'appareil étant fermé à clef offre toute sécurité et empêche les vols de timbres qu'on constate parfois dans les administrations.

Les *machines à affranchir* impriment directement sur les enveloppes une vignette qui remplace la vignette postale officielle et aussi la date de l'envoi. De la sorte l'administration des postes n'a pas besoin d'oblitérer les timbres et d'apposer le cachet postal dateur.

Une entente est nécessaire avec l'administration des P. T. T. pour l'utilisation de ces appareils.

Contentons-nous simplement de mentionner parmi les accessoires que l'on trouve dans un nombre de bureaux les *dateurs* et *numéroteurs* à main et électriques, les *machines à agrafer*, les *pinces à relier*, les *perforeuses de timbres*, les *taille-crayons automatiques*, des *appareils à transporter les documents*, etc.

Nous ne parlons pas des téléphones intérieurs, des dictographes, qui cependant peuvent être considérés comme faisant partie de l'outillage des bureaux.

Pour ne pas sortir du domaine strict du « Service du Courrier », nous signalerons seulement d'un mot la façon rapide avec lequel la correspondance parvient aujourd'hui aux trains rapides qui relient tous les centres importants d'un même pays et aussi tous les pays, grâce aux transports aériens d'une rapidité plus grande encore.

Il n'est pas exagéré de prétendre que le service du courrier est d'une importance extrême dans l'organisation moderne surtout dans certains commerces et industries. En dehors du matériel employé à cet effet qui doit être judicieusement choisi, il faut s'attacher à recruter un bon personnel de correspondanciers et de sténo-dactylographes. Les concours organisés et les cours patronnés depuis longtemps par la Chambre d'Organisation commerciale ont pour but de répondre à ce besoin.

Le rendement du personnel sténo-dactylographe.

Quels progrès peuvent être réalisés dans le service du courrier ?

Nous n'hésitons pas à répondre que ce sont des cas d'espèces. Dans certaines maisons cette organisation est parfaite parce qu'elle possède de bons dicteurs et de bons sténo-dactylographes.

Ces deux éléments sont nécessaires pour obtenir un excellent résultat.

Le progrès vers lequel on doit tendre, c'est celui de ne pas immobiliser les collaborateurs de valeur pour des besognes accessoires. Le travail fourni est tout différent suivant qu'il s'agit d'une employée quelconque ou d'une secrétaire rompue à la marche de la maison et aux affaires auxquelles elle s'intéresse.

Les grandes entreprises possèdent quelques sujets d'élite, qui font les travaux les plus difficiles, à côté d'opérateurs moyens ou médiocres qui, sous les ordres de chefs, assurent une besogne de copie parfois fastidieuse mais cependant nécessaire.

Les maisons se plaignent parfois du recrutement difficile de ce personnel pourtant indispensable. Cette pénurie de personnel apte, est due à plusieurs causes : enseignement incomplet donné aux élèves, recrutement fait souvent sans discernement, sans compter que parfois aussi des salaires insuffisants ne permettent pas d'obtenir le choix désiré.

Quel travail peut faire dans une journée de huit heures de travail maximum une sténo-dactylographe ne s'occupant que de la correspondance ?

Étant donné la diversité d'aptitudes du personnel dont nous venons de parler, il ne saurait être question de donner ici des chiffres absolus.

La fixation de la norme supérieure de rendement va nous guider en cette matière.

Dans les grandes démonstrations et notamment les expériences faites sous les auspices de la Chambre d'Organisation sous forme de concours et championnats nationaux et internationaux depuis plusieurs années, il a été établi qu'une sténo-dactylographe habile pouvait écrire sans faute une dizaine de lettres à l'heure. Ces lettres comportant une moyenne de 120 mots, cela fait 80 lettres dans une journée, double au carbone et adresses sur enveloppes comprises ; pratiquement on ne peut soutenir longtemps ce rythme de travail.

Une opératrice moyenne peut donc faire la moitié de ce chiffre extrême, soit une quarantaine de lettres de l'importance déjà signalée et davantage évidemment s'il s'agit de lettres ne comportant que quelques lignes.

S'agit-il simplement de copie dans laquelle le travail de prise sténographique ne joue aucun rôle, le rendement est d'un autre ordre. Trop souvent les employeurs ont confondu sous le vocable général « dactylo » les sténo-dactylographes et les dactylographes.

La connaissance de la sténographie commerciale dans son degré supérieur (de 120 à 130 mots par minute) si elle s'accompagne d'une bonne pratique de la dactylographie, classe l'employé dans la première catégorie de ce genre de collaboratrices ou collaborateurs, car il y a encore, quoiqu'en petit nombre, des employés hommes occupant de bons emplois de sténo-dactylographes.

Les dactylographes ne connaissant que la machine à écrire sont généralement employées à copier des lettres déjà écrites et surtout des documents, des circulaires.

Les concours dont nous venons de parler montrent que la vitesse des meilleurs dactylographes va de 60 à 90 mots à la minute, vitesse qu'il n'est pas possible de soutenir dans le travail quotidien.

Pour être compris de tous disons que cette vitesse correspond à la copie d'une page pleine (25 à 28 lignes) effectuée dans moins de 5 minutes, soit plus de 12 pages à l'heure, ce qui donnerait une centaine de pages dans une journée de huit heures de travail.

Des chefs nous demandent parfois des précisions en ces matières, des chiffres qui leur permettent d'établir ce qu'ils appellent quelquefois « d'honnêtes moyennes ».

Nous venons de donner les chiffres de la production supérieure, que seules peuvent atteindre quelques rares personnes habiles et entraînées. C'est au tiers de ce chiffre que peut être fixé le minimum de travail à exiger, au-dessous duquel ne peuvent descendre que des apprenties.

Le chiffre de huit pages de copie dans une heure n'est pas exagéré puisqu'il représente une vitesse inférieure à 40 mots à la minute qu'on est en droit d'exiger de toute dactylographe moyenne.

Nous n'entrerons pas plus avant dans les détails de cette technique, mais nous pouvons ajouter que la Chambre d'Organisation et tout particulièrement son Secrétaire général, auteur de ce travail, se feront un plaisir de répondre à toutes questions précises et surtout ce qui concerne l'organisation des services du courrier, quelle que soit l'importance des entreprises et feront bénéficier les lecteurs de cet ouvrage de l'expérience acquise en ces matières.

L'installation matérielle des dactylographes

Les dactylographes, en dehors de leur machine à écrire, doivent être installés eux aussi « à la moderne ».

Il faut qu'ils aient à leur portée les accessoires dont ils ont fréquemment besoin : papier des divers formats avec ou sans en-tête, papiers pelures pour duplicata, papier carbone, enveloppes courantes, etc.

La table sur laquelle repose la dactylotype ne doit être ni trop haute ni trop basse. On en trouve dans le commerce de parfaitement appropriées. La dimension généralement adoptée est de 60 centimètres de haut, de 10 à 15 centimètres plus bas que les tables ordinaires.

Comme les opérateurs sont de tailles diverses, on a prévu des chaises spéciales très confortables, soutenant le dos notamment et pouvant se fixer à la hauteur voulue.

Lorsqu'il s'agit de dactylographes qui doivent travailler plusieurs heures de suite à la même place, on comprendra que ces détails d'installation matérielle ne soient point négligeables.

Un opérateur confortablement installé (ne pas confondre confortable avec luxe) fournit un travail meilleur et se fatigue bien moins que s'il se trouve placé dans des conditions défectueuses. L'expérience prouve que des jeunes filles peuvent, étant bien installées, travailler 4 ou 5 heures de suite sans fatigue appréciable.

Pour être dans la bonne position, la dactylographe évitant de se pencher sur sa machine doit tenir le corps aussi droit que possible.

Trop peu font usage des porte-copies qui ont le grand avantage d'épargner la fatigue de la vue et celle du corps qu'on a tendance à pencher pour lire les textes à copier mis à plat sur la table qui supporte la machine, ou sur une rallonge de même hauteur. Un bon éclairage ménageant la vue des opérateurs fait partie d'une bonne installation matérielle et constitue le complément indispensable de l'organisation que nous venons de décrire.

La législation concernant les employés de bureau

Ces notions bien que n'étant pas du domaine technique se rapportent à l'organisation puisqu'il s'agit de la jurisprudence qui fixe les relations entre patrons et employés.

Nous les présentons ci-après sous la forme la plus précise et la plus concise :

Obligation de délivrer le certificat de travail. — L'obligation patronale s'applique à tous les cas, quelle que soit l'origine de la rupture du contrat et pour tous les salariés, y compris les sténodactylographes.

Mentions indispensables. — 1° Date d'entrée en service du salarié ; 2° date de cessation ; 3° qualité dans laquelle il a travaillé (art. 22 du Code du travail).

Signature. — Le certificat doit être signé par l'employé lui-même ou par le directeur de la Société, à l'exclusion des chefs de service, sauf quand ces derniers ont qualité pour le faire.

Conséquences d'un certificat incomplet. — Ce certificat n'est pas valable et expose son auteur à être poursuivi en dommages-intérêts devant les Prud'hommes.

Mention superflue. — La formule « libre de tout engagement » n'est pas nécessaire.

Mention à éviter. — Ne pas mentionner l'heure de la rupture de contrat, cette indication pouvant nuire au salarié auprès de son nouveau patron.

Attestations élogieuses. — Elles doivent être sincères, car, reconnues fausses par le nouvel employeur qui s'y serait fié, elles pourraient donner lieu, de sa part, à une action en dommages-intérêts. En outre si l'Enregistrement apprend qu'elles ont été données par pure complaisance, il peut les frapper d'amende.

Attestations désobligeantes. — Elles sont à proscrire rigoureusement, car elles peuvent provoquer de la part du salarié une action en dommages-intérêts, voire même une plainte en diffamation.

Renseignements confidentiels. — L'employeur peut les fournir aux tiers, pourvu qu'il ne les donne pas avec une évidente intention de nuire. Exemple : une maison a le droit de signaler à sa clientèle que tel de ses représentants a été révoqué. Mais le fait d'ajouter ces simples mots « pour des raisons sérieuses » a été considéré comme constituant une diffamation.

Conseil pratique. — Le plus sûr et le plus simple encore, surtout s'il y a doute, est de se borner au simple certificat chronologique et professionnel prévu par la loi.

Remise du certificat. — Une sage précaution consiste, soit à se faire délivrer séance tenante, un reçu du certificat, soit à envoyer ce reçu sous pli recommandé. En effet, la non remise ou la remise tardive de certificat peut entraîner l'ouverture d'une action en dommages-intérêts devant les Prud'hommes.

Légalisation. — Question controversée. D'après la plus récente décision judiciaire la légalisation n'est pas imposée par la loi au patron, pourvu qu'il ait déposé sa signature au Commissariat de police.

Le certificat est dispensé du droit de timbre et d'enregistrement.

Le délai-congé pour les employés sténo-dactylographes

La période de délai-congé, d'après les usages généraux, se rapporte à la période d'engagement.

Si l'employé est au mois, le délai-congé est d'un mois, et si l'employeur veut se séparer du salarié, sans motif grave, il lui doit un mois d'appointements.

L'employé engagé à la quinzaine a droit à un délai de préavis d'une quinzaine. L'employé pris à la semaine a droit à un préavis d'une semaine.

L'employé payé à raison de tant par quinzaine, est réputé engagé à la quinzaine.

Le contrat d'un employé, engagé et payé à la journée, est un contrat à durée déterminée, prenant fin avec l'expiration de chaque journée. Aucun préavis n'est nécessaire en cas de rupture.

Pendant toute la durée du délai-congé, l'employé a le droit de se réserver deux heures de liberté par jour, aux moments gênant le moins le service et après l'accord avec l'employeur. Les employés supérieurs, tels que les fondés de pouvoirs, les directeurs commerciaux, les employés ayant la signature, ont droit à un délai de préavis de trois mois.

Le délai d'essai est, en principe, égal au délai-congé. Pendant ce délai d'essai l'employeur a la faculté de rompre le contrat du jour au lendemain sans indemnité.

Dans l'indemnité de délai-congé ne rentrent que le salaire fixe, et pour les employés nourris, une indemnité de nourriture calculée à raison de tant par jour (10 fr. en 1926). Les accessoires du salaire, tels que commissions, pourcentages, gueltes n'entrent pas en ligne de compte dans le calcul de l'indemnité de délai-congé.

CHAPITRE II

LA TECHNIQUE DES CLASSEMENTS

Classification et classement. — Généralité sur les classements. — Le classement de la correspondance. — Études de quelques classements particuliers.

Par Gaston RAVISSE

INTRODUCTION

Le but de ce chapitre n'est pas, on le conçoit, d'apporter des notions nouvelles sur le sujet du classement, ni même d'essayer de l'exposer dans toute son ampleur.

Mais la question du classement qui paraissait autrefois ne devoir intéresser que l'homme de loi ou de science, le bibliothécaire, l'archiviste, est devenue capitale aujourd'hui pour l'industriel et le commerçant dont le bureau a été envahi par des monceaux de documents de toutes sorte, conséquences de la complexité des affaires modernes. D'où nécessité de vulgariser cette connaissance.

Montrer l'importance et la nécessité du classement semble superflu quand on s'adresse à des hommes d'affaires, aux prises chaque jour avec les difficultés de tous genres qu'engendre la conduite des entreprises importantes. Aussi faut-il s'étonner de voir cette science (car le classement est une véritable science) si peu étudiée, si dédaignée même encore par certains.

Le classement est par définition fils direct de la méthode, de cette « méthode » que Descartes définissait « le seul chemin pour arriver à la connaissance » et dont il traçait le processus analytique en disant : « Diviser chacune des difficultés en autant de parcelles qu'il se peut et qu'il est requis pour les mieux résoudre... conduire ses pensées *par ordre*.., Faire partout des dénombrements si entiers et des revues si générales qu'on soit assuré de ne rien omettre ».

Tout le problème du classement tient dans cette courte phrase. Classer, c'est diviser les documents *en groupes* ; les disposer *par ordre*, s'assurer par un contrôle rigoureux que rien n'a été omis ou ne s'est égaré...

Par cela seul qu'elle est une des applications matérielles les plus parfaites qui soient de la « méthode cartésienne », la science du classement devrait être enseignée dans nos écoles à tous les degrés. Elle constituerait en même temps que la plus belle leçon de philosophie, la plus pratique leçon de choses que l'on puisse souhaiter.

* * *

Notre étude sera divisée en cinq sections :

1º *Classification et classement :* Différents sens du mot « classer ». — La classification décimale. — La notation décimale. — La classification méthodique ou analytique.

2º *Généralités sur les classements :* Définition du « classement ». — Qualités et avantages. — Les *procédés* de classement. — Les *ordres* de classement. — La question du répertoire.

3º *Le classement de la correspondance :* Classement alphabétique. — Classement numérique. — Classement alpha numérique. — Purges, Transferts, Archives.

4º *Étude de quelques classements :* Le classement des fiches. — Le classement de la documentation. — Le classement des pièces comptables. — Le classement des livres et des revues : L'indexage. — Le classement des catalogues. — Le classement des plans. — Le classement des clichés. — Pièces confidentielles.

5º *Le matériel, les locaux et le personnel du service de classement.*

I

CLASSIFICATION ET CLASSEMENT

Différents sens du mot « classer ». — Le mot « classer », a deux sens enregistrés dans les dictionnaires :

a) Distribuer par classes ;

b) Ranger dans un ordre déterminé.

Quand nous parlons de classer des livres, des dossiers, des documents, c'est généralement au sens *(b)* que nous faisons allusion. Nous voulons dire que nous disposons des choses suivant un ordre convenu, de façon à pouvoir les retrouver aussi facilement et aussi à les remettre rapidement à la place qui leur est assignée. Quand nous disons « classer verticalement », nous employons le mot dans un sens différent ; en effet, il ne s'agit plus alors ni de grouper les objets suivant des classes ni d'après un ordre convenu, mais simplement de les disposer matériellement dans une position donnée. On devrait donc, pour éviter toute confusion, distinguer trois termes :

1º Classification (classifier) : distribution par classes ;

2º Classement (classer) : rangement dans un ordre déterminé ;

3º Disposition (disposer) : position matérielle donnée aux objets (verticale, horizontale, etc.) dans le classement.

Pour la troisième opération, qui consiste à donner aux objets leur position dans le classement, il serait bon de lui réserver un nom particulier ; mais les expressions « classement vertical », « classement horizontal » sont tellement usitées, qu'il semble peu opportun de bouleverser cette terminologie. Les mots « classer » ou « classement » peuvent donc sans trop d'inconvénients se rapporter à *l'ordre* des objets et à leur *position* matérielle, à condition que l'on prenne soin de distinguer : d'une part, *les ordres* de classement (alphabétique, numérique, etc.), d'autre part, les procédés ou modes de classement (vertical, horizontal, etc.).

Mais il n'en peut aller de même pour les mots « classement et classification ».

Quand je classe mes factures dans un dossier spécial, ou mes contrats, il est évident que j'ai dû effectuer *au préalable* une opération consistant à distinguer, à séparer des documents particuliers de ce qui n'est ni factures, ni contrats : des lettres, par exemple, des catalogues, des prix courants, etc. *Cette opération précédant naturellement et nécessairement toute espèce de classement* est proprement la classification, et consiste à répartir des choses quelconques en groupements, groupes et sous-groupes, selon des caractères communs.

Sous le bénéfice de ces observations préliminaires, nous adopterons donc pour plus de précision dans cette étude la terminologie suivante :

a) Distribuer par classes : classifier (classification) ;

b) Ranger dans un ordre déterminé : classer (ordre de classement) ;

c) Placer dans une position donnée : classer (procédé de classement).

* * *

La classification décimale. — Il est impossible de parler de « classification » sans parler du système décimal dont l'emploi a été vulgarisé en Europe par l'Institut international de Bibliographie dont le siège est Palais mondial à Bruxelles. Un bibliothécaire américain, Melvil Dewey, a imaginé d'appliquer à la classification des livres (ou plus exactement des *matières* traitées dans les livres) une notation dite décimale dont le procédé repose sur cette vérité arithmétique que la formation des nombres décimaux est illimitée et qu'entre deux nombres décimaux de même ordre consécutif on peut toujours intercaler neuf nombres décimaux consécutifs de l'ordre immédiatement inférieur divisant ainsi chaque élément d'un sujet en 9 sous-éléments. Entre 0,12 et 0,13 on peut introduire : 0,121, 0,122, 0,123..., 0,129. Ce système a été expliqué dans divers manuels et est appliqué par l'Institut international de Bibliographie. M. Paul Vanuxem en a donné un exposé très condensé et parfaitement clair auquel nous renvoyons ceux de nos lecteurs qui s'intéresseraient particulièrement aux détails de la question (1).

Voici un exemple qui montrera comment joue pratiquement le système : soit le symbole 0,4 désignant un article de catalogue de bicyclettes, par exemple : « pédalier ». Toutes les pièces du pédalier seront désignées par une subdivision de ce symbole (2) :

Axe	0,41
Cône	0,42
Cuvette	0,43
Roue dentée	0,44
Tube cuvette	0,45
Écrou de tube cuvette	0,46
Manivelle	0,47
Clavette	0,48
Pédale	0,49

---

(1) *Industrialiser*, introduction théorique et pratique à l'étude de l'administration expérimentale, Dunod, éditeur, Paris, 1927.

(2) Si le nombre des sous éléments est supérieur à neuf, on donne aux huit premiers sous éléments huit de ces neuf cases disponibles et on partage décimalement la neuvième entre les éléments restants.

Maintenant nous pouvons subdiviser n'importe quelle pièce en une série illimitée, tout en gardant le symbole primitif de la pièce principale pédalier (0,4). Par exemple si nous avons des variétés de cônes, nous les désignerons successivement par ces symboles :

0,421
0,422
0,423, etc. ;

et si par hasard, nous venions à avoir deux types, deux qualités différentes, mettons du cône 0,422, il nous serait encore loisible de leur affecter des symboles dérivés de 0,422, soit 0,4221, 0,4222.

Maintenant supposons que nous venions à fabriquer ou à vendre plusieurs types de pédaliers. Comment allons-nous les désigner ? Rien de plus simple, nous donnerons à ces nouveaux types les symboles : 0,401, 0,402, 0,402, etc., puisque le type unique du début avait pour symbole 0,4 ou, ce qui revient au même, décimalement parlant 0,40.

Il est inutile sans doute de montrer comment on pourrait maintenant de la même façon désigner deux types nouveaux du modèle 0,402, lequel se subdiviserait tout naturellement en 0,4021, 0,4022, etc.

Comme on le voit, l'avantage du système vient de ce qu'il y a toujours de la place dans la série des symboles généraux pour la désignation d'un nombre intermédiaire d'articles venant s'insérer dans la classification, sans troubler l'ordre des symboles. Ainsi dans l'exemple précédent, je n'aurais jamais pour désigner des pédaliers, à recourir au symbole 0,5 lequel sera réservé, si l'on veut, aux selles. *Pour désigner les pièces de pédalier, les subdivisions décimales de 0,4 me suffiront toujours.*

Pratiquement, on supprime, dans l'écriture et dans la lecture, le zéro et la virgule précédant le symbole décimal. La numération précédente prend alors l'aspect suivant : 4, 41, 42, 43..., 49 ; mais nous savons que pour ordonner ces symboles, il faut sous-entendre devant chacun d'eux le signe 0. Ainsi, le symbole 491 signifie 0,491 et prend place entre 49 (0,49) et 50 (0,50), puisque le nombre décimal 0,491 prend normalement place entre 0,49 et 0,50.

Il y aurait bien d'autres choses à dire sur les détails de fonctionnement du système décimal, sur les doubles entrées, les signes conventionnels, etc., mais les explications que cela entraînerait dépasseraient à la fois le cadre et le but de cette étude.

En fait, le système de Dewey ne nous intéresse pas en tant que classification toute faite, mais seulement comme principe de classement. En tant que classification, le système décimal ne peut pas rendre de services dans une entreprise commerciale ou industrielle pour la simple raison qu'un sujet donné, lequel se trouve, pour une entreprise déterminée, être un sujet de premier plan, aura dans la classification Dewey (laquelle englobe la totalité des connaissances humaines), un numéro d'ordre comprenant un grand nombre de chiffres. Ainsi « motocyclette à une place » est désigné dans la fiche de l'Institut par le numéro 6291185. Si je constitue un index de renseignements techniques sur les motocyclettes, combien de chiffres se trouvera avoir telle pièce détachée de la motocyclette ? Adopter pour une affaire — nécessairement toujours plus ou moins spécialisée — la notation même de Dewey donnerait les résultats les plus extravagants.

Dans l'index de la *Technical Press,* on relève des nombres comme ceux-ci :

$$665,7,0063 \ (42,82)$$
$$666,7,665,7,0048$$
$$629,123,2,0026$$
$$622,34 : 553,44 \ (44,72).$$

Comme le fait remarquer M. Kayser dans son livre *Systematic Indexing,* la classification de Dewey fournit parfois des symboles bien plus longs et plus complexes que le symbole alphabétique qu'est le nom même de la chose ; et il en donne cet exemple frappant que dans l'*Index of the Technical Press* un *bac* (ferry boat) est représenté par un symbole de 21 chiffres :

$$629,123,25 : 0014\text{-}625,9\text{-}17939.$$

La notation décimale. — Il apparaît donc que la classification décimale de Dewey ne peut être de bien grand aide pour arriver à la solution des problèmes de classement qui se posent dans les affaires... Il n'en est pas de même de la notation décimale qui permet de diviser une matière donnée en séries et de subdiviser chaque série sans bouleverser celle des nombres entiers.

De nombreuses applications ont été faites du système de notation décimale tout particulièrement en comptabilité et en vue de l'établissement *du plan comptable.* Nous en donnons ci-dessous un exemple qui fera comprendre d'un seul coup le maniement et les avantages du système.

PLAN COMPTABLE (1)

0. — COMPTES DU CAPITAL

00. — *Capital.*
01. — *Actionnaires.*

1. — RÉSERVES ET AMORTISSEMENTS

10. — *Réserves :*
   100. — Réserve légale.
   101. — Réserve pour renouvellement du matériel.
   102. — Réserve pour fluctuation des cours.
   103. — Réserve pour remboursement des parts de fondateur.

---

(1) Nous empruntons cet exemple de classification des comptes par le système de la notation décimale à l'ouvrage de M. Léon Batardon : *La Tenue des livres sur feuillets mobiles,* Dunod, éditeur, 1924, pages 45 et suivantes.

11. — *Amortissements* :
    110. — Amortissement du mobilier.
    111. — Amortissement de l'agencement.
    112. — Amortissement du matériel industriel.
    113. — Amortissement du fonds de commerce.
    114. — Amortissement des brevets.
    115. — Amortissement des constructions.

2. — COMPTES DE FRAIS ET RÉSULTATS

20. — *Pertes et profits* :
    200. — Résultat de l'exercice.
    201. — Pertes et profits accidentels.

21. — *Frais généraux* :
    210. — Fourniture de bureau.
    211. — Impôts.
    212. — Assurances.
    213. — Appointements.
    214. — Loyer.
    215. — Chauffage.
    216. — Éclairage.
    217. — Frais généraux divers.

22. — *Intérêts*.

23. — *Frais de vente* :
    230. — Frais de voyage.
    231. — Commissions sur ventes.
    232. — Publicité.
    233. — Agios.
    234. — Emballages.

3. — IMMOBILISATION

30. — *Mobilier*.
31. — *Agencement*.
32. — *Matériel industriel* :
    320. — Machines à vapeur.
    321. — Petit outillage.
    322. — Matériel mobile.
33. — *Fonds de commerce*.
34. — *Brevets*.
35. — *Constructions*.
36. — *Ecuries et remises*.
37. — *Frais de constitution*.
38. — *Frais de premier établissement*.
39. — *Primes de remboursement*.

4. — DÉPOTS

40. — Loyers d'avance.
41. — Cautionnement au gaz.
42. — Cautionnement électricité.

5. — STOCKS

50. — Matières premières.
51. — Marchandises.

6. — FABRICATION

60. — Main-d'œuvre.
61. — Fonderie.
62. — Décolletage.
63. — Frais de fabrication :
     630. — Loyer de l'usine.
     631. — Charbon.
     632. — Force motrice.

7. — CRÉANCES

70. — Clients.
71. — Débiteurs douteux.
72. — Débiteurs divers.
73. — Effets à recevoir.

8. — DETTES

80. — Fournisseurs.
81. — Entrepreneurs.
82. — Effets à payer.
83. — Obligations.
84. — Coupons d'obligations échus.
85. — Dividendes échus.

9. — DISPONIBILITÉS

90. — Caisse de Paris.
91. — Caisse de l'usine.
92. — Crédit Lyonnais.
93. — Banque Nationale de Crédit.

*****

La classification méthodique ou analytique. — A côté des deux systèmes de classification que nous venons d'exposer, il faut noter la méthode de classification qui consiste dans l'analyse pure et simple d'une connaissance ou d'un sujet donnés, et sa division en un plus ou moins grand nombre d'éléments partiels, réunis ensuite en groupes et sous-groupes, suivant des caractères communs aux divers éléments.

On se fait facilement une idée de la classification analytique en se la représentant sous la forme d'un arbre généalogique. A l'origine, est l'idée de base sur laquelle tout le système va s'étayer, comme à l'origine de l'arbre généalogique, on trouve les « ancêtres communs » de toute la famille. Puis l'idée ira s'analysant, se ramifiant, au fur et à mesure qu'on l'examine sous ses différents aspects, comme vont se ramifiant les différentes branches de l'arbre généalogique.

Dans une note, que l'on trouvera en annexe à la fin de ce chapitre, sur la méthode de classification adoptée par l'*Annuaire Industriel*, l'auteur après avoir rappelé qu' « il n'y a pas de science possible sans classification des matières de cette science », fait observer très justement que : « Étant donné le nombre incalculable d'objets existant dans tous les domaines et pouvant tomber sous les sens, la meilleure méthode qu'on ait trouvée pour permettre à la mémoire humaine d'en garder le souvenir est le *classement analytique* qui a pour but de rassembler sous le minimum de termes une série nombreuse d'objets ayant une ou plusieurs caractéristiques communes ».

Le lecteur lira avec intérêt ces observations... Il trouvera, d'autre part, dans la quatrième partie de cette étude, un exposé très complet d'un système de « *classement* de la documentation » qui est une véritable application matérialisée de classification analytique.

II

GÉNÉRALITÉS SUR LES CLASSEMENTS

Malgré la généralité de ce titre, il est bien entendu que nous ne nous occupons dans ce chapitre que du classement des pièces ou documents qui se trouvent dans les bureaux et auraient vite fait de les encombrer s'ils n'étaient méthodiquement classés, c'est-à-dire : Lettres reçues, duplicata de lettres envoyées, factures reçues, contrats, polices, catalogues, reçus, imprimés de toutes sortes, fiches documentaires, pièces comptables, clichés typographiques, livres comptables et autres, etc., etc.), à l'exception de tous autres classements : magasins, pièces détachées, etc...

*
* *

Définition du « classement ». Avantages et qualités. — De même que nous avons marqué la différence qu'il y a entre « classifier » et « classer », nous devons ici bien faire remarquer la différence qu'il y a lieu de faire entre « ranger » et « classer ».

Beaucoup de gens se figurent que parce qu'ils ont mis un certain ordre apparent dans leurs affaires, qu'ils ont enfoui leurs papiers dans des tiroirs ou dans des armoires, ils les ont « classés ». C'est inexact, ils n'ont fait que les ranger ; ce qui distingue « ranger » et « classer », c'est que dans l'opération du rangement on met en place les objets qui encombrent *n'importe où et n'importe comment* ; tandis que quand on les classe, on les « range méthodiment »

Classer, c'est donc : « donner à des pièces une disposition matérielle telle qu'il soit possible à tout instant de retrouver sûrement l'une d'elles sur sa simple désignation ; et de la remettre ensuite en place, avec la même sécurité et la même rapidité ».

Les qualités requises d'un bon classement sont qu'il permet :

1° De trouver rapidement l'objet, le dossier, le document que l'on cherche ;

2° De classer ou reclasser (c'est-à-dire remettre en place) rapidement, et surtout sûrement la pièce ou le document après consultation ou usage ;

3° De contrôler et de vérifier aisément si la remise en place a été correctement effectuée, et de s'assurer en même temps qu'aucune pièce ne manque au classement.

Les avantages du classement sont de donner cette tranquillité nécessaire à l'homme d'affaires d'avoir l'assurance que toutes les pièces ou documents utiles à la bonne marche de son entreprise, ou nécessaires à la justification de ses opérations commerciales, sont conservées en sûreté, et peuvent lui être remises *instantanément* s'il en a besoin ; de lui donner cette force morale qu'est la possession d'une bonne et sérieuse documentation à la fois sur la clientèle, sur la concurrence, et sur la technique de son affaire ; enfin de le désencombrer de toute cette « paperasserie » dans les flots de laquelle sombrent les énergies, les intelligences et les courages le mieux trempés.

Les procédés de classement

Les procédés (ou modes) de classement sont les moyens matériels mis à notre disposition en vue du rangement des documents dans un ordre méthodique.

Les procédés de classement généralement adoptés sont :

Le classement à plat ;

Le classement debout ;

Le classement vertical.

Expliquons ces mots : classement à plat, debout, vertical. Ils proviennent de ce que, en somme, toute pièce à classer (qu'il s'agisse d'un paquet d'imprimés, d'un dossier, ou même d'un cliché) présente dans sa forme une certaine analogie avec celle d'un livre. Or, extérieurement un livre se présente, quant à la forme, sous un des trois aspects suivants : un plat, une tranche, un dos. Le plat, c'est toute la surface de la couverture antérieure ou postérieure du livre ; la tranche (il y en a trois), c'est la portion rognée ou non des pages qu'on aperçoit quand le livre est fermé ; le dos, c'est la partie postérieure du livre, celle que l'on voit quand le livre est rangé dans une bibliothèque, et qui porte généralement le titre du livre et le nom de l'auteur.

A) *Classement à plat.* — Dans le classement à plat, les documents sont classés sur leur plat, *empilés* les uns sur les autres, le dos en avant.

Ce procédé de classement convient et peut être adopté pour le classement des *gros dossiers* et encore sous certaines conditions seulement ; des *formules imprimées* en position de stock ; des *clichés typographiques* ; des *plans et dessins* (et encore sous réserves) ; les *très grands registres*, à la condition toutefois qu'ils soient classés à plat dans des casiers spéciaux dits « rayons à rouleaux ».

Il ne convient pas pour le classement des dossiers de correspondance. Ces dossiers sont en effet généralement minces. Où alors inscrire le nom du correspondant et son numéro de référence ? Sur le dos, on ne les verra pas..., sur le plat, on les verra moins encore ; et il faudra soulever chaque dossier, un à un, pour trouver celui qu'on cherche. La difficulté sera plus grande encore quand il s'agira de « reclasser » un dossier sorti. Il faudra : 1° retrouver avec beaucoup de difficultés sa place ; 2° ensuite l'intercaler entre le dossier du dessus et celui du dessous. Perte de temps, risque de perdre les pièces contenues dans le dossier... C'est un procédé qui, malgré les perfectionnements très coûteux d'ailleurs qu'on a pu apporter dans la fabrication des dossiers (dossiers à dos ondulés, à dispositifs relieurs, etc.) ne présente que des désavantages au point de vue du classement de la correspondance, et qui doit être repoussé.

Les meubles pour le classement à plat, lorsque ce procédé est adopté, sont constitués par des travées verticales divisées en casiers dans le sens de la hauteur par des tablettes horizontales. Ce sont, en somme, les « casiers » qu'on rencontre dans les vieilles études de notaires et autres officiers ministériels. On a essayé de moderniser ce mobilier, en rendant mobiles les tablettes (Fig. 1)

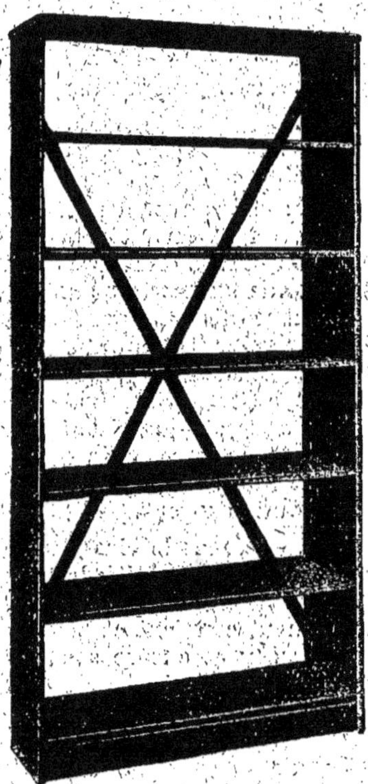

Fig. 1. — Modèle de meuble pouvant servir à la fois pour un classement à plat ou un classement debout

(classement des gros dossiers), en diminuant la hauteur des casiers, de façon à diminuer en même temps le nombre des documents qu'ils contiennent et la durée des recherches ; on les a dotés de fermetures spéciales, et même à rideaux,... (Fig. 2). A la vérité, le classement à plat n'est pratique que pour le rangement provisoire des dossiers en consultation, le rangement des gros dossiers ; et aussi, mais dans des tiroirs établis comme il convient, pour le classement des clichés. Nous reviendrons plus loin sur ce sujet.

B) *Classement debout*. — Dans le classement debout, les documents sont placés sur leur tranche, le dos en avant. C'est la position d'un livre dans une bibliothèque.

Ce procédé de classement peut être adopté rationnellement pour les objets suivants :

Livres et reliures. — C'est la classique disposition des livres dans une bibliothèque. Dans ce cas, il y a lieu autant que possible d'affecter un même rayon aux livres et reliures d'un format sensiblement de même hauteur. (Fig. 3).

Fig. 2. — Modèle de meuble pour classement horizontal. On remarque que les planchettes formant « cuvettes » sont mobiles et de peu de hauteur.

Pour ce qui concerne les reliures qui sont soit des *Biblorhaptes*, soit de simples « plats » cartonnés très résistants, articulés sur un large dos ; soit encore de véritables « cartonniers », elles sont disposées de telle façon que l'on puisse y insérer ou en retirer aisément des documents. Elles servent surtout pour le classement des archives ; elles peuvent même en certains cas être adoptées pour de petits classements de dossiers de correspondance. Certaines de ces reliures peuvent même contenir des *guides divisionnaires*, ou un *répertoire*. Ce sont alors en quelque sorte des registres à *feuillets mobiles*.

Les *imprimés*, qui peuvent être aussi bien rangés et classés, au stock, sur tranche que sur plat.

Les *catalogues*, si du moins ils sont d'un nombre de pages, et par suite d'une rigidité suffisante pour se tenir sur un rayon de bibliothèque aussi bien qu'un livre.

Fig. 3. — Rayonnages spéciaux pour le classement debout.
Très employés dans les bibliothèques publiques

Les *revues*, dans le cas où, comme il est dit dans le paragraphe précédent, elles sont susceptibles de se comporter comme un livre.

Ce mode de classement ne convient pas pour les dossiers minces de correspondance. Cependant, signalons que certains fabricants, par le moyen de guides très résistants enfilés sur tringles métalliques, sont arrivés à utiliser les rayons d'une bibliothèque, ou même d'une armoire, de façon à y classer en ordre, mais cependant verticalement et non pas debout, les dossiers de correspondance.

Les meubles pour le classement debout sont constitués essentiellement par des travées horizontales : les rayons, en somme, de nos classiques bibliothèques.

Un simple rayonnage constitué par des planches sur des tasseaux suffit dans certains cas au classement debout. Il existe cependant des dispositifs métalliques constitués par des montants garnis de trous sur toute la hauteur. Ces trous sont destinés à recevoir des crochets portant les rayons qu'on distribue ainsi à volonté sur toute la hauteur.

Il existe aussi des dispositifs où les rayons sont mobiles dans le sens de la hauteur par le moyen de supports glissant le long de montants verticaux avec arrêts de serrage à volonté.

Ces dispositifs ont pour but d'adapter l'espace entre deux rayons à la hauteur du format des livres ou reliures qu'on classe sur le rayon inférieur.

G. *Classement vertical*. — Dans le classement vertical les documents sont disposés verticalement. Ils reposent sur le dos. C'est la position des fiches dans un fichier. C'est le procédé de classe-

Fig. 4. — Dossier un pli à rehaussement droit

ment rêvé pour les dossiers de correspondance, et aussi pour beaucoup d'autres documents et même objets divers (papeterie, en-têtes de lettres, catalogues, imprimés).

Voyons son fonctionnement et le matériel nécessaire à sa mise en usage.

Les dossiers. — L'objet du classement ici est le dossier, dans lequel on a placé les documents à classer (lettres, duplicata de lettres, etc.). Le dossier est constitué par une chemise de papier de force moyenne qui est une simple chemise à un pli. Comme les documents à classer sont généralement de format commercial : 21 × 27 centimètres, on réserve à la chemise des dimensions légèrement supérieures : 22 × 29 centimètres. (Fig. 4.)

Les deux plats de la chemise ne sont pas cependant de dimensions absolument égales : le plat inférieur dépasse l'autre côté suivant une bande de un centimètre environ de hauteur. Cette bande s'appelle le « Rehaussement » de la chemise. Elle sert à

inscrire soit le nom du correspondant si le classement est alphabétique, soit son numéro de référence si le classement est numérique ;
soit même à la fois le nom et le numéro dans certains classements.

Pour classer les dossiers ainsi constitués, il suffit de les placer
en position verticale les uns derrière les autres, selon *l'ordre* de
classement adopté, dans un *tiroir*, dit tiroir *classeur vertical*.
Quand nous avons ainsi constitué une *file* de dossiers occupant
environ les 2/3 du tiroir, nous les pressons les uns contre les autres au moyen d'un appareil qui fait partie de la construction du
tiroir, et qu'on nomme le *compresseur* ou *bloc d'arrêt*. C'est une
cloison qui a presque les dimensions intérieures du tiroir, et qui
est disposée de façon à pouvoir être déplacée à volonté d'avant
en arrière et d'arrière en avant ; et aussi d'être immobilisée quand
besoin est.

Nous plaçons alors les dossiers qui font suite dans un second
tiroir de la même façon, puis dans un troisième, etc. jusqu'à ce
que nous ayons placé tous nos dossiers à classer.

Les « rehaussements » du dossier permettent d'apercevoir, pour
ainsi dire, d'un seul coup d'œil, les inscriptions portées sur les
chemises. C'est là un des grands avantages caractéristiques du
procédé vertical qui fait que son emploi s'impose pour les dossiers
minces.

Quand le rehaussement, comme nous venons de le décrire,
occupe toute la largeur de la chemise, il est dit *rehaussement*
entier. Par des découpages spéciaux on peut ménager le rehaussement seulement sur une partie de la largeur : la moitié, le tiers, le
quart, le cinquième, etc. Dans ce cas on désigne les rehaussements
par leur nombre fractionnaire et par leur position. Dans le cas,
par exemple, d'un rehaussement qui occupe seulement le quart
de la largeur de la chemise et se trouve à la partie extrême gauche
de celle-ci, on dit que le rehaussement est du quart et en première
position, etc.

Les guides. — Voici donc nos dossiers avec leurs rehaussements
et leurs inscriptions en position verticale de classement, en file
les uns derrière les autres. Il s'agit maintenant de s'arranger en
sorte qu'on puisse les retrouver rapidement et facilement. Pour
cela il suffit, selon les règles de la méthode, de les diviser en un
« certain nombre de parcelles », ou *sections* qui permettent de
n'avoir plus à porter nos investigations qu'à travers un petit
nombre de pièces. C'est le rôle des guides d'exercer cette fonction
de division. Grâce à eux, nous diviserons la masse du classement
soit en un certain nombre de sections alphabétiques, si l'ordre de
classement adopté est alphabétique, soit en un certain nombre de
dizaines, centaines, mille, etc., si le classement est numérique, en
nous souvenant toujours de ce principe que le nombre des dossiers derrière chaque guide doit être aussi petit que possible, et, en
tous cas, ne jamais dépasser une quinzaine.

Les guides sont matériellement constitués par des feuilles de
carton fort ayant le format des dossiers plus un rehaussement qui
dépasse de un centimètre environ au-dessus des rehaussements

des chemises. Ces rehaussements ont diverses largeurs et sont en diverses positions suivant les besoins. Ils sont destinés à recevoir les inscriptions de la division (ou section) de classement qu'ils représentent en quelque sorte : par exemple, les initiales extrêmes de la section alphabétique contenues derrière lui et jusqu'au guide suivant, ou le nombre identifiant numériquement cette section.

Maniement. — Le maniement d'un tel classement est particulièrement aisé. Pour prendre dans le classement un dossier dont nous connaissons les noms ou le numéro, il suffit après avoir suivi

Fig. 5. — Classeur vertical quatre tiroirs format ministre

les inscriptions des guides, de repérer la section du dossier cherché ; et de le saisir ensuite entre le pouce et l'index pour le retirer du classement sans rien déranger, sans risquer que les papiers contenus dans les chemises s'échappent.

Pour remettre un dossier en place, il suffit d'écarter simplement les dossiers voisins avec deux doigts de la main gauche ; et, tenant le dossier à reclasser entre le pouce et l'index de la main droite, de le laisser tomber à sa place, sans rien déranger et sans risquer de laisser échapper les papiers.

On voit par là tous les avantages du classement vertical : chemises très simples et peu coûteuses, pas d'agrafages, pas de perforations ; visibilité simultanée de toutes les inscriptions, et, par suite, détermination rapide de la place d'un dossier donné ; pas de casiers fixes sujets à engorgement, mais au contraire possibilité d'extensibilité à l'infini, etc... C'est, nous le répétons, à l'heure qu'il est, le mode de classement rêvé.

Meubles spéciaux pour le classement vertical. — Le meuble-type pour le classement vertical, sous son aspect le plus élémentaire, se compose d'un tiroir porté par une paire de *bras* ou *coulisses* disposés de telle sorte que le tiroir peut être tiré de toute sa longueur en dehors du meuble, de façon à présenter la totalité du classement contenu dans le tiroir. Ce tiroir est muni d'un bloc d'arrêt. Ses côtés sont généralement moins haut, que ses faces avant et arrière, de façon à permettre que la lumière pénètre aussi largement que possible entre les dossiers. Il est muni sur le devant d'une poignée qui sert à le tirer ou à le pousser, et d'un porte-éti-

Fig. 6. — Un tiroir classeur
On voit que, pour éviter toute fatigue aux employés, ces tiroirs
sont montés sur billes : d'où roulement très doux.

quette. Généralement ces tiroirs se trouvent groupés par quatre de façon à constituer des éléments de classeur. Dans certaines fabrications, plusieurs éléments peuvent être accolés les uns aux autres pour former une « batterie ». C'est l'extensibilité dans le sens de la largeur. (Fig. 5, 6.)

Un tiroir a une profondeur d'environ 60 centimètres, ce qui correspond à environ 5.000 feuilles de papier en classement, plus les chemises et les guides. Un « élément » de quatre tiroirs contient donc 20.000 feuilles de papier en classement.

Le format le plus courant des tiroirs correspond à des dossiers contenant des lettres commerciales de format 21 × 27 centimètres. Ces classeurs sont dits de « format commercial ». On construit aussi couramment des classeurs dont les tiroirs sont destinés à recevoir des documents de format Ministre ou Écolier (21 × 31 centimètres et 22 × 33 centimètres). Ces classeurs sont dits « de format Ministre ».

Pour obtenir leur glissement parfait, on monte les tiroirs sur galets à billes roulant sur rails d'acier. Certains tiroirs sont encore pourvus d'une tringle métallique glissant dans une encoche au fond du tiroir et destinée à maintenir les guides et empêcher que les dossiers puissent glisser les uns sous les autres.

En général, les quatre tiroirs d'un classeur vertical possèdent un système de *loquetage* général qui permet par la manœuvre

Fig. 7. — Assemblage de plusieurs éléments de classeurs
Cet assemblage rend le système aussi extensible que besoin est

une serrure unique d'immobiliser à la fois tous les tiroirs du meuble.

On fabrique les classeurs verticaux en bois ou en métal.

Enfin, pour être complet, signalons que de même qu'il existe des batteries extensibles en largeur, on construit aussi des meubles extensibles en hauteur : par exemple, un classeur 4 tiroirs est constitué par 4 sections tiroirs, avec une base et un sommet superposés et assemblés par des broches ou des boulons, et des sections mixtes constituées par des tiroirs-fichiers de différents formats, de sorte que l'utilisant peut constituer un meuble composite avec le nombre et le genre de sections qu'il divise. (Fig. 7).

LES ORDRES DE CLASSEMENT

On a fait remarquer quelquefois que c'était faire naître la confusion dans les esprits, et oublier la distinction fondamentale entre la classification et le classement, que d'admettre toute une série d'*ordres* de classement différents.

L'observation est fondée à la vérité : puisque, en fait, on peut ramener tous les modes de classement à deux essentiels : l'alphabétique et le numérique, les autres n'étant que des variétés ou même n'étant pas des classements au sens strict du mot.

Par exemple, l'ordre chronologique a pour fondement l'ordre numérique ; et dans un classement dit géographique, les documents peuvent être disposés suivant un ordre numérique ou alphabétique. Ce sont les groupes, à proprement parler, qui sont disposés géographiquement et non les unités. On a *classifié* les documents selon leur origine ; mais on les *classe* alphabétiquement ou numériquement. Les groupes géographiques eux-mêmes : Espagne, France, Grande-Bretagne, etc., seront rangés alphabétiquement.

Quoi qu'il en soit, et quoiqu'on puisse penser de cette observation à notre sens d'ailleurs, nous le répétons, parfaitement juste, nous avons cru qu'il était bon de définir néanmoins les différents modes de classement en usage. Ce ne sont pas à proprement parler des classements : c'est d'accord. Il n'en faut pas moins montrer quel est leur rôle et la place qu'ils tiennent dans les classements.

Nous empruntons à M. F. Maurice (1) les définitions ci-dessous. Nous pensons qu'aucune définition plus exacte ne peut être donnée.

Les ordres qu'on peut adopter dans les classements sont principalement les suivants :

Ordre numérique. — Il est basé sur la connaissance universelle, présente à la mémoire de chacun, de la suite naturelle des nombres.

Il s'appliquera à des groupes caractérisés par un numéro qui leur est propre. Exemple : des ouvrages numérotés en vue de la formation d'une bibliothèque.

Ordre alphabétique. — Il est basé sur la connaissance (analogue à la précédente) de la suite convenue des lettres de l'alphabet d'une langue donnée.

La façon de classer des mots donnés par ordre alphabétique est universellement connue. Nous rappelons que la règle est la suivante :

---

(1) *Etudes d'organisation commerciale*, chapitre intitulé « Classements et Systèmes », librairie de Documentation commerciale, éditeur, pages 112 et suivantes.

Soit deux mots ayant leurs *n* premières lettres communes, leur ordre alphabétique est celui de leurs $(n+1)^{\text{èmes}}$ lettres. Par exemple les mots « Marcadet » et « Marchand » qui ont les 4 premières lettres communes : M-a-r-c, sont entre eux dans le même ordre alphabétique que leur 5e lettre : *a* pour Marcadet, *h* pour Marchand.

Quand les groupes sont caractérisés par un mot ou un nom qui leur est propre, ces groupes peuvent être classés entre eux par ordre alphabétique. Exemple : les groupes constitués par les lettres d'un même correspondant, dans le classement de la correspondance, peuvent être caractérisés par le nom de ce correspondant, et classés dans l'ordre alphabétique de ces noms.

Ordre chronologique. — Il est basé sur la suite naturelle des dates, c'est-à-dire des années, des mois dans les années, des quantièmes des jours du mois, des heures dans les jours. Ou autrement on peut le baser sur l'ordre naturel des jours dans les semaines ; il est dit alors « ordre semainier ».

Il s'applique à des groupes qui peuvent être caractérisés par leur date. Exemple : le classement par une Maison mère des rapports journaliers de ses directeurs de Succursales.

Ordre idéologique (1). — Il est basé, d'une part, sur la connaissance, par définition ou par convention, de la division d'une idée ou sujet donné en sous-sujets. Par exemple : les Sciences commerciales se diviseront en :

> Économie politique ;
> Droit commercial ;
> Organisation générale ;
> Comptabilité ;
> Géographie commerciale, etc., etc.

Chacun des sujets se divisera en sous-sujets, par exemp'e le sujet « Comptabilité » se divisera en :

> Théories générales ;
> Arithmétique commerciale ;
> Tenue des livres ;
> Balances et Bilans ;
> Comptabilité des Sociétés ;
> Expertises comptables ;
> Opérations de Banque ;
> Opérations de Bourse, etc.

La division idéologique est très souple et chacun peut en créer une pour le *sujet* qui l'intéresse.

L'ordre idéologique est basé, d'autre part, sur un ordre convenu entre les sous-sujets de chaque sujet, ordre qui peut être alphabétique, ou numérique, si les sous-sujets sont numérotés.

____

(1) Il est bien évident que le classement *idéologique*, encore appelé classement « par sujets » est bien plutôt une classification qu'un ordre de classement proprement dit. Nous reviendrons d'ailleurs sur ce sujet à propos du classement de la documentation.

Exemples de l'emploi de l'ordre idéologique : pour le classement des fiches de documentation que constitue un avocat sur la jurisprudence, un ingénieur sur la technologie, etc.

Ordre géographique. — Il est basé, d'une part, sur la connaissance géographique des divisions et subdivisions administratives d'un territoire ; d'autre part, sur l'ordre alphabétique entre les subdivisions d'une même division.

Par exemple, les communes d'un même canton seront classées alphabétiquement entre elles, les cantons d'un même arrondissement seront classés alphabétiquement entre eux, les arrondissements d'un même département seront classés alphabétiquement entre eux, les départements de la France seront classés alphabétiquement entre eux, etc.

L'ordre géographique s'applique à des groupes caractérisés par une situation géographique. Exemple : des fiches de renseignements sur les clients d'une région, pour un service de vente par voyageurs.

Dans un classement, on adopte un certain ordre entre les groupes, un certain ordre (qui peut être de nature différente du premier) entre les sous-groupes dans un même groupe, etc.

Exemple : des dossiers de correspondants (groupes) peuvent être classés entre eux alphabétiquement, et dans chaque dossier les documents chronologiquement.

LA QUESTION DU RÉPERTOIRE

Quel que soit le système de classement qu'on ait adopté, alphabétique ou numérique ou autre, une question angoissante se pose à l'esprit de celui qui a charge de maintenir ce classement en bon ordre (qu'il s'agisse de comptes individuels, en comptabilité ; de dossiers dans un classement de correspondances ; de livres dans une bibliothèque), dès qu'il se trouve en présence soit de noms composés, soit de certains noms de firmes, etc. Comment classer ces noms ? C'est ce que nous appelons : la difficile question du répertoire.

Voyons les difficultés que l'on rencontre nécessairement dans l'opération du répertoriage :

a) *Noms de particuliers.* — On rencontre tout d'abord dans le classement des noms propres. Ces noms peuvent se distinguer en deux catégories : noms de particuliers et noms de collectivités. Les noms de particuliers peuvent être simples (c'est-à-dire composés uniquement du nom patronymique et un ou deux prénoms), ou complexes (c'est-à-dire composés, outre le nom patronymique, le ou les prénoms, de titres, particules, etc. Comme : commandant H. Dupont, marquis de la Tour du Pin, docteur Marcel Durand. Les noms de collectivités sont en principe toujours complexes : Forges et Aciéries de Saint-Chamond, Société électrique du Nord, Comptoir national d'Escompte, etc.

Pour les noms simples, leur classement est facile, il suffit de les disposer alphabétiquement d'après le nom patronymique, le ou les prénoms venant à la suite pour les distinguer.

S'il s'agit de noms particuliers complexes, on pratique l'universion. Il importe d'introduire de la logique dans le système en adoptant des règles fixes. On pourra par exemple s'attacher à l'ordre fourni par la formule suivante :

Patronymique + titre + prénoms + particules : d'où l'on a tiré ce mot bizarre :

PA-TI-PRE-PAR

moyen mnémonique de se rappeler la règle.

Voici l'application de ce que la formule « Pa-ti-pre-par » donnera en pratique :

DOMBASLE, comte Mathieu de
DUPONT, commandant Henri
DUPONT, docteur A.
JOHN, sir H. J.
TOUR, comte Henri de la

Il va sans dire que l'ordre doit être l'ordre alphabétique *absolu*, c'est-à-dire que chaque nom complexe doit être considéré comme un seul mot. Par exemple, si les noms complexes ont tous le premier mot commun, c'est leur *deuxième* mot qui donnera l'ordre de classement. Par exemple, c'est une faute que d'avoir classé les titres de publications ci-dessous dans l'ordre où ils sont. On a pris pour ordonner le classement le troisième mot au lieu du second :

Annales des Chemins de fer
— de Chimie
— du Commerce extérieur
— Hydrographique
— des Mines
— du Muséum d'Histoire naturelle
— Politiques et Littéraires
— des Ponts et Chaussées
— des Sciences politiques
— des Sciences psychiques.

b) *Noms de collectivités.* — Pour les noms de collectivités, ils sont plus souvent complexes et désignent soit des maisons de commerce, soit des corps administratifs, soit des associations.

Les maisons de commerce ont les désignations les plus variées : Société anonyme des Aciéries de la Loire ; les Fils de Paul Durand, Charbons en Gros ; Forges et Aciéries de Saint-Étienne ; Compagnie Générale Électrique du Nord ; Société générale de Traction Électrique ; Comptoir National d'Escompte de Paris ; Grands Magasins du Louvre ; Au Bon Marché ; Bazar de l'Hôtel de Ville ; Aux Forges de Vulcain ; Caisse Syndicale des Forges de France, etc.

Les corps administratifs seront : Municipalité de Lyon ; Commune de Neuvy-Pailloux ; Ministère de l'Instruction Publique et des Beaux-Arts ; Académie des Inscriptions et Belles Lettres ; École de Médecine ; École de Notariat de Poitiers, etc.

Les associations ne seront pas moins variées : Société Mutuelle de l'Indre ; Association des Anciens Combattants de 70 ; Syndicat des Éleveurs du Poitou ; l'Étoile, Association Sportive de la Seine-et-Oise, etc.

On voit de suite combien il est indispensable de soustraire le classement de dossiers, de pièces ou de fiches se rapportant à des appellations aussi diverses *aux inspirations individuelles*. Il importe d'établir des règles fixes, logiques, de les formuler aussi clairement que possible et d'en assurer la constante exécution.

c) *Classement par la désignation normale*. — La combinaison la plus simple serait évidemment de ne pas toucher aux désignations collectives, commerciales ou autres et de classer tout simplement : Caisse Syndicale des Forges de France à « Caisse », Société Générale de Traction Électrique à « Société » et ainsi de suite. On a fait à cette méthode l'objection qu'il y aurait dans le classement une accumulation considérable à certains mots comme « Société », « Comptoir », « Compagnie », etc. Cela ne peut pas être considéré comme très grave puisqu'après tout ces mêmes accumulations se rencontrent dans le dictionnaire pour certains mots commençant par un même préfixe. Nous avons par exemple une accumulation de termes commençant par le préfixe « para » :

para-fine
— -lysant
— -lysateur
— -lyser
— -lytique
— -mètre
— -métrique
— -nésies
etc.

L'œil s'habitue aisément à faire abstraction du préfixe et à rechercher la partie alphabétique du mot, base du classement. Par contre, une critique plus objective est celle-ci : non seulement la désignation littérale n'est pas toujours connue ou est mal connue, mais la désignation courante est souvent totalement différente. Par exemple, tout le monde dit « le Printemps » tout court et non pas « les Grands Magasins du Printemps » ; tout le monde dit « au Bon Marché » et non « Maison Aristide Boucicaut, Caslon, Drun, Pillot et Cie », etc. Si on tient à suivre cette méthode et à classer les noms en respectant strictement la désignation des correspondants, il est indispensable de multiplier les « fiches de renvoi » pour éviter les incertitudes. Ainsi la désignation « Ateliers de Constructions Diederichs », d'après cette méthode, sera classée à A ; mais comme on peut avoir oublié le premier terme de cette désignation, il conviendra d'avoir une fiche, ou selon le cas, un faux dossier rangé parmi les D à DIEDERICHS et renvoyant à « Ateliers Diederichs ».

d) *Essais de systématisation*. — Beaucoup d'essais ont été tentés en vue d'une systématisation rigoureuse du répertoriage des noms. Parmi les systèmes proposés, nous citerons tout particulièrement ceux de A. Kayser qui formula dans ses ouvrages *Le Système de la Carte au Bureau* et *Systematic Indexing* toute une série de règles logiques pour le classement des noms propres ; de M. Léon Batardon qui, dans son ouvrage déjà cité *La Tenue des Livres sur feuillets mobiles*, propose comme règle : de prendre pour base de classement le premier substantif, en donnant toujours la préférence aux noms de personnes ; de MM. Mamet et Maurice (1), qui basent essentiellement leur méthode sur l'inversion et la recherche du « mot de base » ; de MM. Jean Acker, Morin et Antoine, etc.

Pour notre part, nous n'hésitons pas à le dire très nettement, nous ne préconisons aucune méthode. Pour une très simple raison : toutes sont excellentes, à condition « d'être rigoureusement appli-

Fig. 8. — *Modèle de répertoire*

Il est constitué par des volets d'aluminium pivotant autour d'un axe central. — Les bandelettes indiquent les noms des correspondants et leur n° de dossier. — Ces bandelettes sont classées dans l'ordre alphabétique rigoureux.

quées et suivies ». Ce qu'il faut, c'est adopter une méthode de classement ; puis en faire l'objet d'une « Instruction écrite » très précise ; et tenir bon pour que ces instructions soient religieusement respectées par tous. Nous reviendrons sur ce sujet dans la section de notre étude qui traite du personnel.

e) *Le matériel pour établir un répertoire.* — Dans le classement alphabétique, le répertoire est constitué par les inscriptions que portent les documents même : inscriptions sur les rehaussements

---

(1) La méthode de MM. Mamet et Maurice a été préconisée par ses auteurs dans un article paru dans *Mon Bureau*, le 15 mai 1921, sous le titre « Indexage alphabétique des dossiers de correspondance ».

des chemises, sur les fiches ou feuillets mobiles, etc. En cas de référence croisée, le renvoi se fait soit au moyen d'une « chemise » ou d'une « fiche de renvoi ».

Dans le cas d'un classement numérique (qu'il s'agisse d'un classement de comptes, de dossiers, ou de livres...) le répertoire était constitué autrefois sur des registres spéciaux dont une page (ou un groupe de pages) correspondait à une section de l'alphabet. Ce « répertoire » n'est plus guère utilisé aujourd'hui à cause de la quasi-impossibilité où l'on est avec ce primitif moyen de classer les noms ou les mots dans leur ordre alphabétique rigoureux. Cependant signalons que certains papetiers ont créé des registres répertoires alpha-numériques dont la conception semble devoir résoudre la difficulté ci-dessus signalée.

D'une façon générale, les répertoires s'établissent aujourd'hui sur « fiches », lesquelles sont ou classées dans un fichier, ou superposées dans un appareil à fiches visibles, ou encore, réduites à l'état de bandelettes et classées les unes en dessous des autres, en très grande visibilité sur des châssis à volets qui permettent une très grande rapidité dans la recherche d'un nom. (Fig. 8).

III

CLASSEMENT DE LA CORRESPONDANCE

Nous nous proposons de décrire, dans cette section, les trois systèmes les plus généralement employés pour le classement de la correspondance, à savoir : le classement alphabétique, le classement numérique, et le classement alpha-numérique.

Bien entendu, chacun de ces systèmes sera décrit aussi schématiquement que possible. On comprendra que nous ne puissions indiquer le détail de tous les systèmes, tous les perfectionnements souvent très ingénieux qui ont pu être apportés dans la fabrication du matériel de classement.

****

CLASSEMENT ALPHABÉTIQUE (1)

Le matériel nécessaire pour le classement alphabétique (Fig. 9) se compose essentiellement :

1º *Des guides* munis d'onglets alphabétiques servant à jalonner le classement ;

2º *Des dossiers individuels* mentionnant le nom de la personne ou de la firme à laquelle les documents contenus dans le dossier se réfèrent ;

3º *Des dossiers « divers »* destinés à recevoir les documents des correspondants, dont le peu d'importance des lettres échangées, ne vaut pas encore l'ouverture d'un dossier individuel.

Guides. — Les guides sont en carton fort ou en fibre. Ils doivent résister à l'effort de traction et de flexion qui leur est imposé au moment de la manipulation.

L'onglet (ou dépassant, ou index) doit être renforcé ou métallique, avec une large embase pour résister également à l'effort de traction. Les onglets doivent être imprimés à l'aide de larges caractères, soit de manière permanente, soit de préférence sur étiquettes mobiles. Ils doivent être protégés contre les souillures, et permettre par leur amovibilité les modifications ultérieures qui pourront devenir nécessaires.

Les guides peuvent être munis à leur partie inférieure d'une patte permettant leur fixation dans le fond du classeur afin d'assurer leur bon maintien au même niveau et leur parfaite visibilité.

---

(1) La démonstration de ce système de classement a été faite à la Semaine d'organisation commerciale, 1927, par M. Grison, de la Library Bureau.

Pour assurer la rapidité des recherches, il est désirable : 1° de disposer les onglets dans les deux premières positions consécutives à gauche ; 2° d'avoir muni le classement d'un nombre de divisions alphabétiques suffisant pour que la recherche des dossiers dans chaque division soit limitée à un petit nombre. L'expérience a démontré qu'il faut une division alphabétique — soit un guide — pour un maximum de quinze dossiers individuels.

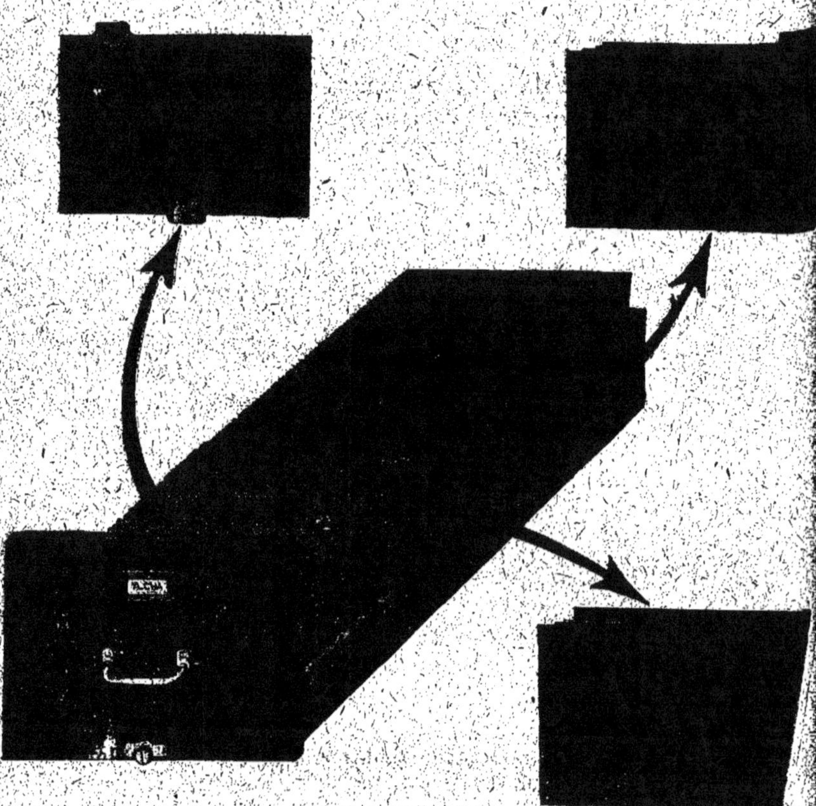

Fig. 9. — *Classement alphabétique*

Le guide porte à sa partie supérieure un onglet désignant la subdivision alphabétique qu'il commande. — Le dossier individuel porte sur son rehaussement le nom du correspondant auquel il est affecté. La chemise « sorti » remplace un dossier en consultation. Elle donne en outre l'indication de la personne entre les mains de laquelle est le dossier absent du classement.

Dossiers individuels. — Ces dossiers peuvent être coupés droits, c'est-à-dire à rehaussement simple ; mais il est préférable qu'ils soient munis d'un large onglet, en une position, généralement au centre et légèrement à droite, de façon à permettre l'inscription bien en vue du nom de la personne ou de la firme à laquelle le dossier est affecté. Cette inscription peut être faite à la main ; mais il est préférable qu'elle le soit à la machine à écrire. Dans ce cas, l'inscription sera faite sur étiquette gommée, et collée ensuite à cheval sur l'onglet du dossier.

Les dossiers doivent être d'une qualité en rapport avec le volume des documents qu'ils doivent contenir. Cependant le volume maximum d'un dossier est pratiquement limité à cinq centimètres de soufflet. Dans le cas où un correspondant exigerait pour son courrier un dossier d'un volume supérieur, il y aurait lieu d'ouvrir plusieurs dossiers au nom de ce correspondant et de répartir les documents soit en « services » ou « succursales », soit encore par semestres, trimestres, mois, etc.

Les *documents*, dans les dossiers, sont classés par ordre *chronologique* : le plus ancien en dessous, en sorte que quand on ouvre le dossier on trouve immédiatement la lettre la plus récente.

La copie des lettres en réponse doit être attachée (soit par un point de colle, soit au moyen d'une attache) à l'original de la lettre du correspondant, et *au-dessus* : puisqu'en effet la réponse est toujours d'une date postérieure à celle de la lettre primitive.

Dossiers « divers ». — Ces dossiers sont destinés à recevoir toute la correspondance des firmes ou personnes ne « valant pas un dossier particulier » par suite du peu de lettres échangées. Ils suivent la même répartition alphabétique que les guides servant à jalonner le classement.

Il y a donc lieu de prévoir un dossier « divers » par division alphabétique, afin d'éviter un classement de « divers » à part, obligeant à une double recherche. Pour distinguer les dossiers « divers » des dossiers individuels on les munit d'un onglet portant la même mention alphabétique que celle portée sur l'onglet du guide auquel il correspond. Cet onglet est placé en troisième position gauche, soit après les deux onglets des guides, et avant le rehaussement du dossier.

Disposition matérielle. — Dans chaque division alphabétique, le guide se place en tête, le premier. Il est immédiatement suivi des dossiers individuels (au nombre de 15 maximum). La section se termine par le dossier « Divers ». De cette manière, chaque division alphabétique se trouve délimitée par l'onglet du guide qui est placé devant, et par l'onglet du dossier « Divers » qui se trouve le dernier de la section.

Matériel complémentaire. — Pour compléter le matériel, et répondre à toutes les nécessités de manipulations ou de mouvement des documents, il y a lieu de prévoir :

Des guides « Nominatifs »

Des guides « Sorti »,
Des guides ou dossiers « Renvoi »,
Des fiches de « Substitution ».

Les *guides « Nominatifs »* sont destinés à désigner nominativement certaines accumulations ou agglomérations de dossiers. C'est ainsi que l'on met un guide nominatif dans le cas d'un nombre assez considérable d'homonymes, ou encore lorsqu'un correspondant important et très actif exige plusieurs dossiers. Ces guides sont munis d'un onglet dernière position à droite.

Les *guides « Sorti »* sont munis d'un onglet également dans la dernière position droite, portant l'indication « Sorti ». Le corps de ces guides est muni de deux petits supports métalliques destinés à recevoir et à maintenir une fiche servant à la réquisition du dossier. Ces fiches de réquisition sont réparties dans les services demandeurs. Ils portent outre la mention de chaque service ; le nom du dossier requis, et la date de la réquisition. La personne chargée du classement fixe la carte de réquisition au guide « Sorti », et substitue celui-ci au dossier délivré.

Les *fiches de « Renvoi »*, de même format que les guides, se placent immédiatement derrière le guide. Sur chaque fiche sont inscrits les noms de personnes ou firmes dont les dossiers pourraient, par suite d'une interprétation personnelle, se trouver dans la division alphabétique considérée. En regard du nom est indiquée la réelle raison sociale sous laquelle la firme est inscrite et la division alphabétique dans laquelle se trouve le dossier cherché. Quand on ne désire pas utiliser les fiches de renvoi, on crée dans chacune des divisions alphabétiques un faux dossier à chaque nom susceptible d'être interprété de plusieurs manières, renvoyant à la division où le dossier complet se trouve conformément aux règles de classement adoptées.

Les *fiches de « Substitution »* servent à remplacer une pièce qui, pour un motif ou un autre, a été extraite du dossier. Sur cette fiche on mentionne la date, la désignation des pièces sorties, la personne ou le service demandeur.

Rapidité et sécurité de reclassement. — Pour assurer la sécurité et la rapidité de reclassement, certains organisateurs conseillent d'inscrire sur les onglets de guide, à côté du symbole indiquant la division alphabétique, un symbole numérique. Par exemple, à côté d'un guide alphabétique 25 divisions, on aura les numéros : A. 1 ; B. 2 ; G. 3, etc. Tous les dossiers d'une section alphabétique quelconque portent, dans ce cas, en regard du nom du correspondant, le numéro de la division dans laquelle ils se trouvent classés. De cette manière le reclassement d'un dossier se fait surtout à l'aide du numéro de section, sans que l'opérateur ait à refaire l'effort mental exigé pour situer convenablement le dossier dans sa division alphabétique.

C'est là une manière de faire très recommandable. Peut-être objectera-t-on que le fait de numéroter les divisions alphabétiques s'oppose à la *progressivité du classement*, c'est-à-dire à la multiplication successive des divisions alphabétiques au fur et à mesure de l'accroissement du nombre des dossiers ? A l'expérience il apparaît que cette crainte est vaine, car il est toujours possible d'affecter aux nouvelles subdivisions qu'il devient nécessaire de créer le numéro de la division primitive, suivi d'une décimale : ,1 ,2 ,3... Par exemple nous avons à subdiviser la section « FI-14 » : la première subdivision sera : « FL-14,1 » ; la seconde : « FR-14,2 », etc.

Alphabétique-numérique avec enregistrement. — Dans le même ordre d'idées que ci-dessus, on peut encore avec le classement alphabétique bénéficier des commodités afférentes au classement numérique en affectant (et ceci tout en conservant les avantages du classement alphabétique progressif) à chaque dossier un numéro individuel servant de matricule ou de contremarque.

Il suffit pour cela d'avoir derrière chaque guide une fiche d'enregistrement sur laquelle sont mentionnés les noms des dossiers de la section. On affecte alors à chacun de ces noms un numéro individuel composé du numéro de la section alphabétique suivi d'un numéro d'ordre. Exemple :

Section alphabétique GAU 48 :
48/1 Gauthier
48/2 Gaujard
48/3 Gaz de Paris
48/4 Gaugnet
48/5 Gazette du Palais.

On objectera que les dossiers risquent alors de ne pas être dans l'ordre rigoureusement alphabétique à l'intérieur de chaque section. C'est exact ; mais il y a lieu de tenir compte que, dans la pratique, il n'y a pas un intérêt capital à exiger que les dossiers d'une même section soient rigoureusement dans l'ordre alphabétique, car, le temps utilisé pour établir et vérifier ce bon ordre lors du reclassement n'est pas compensé par une plus grande rapidité de recherches.

CONCLUSION. — Le classement alphabétique méthodiquement ordonné et judicieusement appliqué possède tous les avantages et toutes les possibilités qu'on est en droit d'attendre d'un bon système de classement.

Ceux qui l'appliquent ne doivent pas oublier les règles fondamentales suivantes :

1° Pour obtenir la rapidité dans les recherches, il faut disposer les onglets des guides alphabétiques, des dossiers individuels, des dossiers « divers » et des guides nominatifs dans des positions telles qu'elles réduisent l'effort mental et l'effort visuel au minimum ;

2° Pour obtenir la rapidité de reclassement, on doit numéroter les divisions alphabétiques et les dossiers de ces divisions ;

3° Pour assurer la sécurité du reclassement, il est désirable de disposer les dossiers « divers » munis d'onglets alphabétisés et numérotés dans chaque division alphabétique.

4° Pour parfaire l'ensemble, il est conseillé de faire un emploi aussi large que possible des *références croisées*, des guides « sorti » et autres accessoires ; et d'appliquer avec discipline une bonne règle de classement.

***

CLASSEMENT NUMÉRIQUE (1)

Le matériel pour le classement numérique, comme celui destiné au classement alphabétique se compose de dossiers et de guides. Il comporte en outre un répertoire alphabétique. Par, contre il n'exige pas de dossiers « divers ». Les lettres des correspondants qui « ne valent pas le dossier » font l'objet d'un classement alphabétique réduit situé à part du classement numérique. (Fig. 10).

Dossiers individuels. — Chaque dossier individuel porte un numéro ; et les dossiers sont classés les uns derrière les autres dans l'ordre naturel des nombres. Quand on ouvre un dossier à un nouveau correspondant, on lui affecte le numéro qui est *le premier libre à la suite de ceux qui ont été déjà employés.*

Les dossiers individuels sont constitués par des chemises à un pli, à rehaussement entier, portant simplement comme inscription le numéro du dossier.

Il est conseillé en outre : 1° de porter sur le plat supérieur du dossier le nom du correspondant ; 2° d'indiquer sur chacun des documents contenus dans le dossier, le numéro du dossier. De la sorte, un document momentanément égaré peut être remis en place dès qu'il est retrouvé. A supposer que quelques dossiers viennent à tomber et que les documents se mêlent, il sera toujours possible de les trier et de les regrouper. Il est recommandé d'inscrire sur tous les documents leur numéro de dossier aussitôt que possible dès leur entrée dans la maison.

Observation : Tous les dossiers de classement numérique ne sont pas à rehaussement entier. Certains fabricants ont établi leurs dossiers avec des onglets dix positions, (ou quelquefois cinq positions), les dits onglets généralement placés dans la demi-moitié droite du dossier. Cette disposition a l'avantage de laisser apercevoir facilement l'absence d'un dossier. Il y aura en effet dans ce cas un « trou » dans l'ordre des onglets.

---

(1) La démonstration du classement numérique a été faite à la Semaine d'organisation commerciale par M. René Duval, de la Shannon française.

Guides. — Les guides sont, comme dans le classement alphabétique, en fort carton ou en fibre. Ils sont munis d'un onglet.

Ils ont pour mission de jalonner le classement en le divisant en sections de dix dossiers.

Les onglets des guides numériques peuvent affecter différentes positions.

1° Dans certains classements, les *mille* sont indiqués par des guides de couleur à rehaussement entier ; les *centaines* sont indiqués par des guides de couleur à rehaussement 1/2 première position ; les *dizaines* sont indiquées par des guides de couleur encore différente à rehaussement au 1/10e échelonnés sur les cinq premières positions.

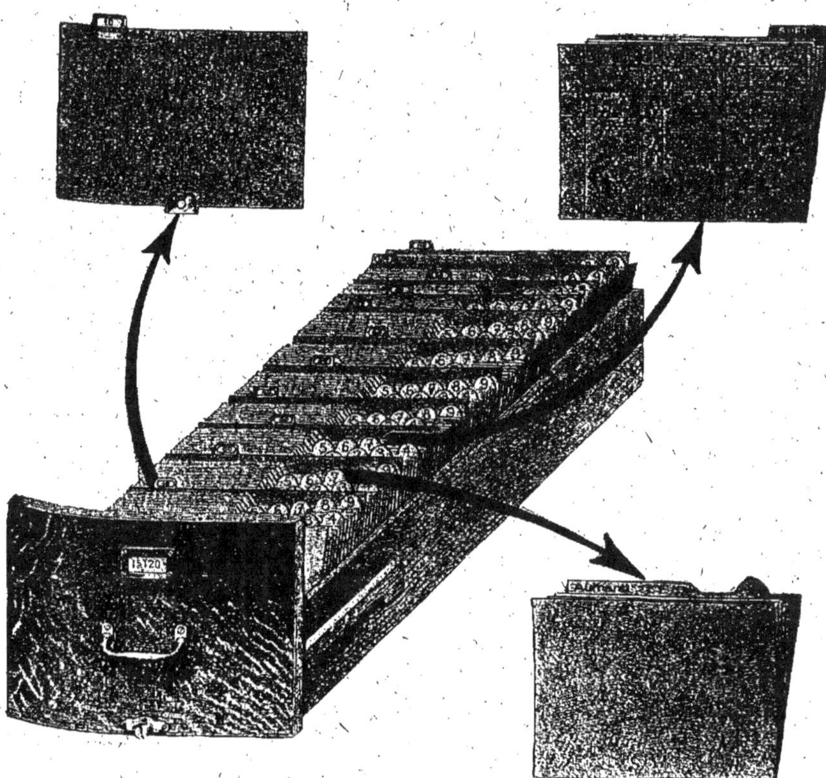

FIG. 10. — *Classement numérique*

Le guide porte à sa partie supérieure un onglet pour l'inscription de la section numérique qu'il représente. — Le dossier individuel porte sur son rehaussement le nom du correspondant, et sur son onglet le dernier chiffre du nombre qui symbolise ce correspondant. La chemise « sortie » remplace le dossier momentanément absent du classement.

2º. Dans d'autres classements, les *milles* sont à rehaussement entier ; les *centaines* en première position ; les guides de dizaine au rehaussement du 1/10e les uns à la suite des autres.

Répertoire. — Le classement numérique exige l'établissement d'un répertoire. Le dossier n'est représenté en effet dans le classement que par un symbole : *un numéro.* Il est nécessaire que l'indication de ce numéro affecté à un correspondant soit consigné sur une fiche spéciale établie au nom de ce correspondant.

Cette fiche est ordinairement du format 75 ×125 mm. Dans le coin supérieur droit on inscrit le nom du correspondant ; en dessous, le numéro du dossier. Le corps de la fiche peut porter quelques autres indications : adresse exacte, adresse télégraphique, n° de téléphone, etc. Mais ces inscriptions supplémentaires ne sont pas à recommander. Ces fiches sont classées *alphabétiquement.*

Pour trouver un dossier, on a donc à chercher dans le répertoire la fiche au nom du correspondant, y relever le numéro du dossier, et aller prendre dans le classement ce dossier classé numériquement.

Références croisées. — Si le nom d'un correspondant ou la raison sociale d'une firme peuvent être interprétés de plusieurs façons différentes (c'est-à-dire, si à défaut de règle pour la détermination du mot de base en vue du classement alphabétique, il peut y avoir hésitation pour fixer la place de la fiche dans le répertoire), il y a lieu de créer autant de fiches qu'on peut prévoir d'interprétations différentes.

L'exemple classique est le suivant. — Soit la firme : « *A. la marquise de Sévigné.* A. ROUZAUD. ». On créera une fiche à « Marquise de Sévigné », et une à « Rouzaud ». Ces deux fiches recevront séparément un même numéro de dossier. Ces fiches remplaceront les « fausses chemises » du classement alphabétique.

Le *matériel pour le répertoire* peut être constitué par des fiches ordinaires du format 75 × 125 contenues dans des tiroirs-fichiers. Ces tiroirs peuvent être indépendants du classeur. Dans la plupart des cas ils en font partie. Mais il existe aussi des dispositifs plus rapides et plus simples que celui des fichiers : ce sont les répertoires sur volets.

La fiche du répertoire est remplacée dans ce cas par une simple bande de carton de quelques millimètres de largeur sur laquelle on écrit seulement le numéro du correspondant et le nom du dossier, par exemple :

Maunoury, Wolff et Cie   645

Cette bande ainsi que toutes ses semblables qui constituent le répertoire, est insérée par ses deux extrémités dans les rainures d'un volet vertical à double face qui peut ainsi recevoir 100 bandes sur chaque face.

Dans le cas où une firme peut être désignée de plusieurs façons différentes, on créera une bande pour chaque désignation renvoyant naturellement au même numéro. Ces volets pivotent autour de l'un de leurs côtés verticaux et sont réunis sur une monture commune. L'ensemble constitue un répertoire peu encombrant et très rapide à consulter car toutes les bandes d'un volet se trouvent simultanément sous les yeux de l'opérateur. La pénible consultation des fiches est donc évitée.

Les bandes sont disposées entre elles par ordre alphabétique. Quand un nouveau nom se présente il est facile de mettre la nouvelle bande à sa place en faisant glisser les voisines dans le sens de la hauteur.

Classement des « divers ». — Les lettres des correspondants n'ayant pas de dossier font, nous l'avons dit, l'objet d'un classement alphabétique à part. Généralement, on affecte un *dossier commun* à chaque lettre de l'alphabet. Dans chacun de ces dossiers on trouvera donc, dans leur ordre alphabétique, les lettres des correspondants occasionnels. Ces vingt-cinq dossiers communs occuperont un tiroir à part. Si les lettres émanant de correspondants occasionnels étaient fortnombreuses, il y aurait lieu de prévoir une subdivision plus grande de l'alphabet, et d'ouvrir cinquante dossiers (ou plus) correspondant aux sous-divisions alphabétiques classiques, au lieu de 25.

Matériel complémentaire. — Le matériel complémentaire pour le classement numérique se compose seulement de guides « Sorti », et de fiches de substitution. Ces guides et fiches sont établis de façon à peu près exactement semblables à ceux employés dans le classement alphabétique et ci-dessus décrits.

Une firme, un numéro. — Un des avantages les plus appréciés du classement numérique, c'est qu'il permet de représenter, d'individualiser un correspondant, un client par un numéro ; et si on a pris le soin, dans tous les services de la maison de réserver au même individu ou à la même firme le même numéro, il n'y aura plus besoin d'autre indication pour le ou la désigner. Cette manière de faire présente certains avantages : par exemple, au point de vue de l'assurance contre les indiscrétions. Elle a aussi ses inconvénients. Si un client vient à disparaître, son numéro ne lui demeure pas moins acquis bien qu'il ne serve plus. Dans les balances comptables, ces numéros de comptes ne fonctionnant plus occasionnent quelquefois bien de la perte du papier.

Conclusions. — Le classement numérique présente cet avantage pour les grands classements d'être plus rapide et plus sûr dans le reclassement des dossiers. Si l'un de ceux-ci se perd on s'en apercevra de suite. L'effort mental dans l'opération du reclassement est aussi réduit au minimum. Il est plus facile de remettre le dossier 645 à sa place, soit : entre 644 et 646 que de localiser la place exacte de « Clémençon » entre « Clémenceau » et « Clémentel ».

La recherche alphabétique, par contre, n'est pas supprimée puisqu'elle est transposée au répertoire. Mais il y a seulement recherche d'une fiche en classement ; et cette recherche alphabétique entre des fiches qui sont maniables, est plus rapide qu'entre des dossiers. Les *références croisées* peuvent être mieux utilisées dans un fichier que dans un tiroir de dossiers.

On reproche au classement numérique, un inconvénient assez sérieux celui de la *double recherche*, d'abord au répertoire, ensuite au classement, qui donne lieu à une perte de temps qui devient appréciable si on ne dispose pas de répertoires où la recherche soit suffisamment rapide.

***

CLASSEMENT ALPHA-NUMÉRIQUE (1)

Le classement alpha-numérique est un classement *combiné* : Il est à la fois alphabétique et numérique.

Du classement alphabétique il a conservé la simplicité et la rapidité dans la recherche des dossiers ; au numérique, il a emprunté avec son principe de sécurité, cette rapidité de remise en place exacte des dossiers qui, ainsi que nous l'avons vu, est une des caractéristiques de ce système.

Le matériel nécessaire à l'établissement d'un classement alpha-numérique se compose essentiellement de guides, dossiers individuels, et dossiers « divers ». (Fig. 11).

Guides. — Les guides, sont tout d'abord *alphabétiques.* Ils ont pour mission de diviser l'alphabet en un certain nombre de *tranches* (2) en même temps que de séparer les dossiers en un certain nombre de groupes correspondants. Ils portent donc le symbole alphabétique de la division à laquelle ils correspondent :

« CH—CN », « MO—MZ », etc.

Ils sont ensuite *numériques,* car chaque division de l'alphabet, c'est-à-dire chaque groupe de dossiers a été numéroté. Finalement les onglets de guides portent deux symboles :

« CH—CN-7 », « MO—MZ-29 »

Le plat des guides se présente sous la forme d'un tableau synoptique divisé en trois parties. La première partie est réservée à l'inscription des dossiers dans leur ordre numérique. On lit, par exemple, sur le guide « CO—CZ-8 », les inscriptions suivantes :

---

(1) La démonstration du système de classement alpha-numérique a été faite, lors de la semaine d'organisation, par Mlle Henry, de la Compagnie du Ronéo.

(2) L'expérience a fait adopter les divisions de l'alphabet en 25, 50, 100, 200, 400, 600 et même 1.200 divisions. Elles sont conçues de telle sorte que le nombre de dossiers dans chaque groupe augmente de façon très sensiblement égale. A chaque division de l'alphabet correspond un guide divisionnaire.

Il y a trente emplacements réservés pour l'inscription des dossiers. Mais il est recommandé de ne jamais utiliser ces 30 emplacements. Une bonne répartition des dossiers exige qu'il n'y en ait jamais plus de quinze dans chaque division. Dès que ce nombre

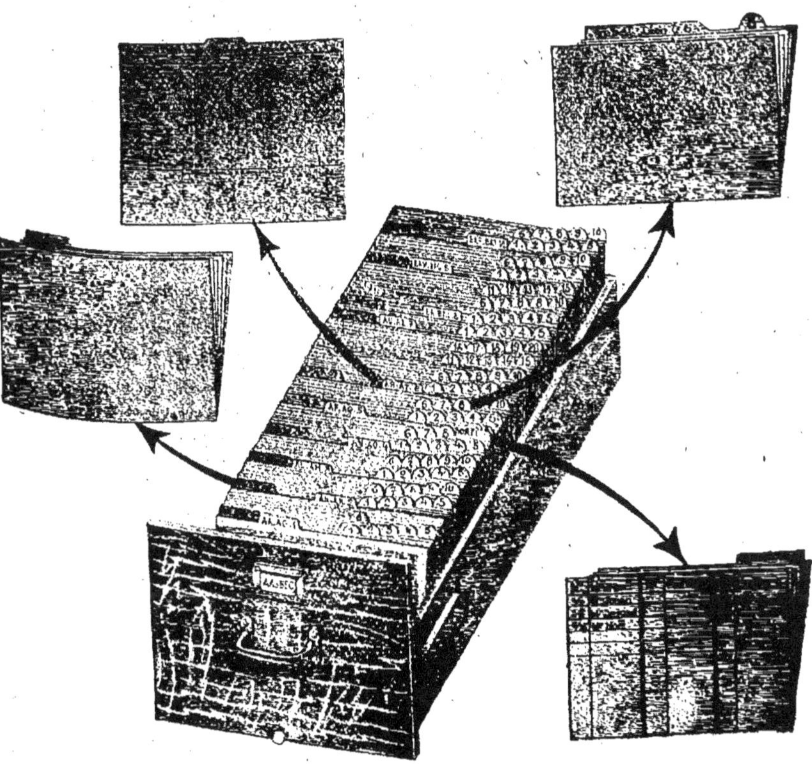

FIG. 11. — *Classement alpha-numérique*

Le guide donne alphabétiquement la liste de tous les dossiers de la section par noms de correspondants ;

Le dossier individuel donne numériquement la place du dossier dans la section.

La chemise « divers » contient la correspondance des firmes pour lesquelles un dossier individuel n'a pas encore été créé. — La chemise « sorti » tient la place des dossiers en consultation.

est dépassé (et c'est pour cela qu'on a réservé plus de quinze cases) il faut, lors de la prochaine purge (1), prévoir une modification dans le classement, sous la forme d'un nouveau jeu de guides ayant un nombre de divisions alphabétiques plus grand.

Les dossiers sont inscrits dans leur ordre d'arrivée, de même qu'ils prennent dans le groupe la place et le numéro libre à la suite.

La deuxième partie du guide est réservée aux transferts. On y inscrit que « les dossiers, de telle date à telle date, ont été transférés Volume n°... ».

La troisième partie est réservée aux « références croisées ». On y porte les raisons sociales qu'une fausse interprétation pourrait faire rechercher dans cette division ; en regard on met la vraie raison sociale telle qu'elle doit être inscrite d'après les règles admises, et le numéro de la division et du groupe où se trouve le dit dossier.

Les onglets des guides sont généralement des onglets métalliques renforcés. Ils sont au 1/10e et occupent les deux premières positions de la tranche supérieure gauche.

Dossiers individuels. — Ces dossiers sont des dossiers un pli avec rehaussement entier, et de plus sur le plat supérieur droit une série de cinq onglets, numérotés 1, 2, 3, 4, 5 ; 6, 7, 8, 9, 0. Ces numéros indiquent le dernier chiffre du nombre à inscrire sur le dossier. Si nous avons un dossier 14 par exemple, nous prendrons un dossier n° 4 ; et ajouterons à ce chiffre, et le précédant, le chiffre 1.

Sur le rehaussement du dossier, on inscrit dans la moitié de gauche le nom du correspondant de la firme ou du sujet, sans oublier le numéro de la division, et le numéro du dossier dans le groupe. Par exemple, comme ci-dessous :

Cusenier et Delfosse 8/5

Ces inscriptions sur les dossiers peuvent être faites à la main. Il est préférable, pour la visibilité, de les taper à la machine à écrire sur une bandelette gommée que l'on collera ensuite à l'emplacement réservé.

La moitié de droite du rehaussement indique la date d'ouverture du dossier et sa date de transfert. Il indique également le numéro de la division à laquelle il appartient. Comme on le voit, dans le classement alpha-numérique, le dossier est bien matriculé. Il lui est difficile de s'égarer.

Dossiers « divers ». — A chaque division alphabétique, et placé en tête ou en fin de file des dossiers individuels, correspond un dossier « divers » ou « dossier commun » qui sert au classement des lettres de correspondants « ne valant pas encore le dossier ». Ces dossiers divers sont à rehaussement entier. Ils sont munis d'un onglet au

---

(1) Nous étudierons plus loin ce que c'est que la « purge ».

1/10e troisième position, c'est-à-dire immédiatement après les deux onglets de guides, et portant le mot « divers ». Ces dossiers sont généralement de couleur différente de celle des dossiers individuels.

Matériel complémentaire. — Comme dans tous les classements on utilise dans la manipulation de l'alpha-numérique des guides « Sorti », et des « fiches de substitution ». Quant aux « références croisées », elles sont inscrites sur le guide principal lui-même, ainsi que nous l'avons vu.

Critique du système alpha-numérique

Le classement alphabétique numérique présente de nombreux avantages. C'est un classement *compact* et *complet* : guides, répertoire, dossiers individuels, dossiers collectifs ne forment qu'un seul ensemble, supprimant tout mouvement inutile. C'est un classement *rapide* puisque le guide présentant le répertoire sous forme de tableau synoptique permet de trouver, d'un seul coup d'œil, le dossier qu'on cherche. C'est aussi un classement sûr, puisque numérique, et d'une très grande souplesse.

On lui a fort longtemps reproché, à juste titre d'ailleurs, d'avoir des guides constitués de telle sorte que les noms au répertoire n'étaient jamais classés dans un *ordre alphabétique rigoureux*. Comme nous l'avons vu, en effet, tout nouveau dossier créé vient prendre dans le groupe la dernière place et le dernier numéro libre. De même le correspondant au nom duquel vient d'être ouvert le dossier vient s'inscrire sur le guide répertoire à la suite des autres. De sorte qu'on pouvait avoir et qu'on avait toujours des *Chastel* avant des *Carpentier,* des *Mercadier* avant des *Marchand.* Qu'on veuille bien le remarquer, l'inconvénient n'était pas si terrible que ça. L'œil avait vite fait de parcourir sur le guide les dix à quinze noms qui y étaient inscrits et de trouver le nom cherché. Cependant des fabricants spécialisés dans le système de classement alphabétique numérique désireux de ne laisser subsister aucune imperfection dans leur système, ont-ils lancé sur le marché un modèle nouveau de guide. Le plat de ce guide au lieu d'être divisé en trente cases imprimées, est divisé en trente cases métalliques à glissières. Le nom du dossier au lieu d'être inscrit à même le guide, est tapé sur une bandelette de carton fin ; puis inséré dans la glissière. La bandelette est mobile et par conséquent interchangeable. Elle se classera donc comme une fiche dans un fichier à son rang alphabétique rigoureux.

Onglets mobiles. — Bien que les divisions alphabétiques aient été prévues aussi largement que possible, ainsi que nous l'avons vu, pour prévenir l'engorgement des dossiers dans les groupes, il peut se produire que : soit par suite d'un rassemblement particulièrement important d'*homonymes*, soit par suite de l'importance de la masse de la correspondance échangée avec telle ou telle maison, nous ayons dans des divisions des accumulations exagérées de documents dans les dossiers, ou de dossiers eux-mêmes. Dans ce cas, et comme toujours, il faut *analyser*, c'est-à-dire subdiviser tout cet amas, dont l'accumulation est contraire à l'esprit de méthode, et dangereuse pour l'avenir de notre classement. Ces subdivisions dans le classement s'opèrent au moyen de *guides subdivisionnaires* ou *fractionnaires*. Comme il est impossible de prévoir d'avance l'onglet qu'il faudra mettre sur ces guides, les fabricants ont créé des *onglets mobiles* répondant à tous les besoins de la pratique et à tous les incidents que l'on peut rencontrer dans un classement de quelque importance.

** **

TRANSFERT, PURGE, ARCHIVES

On ne peut laisser les documents s'accumuler indéfiniment dans les classeurs ; et il ne faut même pas songer à les y laisser le temps fixé par la loi pour la conservation des papiers commerciaux (dix ans), surtout lorsqu'il s'agit de correspondances un peu actives. Outre l'encombrement qui en résulterait, cette méthode coûterait fort cher en matériel. Le bon sens indique qu'il ne faut garder dans les classeurs que le strict nécessaire. D'où l'obligation de transférer une portion des documents classés aux archives, soit à *époque fixe*, soit chaque fois que *cela devient nécessaire*.

Nous appelons « *purge* », l'opération qui consiste à vider d'un seul coup, à « purger » les classeurs à date fixe pour faire de la place aux documents qui vont venir. Nous avons réservé le terme « *transfert* » pour l'opération qui consiste à retirer des dossiers du classement, au fur et à mesure, quand le besoin s'en fait sentir. Quant au terme « archives », il désigne à la fois le lieu où on loge les classements en non-activité, et la masse des documents de toute sorte que l'on y conserve.

Transferts. — Dès que les échanges de correspondance se multiplient avec une maison donnée, le dossier réservé à celle-ci s'engorge rapidement. Il est bientôt tellement bourré de documents qu'il faut en ouvrir un second, puis un troisième (de même numéro, ou de même symbole alphabétique, bien entendu) qui prend place devant le premier : le dernier en date, celui que l'on consulte le plus souvent, se trouvant par conséquent le plus proche, le plus facilement accessible. Lorsque l'expérience montre qu'un ou plusieurs de ces dossiers n'est plus guère utilisé, il devient nécessaire de l'éliminer du classement pour le loger dans une position moins encombrante et néanmoins encore facilement accessible en cas de consultation.

On extrait alors ces dossiers des classeurs ; et on les place soit dans des cartons spéciaux, dits cartons-transfert, soit dans des tiroirs en bois blanc de prix réduit. (Fig. 12, 13).

Les *cartons-transfert*, encore appelés *cartons réserve-dossiers*, sont des boîtes en carton rigide, avec couvercle à charnières de

8 cm. 1/2 d'épaisseur, 25 cm. 1/2 de hauteur, 33 cm. de largeur et pouvant contenir normalement six à dix dossiers.

Supposons que j'aie à éliminer les dossiers nos 16, 20, 26, 28 et 30 dans le cas de classement numérique ; ou les dossiers Cordier, Cusenier, Cyprien, Davart et Dilbaire, s'il s'agit d'un classement alphabétique. Supposons également que les dossiers sont fort épais et qu'on n'en puisse loger que trois dans un carton-transfert : le carton portera sur l'étiquette indiquant son contenu la mention « 10 et suivants » ; ou la mention « CO et suivants ». Le carton suivant qui sera placé très exactement à la droite du premier portera l'indication « 28 et suivants » ou « DA et suivants » et ainsi de suite. Si par la suite on transfère les dossiers 17, 19, 22, 23, 25 et 27 et qu'il ne reste de place dans les cartons existants que pour 17, 19 et 22 : on placera 23, 24, 25, 26 et 27 dans un nouveau carton portant l'indication 23 et suivants. De la sorte

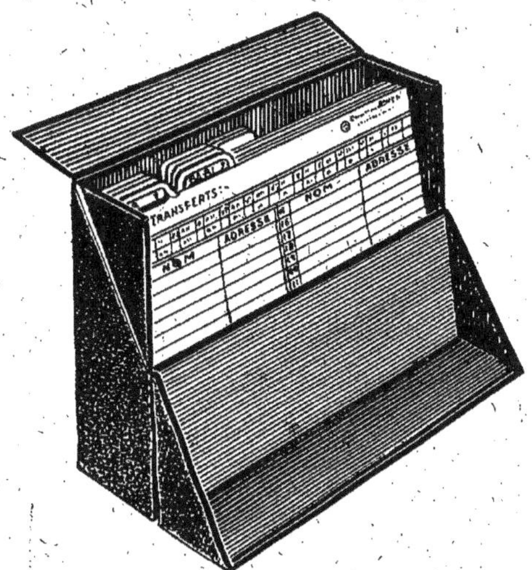

FIG. 12. — *Carton-transfert*
Pour la mise en réserve des dossiers
en attendant leur purge aux archives

les inscriptions portées sur les étiquettes sont toujours valables. Et comme les cartons se trouvent placés les uns à côté des autres, ces étiquettes jalonnent le classement des dossiers transférés comme feraient des guides.

Comme on le voit, cette façon d'opérer les transferts est indéfiniment extensible : il suffit d'ajouter des cartons-transferts aux cartons-transferts ; et elle peut éviter la purge totale à périodes fixes. Cependant ce procédé n'est pas à recommander. Pour produire tout son effet, il est nécessaire en effet que les cartons-transferts se trouvent à proximité des classeurs, donc dans le local réservé au classement. Ces cartons y occupent vite beaucoup de place, de place chère, alors que la plupart des documents qu'ils contiennent pourraient être sans inconvénient aux « archives » dans une cave bien aérée et sèche ou dans un grenier. Pour cette raison, nous préférons le système de la « purge » : le procédé du transfert devant être réservé aux dossiers des correspondants particulièrement actifs, et permettant de conserver à proximité des classeurs des dossiers dont on a momentanément désencombré le classement.

Fig. 13. — Meuble spécial, à tablette horizontal pour le classement des cartons-transfert

La « purge », ainsi que nous l'avons dit, s'opère à date fixe. Elle a pour mission de vider complètement les classeurs d'une portion de dossiers qui doivent être expédiés directement aux archives.

À quelle date, et pour quelle période, doit-on procéder à la purge totale ? Cela dépend des affaires, et ne peut être résolu que par expérience. Cependant, on peut dire que la purge peut utilement être effectuée une fois par an. Voici alors comment on procède. Soit une maison entrant dans sa deuxième année d'exercice le 1er janvier 1928. Ce jour-là (ou dans les quelques jours qui suivent, bien entendu) on double tous les dossiers en classement. Autant que possible on affecte aux dossiers de 1928 des chemises de couleur différente de ceux de 1927 : bleu et rouge, par exemple. Puis on continue de classer les documents comme d'habitude en ayant bien soin d'insérer dans les dossiers 1927 les documents portant ce millésime ; et dans 1928 ceux de 1928. A la fin de l'année, ou quelques mois plus tôt si le manque de place dans les tiroirs l'exige, on retire du classement tous les dossiers bleus 1927 ; on y ajoute, *à leur place*, tous les dossiers de cette même année se trouvant dans les cartons-transferts ; et on envoie le

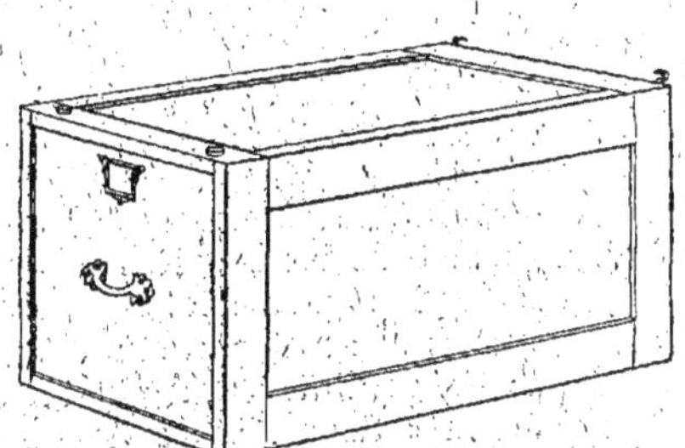

Fig. 14. — Modèle de tiroir pour le classement vertical des dossiers, aux archives, après purge

tout aux archives. Là, les dossiers, dans leur ordre de classement rigoureux, sont rangés verticalement toujours : soit dans de grands cartons, soit dans des tiroirs verticaux en bois blanc très ordinaires et très bon marché. (Fig. 14). Par suite, il sera très facile de retrouver aux archives un dossier : étant connu, son numéro ou son nom, et son année.

Au bout de dix ans, il sera loisible de mettre au pilon l'année correspondante de la décade précédente (en 1927, les dossiers de 1917) et ainsi se sera formé le cycle de conservation des documents de la maison.

IV

ÉTUDE DE QUELQUES AUTRES CLASSEMENTS

A) *Classement des fiches*

L'usage de la fiche se répand tous les jours davantage. On l'emploie aujourd'hui dans tous les services des entreprises. Son utilisation y est de plus en plus appréciée.

Ses multiples applications rendent son emploi universel : aussi bien dans le service de comptabilité où elle est employée avec efficacité pour la tenue du « Grand-Livre des Comptes particuliers », qu'au service du classement où elle sert à l'établissement des répertoires ; que dans les services des ventes, des achats où elle est employée pour l'établissement des répertoires de la clientèle, de fournisseurs et des catalogues ; qu'à la bibliothèque, au « stock », à l'atelier, etc., etc.

Une fiche est constituée par un rectangle de carton mince, mais aussi résistant que possible, ayant les dimensions suivantes, qui sont des dimensions standard adoptées dans le monde entier :

75×125 mm. pour le petit format ;
100×150 mm. pour le format moyen ;
125×200 mm. pour le grand format.

Ces trois formats répondent à tous les besoins. Si on dépasse les dimensions du grand format (125×200), on sort du domaine de la fiche pour entrer dans celui du feuillet mobile.

Les fiches ont été employées pour la première fois, tout au moins de façon méthodique, par l'abbé Rozier, en 1775, pour l'établissement de la « Table des articles contenus dans les volumes de l'Académie des Sciences de Paris depuis 1660 jusqu'en 1770 ». Elles ont donc tout d'abord servi comme répertoire des livres d'une bibliothèque.

Les fiches, jusqu'en ces dernières années, étaient toujours classées verticalement. Depuis une dizaine d'années on les classe aussi dans des tiroirs plats ou « trays », dont l'assemblage forme ce qu'on appelle des *fichiers à fiches visibles*. (Fig. 15). Les fiches dans ces fichiers sont déposées de telle sorte qu'elles se chevauchent les unes les autres, et laissent ainsi apparaître le bord inférieur de chacune d'entre elles. Sur ce bord inférieur, on porte les inscriptions nécessaires à l'individualisation de la fiche (nom, ou sujet, ou article). Ce bord inférieur est généralement protégé contre les souillures par une bande de celluloïd transparent. *On utilise la glissière formée par cette bande de celluloïd pour la signalisation.*

Quand les fiches sont classées verticalement, elles sont rangées dans des *tiroirs fichiers*. Il existe de nombreux modèles de ces tiroirs. Ceux qui ont notre préférence sont les tiroirs sans paroi

FIG. 15. — Modèle de fichier à fiches visibles
Notre photographie
montre la facilité des inscriptions à porter sur les fiches

latérale, avec tringle de fixation des fiches dans le tiroir. L'absence de paroi de côté permet à la lumière de pénétrer jusqu'au fond des tiroirs et rend par suite la consultation des fiches plus aisée. (Fig. 16).

Tous les ordres de classement : alphabétique, numérique, géographique, idéologique, etc. peuvent être adoptés pour le classement des fiches.

Comme dans le classement des dossiers, des guides à onglets de différentes positions, et de différentes grandeurs, selon les cas

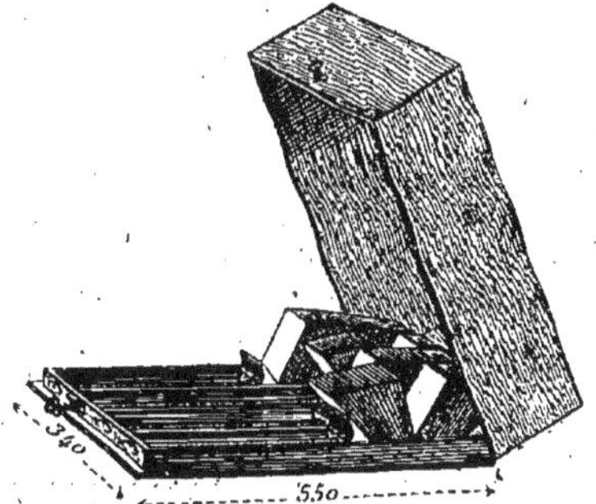

FIG. 16.
Modèle spécial de fiches articulées, système " Bonnange "

viennent jalonner le classement. Ces guides doivent être d'excellente qualité, très résistants, comme les fiches elles-mêmes, pour résister à la fatigue des manipulations multiples.

La fiche ne sert pas seulement à l'établissement des répertoires, elle est aussi utilisée comme *élément de système*. Cette utilisation de la fiche sera étudiée dans un chapitre suivant.

B) *Classification et classement de la documentation*.

Le problème du *classement de la documentation*, expression que nous préférons à celle de *classement idéologique* plus fréquemment employée, est certainement un des plus délicats et des plus difficiles qui soient. Il s'impose à l'attention de tous les hommes d'affaires comme à l'attention des intellectuels et des savants, de tous ceux qui ont le souci de conserver méthodiquement le fruit de leurs travaux, de leurs recherches, les renseignements utiles à l'expansion de leurs affaires, à la technique de leur industrie.

Des quantités de systèmes ont été proposés pour la résolution de ce problème. Comme nous l'avons dit plus haut, dans la section « classification et classement », c'est un problème de classification qui ne peut être résolu que par la méthode analytique.

A titre documentaire, nous reproduisons ici la description d'un système de classement de la documentation que nous avons publié dans *Mon Bureau*, fascicule de juillet 1927, pages 445 et suivantes.

Exposé d'un système. — Le système que nous décrirons est basé sur la combinaison de classement connue sous le nom d'alphanumérique. Il est en usage depuis plusieurs années dans une importante imprimerie du Sud-Ouest. Voici comment il se comporte et fonctionne.

Il est constitué tout d'abord par une série de guides alphabétiques. Dans l'entreprise considérée, la documentation n'étant pas considérable, on s'est contenté d'une série de guides 25 divisions. Les onglets de ces guides sont au 1/12e et occupent les deux premières positions de gauche. Ils indiquent le symbole de la division alphabétique et le numéro de cette division. Par exemple : « P.15 ».

Sur le plat de ces guides sont inscrits dans leur ordre alphabétique strict, par le moyen des bandelettes mobiles et interchangeables, les noms des *sujets* sur lesquels nous avons besoin d'être renseignés, documentés. En regardant la figure ci-contre, on voit comment les noms des *sujets principaux* sont inscrits sur ce premier guide (fig. 17).

Ce guide est le seizième du classement. Il porte la mention « P. 16 ». Les sujets y sont analysés comme suit et classés dans un ordre alphabétique strict :

Papiers (Généralités)................... 16/1
Papiers (Fournisseurs).................. 16/4
Parchemins............................. 16/7
....
Périodiques............................ 16/3
Personnel.............................. 16/2
....
Porté-plume, Plumes.................... 16/6
....
Postes, Télégraphes, Téléphones. 16/5
   etc.

Les emplacements laissés libres dans quelques glissières permettent de mettre plus facilement à leur place, dans l'ordre alphabétique, les nouvelles bandelettes qui pourront être créées, sans avoir à en déplacer un trop grand nombre pour assurer le respect de l'ordre

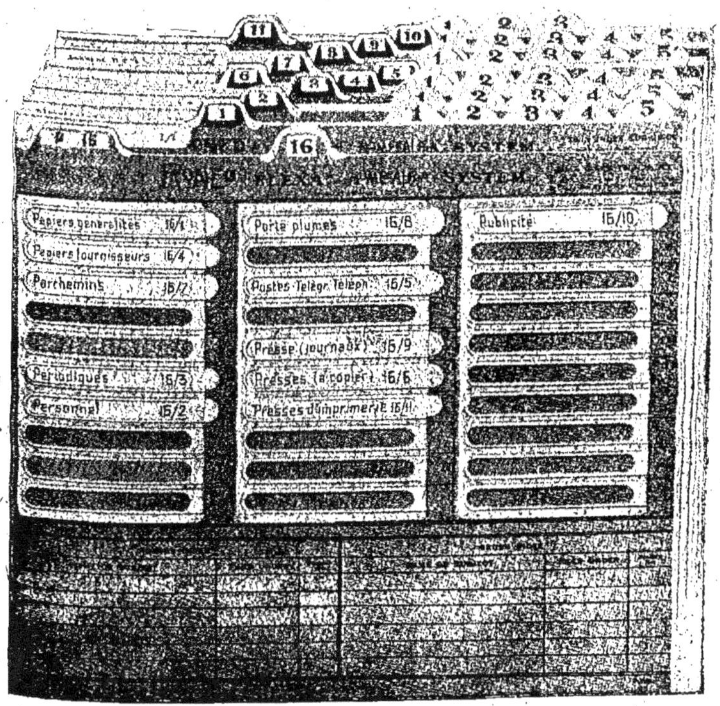

Fig. 17— *Classement de la documentation*
Ce premier guide donne alphabétiquement la liste de tous les sujets commençant par la lettre P. et renvoie à un second guide entièrement consacré à l'examen du « sujet » spécial représenté par le mot principal, ou mot de base.

alphabétique rigoureux. Comme on le voit, tous les sujets à propos desquels nous avons besoin de renseignements sont portés sur ce guide. Ils sont « visibles d'un seul coup d'œil » (1).

---

(1) Ce qui a été rendu possible par la disposition du guide, qui se compose de petites *glissières* métalliques dans lesquelles sont introduites des fiches portant les inscriptions, et qui peuvent, par suite, être déplacées suivant les exigences du classement alphabétique.

Contrairement à ce qui se passe dans les systèmes ordinaires alpha-numériques, ce premier guide ne renvoie pas directement au « dossier », mais à un deuxième guide, appelé par conséquent *guide subdivisionnaire*, lequel va être affecté, dans son intégralité, à l'analyse particulière du « mot » ou « sujet » auquel on vient de l'affecter.

Ces guides subdivisionnaires portent des onglets au 1/12e, et se trouvent en troisième, quatrième, cinquième, sixième, septième et huitième position, entre les guides principaux et les dossiers.

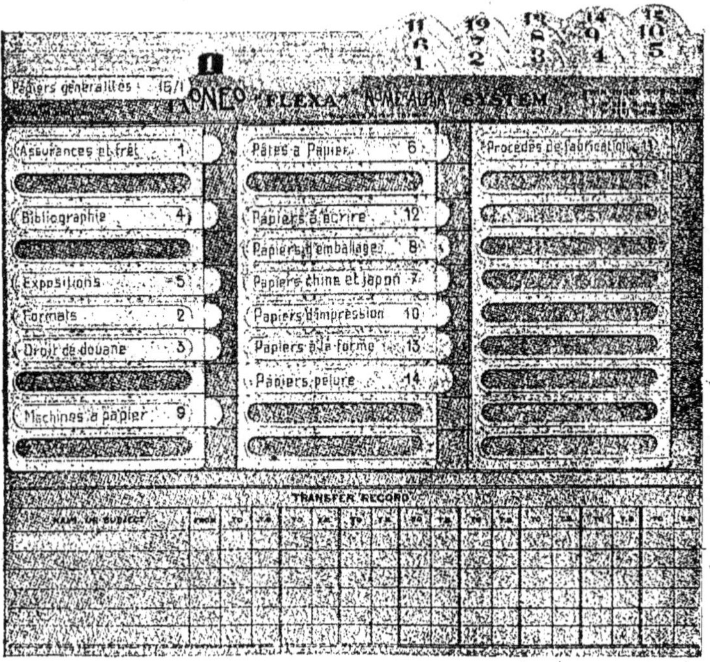

FIG. 18. — *Classement de la documentation*

Ce guide subdivisionnaire n° 1 est réservé à l'analyse de tout ce qui concerne les généralités sur *les papiers*. Les « notes » ou « sujets » contenus sur ce guide renvoient à des dossiers numériques dans lesquels sont classés tous les documents se rapportant à la question particulière représentée par ces « mots » ou « sujets ».

Si l'on veut bien se reporter à la figure 18, on verra la photographie d'un guide subdivisionnaire et d'une portion de quelques dossiers parmi l'ensemble de ceux qu'il commande.

Ce guide subdivisionnaire porte l'index n° 1. A son coin supérieur gauche, il donne l'indication de sa catégorie :

« Papiers (Généralités). . . . . 16/1 »

Son rôle est d'analyser toutes les idées secondes en lesquelles s'analyse l'idée première, à savoir : généralités sur les papiers. Nous aurons donc, dans l'ordre, la nomenclature suivante :

```
Assurances et fret......................     1
...............................................
Bibliographie. ..........................     4
...............................................
Expositions..............................     5
Formats. ................................     2
Droits de douane. ......................     3
...............................................
Machines à papier.......................     9
...............................................
Pâtes à papier. .........................     6
...............................................
Papier à écrire..........................    12
Papiers d'emballage. ...................      8
Papiers chine et japon. ................      7
Papiers d'impression. ..................     10
Papiers à la forme......................     13
Papiers pelure. ........................     14
...............................................
...............................................
Procédés de fabrication. ...............     11
      etc. (1).
```

A titre documentaire, et pour qu'on saisisse bien l'économie du dispositif décrit, disons que le guide 16/2 « Papiers-fournisseurs » commande les dossiers suivants :

```
...............................................
...............................................
Négociants sur place....................      7
...............................................
Usines allemandes ......................      1
Usines américaines. ....................      6
Usines anglaises. ......................     10
Usines belges. .........................      3
Usines canadiennes......................      2
Usines danoises. .......................      8
Usines françaises.......................      5
Usines norvégiennes. ...................      4
...............................................
...............................................
Usages et tolérances....................      9
      etc., etc.
```

____

(1) On remarquera que des emplacements laissés en blanc ont été respectés, de façon à pouvoir introduire par la suite les mots subdivisionnaires qui pourraient être introduit dans la dossification, dans leur ordre alphabétique.

Cette seconde série de guides (guides subdivisionnaires) renvoie, elle, directement au dossier (1).

Chaque dossier renferme l'ensemble des renseignements qu'on a besoin de connaître sur le sujet qui nous intéresse. Par exemple, le dossier « Usines américaines » comporte les renseignements suivants :

a) La liste complète, par ordre alphabétique, de toutes les usines à papier situées sur le continent américain, avec renvoi, le cas échéant, à leur catalogue, lequel est classé soit dans une bibliothèque, soit dans une reliure spéciale (selon son format), et sous un numéro d'ordre ;

b) La liste complète des papiers américains par qualités et par prix, avec l'indication des usines qui les fabriquent, et renvoi au catalogue comme ci-dessus ;

c) Une documentation très exacte sur les formats américains, les poids à la rame, les modes d'emballage, d'expédition, etc.

Il semble inutile de décrire de façon plus complète ce système de classement dont la simplicité apparaît du premier coup d'œil. Ses avantages sont considérables.

Le premier de ceux-ci, et de beaucoup le plus important, c'est que le système est *indéfiniment extensible.* Avec une simple division de l'alphabet par 25 guides principaux, on obtient une documentation sur (25 × 30) 30 = 22.500 sujets (2). Ce qui est plus que suffisant dans la plupart des affaires industrielles ou commerciales. Mais supposons une documentation très importante. Rien de plus facile avec le système décrit que d'y satisfaire. Au lieu de nous contenter de 25 guides principaux pour diviser nos idées premières, nous prendrons des guides à 1.200 divisions ; au lieu de nous contenter d'une série de guides de deuxième position pour les idées secondes, nous ajouterons à notre classification des guides de troisième position. Nous aurons alors la possibilité de classifier 1.200 × 30 = 36.000 sujets principaux, que nous subdiviserons par nos guides de deuxième position en 36.000 × 30 = 1.080.000 idées secondes, qui pourraient être analysées elles-mêmes par des guides en troisième position en 1.080.000 × 30 = 32.400.000 idées troisièmes, qui nous amèneront enfin à 32.400.000 × 30 = 972 mil-

---

(1) Remarquez que si les besoins de l'analyse l'exigeaient, il serait facile de subdiviser encore par une série de guides de troisième position, ou : guides-troisième. Dans ce cas, nous aurions un guide-troisième, par exemple, pour les usines américaines, qui nous permettrait de classer celles-ci, soit par État, soit par noms de firmes, etc.

(2) Si l'on pose que n = le nombre des guides subdivisionnaires de l'alphabet, on a la formule suivant un seul jeu de guides subdivisionnaires : sujets traités = 30-30. Avec deux séries de guides, on obtient : sujets traités = $n_{30}{}_{30}{}^{30}$. La formule de la classification décimale de Dewey ne donne que = $n_{10}{}^{10}$.

lions de dossiers ou « sujets » (1). On voit par là la souplesse du système.

Le second avantage que présente notre système, c'est sa *simplicité*. Voici une idée, sur laquelle nous avons besoin d'être documenté, que nous voulons suivre : vite, une fiche sur le guide principal, et création d'un guide subdivisionnaire. Désormais, cette idée pourra être suivie et analysée sous toutes ses formes, divisée et subdivisée en autant de parties que nous jugerons bon (30 au moins). Et non seulement l'idée aura été analysée, mais encore, dans le dossier, aurons-nous conservé tous les renseignements que nous aurons pu recueillir, très exactement classés à la seule place qui leur convienne, celle que notre esprit de méthode nous a conduit à lui assigner.

Autre avantage à signaler : la *visibilité*. Chacun de nos guides se présente sous forme d'un tableau synoptique. D'un seul coup d'œil, nous voyons sur le guide principal si le « sujet » auquel nous avons à nous référer est compris dans notre classification ; et, s'il s'y trouve, d'un seul coup d'œil ensuite sur le guide subdivisionnaire, nous apercevons tous les chapitres en lesquels l'idée principale a été divisée et étudiée.

C) *Classement des pièces comptables*

Par *pièce comptable*, nous entendons ici tout document, de quelque nature qu'il soit, dont le rôle est de constater un « fait économique » ou « fait comptable » ayant modifié dans une mesure quelconque, la situation de l'entreprise, soit dans ses relations de service à service, soit dans ses relations avec l'extérieur, comme par exemple : une facture de fournisseur, un débit à client, un paiement par caisse, une entrée ou une sortie de magasin, une remise en banque, etc.

Toute pièce comptable doit être enregistrée soit au « Journal général », soit sur un « Journal auxiliaire ». Cet enregistrement ne peut être fait que sur le vu du document ; et c'est celui-ci qui sert comme justificatif de la sincérité et de la régularité de l'écriture passée. Dans ces conditions, toutes pièces comptables doivent être soigneusement classées dans un dossier, ou « chemise à agrafe », dans l'ordre de leur inscription, de leur enregistrement au livre qui les concerne. Par suite ces pièces sont entre elles à la fois dans l'ordre chronologique, et l'ordre numérique.

---

(1) Remarquons d'ailleurs, que si le nombre de dossiers ne suffisait pas encore, il serait très facile de diviser les grandes matières sur lesquelles on a à se documenter en un certain nombre de grandes classes principales, à chacune desquelles, on affecterait un système complet de classement tel que nous l'avons décrit.

On aurait alors, par exemple, 9 batteries de 972.000.000 de dossiers, soit plus de neuf milliards de dossiers : c'est plus qu'il ne faut.

En bonne comptabilité, aucune écriture ne devrait être admise qui ne fût accompagnée du numéro de classement de la pièce qui a servi à la passer. Prenons le « Journal de caisse », par exemple. Est-il admissible que le caissier fasse des paiements... sans y

FIG. 19. — *Meuble pour le classement des fiches de comptabilité*

Les fiches de comptes particuliers sont classées comme des fiches ordinaires : selon l'ordre alphabétique, ou selon l'ordre numérique.

avoir été autorisé par une pièce de caisse régulièrement ordonnancée ? et est-il admissible que le numéro de cette pièce de caisse ne figure pas sur son livre à côté de l'écriture constatant le paiement effectué ?

Donc, pièces comptables dans des dossiers accompagnant chacun des livres de comptabilité : voilà quelle doit être la règle absolue. Ces dossiers de pièces doivent suivre jusqu'au bout le sort des livres auxquels ils correspondent, et passer aux archives quand les livres y passent eux-mêmes. Bien entendu, il y aura presque toujours plusieurs dossiers pour un seul livre. Dans ce cas les dossiers seront numérotés : dossier nᵒ 1, nᵒ 2, etc. Ceux d'entre eux qui ne sont plus en exercice sont rangés dans un carton-transfert en attendant leur envoi aux archives.

Bien que le procédé de classement des pièces comptables que nous venons de décrire soit le seul logique et rationnel, beaucoup de maisons pratiquent la méthode du classement des pièces comptables au dossier de correspondance du client ou du fournisseur. Dans ce cas, on crée dans le dossier de correspondance deux sous-dossiers de couleur : l'un pour les factures reçues, l'autre pour les factures envoyées. Le relevé des factures, après passage à l'échéancier et règlement, vient rejoindre les factures auxquelles il est épinglé avec le reçu ou la traite constatant le paiement.

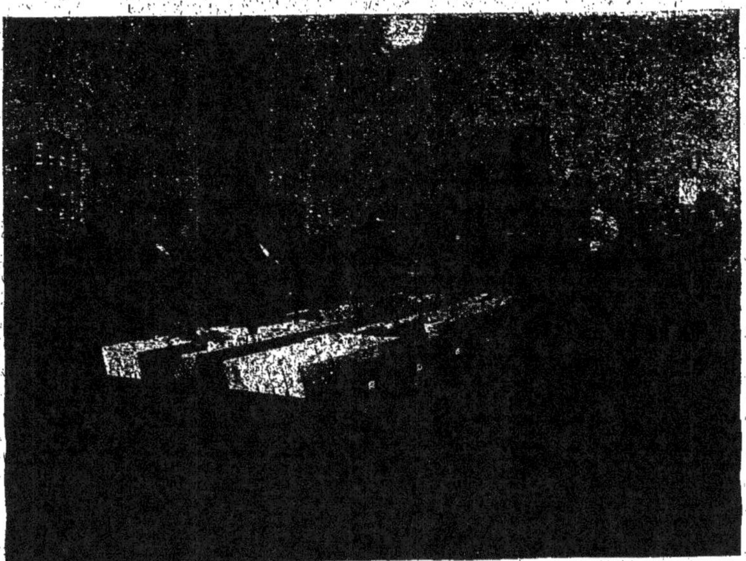

FIG. 20. — *Classeurs Grands livres*

Les comptes particuliers sont établis sur fiches. L'opérateur et sa machine se déplacent devant les classeurs au fur et à mesure de l'avancement des reports.

Nous le répétons, ce procédé n'est pas recommandable. Il est contraire à la loi de la division du travail. Laissons les pièces comptables à la comptabilité ; les renseignements relatifs à la clientèle au service des ventes ; ceux relatifs aux achats, au service des achats, etc. Surtout, pas de mélanges, c'est la source et la cause du désordre.

D) *Classement des livres et des revues. L'indexage*

Les livres. — Il n'y a pas d'autre mode de classement pour les livres que le classement sur *champ*, sur les rayons de bibliothèques d'un modèle quelconque ; mais il faut examiner aussi quel *système* de classement nous allons leur appliquer pour les rendre aussi accessibles que possible. S'il s'agit d'une bibliothèque importante le mieux est d'établir un répertoire sur fiches par auteurs et un autre par sujets. On range les livres sur les rayons sans se soucier d'autre chose que des formats que l'on a soin de grouper. Auteurs et sujets sont mêlés, mais il est facile de réunir rapidement les livres écrits par un auteur donné ou sur un sujet donné en ayant recours au répertoire sur fiches. Les livres sont numérotés 1, 2, 3, etc., et les fiches renvoient à ces numéros. Pour faciliter les recherches on ajoute à ces numéros une lettre permettant de repérer la section du rayonnage où se trouve le livre : A, 100 ; B, 125, etc. Il est recommandé également de classer autant que possible les livres de même format sur les mêmes rayons : ceci pour ménager l'espace en hauteur.

Les périodiques et les brochures. — Les publications périodiques et les brochures sont également représentées dans le répertoire sur fiches.

Une publication donnée reçoit un numéro général et les différents fascicules sont désignés par leurs numéros particuliers. Ces fascicules sont enregistrés sur la fiche au fur et à mesure de leur entrée dans la bibliothèque.

Si la publication n'est pas assez épaisse pour être classée à même sur les rayons, on réunit un certain nombre de fascicules dans des cartons spéciaux portant un dos, avec sur une étiquette l'indication du contenu.

L'indexage sur fiches. — Un des grands avantages de la fiche est de permettre, alors que les documents originaux sont placés dans une position fixe et définitive, de réaliser cependant la mobilité de toute cette documentation, par l'inscription sur fiches des renseignements utiles. Par exemple, si nous désirons extraire des publications techniques des renseignements particuliers, nous faisons un bref extrait de ces renseignements sur des fiches, et nous classons ces fiches d'après le sujet à quoi elles se rapportent. Leur ensemble s'appelle un « index » ; et l'opération qui consiste à extraire les renseignements et à les inscrire sur les fiches suivant des règles déterminées s'appelle « indexage ».

Les principes de l'indexage sont sommairement les suivants : avant de commencer à constituer un index sur fiches, il importe de déterminer avec beaucoup de précision l'étendue et la nature des renseignements qu'on veut recueillir. Il est clair que si je disais : je vais rassembler des renseignements sur le « commerce », sur les « affaires », il serait malaisé de diviser une matière aussi complète. Au surplus, je serais amené à indexer des quantités de renseignements qui font partie du domaine commun et que l'on trouve dans tous les livres. Quand on constitue un index sur fiches dans une entreprise, c'est en vue de mettre en valeur une documentation particulière et originale. L'index sur fiches a pour but de permettre le groupement rapide de tous les documents nous apportant sur un sujet donné des renseignements quelconques. Par exemple, si j'ai dans une bibliothèque d'affaires une grande quantité de livres, de publications, catalogues, coupures de presse, etc., traitant du classement en général, je puis désirer à un moment donné rassembler toute la documentation se rapportant plus spécialement aux divers types de classeurs verticaux. Si la matière « classement » a été indexée, en cherchant dans mon index le guide portant « classeur » j'aurai déjà circonscrit mes recherches puisque je vais trouver à la suite de ce guide toutes les fiches me renvoyant à une documentation sur les classeurs. Mais si les fiches en question sont encore subdivisées par d'autres guides portant ces mots : « verticaux », « horizontaux », « fabrication », « exportation », etc., j'aurai bientôt en main tous les renseignements voulus. On pourrait d'ailleurs imaginer un index plus poussé encore où les guides troisièmes seraient subdivisés par des guides quatrièmes mentionnant par exemple sous la rubrique « exportation » : *Espagne, Italie, Roumanie*, etc.

Les guides de première position indiquent toujours les sujets qui nous intéressent directement, les autres guides divisent ces matières en autant de sections qu'il est utile.

Il ne nous est pas possible d'entrer dans le détail de toutes les particularités relatives à l'indexage : comme, par exemple, les mentions qui doivent être portées sur une fiche d'index, la position des guides en vue d'obtenir le maximum d'efficience et de rapidité, etc. Nous renvoyons ceux de nos lecteurs que cette question intéresse à l'ouvrage de M. J. Kaiser, bibliothécaire de la Commission douanière Britannique intitulé « Systematic Indexing » (1).

E) *Classement des catalogues*

Les catalogues peuvent être classés soit dans des tiroirs verticaux, soit dans des cartons spéciaux du genre des cartons-transfert.

On pourrait penser que le classement vertical ne convient pas aux catalogues en raison de la diversité de leurs dimensions, de leurs formats, de leur volume. Cependant, si l'on prend soin de jalonner le classement par des guides nombreux et résistants, on s'aperçoit que la difficulté qu'on avait redoutée tout d'abord est bien plus apparente que réelle.

Le classement peut être effectué de deux manières, soit par catégories d'articles, soit par ordre numérique. Dans le premier cas on inscrit sur les guides le groupe d'articles auquel tel guide se réfère. Par exemple, les catalogues de pneumatiques ne seront pas classés à *Dunlop, Tourrillon, Michelin*..., mais tous alphabétiquement derrière le guide « *Pneumatiques* ».

Si un catalogue traite de plusieurs matières, on le classera dans la catégorie la plus importante ; et on fera une fiche de renvoi dans les autres sections.

---

(1) Sir Isaac Pitmann, éditeur, 1, Amsen Corner, Londres. Cet ouvrage n'a pas été traduit en français.

Cette première manière est le classement direct. Dans le second procédé, les catalogues sont classés numériquement. Dans ce cas, qui est de beaucoup le meilleur, il y a lieu d'établir un *répertoire sur fiches*.

Le répertoire des catalogues est sensiblement le même que le répertoire des livres dans une bibliothèque. Il se subdivise en trois :

1º *Un répertoire alphabétique par nom de firme.* — On crée une fiche pour chaque firme.

Fig. 20. — *Meuble pour le classement des plans*

Les plans sont classés verticalement. Le meuble en se développant fournit une surface plane permettant l'examen et même la correction du plan.

2º *Un répertoire alphabétique par titres.* — Chaque fiche porte, outre le titre de l'ouvrage, le nom de l'auteur, celui de l'éditeur, le nombre de volumes, le sujet ; et le numéro de la section et du rayon où le ou les livres se trouvent.

3º *Un répertoire idéologique, ou par sujets.* — Derrière des guides principaux portant sur leur onglet l'indication du « sujet » : Histoire, Géographie, Chimie, etc., nous classons les fiches de tous les volumes se référant au sujet principal de connaissances, objet du classement.

4º Dans certains cas, il peut être encore nécessaire de créer un *Répertoire numérique*. Mais ce répertoire est bien plutôt un « *livre d'entrées* » sur lequel on enregistre numériquement les ouvrages au fur et à mesure de leur arrivée.

F) *Classement des plans et documents de grandes dimensions*

Les plans et documents de grandes dimensions sont généralement classés horizontalement dans des tiroirs de peu de profondeur, ou même dans des casiers. Cependant il est possible de les classer aussi verticalement.

Le meuble dont nous reproduisons la photographie (Fig. 20) a été étudié et construit dans ce but. Il peut contenir environ mille dessins, plans, gravures, bleus ou tracés, soigneusement enfermés dans 20 dossiers. Ces dossiers sont renforcés sur les côtés par des charnières de toile. Ils sont suspendus latéralement dans le meuble par des baguettes qui les soutiennent à leurs extrémités.

Les dimensions des dossiers sont de 85 cm. de hauteur et de 115 cm. de largeur.

On peut donc y placer les dessins, gravures, plans des plus grandes dimensions utilisées.

Lorsque le classeur est fermé, les dossiers se trouvent comprimés. De ce fait tous les documents qu'ils contiennent sont aplatis et rendus complètement lisses. Une fois le meuble entr'ouvert, les dossiers sont dégagés. Ils peuvent alors être extraits facilement du classeur ou y être replacés.

G) Classement des clichés

Les clichés typographiques se classent dans de grands tiroirs plats de 30 millimètres de profondeur. Pour permettre leur bonne conservation on a pris soin de les passer au bitume de Judée.

Dans leur tiroir, les clichés reposent à plat. Leur dos reçoit une étiquette avec l'inscription.

L'ordre de classement est numérique. Une empreinte du cliché est collée dans un livre d'enregistrement spécialement disposé.

Un répertoire sur fiches peut en outre être établi qui donnera la désignation du cliché et son numéro de classement.

H) Classement des pièces confidentielles

Il est souvent nécessaire de garder à part une lettre, un contrat ou une communication quelconque que leur caractère confidentiel ne permet pas de laisser dans le dossier d'un correspondant. Le procédé consistant à garder le dossier entier dans le classeur particulier du patron n'est pas pratique parce que ce dossier peut avoir à être consulté par un employé ou un chef de service, le caractère confidentiel ne se rapportant qu'à une pièce particulière de ce dossier. Il est donc préférable d'extraire ces pièces confidentielles et de les classer dans un dossier spécial restant entre les mains du patron ou du fondé de pouvoir selon le cas.

Mais comme la continuité de la documentation contenue dans le dossier ne doit pas être brisée et que l'absence d'un document pourrait faire croire à une perte, on a soin d'insérer dans le dossier, à la place du document absent, une feuille sur laquelle on inscrit la description sommaire de ce document et le nom de son détenteur.

V

LE MATÉRIEL. LES LOCAUX. LE PERSONNEL
DU SERVICE DE CLASSEMENT

Le matériel. — Comme nous l'avons indiqué au cours de ce chapitre, le matériel nécessaire pour les classements se compose essentiellement de meubles ou tiroirs classeurs, de chemises ou dossiers, de guides, etc.

Tout ce matériel doit être d'excellente qualité. C'est une économie seulement apparente et qui peut être dangereuse que de rechercher, en la matière qui nous occupe, le bon marché.

Un simple exemple : le *classeur vertical.* Vous avez fait sur l'achat du meuble, qui est amortissable en dix ans, et qui dans la réalité durera bien plus que cela, une économie, disons de quelques cents francs. Cette économie n'est possible que parce que la qualité est inférieure. Par exemple, les roulements des tiroirs seront moins doux, moins silencieux, etc. Calculez combien en dix ans vous coûteront ces défauts par les multiples pertes de temps et la fatigue supplémentaire qu'ils occasionneront à votre personnel.

Le personnel. — Certains classements peuvent être spécialement affectés à un *service* particulier : par exemple, un classement de clichés typographiques n'intéresse que le service de la publicité ; un classement de dessins ou de plans n'intéresse qu'un bureau technique, etc. Il est bien évident que ces sortes de classements resteront dans les services mêmes où ils seront confiés aux soins d'un employé spécialement désigné.

Par contre, certains classements intéressent plusieurs services : comme le classement de la correspondance, par exemple. De tels classements sont confiés à un service spécialisé : le service du classement.

Un employé sérieux, actif, bien entraîné est nécessaire pour assurer ce service. C'est une faute fréquente, mais qui coûte cher que de le confier à n'importe qui : apprenti, ou fillette.

La question de la sélection des classiers est jugée d'importance telle aux États-Unis que M. G. Wells, chef du laboratoire de l'hôpital Mac Léon, a entrepris d'étudier les tests destinés à reconnaître les employés possédant les aptitudes nécessaires. M. J. Lahy, chef des Travaux de Psychologie expérimentale à l'École pratique des Hautes Études, a repris, en France, les travaux de Wells et les a commentés.

Nous n'entreprendrons pas ici la description des expériences faites, ce qui nous entraînerait trop loin. Mais rappelons d'un mot que les tests portent surtout sur l'attention, et la mémoire aussi bien auditive que visuelle.

Nous reproduisons en outre, à titre documentaire, le compte rendu d'une épreuve destinée à choisir un employé proposé au classement, paru dans la revue *Chimie et Industrie*, n⁰ du 1ᵉʳ novembre 1918 :

« Nous avions besoin, dans une entreprise où fonctionnait le classement numérique, d'un « classier », c'est-à-dire d'un employé chargé du classement. Si nous avions suivi la routine, nous aurions cherché un employé modeste, de préférence entraîné à un tel travail, capable pour dire le mot, sans savoir s'il était apte. Cette fois, nous avons voulu connaître ses aptitudes. Voici les qualités qui ont semblé, entre autres, indispensables :

« 1⁰ Rapidité et exactitude dans la consultation des fiches du répertoire alphabétique, afin d'obtenir un répertoriage facile et sûr du courrier ;

« 2⁰ Analyse rapide, avec résumé condensé, de documents afin de pouvoir reporter ceux-ci aux fiches numériques ;

« 3⁰ Mémoire de noms et de numéros, donnés indifféremment ;

« 4⁰ Mémoire de numéros et noms d'un même dossier afin d'identifier l'individu par le numéro et réciproquement ;

« 5⁰ Mémoire des emplacements des dossiers dans les meubles, en tenant compte de l'épaisseur variable et continuellement accrue des dossiers ;

« 6⁰ Mémoire de tous documents ou dossiers antérieurement maniés et de leur dernier emplacement ;

« 7⁰ Ordre et soin.

« Pour s'assurer de l'aptitude sur le premier point, on a introduit, dans le répertoire alphabétique de l'entreprise, un certain nombre d'erreurs voulues. On a donné aux candidats dix noms dont cinq erreurs à répertorier. Le temps passé et le nombre d'erreurs non relevées ont été notés. Ceci, comparativement avec la norme de l'employé antérieurement chargé du travail.

« La vérification sur le second point a été obtenue en résumant, au préalable, dix documents différents en un nombre minimum de mots utiles. Le nombre de mots et le temps passé par le candidat ont été enregistrés.

« Pour le troisième désideratum, cinq noms et cinq numéros ont été énoncés verbalement au hasard en priant le candidat de les retenir. On a poursuivi l'examen et dix minutes après nous avons demandé la répétition des noms et des numéros, si possible dans l'ordre énoncé. Il y a encore eu une cote pour cet effort.

« A ce moment, on a demandé au postulant de satisfaire à la quatrième exigence. Pour cela, on lui a rappelé les numéros des cinq dossiers intéressés par le premier examen en le priant de se souvenir du nom de leur titulaire, et inversement le nom des titulaires des cinq autres, en le priant de reconstituer leurs numéros.

« Pour la cinquième question, on a simplifié le problème. Sur un carton, étaient dessinées dix cases correspondant, en principe, à celles des meubles de classement. Dans ces cases étaient des divisions inégales numérotées de un à mille. On a montré au candidat ce que contenait chaque case et comment les numéros y étaient répartis. Puis, sur le carton, on a abattu une feuille ne contenant plus que l'emplacement des cases et le candidat a été prié d'y marquer, de mémoire, l'emplacement probable des dix dossiers, indiqués au hasard.

« Le sixième et le septième points ont été menés de front. Au candidat ont été remis cent documents de dix natures différentes, mélangés. Il a été prié de les trier par sorte, en retirant les premiers de chaque série et en mettant chacun de ces premiers dans dix cartons différents qu'aucun signe extérieur ne distinguait.

« La façon dont les documents étaient triés, avec le temps passé, donnait l'indice de l'esprit de méthode ; le soin s'avérait en la façon dont les documents avaient été manipulés et alignés, quant à la mémoire des emplacements, elle se manifestait par l'indication, plus ou moins précise, des cartons où avaient été dissimulés les premiers documents de chaque catégorie ».

On estime, en général, qu'un *seul* employé peut suffire pour assurer convenablement le service du classement dans une maison qui expédie environ 250 documents chaque jour et qui en reçoit autant. Dans une maison plus importante, le chef de service sera assisté par des aides.

Dans une maison moins importante, l'employé chargé du classement fait partie du secrétariat et est occupé accessoirement à des travaux de copies, de statistiques, etc.

L'emploi de classier qui ne demande pas d'efforts musculaires exagérés, si le matériel est de bonne qualité, peut convenir parfaitement à une femme très soigneuse, intelligente et minutieuse. Il demande plus de soins et de conscience que d'énergie et d'initiative.

Le local. — Le local du service doit être une pièce de capacité suffisante, parfaitement aérée et éclairée, très saine, sans poussière, parquets cirés et sans humidité. Les grands ennemis du papier sont la poussière, l'humidité et la vermine.

Le local doit occuper parmi les autres services une position centrale, pour abréger autant que possible les transmissions. Il est relié téléphoniquement avec tous les services.

Il communique par des guichets avec les bureaux voisins ou avec le couloir de service, par de petits monte-charges (monte-lettres) avec les bureaux situés à des étages différents. L'accès des classeurs et du local doit être *formellement interdit* à toute personne étrangère au service du classement.

Les meubles classeurs sont adossés aux murs ; une grande table au milieu, et s'il y a lieu des fichiers placés sur la table.

Les meubles classeurs doivent être des éléments à 4 tiroirs pour classement vertical montés sur roulements de fonctionnement parfait. La hauteur commune des éléments, qui ne dépasse pas 1 m. 30, permet l'accessibilité rapide à tous les tiroirs.

La grande table centrale est indispensable pour y étaler les documents quand on en prépare le classement.

Les dispositifs de sécurité contre l'incendie doivent être renforcés dans ce local.

Dans une maison où le service du classement n'est pas assez important pour occuper un local spécial, les quelques meubles classeurs sont dans le bureau du secrétariat. Ils sont fermés à clef ; l'employé classier y a seul accès (très important).

Pour les *Archives*, le local doit être aussi économique que possible, à condition qu'il soit sec : un sous-sol aéré. Ce local est fermé à clef, entre les mains de l'employé classier.

CONSIGNES DE CLASSEMENT

Instructions écrites. — Comme nous l'avons dit au cours de notre étude, la direction doit imposer des consignes de classement très rigides, mais très nettes et très simples qui doivent être portées à la connaissance de tous et affichées dans le local du service de classement. Voici quelques indications pour la rédaction de ces consignes :

1° *Mise en classement :*

a) Si l'ordre du classement est numérique : inscrire sur chaque document le numéro du dossier dans lequel il doit entrer, d'après le répertoire. Si aucune fiche n'existe au nom cherché, c'est que ce correspondant n'a pas encore de dossier. Voir dans ce cas au dossier « divers » si des lettres ont été déjà échangées. Si oui, et que nous nous trouvions en présence d'un troisième échange de correspondance : sortir cette correspondance pour laquelle il faut créer un dossier individuel. Si non, classer la lettre au dossier « divers » dans son ordre alphabétique. Mettre de côté et ensemble tous les petits paquets de documents devant faire l'objet d'ouverture de dossiers individuels, pour que tous les dossiers soient ouverts en même temps.

Lorsque tous les documents ont été numérotés on les insère dans les dossiers ; un second numéro est ajouté au premier, celui de l'ordre chronologique. Si le nouveau document inséré est le cinquième du dossier 205, il portera les symboles suivants : « 205/5 ».

b) Si l'ordre est alphabétique : mettre d'abord les documents entre eux dans l'ordre alphabétique en les étalant sur la table, ou dans un classier-répertoire spécial. Puis les mettre dans les dossiers en commençant à un bout du classement et en suivant dans l'ordre.

Quand on trouve des correspondants qui arrivent à « valoir le dossier », sortir leur correspondance du dossier commun et les mettre de côté, pour ouvrir d'un seul coup tous les nouveaux dossiers individuels. Ne jamais mettre un document dans un dossier sans s'assurer de la similitude du nom porté sur le document qu'on introduit et de celui qui se trouve sur le document déjà en classement.

2º *Répertoriage.* — Ici des instructions très précises sur la méthode de répertorier les noms qui a été choisie. Ne pas craindre d'entrer dans les détails. Recommander l'usage aussi fréquent que nécessaire des « références croisées ».

3º *Communication des dossiers.* — Les dossiers ne doivent être remis en communication que contre remise d'une « réquisition » établie sur fiche spéciale. Tout dossier en communication sera représenté au classement par un guide « Sorti » qui donnera l'indication très exacte de la personne à qui a été remis le dossier.

Aucune pièce séparée ne pourra être extraite d'un dossier et emportée sans être remplacée par une « fiche de substitution » qui indiquera très exactement la nature du document extrait, où il se trouve, et les raisons de l'absence.

Tous les dossiers « Sortis » doivent être rentrés le soir au service du classement et remis dans les classeurs.

Les règles adoptées pour le classement des documents ou la constitution des dossiers sont applicables à tous et doivent être respectées de tous quelque soit l'importance des fonctions.

ANNEXE I

———

Le choix d'une méthode de classification

———

NOTE SUR LA MÉTHODE DE CLASSIFICATION ADOPTÉE
DANS " L'ANNUAIRE INDUSTRIEL "

Un annuaire se compose de listes d'adresses placées sous des titres représentant des objets ou des professions.

Pour obtenir des adresses il faut nécessairement commencer par chercher des noms d'objets ou de professions.

Afin de trouver facilement ces noms, quelle méthode de classement adopter ?

Le classement alphabétique ou le classement analytique ?

LE CLASSEMENT ALPHABÉTIQUE

Ce mode de classement est très satisfaisant pour des objets ou des professions s'exprimant par un mot, comme : *Soufre, Amidon, Boulons, Vis, Décolleteurs, Plombiers*, etc. et dans le cas où la recherche est limitée à un objet.

Il est déjà moins commode lorsque la recherche s'applique à une classe d'objets de même nature, que leur orthographe disséminé dans la table alphabétique ; par exemple, les organes de transmission : *Courroies, Arbres, Manchons, Poulies, Tambours, Embrayages, Débrayages*, etc., ne se trouvent jamais ensemble, et pour les trouver tous, il faut les connaître tous.

Mais aussitôt que l'objet est représenté par une phrase, comme il arrive avec les machines et appareils réalisant une opération industrielle avec ou sans application déterminée, les difficultés de classement et, partant, les difficultés de recherches s'accentuent.

Nous citerons quelques exemples :

Machines à essorer les tissus pour la teinture,

Appareils diviseurs à tracer les spirales de cames,

Appareils de manipulation pneumatique de liquides inflammables pour industries chimiques,

Appareils pour le dégazage des eaux d'alimentation des chaudières,

Machines à enchevêtrer les feuilles de papier à cigarettes.

On conçoit, à la rigueur, la possibilité de faire figurer ces machines et appareils dans une table alphabétique en introduisant dans cette dernière, à l'aide d'inversions plus ou moins laborieuses, chacun des mots principaux de ces phrases différentes.

On aurait ainsi, pour les cinq exemples cités, la série des *quinze inversions* suivantes :

Essorer (Machines à) les tissus pour la teinture,

Tissus (Machines à essorer les) pour la teinture,

Teinture (Machines à essorer les tissus pour la),
Diviseurs (Appareils) à tracer les spirales de cames,
Tracer (Appareils diviseurs à) les spirales de cames,
Spirales de cames (Appareils diviseurs à tracer les).
Cames (Appareils diviseurs à tracer les spirales de),
Manipulation pneumatique de liquides inflammables (Appareils de)
    pour industries chimiques,
Liquides inflammables (Appareils de manipulation pneumatique de)
    pour industries chimiques,
Industries chimiques (Appareils de manipulation pneumatique de
    liquides inflammables pour).
Dégazage des eaux d'alimentation des chaudières (Appareils pour le),
Eaux d'alimentation des chaudières (Appareils pour le dégazage des),
Chaudières (Appareils pour le dégazage des eaux d'alimentation des),
Enchevêtrer (Machines à) les feuilles de papier à cigarettes,
Papier à cigarettes (Machines à enchevêtrer les feuilles de).

On s'aperçoit immédiatement que les inversions dont le ou les premiers mots décrivent une opération, sont d'une utilité douteuse pour les recherches.

En effet, les termes qui expriment une opération ne sont pas, par essence, des termes *définitifs* parce qu'ils peuvent toujours être remplacés par des termes synonymes ou par des périphrases.

    Essorer les tissus peut se dire également :
      Turbiner les tissus, ou
      Exprimer le liquide contenu dans les tissus.

    Tracer les spirales de cames, peut être remplacé par :
      Dessiner les spirales de cames.

    Manipulation pneumatique des liquides inflammables, trouve son équivalent dans les expressions :
      Transvasement sous pression, ou
      Pompe à vide pour transvaser.

    Dégazage des eaux d'alimentation, est un néologisme à la fois très technique et très littéraire. Il peut être remplacé par les périphrases :
      Enlever les gaz, ou
      Supprimer les gaz, ou
      Se débarrasser des gaz.

    Enchevêtrer les feuilles de papier à cigarettes pour en former des cahiers ou blocs, est surtout compréhensible pour l'inventeur de la machine qui réalise cette opération. Celle-ci consiste, en fait, à *plier les unes dans les autres* les feuilles de papier à cigarettes, de telle façon que lorsqu'on tire une feuille, la seconde se présente en bonne position pour être tirée à son tour.

Si les machines ou appareils se trouvent difficilement en consultant les mots qui expriment l'opération exécutée, par contre les inversions dont le premier mot représente l'objet auquel l'opération s'applique, doivent faciliter grandement les recherches.

Le chercheur, en effet, a un point de repère infaillible. S'il ne sait pas comment s'appelle la machine, s'il n'est pas sûr du terme employé pour définir l'opération qu'elle réalise, il sait et il sait bien à quel objet s'applique la machine.

Il veut une machine qui lui permette de fabriquer des *Cames en spirales.*

C'est ce mot *Cames* qui guide sa recherche et l'inversion :

    Cames (Appareils diviseurs pour tracer les spirales de),
est bien faite pour lui.

S'il désire avoir les adresses des fabricants d'*Appareils de transvasement par le vide d'essence inflammable pour industries chimiques,* ce sont peut-être les mots *Liquides inflammables* qu'il cherchera dans la table alphabétique, mais plus certainement encore il s'arrêtera aux mots qui désignent les industries qui font usage de ces appareils, en l'espèce les *Industries chimiques.*

De même, enfin, pour les autres exemples signalés, les inversions qui retiendront son attention seront :

Tissus (Machines à essorer les) pour la teinture,

et mieux :

Teinture (Machines à essorer les tissus pour la),

Eaux d'alimentation des chaudières (Appareils pour le dégazage des),

et mieux encore :

Chaudières (Appareils pour le dégazage des eaux d'alimentation des),

Papier à cigarettes (Machines à enchevêtrer les feuilles de).

Il résulte de ces considérations que si c'est l'objet ou l'industrie qui sert de guide au chercheur, on devrait trouver dans une table alphabétique-type, en face du mot représentant le même objet, tout ce qui de près ou de loin peut, dans le domaine industriel, intéresser cet objet ou s'appliquer à cet objet.

Au mot *Chaudières* par exemple on trouverait, dans leur ordre alphabétique, tous les types de chaudières ainsi que les professions qui se rattachent à l'exploitation de cet appareil ; puis des fournitures pour la construction des chaudières ; puis les organes de chaudières ; puis les appareils pour l'épuration des eaux d'alimentation des chaudières ; les appareils d'alimentation des chaudières ; les réchauffeurs ; les surchauffeurs ; les appareils de mesure et de contrôle ; les appareils de sécurité ; les appareils de nettoyage ; les antitartres ; les désincrustants, etc., etc.

Tout ce qui concerne les *Chaudières* se trouverait donc rassemblé avec cette restriction qu'il y aurait lieu de faire attention à ce que le mot *chaudière* a comme synonyme le mot *générateur de vapeur* et que d'autres mots (*grilles, cheminées, chaufferies,* etc.) comportent des applications d'appareils ou d'organes qui s'appliquent également aux chaudières.

Toutefois, il faut constater que l'ensemble des inversions concernant les chaudières, prises comme exemple, constituerait une liste de plusieurs centaines de termes dans laquelle les recherches seraient longues et fastidieuses puisque l'ordre alphabétique éloignerait les uns des autres les objets de même nature.

Le commencement de la table alphabétique au mot *Chaudières* se présenterait ainsi :

CHAUDIÈRES. — Achat et vente de.................................... »
  — alimentation (Appareils automatiques pour l') des.. »
  — alimentation en eau distillée (Appareils évaporateurs-distillateurs pour l') pour................................ »
  — alimentation (Régulateurs d') pour...................... »
  — aquatubulaires marines................................. »
  — pour bateaux de servitude.............................. »
  — à vapeur pour blanchisseries, teintureries, laboratoires.. »
  — à bouilleurs... »
  — pour canots et embarcations............................ »
  — à chaleur perdue...................................... »
  — Chandeliers en fonte pour............................. »
  — pour chauffage central à eau chaude.................... »
  — pour chauffage central à vapeur....................... «
  — pour chauffage de serres.............................. »
  — Cheminées pour...................................... »

CHAUDIÈRES. — à vapeur pour teintureries, blanchisseries, laboratoires. »
— Têtes de bouilleurs pour........................ »
— Tôles en fer et en acier pour...................... »
— Tubes en acier soudé pour...................... »
— Tubes à ailettes pour............................ »
— à tubes pendants.............................. »
— Tubes tirants pour............................ »
— tubulaires.................................... »
— tubulaires marines............................ »
— Valves de vidange pour......................... »
— verticales.................................... »
— Viroles sans soudure pour...................... »

L'esprit serait satisfait si l'on pouvait ordonner ce beau désordre alphabétique.

Il suffirait en fait, pour cela, de diviser cette longue nomenclature de termes disparates par quelques sous-titres, qui rassembleraient les objets analogues.

Ces sous-titres pourraient être :

Types de chaudières industrielles.
Chaudières marines.
Chaudières pour chauffage.
Métaux pour construction de chaudières.
Organes de chaudières.
Accessoires de chaudières, etc., etc.

En subdivisant de cette manière la matière à classer, on répondrait à des ordres de préoccupations différentes dans les recherches et celles-ci seraient très certainement facilitées.

...Et ainsi, on s'achemine doucement vers le classement analytique.

LE CLASSEMENT ANALYTIQUE

D'ailleurs pourquoi s'étonner de trouver une classification analytique dans le domaine industriel.

C'est un besoin nécessaire à l'esprit humain de classer les connaissances. Toutes les branches des sciences ont leur classification : La *Physique*, la *Chimie*, l'*Histoire naturelle*, la *Philosophie*, les *Mathématiques*, ont chacune la leur et l'unique classement alphabétique des théorèmes de géométrie serait d'un secours plutôt médiocre à l'étude de cette science.

Étant donné le nombre incalculable d'objets existant dans tous les domaines et pouvant tomber sous nos sens, la meilleure méthode qu'on ait trouvée pour permettre à la mémoire humaine d'en garder le souvenir est le classement analytique qui a pour but de rassembler sous le minimum de termes une série nombreuse d'objets ayant un ou plusieurs caractères communs.

On substitue ainsi à la connaissance des mots innombrables représentant des objets, la connaissance d'un nombre réduit de termes qui les contient tous implicitement.

C'est ainsi par exemple que le terme *Produits de la distillation du goudron de houille* (sous-chapitre d'une grande classe de nos connaissances appelée Industries chimiques) comprendra toute la longue série des corps suivants : eaux ammoniacales, benzols, huiles légères, huiles lourdes, anthracènes, brai, coke, benzine, toluène, solvent-naphta, phénols, naphtaline, crésols, huile de créosote, noir de fumée, crysoïdines, xylidines, pyridine, nitorsine, xylol, etc., etc.

D'autre part, les objets ne sont pas isolés dans l'espace, ils ont des liens certains entre eux. Ce sont ces liens que le classement analytique met en évidence au grand profit de la mémoire et, partant, des recherches.

Le classement analytique permet en décrivant pour ainsi dire, par des termes appropriés, les différentes opérations pratiquées dans une industrie, de donner la connaissance du *matériel* employé dans chaque opération et de le rassembler.

Les termes suivants qui sont des sous-chapitres de la classe des « Industries chimiques » :

Production et utilisation de la vapeur et de l'eau chaude pour industries chimiques.

Matériel de chauffage et de cuisson pour industries chimiques.

Matériel d'évaporation, de concentration, de cristallisation pour industries chimiques.

Matériel de distillation pour industries chimiques. Etc., etc.

renferment toutes les machines et tous les appareils nécessaires aux opérations qu'ils indiquent.

Dans l'industrie de la *fabrication des couleurs*, les sous-chapitres :

Fournitures pour fabriques de couleurs.

Matières premières pour fabriques de couleurs.

réunissent de nombreux objets très différents les uns des autres, mais que leurs caractères communs, mis en relief par ces sous-titres, permettent de retrouver ensemble.

De même que pour les autres branches des connaissances, le classement analytique de l'*Annuaire industriel* n'a pas d'autre but que de faciliter les recherches ou de répondre aux exigences de recherches spéciales.

Il est vrai que le travail mental nécessité par la recherche d'un objet dans un classement analytique est différent de celui qu'on est habitué à faire avec un classement alphabétique.

Dans ce dernier cas, c'est un travail machinal basé sur la mnémotechnie.

Dans le classement analytique, c'est par l'*association des idées* qu'on obtient le résultat voulu.

Le mot *charrue* éveille l'idée d'*agriculture* ; l'*acide sulfurique* s'apparente avec l'idée d'*industrie chimique* et la *machine à coudre les chapeaux de paille* évoque l'idée d'*habillement*.

Mais ce travail mental n'est pas particulier à l'*Annuaire industriel*. Il est à chaque instant mis en œuvre par les esprits les plus paresseux lorsqu'ils ont à chercher quoi que ce soit dans un ouvrage technique ou autre. Dans tous les ouvrages en effet la table des matières servant de guide au lecteur, est une table analytique qui, sous des titres correspondant aux grandes parties du livre, rassemble les sommaires plus ou moins détaillés des chapitres.

Si dans un ouvrage sur les *forces hydrauliques* on veut lire ce qui a trait aux *turbines*, on s'arrêtera par association d'idées à la partie intitulée *Moteurs hydrauliques* et dans les pages correspondantes indiquées par la table des matières on trouvera certainement tout ce qui concerne les *turbines*.

C'est le même travail mental qui fait trouver dans un *dictionnaire encyclopédique* l'objet qui ne figure pas à son ordre alphabétique.

Si *bleu de méthylène* n'existe pas dans ce dictionnaire, on se reporte automatiquement aux mots *matières colorantes*.

Du reste, s'il était besoin de justifier l'emploi du classement analytique dans l'*Annuaire*, il suffirait de prendre en exemple la méthode de classement adoptée dans un domaine tout à fait identique, nous voulons parler d'une *Exposition universelle*.

On constate que tous les exposants de mêmes produits sont groupés ensemble. Les exposants de produits ou de matériel agricoles forment une classe ; les métallurgistes un groupe compact et bien distinct, etc.

Cette méthode répond à un besoin évident. Elle seule, en effet, permet d'effectuer facilement la comparaison entre les fabrications des exposants et, comme conséquence, elle permet le choix raisonné des produits ou du matériel dont on a besoin.

Le visiteur serait bien dérouté si les produits, sur lesquels il désire se documenter, étaient exposés dans un ordre alphabétique.

C'est le catalogue de l'exposition qui se charge, lui, de donner, par une série de tables variées, l'emplacement certain, dans l'enceinte de l'exposition, de chacun des produits considéré isolément.

L'*Annuaire industriel* procède de la même façon.

Dans les volumes documentaires II et III les exposants, nous voulons dire les industriels, sont rassemblés sous les noms des mêmes produits qu'ils fabriquent.

Comme dans l'*Exposition universelle*, les fabricants de produits ou de matériel agricoles sont réunis dans une même classe : les Mines et les Carrières, les fabricants de matériel minier forment un second groupe ; les métallurgistes constituent une catégorie spéciale, etc., etc.

Comme dans l'*Exposition universelle*, le choix des produits ou des matériels peut se faire facilement puisque, quelle que soit leur appellation, ils sont réunis côte à côte.

Et le « Catalogue » de l'*Annuaire industriel* représenté par le volume I, donne au chercheur les renseignements les plus divers, grâce aux nombreuses tables suivantes :

1º Sous le libellé *plan de la classification*, une table des 43 catégories suivant lesquelles sont classifiées les industries.

2º Une *table de concordance* des noms des industries et des professions avec les noms des catégories du plan de la classification.

3º Une *table des sommaires* des catégories contenues dans le plan de la classification, donnant pour chaque catégorie la liste des classes qu'elles renferment.

4º Une *table analytique* détaillée, rangée dans l'ordre du plan de la classification et donnant par classes et par chapitres, tous les titres des rubriques où figurent, dans les volumes documentaires II et III, les noms et adresses des industriels.

5º Une *table alphabétique des raisons sociales* figurant dans l'*Annuaire industriel* avec pour chacune d'elles une notice détaillée donnant des renseignements d'ordre administratif ou commercial : adresses postale, téléphonique, télégraphique, ferroviaire, codes, données financières, administrateurs, directeurs, agents, représentants, usines : emplacements, consistance, force motrice, nombre d'ouvriers ; institutions ouvrières, succursales, agences, comptoirs de vente, dépôts, etc., etc.

6º Une *table alphabétique des objets* représentés par un terme simple avec noms des synonymies les plus couramment usités, cette table alphabétique contenant également tous les termes technologiques, permettant d'éveiller dans l'esprit du lecteur, les idées correspondant à des opérations industrielles.

CLASSIFICATION DE « L'ANNUAIRE INDUSTRIEL »

La classification de l'*Annuaire industriel* a nécessité l'examen approfondi de toute l'activité industrielle de façon à grouper, en premier lieu, les industries analogues.

Quelques considérations très simples ont permis de diviser les industries en quatre groupes principaux.

Un premier groupe a été obtenu en partant de cette idée qu'on ne fabrique pas pour le plaisir de fabriquer, mais en réalité pour satisfaire les besoins humains tant matériels qu'intellectuels.

Ce groupe des besoins comporte pour les besoins matériels :
Les industries qui fabriquent des produits pour s' *Alimenter*,

   —   —   —   s' *Habiller*.
   —   —   —   se *Loger*.
   —   —   —   se *Défendre*.
   —   —   —   se *Transporter*.
   —   —   —   *Commercer*.

Et pour les besoins intellectuels :
Les industries qui fabriquent des produits pour s' *Instruire*.

   —   —   —   se *Distraire*.

Les industries qui fabriquent des produits destinés
   à satisfaire le besoin de...................*Croire*.

On a été amené à ajouter à tous ces besoins une nécessité inéluctable : mourir — et le groupe se termine par :
Les industries qui fabriquent des produits pour les *Funérailles*.

D'autre part, la considération de la *division du travail*, amène à constater que les industries du groupe des *Besoins* font nécessairement appel à d'autres industries pour arriver à leur fin.

Le fabricant de vêtements ne fait pas pousser le lin, il ne le tisse pas, pas plus d'ailleurs que l'agriculteur qui sème et récolte le lin ne fabrique les machines agricoles nécessaires à son industrie.

Et l'on aperçoit aisément un second groupe d'industries qui s'occupent exclusivement d'*Extraire* ou de *Récolter* les matières premières utilisées dans les autres industries.

Ces matières premières d'ailleurs ne peuvent pas, dans la majorité des cas, être employées telles quelles et l'on conçoit un troisième groupe d'industries qui *transforment la matière première* pour la rendre utilisable pour les autres.

Puis ces différents groupes ayant besoin pour simplifier leur travail du concours de l'énergie sous toutes ses formes, s'adressent à un quatrième groupe d'industries qui fabriquent les différents *appareils transformateurs de l'énergie* et tout l'*outillage mécanique* qui leur est indispensable.

Enfin un cinquième groupe important comporte les professions auxiliaires de l'industrie : ingénieurs, banques, assurances..., qui par leurs travaux personnels, leurs conseils, ou leur concours effectif permettent à l'industrie de s'*Organiser* et de s'*Administrer*.

En ordonnant ces différents groupes d'industries dans un ensemble harmonieux, l'*Annuaire industriel* a pu inscrire en tête de ses volumes le *Plan de la Classification* dont les cinq grandes divisions :
   Extraction et récolte.
   Traitement des matières.
   Destination des produits.
   Énergie et outillage mécanique général.
   Organisation et administration.
renferment sous des titres de catégories aussi peu nombreux que possible, la totalité des industries variées.

Dans chaque catégorie les industries sont analysées logiquement d'après la suite normale de leurs opérations en une série de classes et de chapitres, qui désignent par des titres appropriés, les *produits qu'elles fabriquent*, le *matériel qu'elles utilisent* et les *fournitures dont elles ont besoin*.

Conclusions

Il est facile maintenant de se rendre compte qu'en réalité il n'existe qu'un classement logique de la matière industrielle.

Le *Classement analytique* est la mise en ordre de cette matière par catégories d'industries.

Les catégories de l'*Annuaire industriel* forment, pour ainsi dire, une bibliothèque industrielle en 43 volumes, le premier réservé aux *Mines et aux Carrières*, le second à l'*Agriculture*, le troisième aux *Industries métallurgiques*, etc., etc.

Les recherches s'effectuent dans cette bibliothèque de la même manière que dans toute autre bibliothèque de livres techniques, soit en allant directement au volume dont le titre représente le groupe des industries que l'on veut examiner, soit en passant par l'une des nombreuses tables qui donneront des renseignements répondant à des ordres de préoccupations différents et qui servent, en fin de compte, à permettre des entrées diverses dans la bibliothèque des catégories.

Parmi ces tables, la table alphabétique, qui répond à un besoin certain mais pas à tous les besoins, est d'un secours précieux pour les recherches d'un objet s'exprimant par un terme simple.

En adjoignant aux mots représentant des objets des termes technologiques bien choisis, on remédiera à la faiblesse naturelle que présente toute table alphabétique pour indiquer des objets ayant comme fonction de réaliser une opération industrielle.

Annexe II

Le classement horizontal des revues (1)

Sujet d'ampleur bien réduite, un infime détail d'organisation, soit, mais l'Organisation, comme toutes les sciences, n'est-elle pas une science de détails ?

Les revues techniques et autres se multiplient. La plupart d'entre elles contiennent une mine précieuse d'excellentes idées : il est indispensable d'inscrire soigneusement la référence d'articles intéressants pour s'y reporter utilement au moment opportun. Je me propose de publier plus tard une étude détaillée d'un système basé sur le classement décimal, qui permet d'apporter à la documentation une grande souplesse d'extension et une extrême rapidité de recherche.

Aujourd'hui, je me bornerai à présenter un dispositif pratique de classement des revues. Rappelons sommairement les trois principaux procédés matériels :

1° Classement debout (Livres dans une bibliothèque).

2° Classement vertical (Dossiers individuels de correspondants, serrés en file, posés sur le dos dans un tiroir de classeur).

3° Classement horizontal ou classement à plat.

Le format et la résistance des revues se prêtent mal au mode de classement debout ; il faut alors les réunir par année généralement, dans des dossiers cartonnés et ficelés, à dos extensible, lourds et lents à consulter.

Le classement vertical, bien qu'il soit fréquemment préconisé pour les revues, ne donne pas toujours des résultats bien satisfaisants : les files s'affaissent ; il faut serrer fortement le compresseur ou bloc d'arrêt, d'où manipulation plus lente. Enfin les index sont assez peu visibles.

Il est beaucoup plus simple de laisser à la revue sa position naturelle : la position couchée, sur le plat.

La partie inférieure des bibliothèques est rarement occupée par des reliures de valeur ou par des ouvrages de consultation courante. Nous y mettrons nos revues et leur masse donnera une plus grande stabilité au meuble.

Il reste à prendre maintenant des dispositions qui permettent de trouver facilement un numéro. Un petit procédé assure une recherche très rapide.

Au bas de la troisième page de couverture, vous collez un onglet de carton fort sur lequel est marqué le chiffre correspondant au mois de l'année :

2 pour février, 3 pour mars, 7 pour juillet, etc.

Ces onglets sont répartis sur 12 positions *différentes* de gauche à droite. La largeur de la couverture est divisée en 12 tranches dont la première à

---

(1) Cette note a été présentée lors de la semaine d'organisation commerciale, par M. Maurice Faure, professeur de l'Enseignement technique, à Lyon.

gauche est la plus étendue : elle est destinée à recevoir le gros onglet indicateur de l'année.

La revue de janvier 1927, par exemple, est indexée en première position (à partir de la gauche) et portr d'une manière très apparente le nombre : 27.

La revue de février 1927 est mise naturellement au-dessus. L'onglet 2 est placé en deuxième position : il n'est donc pas au-dessus de l'onglet 27 de janvier.

Le numéro de mars reçoit un onglet indexé 3 placé en troisième position, c'est-à-dire à droite de l'onglet 2. Et ainsi de suite.

Les onglets sont disposés en escaliers dont les degrés s'élèvent vers la droite ; leurs numéros sont nettement dégagés et la prise d'une revue laisse un trou qui révèle immédiatement l'emplacement de la revue consultée.

Pour donner encore plus de rapidité à la recherche d'un numéro, les onglets de position impaire (janvier, mars, mai...) sont en carton rose, ceux de position paire (février, avril, juin...) en carton d'un vert léger, deux couleurs complémentaires qui s'opposent avec vigueur et qui produisent cependant un effet agréable.

En résumé :

Recherche d'une revue : juillet 1927, par exemple.

    Gros onglet de gauche 27
    Onglet ordinaire. 7

Remise en place : extrêmement facile. L'onglet 7 ne figure plus dans « l'escalier d'onglets ». Nous trouvons 6. Un trou... 8. La remise en place est instantanée.

Un simple coup d'œil sur une pile de revues ainsi classée permet de comprendre toute l'économie du procédé bien mieux que les démonstrations les plus minutieuses.

Les onglets peuvent être confectionnés en série et leurs dimensions standardisées en quelques types. C'est le domaine des fabricants.

Vous pourriez être fondés, cependant, à me présenter l'objection suivante : à l'heure actuelle, une maison importante se fait adresser trois et quelquefois quatre abonnements de la même revue. Après une lecture sommaire, les coupures d'articles sont distribuées aux services intéressés. Notons, en passant, que cette opération serait singulièrement facilitée si les éditeurs se décidaient à ne présenter le texte que sur le recto du feuillet, le verso étant réservé aux annonces.

C'est là, évidemment, une méthode de dépouillement un peu barbare à aquelle répugneront de nombreux lecteurs désireux de laisser à leur jolie revue son cachet de distinction. Tous les exemplaires ne sont pas ainsi mutilés : il en est qui restent intacts et sont destinés à la bibliothèque directoriale : il sera bon de les classer à plat et de les munir d'onglets comme il a été indiqué ci-dessus.

N'auriez-vous économisé qu'une minute à la consultation d'une revue... ce serait là une minute précieuse... la minute d'or du chef qui attend avec impatience un enregistrement urgent.

Ne gaspillons pas ces petites minutes dont nous apprécions si bien la grande valeur et pénétrons-nous de l'importance primordiale du temps, cette quatrième dimension, trésor du monde nouveau.

CHAPITRE III

LA TECHNIQUE DES SYSTÈMES

Appareils et machines de sélection

Par M. Desaubliaux

Pour mieux apprécier l'admirable effort accompli et la hardiesse de l'étape, il faut se souvenir qu'il y a un demi-siècle, l'outillage de bureau se réduisait à l'encrier, au porte-plume et aux registres.

A cette époque si proche de nous, il ne fallait compter que sur ses facultés intellectuelles et travailler avec son seul cerveau, comme l'artisan de jadis travaillait avec ses mains... sans outillage.

Il y a un demi-siècle, on n'utilisait pas encore l'outillage du cerveau auxiliaire de la pensée et de la mémoire, alors que depuis des générations l'Humanité avait créé et perfectionné l'outillage industriel... auxiliaire des muscles.

Aujourd'hui je suis appelé à vous parler de l'un de ces outils au service de la mémoire : les systèmes de fiches.

Systèmes qui ne sont pas seulement les auxiliaires précieux du souvenir et qui constituent la mémoire collective de l'entreprise, mais qui aident *l'intelligence* dans une de ses fonctions les plus élevées, la *sélection* des idées, des buts et des moyens en vue d'un acte à réaliser en commun.

C'est une question qui intéresse toutes les entreprises petites, moyennes et grandes, simples et complexes, rudimentaires et perfectionnées.

Même les personnes les plus étrangères aux questions d'organisation ont établi des fiches sans le vouloir et sans s'en douter, comme M. Jourdain faisait de la prose.

Vous savez tous ce qu'est une fiche.

Fiche. — Une fiche est un morceau de carte rectangulaire destinée à recevoir la documentation concernant son objet.

On réserve le terme de fiche à la carte qui en raison de sa rigidité relative peut être manipulée sans déformation et qui se classe dans un fichier sans être reliée.

Feuillet mobile. — Le terme de feuillet mobile est réservé aux fiches souples qui sont reliées dans un registre dit à feuillets mobiles où elles sont amovibles.

Indépendamment des qualités matérielles de la fiche telles que son format, sa rigidité, son calibrage, sa résistance au déchirement, l'ordre dans lequel les fiches sont classées les unes par rapport aux autres donne toute la valeur du système.

Pour comprendre tous les services que peuvent rendre les fiches, il est nécessaire d'aborder quelques données générales pour en tirer des conclusions essentiellement pratiques.

Au secours de la mémoire défaillante. — Chaque fois que vous notez un renseignement quelconque sur une fiche, vous créez un dispositif destiné à suppléer à votre mémoire défaillante. Cette inscription serait inutile si vous étiez doué d'une mémoire parfaite vous permettant de vous souvenir de tous les faits passés, de tous ceux que vous avez prévus, des actes que vous avez décidé d'accomplir.

Mais la mémoire est un moyen défectueux et l'homme le mieux doué n'est pas exempt d'oublier. La fiche (ou le feuillet mobile) doit être considéré comme l'outillage de la mémoire.

En conséquence, il n'est pas inutile de faire une incursion dans le domaine de la psychologie. Vous verrez que cette courte étude nous conduit naturellement à des conclusions pratiques applicables aux fiches, aux qualités que nous exigerons d'elles, aux méthodes de classement que nous leur appliquerons.

LA MÉMOIRE

La mémoire est la faculté de conserver à l'état d'inconscient une impression passée et de la rendre consciente ultérieurement.

Parallèlement, la fiche est le moyen de conserver invisible dans un fichier l'impression que nous y avons inscrite et de la rendre apparente ultérieurement.

Le souvenir est un état complexe qui suppose : la réception d'une impression acquise par nos sens, — la conservation latente de cette impression, — la reviviscence de cette impression à une date ultérieure sous l'action d'un fait réel — la localisation du souvenir dans le temps et dans l'espace.

Le parallèle avec le mécanisme des fiches est facile à établir.

Voyez quelle somme prodigieuse d'érudition nous aurions tous, si nous disposions d'une mémoire parfaite : nous serions capables d'évoquer toutes les impressions exactes reçues depuis notre enfance, tout ce que nous avons vu, entendu et appris, avoir immédiatement à notre disposition les noms, les chiffres, les dates qu'un jour plus ou moins lointain nous avons connus.

Nous saurions le nom de tous nos clients, le montant de leurs commandes, la date à laquelle nous pouvons les faire visiter, leur adresse et leurs numéros de téléphone. Notre expérience dépasserait celles des hommes les plus experts dans notre profession pour peu que nous ayons su observer.

Malheureusement, la mémoire est comme un disque de phonographe, peu à peu les impressions s'estompent, d'autres viennent les remplacer, tout s'efface et il ne reste rien que le regret d'avoir su et d'avoir oublié.

Les impressions s'enfuient, heureusement les écrits demeurent. Ce que la mémoire ne peut accomplir, la fiche le réalise. La documentation qu'elle peut accumuler sans danger de perte est infinie.

Vous pouvez tout écrire et tout conserver sur des fiches.

LA FICHE DOIT CONSERVER

Avant toutes choses, la fiche doit *conserver* les impressions reçues, elle est en cela absolument identique à notre cerveau.

Pour que la conservation soit assurée, il existe certaines qualités matérielles à exiger de la fiche. La fiche ne doit pas pouvoir se déchirer ou se détériorer par suite des manipulations multiples qu'on lui fait subir ; elle doit être à l'abri de l'humidité, du feu, de la destruction sous toutes ses formes, y compris la perte de la fiche hors du fichier ou dans le fichier même si elle est déclassée.

Les inscriptions ne doivent pas s'effacer, lorsqu'elles sont représentatives d'une caractéristique durable. L'écriture doit pouvoir se relire. Le texte doit être tel qu'il évoque bien l'impression notée et ne pas devenir avec le temps une énigme totalement incompréhensible. La fiche est un outillage de la mémoire qui doit servir, non seulement à celui qui la crée, mais à tout le corps social; il faut donc se méfier des abréviations ou des symboles dont on oublie le sens ou que des employés non initiés ne peuvent déchiffrer. Les signalisations par cavaliers doivent rester fixées à la fiche sans pouvoir se détacher d'elles-mêmes.

Enfin, il faut rechercher le système où le déclassement d'une fiche attire l'attention d'une manière quelconque. Il faut d'une façon générale rechercher la sécurité du système.

On ne sera jamais sûr de pouvoir *reproduire* une impression si, d'abord, on n'est pas absolument certain de l'avoir *conservée*.

Beaucoup de personnes prennent des notes sur des petits morceaux de papier ramassés au hasard sur le bureau ou détachés d'un bloc. Elles inscrivent ainsi des coups de téléphone, des rendez-vous, des ordres à donner et toutes les idées qui leur passent par la tête. Les petits papiers, ces pauvres rudiments de fiches, restent ainsi quelque temps sur le bureau. Un courant d'air se produit, les papiers s'envolent. Cette méthode présente une fragilité extrême, offre une insécurité totale et compte cependant bien des adeptes.

Ils sont un peu comme ces gens qui, pour ne pas oublier, font un nœud à leur mouchoir et le mette au blanchissage... avec le nœud. Le souvenir et son symbole sur lesquels on comptait sont détruits.

L'inscription sur les petits papiers est en tous points condamnable. Il vaudrait mieux que cette inscription hâtive soit faite sur un agenda. Les documents y seront au moins *conservés* puisque les feuillets sont reliés. Si on connaît leur date d'inscription, on pourra toujours les retrouver puisqu'elle sont classés par ordre chronologique.

Si on ne se souvient pas de la date exacte, on peut toujours feuilleter l'agenda, le renseignement pourra donc toujours être reproduit, mais évidemment ce procédé dans la plupart des cas serait trop long.

LA FICHE DOIT FAIRE REVIVRE LE SOUVENIR

Nous voici donc amenés à examiner le deuxième service que doit rendre la fiche, celui d'aider la mémoire à reproduire l'impression le plus rapidement possible et ici intervient une question de rendement de l'effort de la mémoire.

Ce n'est pas tout de *conserver*, il faut faire *revivre* le souvenir.

Que de choses, nous avons ainsi conservées et enfouies dans le fonds de notre subconscience et que cependant nous sommes impuissants à évoquer au moment importun.

Nous les savons pourtant.

Ne nous est-il jamais arrivé de faire le douloureux effort de rechercher un souvenir perdu dans l'oubli ?

Vous rencontrez un monsieur qui vous apparaît d'abord comme un inconnu. Mais à le regarder plus attentivement, le mécanisme des souvenirs se déclanche.

« Mais je connais cette tête là !

« Qui est-ce ?

« Il est déjà venu au bureau.

« Je me souviens lui avoir fait livrer quelque chose, rue de Passy.

« Comment diable s'appelle-t-il ?

« Son nom commence par un R ? non par un D...

« C'est un nom comme Détail... mais ce n'est pas Détail... Detable, oui, c'est bien cela. C'est bien lui.

« Bonjour, monsieur Detable, vous souvenez-vous de moi ?

« Avez-vous été satisfait du système de fiches que je vous ai fait livrer il y a six mois, à votre succursale de la rue de Passy ?

C'est peut-être l'annonce d'une nouvelle affaire.

Mais combien de fois la reviviscence du souvenir est plus laborieuse et n'aboutit pas.

Chacun de nous n'a-t-il pas éprouvé ce douloureux effort du mécanisme de la mémoire qui s'efforce de retrouver les chaînons successifs d'impressions pour reconstituer la chaine entière au bout de laquelle il y a l'impression cachée oubliée, et qui paraissait à jamais perdue mais dont on veut se souvenir.

L'impression est conservée puisqu'elle peut revivre, mais un chaînon peut être rompu entre l'impression actuelle qui déclanche le mécanisme de recherche et ce souvenir passé tombe dans l'oubli irrémédiablement.

La même observation s'applique également à la fiche. Rien ne sert d'inscrire une note sur une fiche si, à un moment quelconque, il est impossible de faire une recherche automatique qui aboutisse *infailliblement* à une fiche utilisable même si on a oublié jusqu'à son existence.

Le mécanisme de cette reproduction des souvenirs, malgré sa complication, procède toujours de la même manière.

Une impression produite par un fait actuel, concret, réel est indispensable pour mettre le mécanisme en mouvement.

Reprenons l'exemple du client rencontré.

C'est sa rencontre, événement réel, qui a enchaîné des souvenirs divers les uns aux autres jusqu'au rappel de son nom.

Le cerveau a fait des recherches comme dans un fichier.

Le nom commence par un R, non par un D, classement alphabétique qui se précise, qui se limite : Détaille ? non... Detable ? oui.

La similitude extrême des système de souvenirs et des systèmes de fiches apparaît frappant.

Le nom du client retrouvé évoque d'autres souvenirs, on le localise dans le temps ; il y a six mois que vous l'avez servi... classement chronologique — et vous avez livré sa marchandise, rue de Passy... classement géographique.

Quoi d'étonnant de retrouver cette similitude entre l'enchaînement des souvenirs et le classement des fiches puisque vous savez maintenant que la fiche n'est que l'outillage de la mémoire, faculté cérébrale.

Or, pour mieux adapter la fiche au cerveau, une étude un peu plus poussée des associations d'idées va nous permettre de poser certaines lois. Lois psychologiques du classement.

Les systèmes d'association d'idées les plus fréquents sont :

1° Les associations d'idées par répétitions d'images contiguës soit de même nature, soit de nature différente.

2° Les associations d'idées procédant du général au particulier ou inversement.

3° Les associations d'idées par analogie ou contraste d'images.

Ces associations constituent des réflexes, c'est-à-dire des opérations qui se font en dehors de notre volonté.

Toutes ont pris pour origine, comme nous l'avons vu, un fait réel concret qui déclanche l'enchaînement des souvenirs.

Associations d'idées par répétition d'images contiguës de même nature ou de nature différente.

La mémoire de la lecture et de l'écriture est un exemple de ce mode d'associations. C'est une association d'images, de lettres.

La première image est celle de l'alphabet... celle qu'onincul que par répétition à l'enfant.

L'enfant connaît l'alphabet parce qu'une lettre évoque l'image de la suivante dans un ordre absolu. La preuve c'est que les grandes personnes qui savent réciter leur alphabet dans le bon sens sont obligés de faire un effort pour le réciter à l'envers.

La mémoire des mots dérive de la mémoire des lettres, c'est une association de lettres toujours répétées dans le même ordre, association d'images visuelles de lettres et d'images auditives de syllabes et les deux associations viennent au secours l'une de l'autre. Nombreuses sont en effet, les personnes qui se souviennent mieux des noms qu'elles ont vu écrit.

Le classement alphabétique des fiches est dérivé de cette forme naturelle de la mémoire.

Les associations de mots que la mémoire enchaîne lorsque l'un d'eux est évoqué est un mécanisme dont il faut tenir compte dans le classement des fiches. Il nous conduit aux systèmes des fiches de références (Fig. 1).

LA SAMARITAINE, COGNAC

est un enchaînement de mots.

Si on prononce « Samaritaine), on se souvient de « Cognac » et réciproquement si on prononce « Cognac » on se souvient de « Samaritaine ». On s'en souvient... on ne s'en souvient pas, car la mémoire est une faculté infidèle, mais le système de fiches alphabétiques de référence copiées sur la mémoire y supplée.

La fiche Samaritaine évoquera Cognac et la fiche de référence croisée Cognac renverra à Samaritaine.

Voici donc encore un cas où la fiche remédie exactement une faiblesse de la mémoire (Fig. 2).

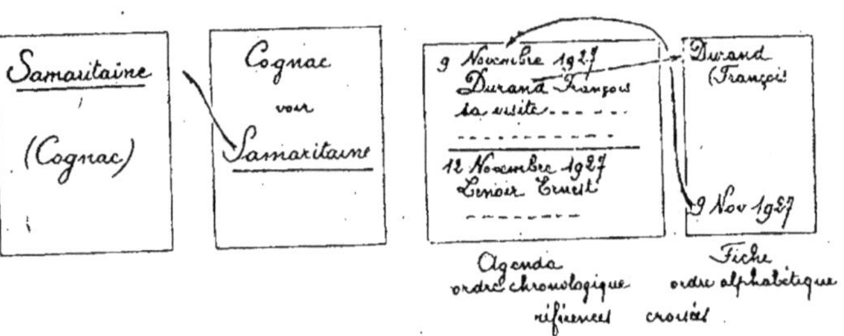

<table>
<tr><td>Fig. 1.</td><td>Fig. 2.</td></tr>
</table>

Nous pouvons établir des références croisées entre notre Agenda, ou les renseignements sont classés par ordre chronologique et la fiche alphabétique du client, établie en même temps. Les inscriptions se renverront de l'une à l'autre et faciliteront considérablement les recherches. Si notre mémoire était parfaite, 9 nov. 1927 évoquerait « Durand » qui est venu nous voir ce jour là et « Durand » évoquerait : 9 nov. 1927.

Or, le nom de Durand ou sa date de visite ayant disparus complètement de la mémoire, la fiche seule permet l'enchaînement des souvenirs.

Les associations d'idées par répétition peuvent ainsi porter sur des images de nature très différente, mais qui renaissent habituellement ensemble parce qu'elle formaient à l'origine un bloc.

On a ainsi créé un système d'association d'idées, le même exactement que celui édifié par la mémoire, mais combien plus sûr et plus durable.

Nous verrons que pratiquement, on peut souvent simplifier le système de fiches multiples classées dans plusieurs fichiers par des procédés de signalisation ou de sélection mécanique. Mais le principe reste le même, il est copié..., il doit être copié sur le mécanisme naturel des associations d'idées contiguës de même nature ou de nature différente.

Dans les exemples que nous avons cités, nous n'avons envisagé qu'une association d'idées entre un nom et une date passée, mais le même mécanisme s'applique exactement aux prévisions, concernant une date à venir.

Supposez que vous ayez établi une fiche au nom de Durand, que cette fiche soit classée alphabétiquement dans un fichier, que sur cette fiche vous ayez marqué le jour et l'heure du coup de téléphone a donner. Au-dessus de cette fiche il faut placer une signalisation très apparente qui vous rappelle à chaque instant le coup de téléphone à donner.

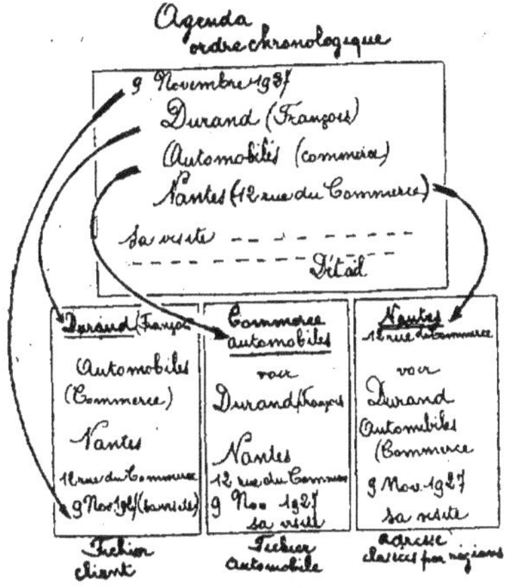

Fig. 3.

Par exemple :

Le nom d'un client, sa profession, sa marque de fabrique, son adresse : Souvenirs différents sans analogies, mais constituant une chaîne dont il suffit d'évoquer un maillon pour que tous les autres sortent de l'oubli.

Il faut cependant, pour que cela soit possible, d'abord que l'un d'eux soit évoqué par un fait réel actuel, concret et ensuite qu'aucun maillon n'ait été détruit.

Or, il ne faut pas compter sur la mémoire défaillante. La fiche doit constituer cette chaîne indestructible.

On peut imaginer qu'à côté du renseignement chronologique inscrit sur l'Agenda et de la fiche alphabétique au nom du client on crée autant de fiches de références croisées qu'il y a d'idées différentes.

Une fiche à son nom, une fiche à sa profession, une à la rue qu'il habite.

Chacune de ces fiches étant classées respectivement dans un classeur spécial : noms, professions, régions. Chaque fiche renvoit à toutes les autres (Fig. 3).

Vous connaissez tous les fiches qui portent à leur bord supérieur des divisions correspondantes, soit au jour de la semaine, aux quantièmes du mois ou aux mois de l'année. Si, les fiches sont bien calibrées, ces divisions se trouvent parfaitement alignées, de telle sorte que les cavaliers qui seront fixés dessus seront également alignés, soit par jour de la semaine, soit par quantième du mois, soit par mois (Fig. 4).

La couleur du cavalier et sa forme peuvent être le symbole d'une idée spéciale : client « à visiter », « à écrire », « à prospecter ».

Il y a donc réuni sur la même fiche des associations d'idées différentes et dont le cavalier est le point de départ chronologique. Mais quitte à me répéter, j'insiste sur ce fait que le déclanchement de ces associations doit être un fait réel, celui de la vue du cavalier. Il existe beaucoup de personnes qui ne comprennent pas les services que le fichier peut rendre à la mémoire parce qu'ils oublient le point de départ de l'association d'idées.

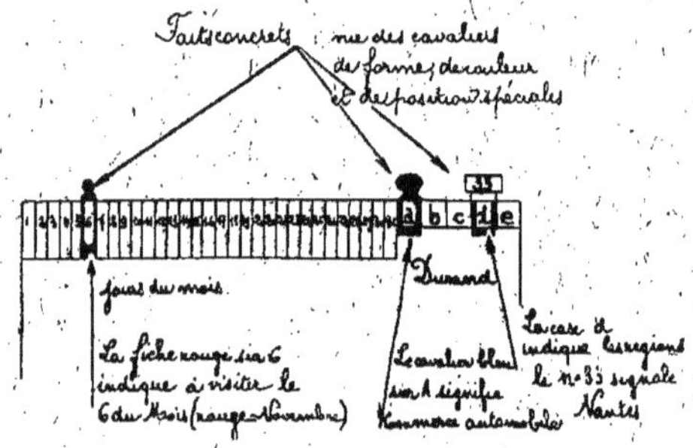

FIG. 4.

Ce point de départ, ce fait réel et concret, il faut le provoquer. La personne qui tient le fichier ou celle qui en fait usage ne peut donc pas se passer complètement de sa mémoire. Il faut se rappeler, oh... de bien peu de choses en somme, de regarder son fichier périodiquement. C'est une discipline périodique qu'il faut s'imposer faute de quoi le système est sans utilité. Si évident que puisse paraître cette recommandation, bien des gens la négligent et perdent tout le bénéfice de leur signalisation. Le fichier n'est pas la mémoire, il n'en est qu'un outil et ne peut se substituer entièrement à elle.

ASSOCIATIONS D'IDÉES PROCÉDANT DU GÉNÉRAL AU PARTICULIER OU RÉCIPROQUEMENT

Les associations d'idées procédant du général au particulier ou inversement constituent une forme différente qui donnent lieu à d'autres genres de classement.

Nous avons vu les idées s'enchaîner par juxtapositions répétées. Actuellement, nous les voyons dériver les unes des autres logiquement.

La première idée générale contient toutes les autres et en particulier une idée qui est une fraction de la première.

Cette seconde idée est elle-même composée d'idées troisièmes et chaque idée troisième est composée d'idées quatrièmes qui sont des détails.

Mais ces associations d'idées suivent les mêmes lois que les autres, elles ne peuvent être déterminées que par un fait réel concret qui est l'idée générale ou qui évoque celle-ci.

Par exemple, le fait réel de voir une automobile évoque l'image du véhicule marchant au moteur, l'idée du moteur évoque l'image du carburateur et celle-ci fait penser à une pièce spéciale, le gicleur.

L'association n'est pas une répétition, car elle peut n'avoir jamais existé auparavant ; c'est un enchaînement qui va logiquement de la généralité aux détails à condition que tous les chaînons aient réellement impressionné la mémoire antérieurement.

L'association d'images par contiguïté pourrait être schématisée par les maillons d'une chaîne. L'association d'idées procédant du général au particulier pourrait l'être par une série de parenthèses interdépendantes les unes des autres.

Devant une première grande parenthèse, l'idée générale. Derrière, dérivées de la première, les idées secondes, etc.

Chacune des idées secondes se trouve elle-même devant une parenthèse derrière laquelle se placent les idées troisième, etc., et ainsi de suite.

Dans l'exemple de l'automobile :

L'automobile est l'idée générale ;

Moteur : idée seconde ;

Carburateur : idée troisième ;

Gicleur : idée quatrième.

C'est ainsi que procède la mémoire, elle va de l'idée générale qu'elle connaît vers les idées composantes qu'elle connaît également et réciproquement, elle va de l'idée particulière à l'idée générale qui la contient. Cette forme de la mémoire est à la limite des phénomènes de l'imagination... c'est déjà un raisonnement logique.

Ce classement naturel est celui que nous voyons appliqué dans les fiches sous le nom de classement idéologique.

Ce classement s'établit sans notre mémoire, forfuitement, dans un ordre logique. Dans le fichier, il faut l'établir suivant un plan préétabli et étudié d'avance... un plan imaginé... un plan raisonné qui permettra ensuite la sélection des souvenirs. Ce classement ne peut contenir, bien entendu, que ce que contient l'idée générale directrice.

Ainsi, la fiche directrice portera le mot automobile et enverra par référence aux fiches secondes : Moteur, châssis, roues, boîte de vitesse, pont arrière, carrosserie, éclairage, accessoires, etc.

Dans une entreprise, des agents peuvent être répartis en Europe, en Asie, en Amérique. L'idée directrice pourra être : *Répartition géographique des agents.* Les idées dérivées seront : Europe, Asie,

Amérique. Les idées dérivées de celles-ci seront pour l'Europe :
la France, l'Allemagne l'Angleterre, l'Italie, etc. La France sera
divisée en régions, en départements, en villes, en quartiers, en rues.

C'est ainsi que procède la mémoire et le système de fiches qui
lui sert d'outillage.

Ce processus est celui que vous employez couramment dans
vos affaires, à chaque instant, sans vous en rendre compte, et dans
votre classement, dans vos systèmes de fiches, vous n'avez fait
que le copier.

L'idée directrice la plus générale dont vous partez toujours,
c'est votre affaire elle-même : c'est l'ensemble. Vous divisez les
événements en deux parts, ceux qui ont trait à votre affaire et

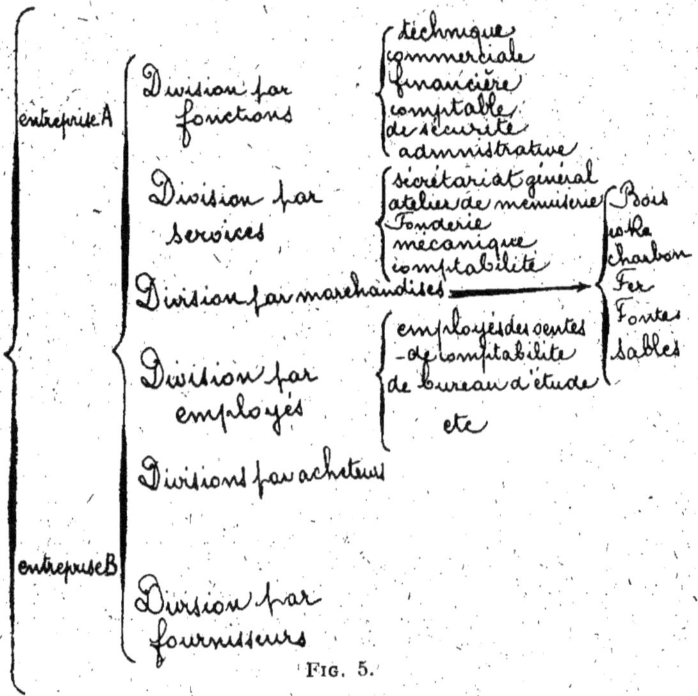

Fig. 5.

ceux qui lui sont étrangers. Dans votre affaire, votre mémoire
a mécaniquement établi de grandes divisions. Divisions par service, par bureau et par atelier. Divisions par fonctions : fonction
technique, commerciale, comptable, etc. Divisions par marchandises traitées. Divisions par employés, par agents, acheteurs,
clients (Fig. 5).

Chacun de ces classements est une idée seconde qui vient
subdiviser l'idée directrice première.

Vous comprendrez sans qu'il soit besoin d'insister combien
complexes peuvent être ces classements naturels des idées associées dans notre cerveau.

C'est un réseau très serré, mais très logique et qu'il serait probablement moins difficile de développer dans l'espace que sur un plan.

La complexité est d'autant plus grande que la mémoire superpose à ce classement idéologique qui procède du général au particulier des classements par répétitions d'idées contiguës, par ordre alphabétique, chronologique, numérique ou images qui ont l'habitude de se présenter ensemble.

Il faut que la fiche (ou le feuillet mobile) vienne aider ce mécanisme complexe de la mémoire suivant certaines méthodes préétablies.

Si on se contente d'une vue superficielle de la question, elle paraît insoluble en raison de sa complexité. Il est d'ailleurs impossible dans une entreprise même de moyenne importance, qu'un seul cerveau ait assez de mémoire pour tout retenir. Mais l'analyse de l'entreprise va nous guider.

Quelque soit la complexité d'une affaire, quelque soit la complexité du problème, il faut toujours procéder avec la même méthode... il faut l'analyser, il faut l'observer, telle qu'elle est et la disséquer.

Or, une entreprise est une association de cerveaux qui a chacun sa mémoire propre. La mémoire de l'entreprise est la mémoire de cette association. La mémoire de chaque cerveau porte sur un ou plusieurs points particuliers dont il doit se souvenir jusqu'au moindre détail. Il doit se faire aider par un outillage approprié, c'est-à-dire par un système de fiches spécialement adapté à sa mémoire.

Mais nous avons vu que pour que la mémoire soit parfaite, il faut que les associations d'idées soient complètes et s'enchaînent sans rupture.

Il faut donc que ces mémoires isolées, séparées, dotées de leur outillage particulier de fiches soient reliées entre elles par des systèmes de classement qui permettent au cerveau du chef d'entreprise de pénétrer dans chaque système de fiches et par une recherche logique, méthodique, mécanique et automatique, de retrouver le renseignement cherché afin que le document qui lui est nécessaire lui arrive exactement, automatiquement à son heure opportune.

Ainsi décomposé, il n'y a pas de documentation dans une entreprise qui ne puisse être mise sur fiches.

Bien entendu, il existe des procédés et des systèmes plus ou moins commodes, plus ou moins économiques sur lesquels nous reviendrons, mais dans les démonstrations pratiques qui vous seront faites, ne perdons pas de vue le plan naturel de classement qui existe fatalement dans votre cerveau et que vos fichiers devront reproduire aussi fidèlement que possible.

MÉTHODE

Partant de cet exposé un peu aride, nous allons voir les solutions diverses que le problème a reçu de la part de plusieurs fabricants.

Les événements que nous avons à mettre sur fiches se présentent presque toujours par ordre chronologique et on aura souvent intérêt à les noter une première fois avec tous les détails nécessaires dans cet ordre — c'est en somme le journal tel qu'il est employé en comptabilité.

En comptabilité, le journal sert à établir les comptes particuliers qui sont classés par ordre alphabétique ou numérique (c'est-à-dire des classements dérivés des associations par répétition d'idées contiguës).

Nous voyons ainsi sur des feuillets mobiles ou sur des fiches : les fournisseurs, les clients, les agents, les marchandises, etc. Hors comptabilité, on peut dans la plupart des cas appliquer des méthodes qui ont fait leur preuve.

Prenons un exemple : Voici un problème courant :

CLÉMENT, marchand d'accessoires d'automobiles, avenue de la Grande Armée, spécialisé surtout dans les magnétos, achète à notre maison uniquement des vis platinées, visité par notre représentant Gerbault, a été visité le 10 octobre ; doit être revu le 20 novembre. Il serait intéressant de suivre son mouvement d'affaires avec notre maison pour savoir si c'est un gros client de plus de 50.000 francs par mois, de 20.000 francs, de 10.000 francs, de 5.000 ou de moins de 1.000 francs. On doit le relancer tous les trois mois par l'envoi de publicité directe.

Un problème identique se pose pour les 2.000 clients de notre firme qui doivent cependant être suivis exactement par le Directeur commercial. Aucune mémoire humaine ne pourrait réaliser ce problème. Il semble que tous les modes de classement soient nécessaires avec des jeux de fiches multiples, se renvoyant les unes aux autres par des système de références.

Voici quels seraient les classements qu'il faudrait faire dans des fichiers séparés :

1° CLÉMENT.	Dans le fichier client classé par ordre alphabétique.
2° Marchand d'accessoires d'automobiles ; spécialités magnétos ; acheteurs à la maison de vis platinées.	Dans un fichier par ordre idéologique une fiche à accessoires d'automobiles dans la division : Commerce d'automobile, et deux autres fiches à : Spécialités de magnétos, une autre à la subdivision vis platinées.
3° Avenue de la Grande Armée.	Une fiche dans le fichier des rues de Paris : classement géographique.
4° GERBAULT, Représentant.	Dans le fichier des représentants, une fiche à Gerbault.
5° Visité le 10 octobre ; à revoir le 20 novembre ; à relancer tous les trois mois.	Dans l'agenda qui sert en même temps d'échéancier : inscrire les dates de visite et de relance.

6° Le compte de CLÉMENT en comptabilité indique au dernier relevé le montant des achats à ce jour, une moyenne de 5.000 francs par mois.

Dans un fichier spécial où les clients seraient classés par importance, la fiche de CLÉMENT serait classée parmi les clients de l'importance mensuelle de 5.000 francs.

Évidemment, chaque fiche, chaque inscription dans chaque fichier doit être organisée en référence croisées, avec toutes les autres, pour que tous les maillons de la chaîne des associations d'idées soient complets et continus.

Vous voyez facilement toute la complication et les écritures qu'entraînerait une telle méthode. Il importe que toute cette association d'idées soit groupée sur une seule fiche.

N'oublions pas cependant que le fait réel, concret immédiat qui permettra de reconstituer l'association peut se présenter sous l'une des six formes énumérées, ayant pour point de départ :

Le nom du client ;
Sa spécialité ;
Son adresse ;
Le nom du représentant qui le visite ;
La date à laquelle il doit être visité ou prospecté.

Il faut que l'on puisse prendre comme premier maillon de la chaîne l'un ou l'autre de ces points de départ.

Pour que cette sélection soit réalisable, tous ces renseignements doivent être groupés sur une même fiche et cependant être classé d'une façon autonome apparente.

On y parvient par les systèmes de fiches et appareils que nous allons maintenant vous présenter.

Les méthodes de sélection qui vont vous être présentées peuvent être classées comme suit :

Sélection par cavaliers mobiles sur des fiches apparentes seulement suivant leur tranche.

Sélection par fiches visibles avec fiches intercalaires.

Sélection par signalisation sur des fiches à échelle, classées à plat.

Sélection par machines automatiques.

Sélection par appareils.

Je ne vous ferai pas une description détaillée et comparative des fiches. En parcourant l'exposition vous y trouverez des modèles divers qui s'appliquent à différents cas particuliers.

Je vous signale cependant que vous aurez toujours intérêt à faire étudier le problème qui vous est propre afin de réaliser un tracé exactement adapté aux renseignements que vous désirez trouver.

Si nous nous reportons en arrière au moyen le plus simple de noter qu'est l'agenda, nous voyons que toutes les inscriptions y sont portées dans un ordre chronologique sur des feuillets reliés entre eux dans un ordre invariable.

Les *avantages* présentés par l'agenda sont la *sécurité* de la conservation des souvenirs.

Les *inconvénients* sont les recherches longues, signalisation et sélections impossibles, interposition de nouveaux feuillets impossible.

Ces inconvénients résultent du classement chronologique obligatoire. Pour y remédier, il est nécessaire d'adjoindre à l'agenda un répertoire qui par références croisées renvoient aux dates de l'agenda.

L'agenda correspond en comptabilité au journal — journal unique dans certaines comptabilités, où la sélection des comptes est par conséquent impossible.

Pour obvier à cette difficulté de sélection certaines comptabilités emploient plusieurs journaux dans lesquels les documents sont notés chronologiquement par groupes de même nature.

Les documents classés chronologiquement dans les journaux sont sélectionnés par comptes dans les grands livres qui constituent ainsi le répertoire des écritures passées dans les journaux.

On ne connaissait autrefois que les grands livres reliés, les comptes y étaient ouverts au fur et à mesure qu'ils se présentaient. Ils se suivaient dans un ordre quelconque qui était ni alphabétique, ni chronologique. A la fin du grand livre, se trouvait un répertoire par ordre alphabétique qui renvoyait par référence à l'unique folio sur lequel était établi le compte ou à plusieurs folios si le compte trop long pour l'emplacement qui lui avait été primitivement octroyé était sectionné sur plusieurs folios.

Le grand livre relié présente les avantages et les inconvénients de l'agenda :

Avantages. — Sécurité de conservation des souvenirs.

Inconvénients. — Recherches longues à cause de l'obligation d'avoir recours à un répertoire ; sélection impossible par la suite de la non visibilité des feuillets masqués totalement les uns par les autres ; interposition de nouveaux comptes impossible.

**

Le grand livre relié a donné naissance au grand livre à feuillets mobiles.

Chaque compte y est établi sur un seul feuillet.

Les feuillets, qui peuvent se retirer et s'interposer, y sont classés dans un ordre méthodique prévu, alphabétique ou autre.

Les feuillets peuvent se retirer, donc se perdre ou s'égarer à l'intérieur même du grand livre si, en les remettant, on les déclasse. Cependant si le grand livre s'ouvre à plat, on peut écrire sur le feuillet sans le détacher, on réduit donc ainsi les chances de perte.

Par rapport aux registres à feuillets reliés, les avantages et les inconvénients des registres à feuillets mobiles sont les suivants :

Avantages. — Sécurité de conservation, moins grande cependant que les feuillets reliés ; interposition possible de nouveaux feuillets, donc possibilité de classement méthodique ; recherches rendues plus rapides parce que les comptes sont classés.

Inconvénients. — Signalisation et sélection impossibles parce que les feuillets sont masqués les uns par les autres.

* *

Pour supprimer ce dernier inconvénient, on a eu l'idée de faire des registres à feuillets mobiles dont les feuillets sont décalés les uns par rapport aux autres, de manière à laisser une marge visible à chaque feuillet (Fig. 6).

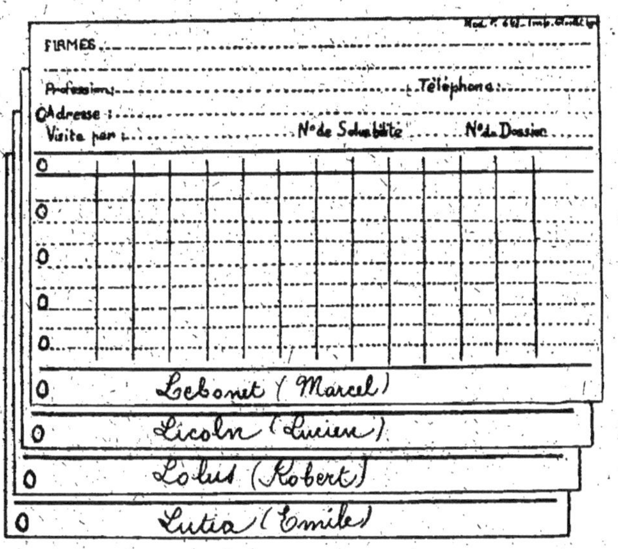

FIG. 6.

Cette marge visible permet d'inscrire le nom caractéristique du compte qui reste visible et de porter une signalisation quelconque, par exemple une marque d'une couleur donnée sur un point déterminé de la marge. Cette signalisation appellera l'attention et constituera le fait concret qui déclanchera une association de souvenirs.

* *

Les avantages sont ceux du livre à feuillets mobiles, mais les recherches y sont facilitées du fait de la visibilité perpétuelle du nom caractéristique de chaque feuillet et donne la possibilité d'une sélection. Cependant, l'inconvénient qui existe dans la plupart des systèmes résulte de la complication d'interposer un nouveau feuillet en raison de la multiplicité de perforation servant à la fixation.

* *

Dans le courant de cette causerie, nous avons condamné la politique des petits morceaux de papier. Ces petits morceaux de papier seraient pourtant bien commodes s'ils étaient tous du même format et assez rigides pour être classés. Des services qu'ils peuvent ainsi rendre est né la fiche.

Le système de fiche le plus simple est sans conteste, celui de la fiche rectangulaire verticale, portant imprimés un libellé et une réglure étudiée à l'avance.

Ces fiches sont classées verticalement côte à côte dans un fichier.

Si le calibrage des fiches et du fichier est bien fait, les fiches assemblées forment un bloc et ne laissent visible que leur tranche.

Si l'impression est exacte, les signes, lettres ou réglures de toutes les fiches sont exactement superposés dans le fichier et constituent à l'intérieur des alignements invisibles. Aucune inscription portée sur la fiche n'est visible. Pour lire chaque fiche, pour apercevoir une signalisation, on est obligé d'écarter les fiches les unes

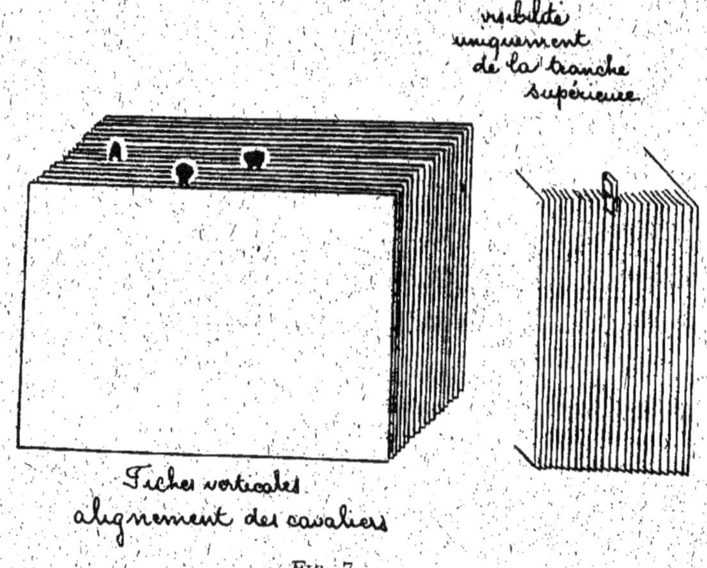

Fig. 7.

des autres, successivement, et pour porter une nouvelle inscription, on doit retirer puis remettre la fiche dans son fichier, d'où cause de perte et de déclassement (Fig. 7).

Les index ou les cavaliers permettent de faire une signalisation visible, soit des caractéristiques particulières d'une fiche, soit d'un groupe de fiches. Cette signalisation peut être fixe ou mobile.

Le cavalier est une pièce métallique qui se pose sur la tranche supérieure de la fiche.

La forme, la couleur et la position du cavalier constituent des images visibles, faits concrets qui apparaissent chaque fois qu'on regarde le fichier et qui provoquent une association d'idées avec un fait, une caractéristique, une date, une localisation.

Les cavaliers ne peuvent être utiles et maniables que si on ne hérisse pas le fichier d'une forêt de cavaliers. L'excès de cavaliers empêche la visibilité, l'œil voit une masse confuse de couleurs, de formes diverses et le mécanisme des associations d'idées ne se déclanche pas.

La fiche verticale présente les avantages et les inconvénients suivants :

Avantages. — Interposition possible de nouvelles fiches ; classement possible selon un ordre prévu ; signalisation possible quoique limitée (insécurité de cette signalisation qui peut se détacher).

Inconvénients. — Manque de sécurité (il faut retirer la fiche du fichier pour y faire des inscription)s ; reclassement possible ; remise en place lente à cause de la non visibilité des inscriptions ; recherche relativement peu rapide en raison de l'obligation de manipuler séparément chaque fiche.

Le système de fiches avec fiches intercalaires a pour objet de supprimer quelques-uns des inconvénients inhérents au système des fiches verticales.

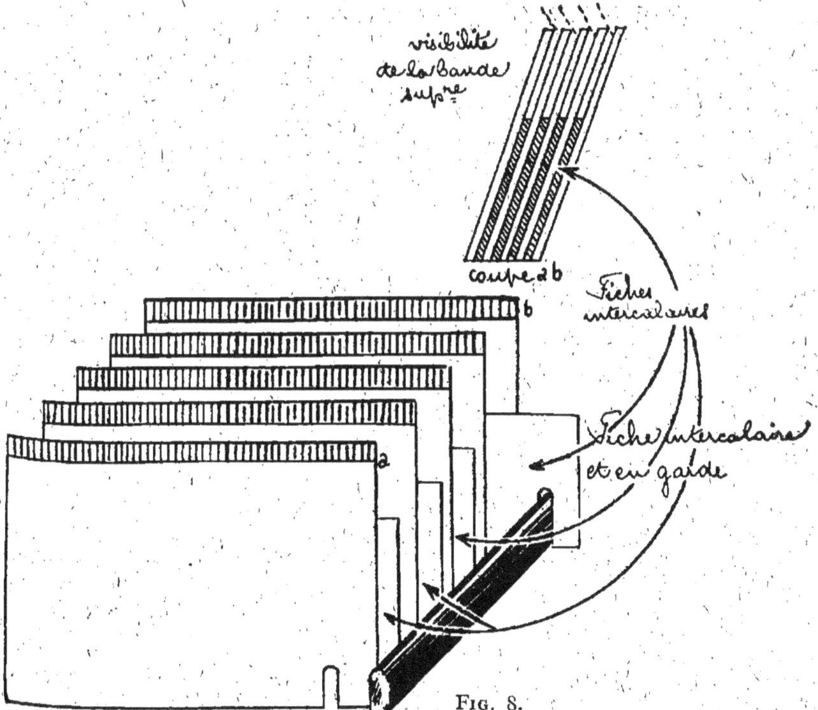

Fig. 8.

Dans ce système les fiches sont classées dans un fichier où elles sont maintenues dans une position oblique.

Entre chaque fiche principale, se trouve une fiche intercalaire d'un format plus petit dans le sens de la hauteur et qui a pour effet de maintenir entre les fiches principales un léger écartement. Cet écartement rend visible une toute petite bande de chaque fiche principale dans le voisinage de sa tranche supérieure (Fig. 8).

Cette petite bande peut être divisée régulièrement. Le calibrage et l'impression de chaque fiche étant parfaitement repérés, les divisions vont apparaître visibles et alignées dans le fichier.

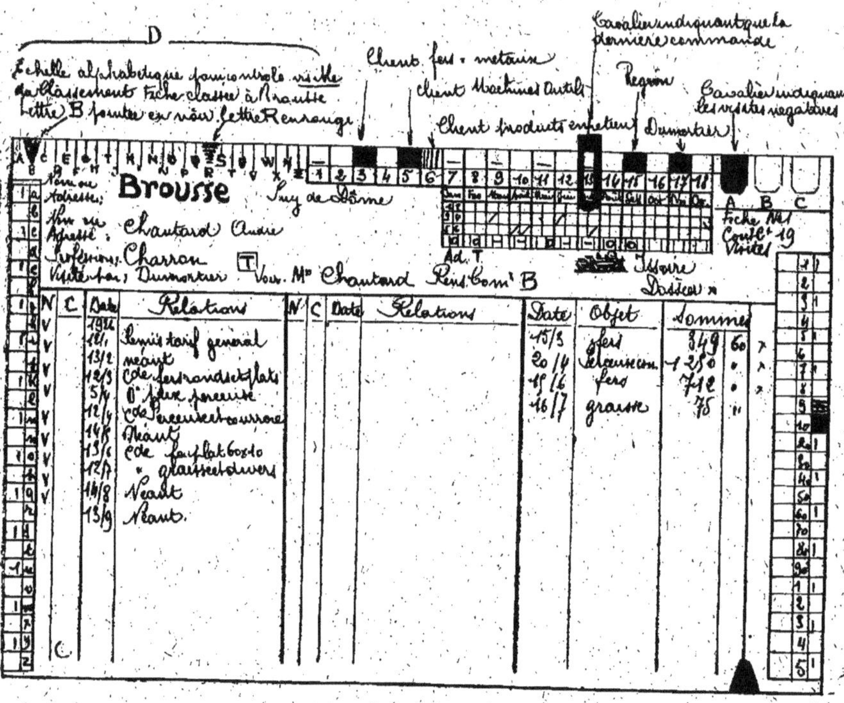

FIG. 9.

Une signalisation constituée par une marque au crayon de couleur, portée sur une division sera donc visible.

En combinant les couleurs et l'emplacement du signal, en leur donnant une désignation précise, une sélection visible des fiches devient possible.

En outre, les fiches sont toutes munies d'une encoche à leur partie inférieure. Le fichier a lui-même une largeur supérieure à la largeur de la fiche. L'alignement des fiches est maintenue comme on peut le voir sur la figure, à gauche, par la paroi du fichier et, à droite, par un réglet (Fig. 8).

Il est possible de tirer une fiche vers la droite et de placer
l'encoche à cheval sur le réglet. La fiche principale ou intercalaire est ainsi mise en position de garde. Par exemple, si une
fiche principale est retirée du fichier, sa fiche intercalaire reste
en garde jusqu'au retour de la fiche principale.

Le système de signalisation visible permet de déceler jusqu'à
un certain point le déclassement d'une fiche (Fig. 9).

Sur la bande visible de chaque fiche des divisions correspondent aux lettres de l'alphabet. Si on porte, par exemple, une
signalisation sur la lettre B pour toutes les fiches commençant
par un B, toute fiche commençant par un B égarée dans un classement d'une autre lettre apparaîtra immédiatement.

Le système de fiches intercalaires présente tous les avantages
du système de fiches verticales ordinaires. La sécurité est mieux
assurée, le déclassement est moins à craindre en raison de la
fiche intercalaire mise en garde. Cependant, l'insécurité persiste
puisque la fiche peut être perdue.

La signalisation peut être étendue à un plus grand nombre de
cas qu'avec le système de cavaliers, qui, d'ailleurs, peut être
employé conjointement avec l'inscription sur la fiche elle-même.

*
* *

En recherchant : 1° une sécurité plus grande, en évitant surtout le déclassement des fiches pour les mettre à jour, en classant les fiches comme on fixe les feuillets mobiles dans les registres
à feuillets mobiles ; 2° une plus grande bande de visibilité, on
arrive au système de classement des fiches à plat en échelle (Fig. 10)·

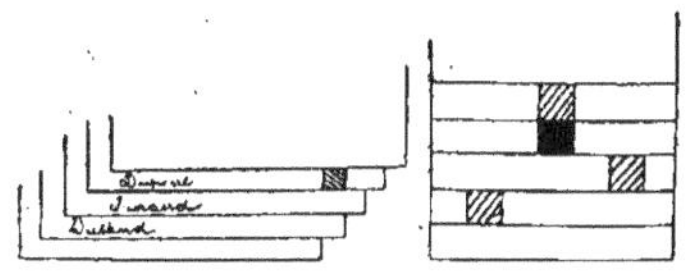

FIG. 10.

Le fichier est un tiroir destiné à recevoir les pochettes où seront
fixées les fiches.

Ces pochettes s'emboîtent dans le tiroir à la suite les unes des
autres et se disposent comme les feuillets du registre à feuillets
mobiles classés en échelle.

Il présente tous les avantages de ce système de registre et
possède, en outre, une plus grande facilité de manipulation.

Dans le système à fiches verticales ou à fiches intercalaires,
les signalisations provisoires sont obtenues par des cavaliers.
Dans le système de classement à plat, la signalisation mobile est
obtenue par un onglet qui se fixe sur la bande visible. Sur cette
même bande visible, des inscriptions colorées présentent les
signalisations fixes.

Il est nécessaire d'obtenir à la fois cette signalisation fixe et
mobile. En effet, la mémoire doit pouvoir conserver indéfiniment

certains souvenirs, mais il est nécessaire également que l'amnésie vienne élaguer de la forêt touffue des souvenirs ceux qui sont devenus inutiles et par conséquent encombrants. Il doit en être de même dans les systèmes de fiches qui ne sont que l'outillage de notre mémoire.

Je ne m'étendrai pas sur les applications des fiches. Ces applications sont multiples. Vous pouvez, par ces signalisations, suivre le mouvement d'affaires d'un client, les époques auxquelles il passe commande, celles auxquelles il doit être visité, l'importance de ce client, sa situation commerciale, bonne ou mauvaise, la catégorie de marchandises dans laquelle il est spécialisé ou qu'il vous commande.

Vous pouvez également appliquer ces fiches avec leur signalisation à la comptabilité. Signaler l'époque à laquelle le client doit être facturé. Dans votre fichier de clients, ceux auxquels il faut envoyer les relevés mensuels. Votre fichier peut ainsi vous indiquer instantanément le retour des impayés.

La signalisation des fiches par les procédés que nous avons indiqués sont applicables aussi bien aux choses qu'aux personnes. Vous pouvez connaître la nature de vos stocks et vos besoins de réapprovisionnement, l'époque à laquelle vous devez les faire, les dates auxquelles vous serez réapprovisionné.

MACHINES A ADRESSER

Nous venons de voir la systématisation par procédés visibles, c'est-à-dire le rappel à la mémoire par un fait actuel, concret, qui est celui de la vue d'un signal. Pour revenir en arrière, c'est en somme un perfectionnement parfait du nœud que vous faites dans votre mouchoir et qui vous rappelle en permanence, un acte que vous vous êtes promis d'accomplir.

Nous allons voir maintenant la systématisation par des machines automatiques.

La sélection au lieu de se faire à vue, va se faire d'une façon purement mécanique et sans que le moindre effort de raisonnement ait à entrer en ligne de compte.

La sélection mécanique se fait d'une manière très simple :

Le nom et l'adresse de la personne à toucher, soit par une circulaire, soit autrement, est imprimé sur une fiche métallique, les caractères apparaissent en relief. Ces fiches se présentent successivement devant les enveloppes ou une bande de papier sur laquelle elles s'impriment.

Par un système différent suivant les types de machine, le tirage peut être supprimé et la fiche passe sans laisser de trace. Ainsi, dans un lot d'un certain nombre de fiches, ne sont imprimées que celles d'une certaine catégorie ; il suffit d'indiquer précédemment sur la fiche des repères par catégories pour reproduire ces catégories à l'impression. Ces repères peuvent être combinés entre eux de telle sorte qu'on obtient une sélection, soit de catégories, soit de sous-catégories.

* * *

On peut, grâce aux machines à adresser, faire d'autres applications que la sélection de clients. On peut, par exemple, avec des combinaisons différentes sélectionner des marchandises ou tout autre objet. Il suffit de combiner la personnalité de la fiche, c'est-à-dire ce qu'elle représente avec les caractéristiques des sélections qui feront ressortir sa catégorie, lorsqu'elle passera sous l'appareil à imprimer.

* * *

La nomenclature des procédés divers de sélection serait incomplète si nous nous limitions aux procédés usuels et aux machines automatiques. Il existe en plus les appareils à sélection dont je voudrais vous donner un aperçu (Fig. 11).

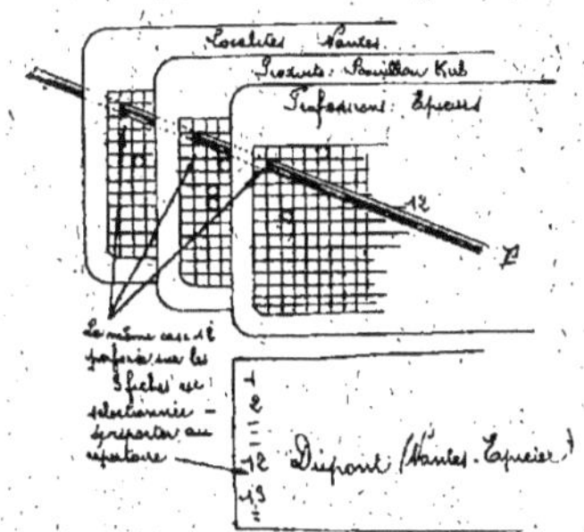

FIG. 11.

Voici le principe de l'appareil à sélectionner « Sphinxo ».

Sur des fiches rectangulaires, imaginez sur chaque un grand rectangle subdivisé lui-même en un grand nombre de petits carés. Les fiches sont de couleurs différente. Un pupitre en métal perforé de 1.000 trous équidistants entre eux, comme les centres des petits carrés des fiches. Un carnet répertoire.

Chaque trou du pupitre correspond à un numéro. Supposons trois jeux de fiches, un blanc, un jaune, un bleu.

Dans un carnet répertoire on inscrit tous les clients chronologiquement en leur donnant un numéro. Ces clients ont une profession différente, achètent un produit différent, habitent des localités différentes.

Les fiches blanches désignent les professions.

Les fiches jaunes les produits achetés.

Les fiches bleues les localités.

Une des fiches blanches désigne par exemple les épiciers.

Dans le répertoire client, on relève tous ceux qui sont épiciers, ces clients portent un numéro. On perfore tous les numéros de la fiche Épicier correspondant aux numéros des clients épiciers.

Lorsqu'on sortira cette fiche et qu'on la regardera, il suffira de relever les numéros perforés et de se reporter au répertoire pour connaître tous les clients épiciers.

Une des fiches bleues (produits achetés) désigne par exemple, le Bouillon Kub. Tous les numéros des clients (épiciers ou autres) qui achètent du bouillon Kub sont perforés sur la fiche bleue « Bouillon Kub ».

Une des fiches jaunes « Localités » désigne Nantes. Tous les numéros des clients, sans distinction, habitant Nantes sont perforés.

Si on superpose exactement les trois fiches, n'apparaîtront complètement perforés à travers leur épaisseur commune que les numéros des clients épiciers acheteurs de Bouillon Kub habitant Nantes.

Les numéros des épiciers non acheteurs de bouillon Kub sont perforés sur la première fiche, mais restent en plein sur la seconde.

Il suffit de relever les numéros présentant la triple perforation et se reporter au répertoire général par numéro pour obtenir exactement la sélection cherchée.

Ce système illustre d'une manière frappante les remarques que nous avons exposées au début de cette causerie.

Le fait concret représenté par la coloration d'un jeu de fiches entraîne par association d'idées :

Blanc la profession, bleu le produit, jaune la localité.

Puis, dans chaque cas, une autre association d'idées se déclanche qui passant du général au particulier permet de retrouver dans un même jeu de fiches :

Une profession parmi toutes les autres (la profession d'épicier représentée par une fiche blanche parmi les autres fiches blanches) ;

Un produit parmi les autres produits ;

Une localité parmi les autres ;

La fiche unique de chaque caractéristique *conserve* par perforation les idées qui lui ont été associées.

Une seule fiche conserve tous les clients d'une même profession ;

Une seule fiche conserve tous les clients d'un même produit ;

Une seule fiche conserve tous les clients d'une même localité.

L'outillage mis à la disposition de la mémoire a opéré comme la mémoire elle-même, une première opération d'analyse suivie d'une synthèse. Procédant ensuite par élimination ou oubli de tous les clients qui n'ont pas à la fois les trois caractéristiques cherchées, elle ne fait revivre le souvenir que de ceux qui possèdent à la fois les trois caractéristiques. Elle opère une sélection de ces clients... de ces *seuls* clients.

L'appareil à sélectionner ne fait que suivre la méthode même imposée par le mécanisme intellectuel, du raisonnement combiné avec la mémoire.

*
** *

Je vous présente enfin l'appareil sélectionneur « Findex ».

Le fichier est fait pour contenir des fiches verticales très exactement calibrées par rapport au fichier (Fig. 12).

La paroi antérieure et postérieure du fichier est **percée** de trous très exactement en face les uns des autres sur l'une et l'autre des deux parois, de telle sorte que des tringles passées à travers ces trous sont toutes parallèles entre elles à travers le fichier.

Les fiches sont rectangulaires et portent des perforations exactement opposables aux trous des parois du fichier. Entre ces trous, dans le sens vertical des numéros, ces fiches étant placées dans le fichier, une tringle enfoncée dans la paroi intérieure les traverse toutes et ressort par le trou correspondant de la paroi postérieure.

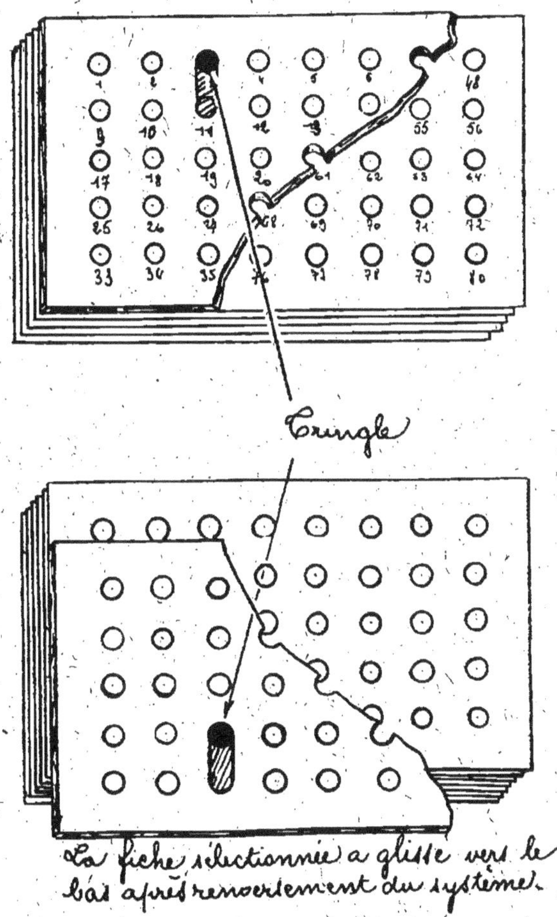

Fig. 12.

Si à ce moment on retourne le fichier, les fiches ne peuvent tomber parce qu'elles sont maintenues enfilées sur la tringle. Or, si avant de mettre une des fiches on l'a (au moyen d'un perforateur spécial) trouée de telle sorte qu'on a réuni entre eux par une fente verticale deux trous voisins, on pourra opérer la sélection que nous allons décrire.

Supposons que nous ayons perforé le numéro 3 en réunissant le trou A et le trou B.

La fiche est placée au milieu de toutes les autres dans le fichier. Une tringle est introduite dans la perforation A. Le fichier est retourné sens dessus dessous. Toutes les fiches sont maintenues en place, sauf la fiche perforée à 3 qui glisse jusqu'à ce que la tringle l'arrête en B.

La fiche sort automatiquement du fichier.

Sur un répertoire annexe on donne une signification caractéristique à chacun des numéros. Toutes les fiches comportant la caractéristique 33 par exemple, sont perforées sur 33. Toutes celles portant la caractéristique 40 sont perforées sur 40.

Si on veut sélectionner les fiches à caractéristiques 33, on enfonce la tringle dans le trou 33. Si on veut sélectionner la caractéristique 40, même opération dans le trou 40. Si on veut sélectionner à la fois les caractéristiques 33 et 40, on enfonce deux tringles en 33 et en 40 et seules les fiches perforées sur les deux numéros sortiront lorsqu'on renverse le fichier.

Cet appareil est susceptible de très nombreuses applications de sélection en combinant entre elles les perforations.

Ainsi, le problème que nous avons résolu au moyen du « Sphinxo » peut être également résolu au moyen du « Findex ». Mais avec l'un et l'autre de ces deux appareils un très grand nombre d'autres applications sont applicables et notamment à la prospection de clients, aux tournées de voyageurs, aux marchandises, à la documentation générale.

Ce sont des appareils utilisables pour les souvenirs fixes. La fiche une fois perforée, reste perforée. Cependant un perfectionnement consiste à boucher la perforation, si une des caractéristiques portées sur la fiche vient à être annulée pour une raison quelconque. Un souvenir inutile, encombrant ou devenu erroné peut donc être automatiquement annihilé. On pratique l' « amnésie mécanique ».

Les appareils à sélectionner atteignent par leur perfection, une forme élevée du raisonnement qui est celle de choisir, entre plusieurs objets ou plusieurs idées, celle qui convient le mieux au but que l'on poursuit.

CHAPITRE IV

LA STATISTIQUE

Statistiques et machines à statistiques

Par Ch.-B. THUMEN

Parmi les machines de bureau, il en est de particulièrement ingénieuses et puissantes que l'on a pu appeler « Machines à penser » ; ce sont les machines à statistiques, appelées aussi machines automatiques à comptabilité et à statistiques. En France, il en existe trois modèles : deux machines américaines : « La Powers » et la « Hollerith » ; une anglaise : la « Samas ». Un autre modèle apparaît en ce moment : la machine norvégienne « Bull ».

Le but primordial de ces machines est d'établir des statistiques.

LA STATISTIQUE

La statistique est considérée couramment comme une science auxiliaire de l'économie politique, dont l'objet est l'*étude numérique des faits sociaux*. Elle effectue le comptage des faits, des choses, des personnes, et présente les données numériques ainsi obtenues.

D'après l'étymologie : statistique vient du latin *status* qui signifie *état*, *situation*. Une statistique exprime un état de choses, une situation.

D'après les définitions courantes, *une statistique est le groupement méthodique des faits qui se prêtent à un dénombrement ou à une évaluation numérique*. Exemple : la statistique de la population qui nous fera connaître la composition et l'importance de la population d'une région à une époque donnée.

Mais il faut reconnaître au mot deux sens :

1° Dans son premier sens, dans son acception la plus étroite, la statistique est une science qui recueille des faits nombreux, les coordonne de manière à obtenir des rapports numériques sensiblement indépendants des anomalies du hasard et qui dénotent l'existence de causes régulières.

Ainsi, une statistique de la criminalité peut révéler l'influence de l'alcoolisme et des stupéfiants sur le développement des instincts criminels.

2° Dans son acception la plus large, on appelle statistique le groupement des données numériques sur un ensemble de faits ou d'êtres de même nature. Ex. : la statistique des jours de pluie, la statistique des ventes dans un grande maison de commerce.

Quelles sont les opérations que comportent toujours une statistique ?

Un premier exemple. Une statistique de la population groupe les individus par région, par centres d'activité, par sexe, par professions, etc., elle accomplit donc le groupement méthodique des individus ; ensuite, la statistique fait le dénombrement de chacun de ces groupes pour obtenir le nombre d'habitants de chaque ville, de chaque commune, le nombre de pharmaciens, de médecins, d'avocats, dans chaque centre, etc.

Un second exemple. La statistique des ventes d'une maison de commerce pour contrôler ses services de ventes et de prospection, pour établir ses programmes d'achat, etc., en quoi consiste-t-elle ? D'abord elle est le recueil de toutes données numériques sur toutes les ventes effectuées : indications sur les vendeurs, les articles vendus, les quantités et les valeurs.

Puis ces données sont groupées par vendeur, par région, par client selon que l'on veut établir le compte des commissions, préparer la campagne de vente, établir les comptes de clients, etc. C'est ce que l'on appelle la répartition ou ventilation des ventes.

Après quoi on fait l'évaluation numérique des groupes ainsi établis, par addition des quantités et des valeurs et l'on porte les résultats sur un état des ventes et sur les différents états que sont les comptes de commission, les comptes courants, etc.

De ces deux exemples, il ressort que toute statistique comporte *quatre opérations* essentielles :

1° La *notation des données*, numériques et autres, sur les faits étudiés ;

2° Le *groupement méthodique* des faits et de leurs données ;

3° L'*évaluation numérique* des groupes obtenus.

4° *La présentation des résultats* de la statistique afin d'exprimer clairement une situation.

On peut les présenter, soit en *tableaux*, soit en *graphiques*. Par les graphiques, la comparaison des résultats statistiques est rendue sensible au premier coup d'œil. Un graphique, c'est en effet l'expression sur une surface plane des résultats d'une statistique, par des courbes ou par des figures dont les rapports parlent. Nous laissons la question des graphiques à Mlle Leroy qui sera étudiée au chapitre suivant.

Usage des statistiques

Les statistiques, nées pour l'étude des faits sociaux, sont sorties du domaine purement académique pour entrer dans la vie des affaires. C'est en Amérique que les hommes d'affaires les ont d'abord utilisées comme instruments d'organisation, et c'est aux État-Unis qu'elles ont pénétré le plus avant dans le domaine pratique.

Le grand mouvement qui vint de Taylor et de ses émules, Gilbreth, Harrington Emerson, Gantt, etc., éveilla l'attention des hommes d'affaires sur l'utilisation de la science au gouvernement des entreprises. Ils comprirent l'insuffisance du « flair » et de l'inspiration en cette matière et la nécessité d'appliquer la méthode scientifique aux démarches pratiques du monde économique comme à celles du monde physique.

L'organisation scientifique gagna d'abord l'industrie, puis elles s'étendit à la vente. Les progrès de l'organisation de la vente en Amérique nous laissent très loin en arrière.

Les chefs d'entreprises américains considèrent leurs affaires comme des parties de la vie économique du pays, et par suite soumises, non pas au hasard, à la chance, mais aux lois économiques.

Ainsi l'Américain qui lance un produit nouveau étudie-t-il le marché, la concurrence, les prix de vente, des produits analogues, le développement possible de la demande pour l'article en vue. Cet examen repose entièrement sur des statistiques que lui fournissent les Offices des statistiques et Agences de publicité, et ses propres bureaux.

Une telle étude préliminaire permet de mesurer exactement l'effort publicitaire, les frais de vente et d'atteindre le chiffre d'affaires maximum. Elle permet d'organiser rationnellement la vente.

Nous allons citer quelques exemples suggestifs.

Les Compagnies d'automobiles passent les contrats suivants avec leur agent exclusif dans une ville déterminée : l'agent doit vendre pour une certaine période (en général une semaine) un certain nombre de voitures de chaque catégorie. Le nombre est déterminé par l'expérience de l'année précédente. L'ajustement de l'année en cours est fait en considérant, d'une part, le rapport des résultats obtenus par l'industrie automobile tout entière pour l'année précédente et cette année en cours, et, d'autre part, les raisons particulières de la Compagnie pour compter sur un accroissement de vente égal ou supérieur à celui du reste de l'industrie.

Il est remarquable de voir à quel point les ventes réelles correspondent à celles prévues. D'ailleurs tout agent qui ne peut maintenir sa quote-part se voit retirer son contrat sur simple préavis d'un mois.

Mais c'est l'industrie du téléphone (American Telephone and Telegraph Cᵒ) qui a peut-être l'organisation statistique la plus développée aux États-Unis. Ses études sont si poussées qu'elle

9

peut établir un budget approximatif de ses dépenses dix années à l'avance. Elle prévoit avec une remarquable précision l'établissement de nouvelles lignes, la densité des appels téléphoniques sur chacune de ses lignes, etc. Pour en arriver à de telles prévisions, il faut connaître l'accroissement de la population dans la moindre partie des États-Unis, savoir les modifications qui affecteront la nature des divers quartiers d'une ville : si un quartier commercial devient un quartier de résidence, le service téléphonique sera complètement changé. Mais des entreprises moins considérables arrivent à des résultats non moins surprenants.

Citons le cas d'un grand éditeur de New-York qui est chargé de la traduction du livre d'un économiste français. Tandis qu'en France, après la 20e édition, l'éditeur ne peut lui dire où se groupent ses lecteurs, comment se répartissent les ventes de son livre, l'éditeur New-Yorkais put indiquer, avant toute vente, comment elles se répartiraient, et que dans telle petite ville de l'Illinois, notre économiste pouvait compter sur 4 lecteurs.

Sur quelles statistiques se basent les commerçants, les industriels pour en arriver à cette maîtrise de leurs affaires ? Sur trois genres de statistiques, *des statistiques d'ordre général* : étude du marché, du crédit, etc., *des statistiques par industrie*, par genre d'articles, et les *statistiques particulières* à chaque firme.

Les banques développent leurs services en s'appuyant sur les études générales du marché d'une part, sur la situation des industries particulières d'autre part, en troisième lieu sur la situation des banques dans les diverses régions des États-Unis et enfin sur la connaissance exacte de la situation de la banque étudiée. Les grandes banques ont des services de statistiques très importants qui donnent ses bases déterminantes au service de publicité et leur permettent de créer en connaissance de cause leurs succursales.

Les pompes funèbres établissent leur effort commercial sur les statistiques de la mortalité.

Le gouvernement publie un grand nombre de statistiques d'ordre général qui sont largement utilisées par les hommes d'affaires.

Il existe des organisations privées qui donnent des statistiques générales sur le marché. Les plus connues sont le *Harvard Economic Service*, les *Standard Statistics C°*, le *Brockwire Economic Service* et enfin la plus ancienne, créée en 1904 : la *Babson statistical organisation*. Cette dernière publie toutes les semaines le baromètre des affaires qui indique les conditions fondamentales des affaires et les prévisions exprimées en graphiques.

Elle publie également cinq bulletins mensuels, dont le Bulletin des vendeurs et le Bulletin des acheteurs.

Le bulletin des vendeurs, par exemple, donne des renseignements précis sur les conditions présentes du crédit pour toutes les régions des États-Unis, et les chances que peut y rencontrer une campagne de ventes ; les mêmes prévisions sur le marché et le crédit pendant les trois mois écoulés, et des prévisions pour les trois mois suivants : ces prévisions s'expriment par rapport aux mêmes mois de l'année précédente, ce qui permet à chaque firme de les appliquer à ses propres données.

Le service de statistique de la *Business school de Harvard* publie trois indices différents :

A. un index mensuel de la *spéculation* en Bourse.

B. un index des *affaires* basé sur la production, l'index des prix de gros, le gain de dix compagnies de chemins de fer.

C. un index du *crédit*.

Par des procédés statistiques on élimine de ces indices les variations saisonnières et les variations de longue durée et l'on obtient ainsi trois courbes des variations cicliques, et leur conclusion. On a établi ainsi que la courbe A précède dans ses mouvements la courbe B de 6 à 10 mois et celle-ci, la courbe C, de 4 à 8 mois.

Enfin chaque entreprise particulière doit établir la courbe cychique de son chiffre d'affaires et la comparer à ces courbes pour arriver à prévoir les dépressions ou les lois de prospérité.

C'est ainsi que la *Walworth Manifacturing Company* (Boston) ayant établi les statistiques de ses ventes depuis 1914, remarqua que ses variations cycliques correspondaient à celles de la courbe B de Harvard. Elle put sur cette base prévoir la grande crise de 1921 où tant d'entreprises succombèrent et augmenter ses affaires de 42 % pour 1922 — profitant des bas prix pour constituer des stocks.

La constante fluctuation des conditions générales qui inquiète l'industriel mal renseigné, offre au contraire des chances merveilleuses de bénéfices à ceux qui la suivent au point de la prévoir : achat au moment propice, réduction des stocks, etc. Ils contrôlent également si l'extension ou la contraction de leurs ventes est proportionnelle à celle de la concurrence.

L'Université du Michigan a fait une enquête sur la source des bénéfices et des pertes commerciales : elle en a conclu que le succès ou l'insuccès d'une affaire provient surtout des fluctuations des conditions générales du marché. Une enquête touchant 400 entreprises portant sur 25 industries différentes a révélé que 57 % des profits résultait des variations économiques générales et 43 % seulement pouvait être attribué à la valeur intrinsèque des entreprises.

Néanmoins, ce sont surtout les grandes entreprises qui utilisent largement les statistiques d'ordre général. Il arrive que différentes firmes d'une même branche industrielle s'associent pour créer un bureau central des statistiques.

L'industrie du caoutchouc, par exemple, a créé un Bureau central des Statistiques, le Bureau Goodrich Rubber C°. Cet office dépouille les journaux agricoles, les journaux quotidiens, les journaux et revues techniques, les publications générales, les statistiques et informations de la Chambre de Commerce, les rapports gouvernementaux, les archives municipales, les livres d'informations sur le capital et le crédit (Dating books), les listes d'adresses, les annuaires, etc. Elle poursuit des enquêtes auprès des détaillants, des banques, des consommateurs, de correspondants locaux, etc.

Les fonctions de ce bureau sont les suivantes :

1º Établir des statistiques d'utilité immédiate ;

2º Développer les sources d'information ;

3º Analyser les rapports des représentants, détaillants, etc., pour en faire des statistiques de ventes et en tirer des enseignements ;

4º Faire des études comparatives, en tirer les tendances du marché, et s'efforcer de découvrir les causes de ces tendances ;

5º Réunir des informations sur les territoires où la vente est mal développée ;

6º Examiner les occasions qui se présentent, d'ouvrir des voies de distribution, d'étendre le marché ;

7º Compléter et vérifier les renseignements ci-dessus par des visites sur place, des tournées ;

8º Étudier la présentation de l'article par rapport au marché, étudier les moyens de distribution (succursales, agences, commis-voyageurs) et prendre les mesures exécutives, etc.

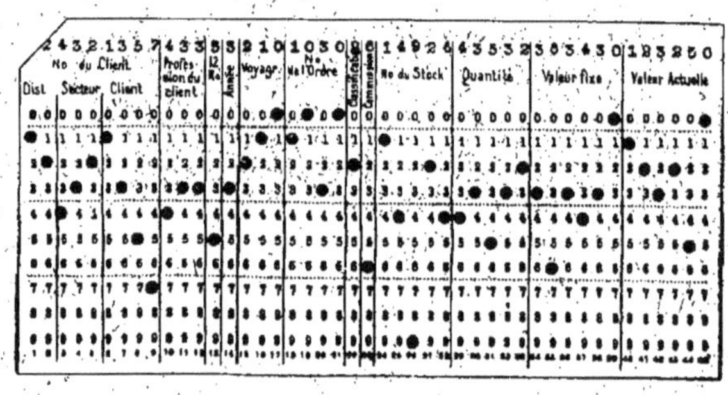

Fig. 1. — Modèle de fiche de contrôle des ventes, perforée à la poinçonneuse imprimante " Samas "

Un grand nombre d'entreprises, même de moyenne importance, consacrent des budgets importants à l'établissement de leurs statistiques individuelles : comptabilité, prix de revient, analyse des ventes, etc., qui leur permettent de connaître leurs progrès, de contrôler leurs résultats, de les mesurer.

Une grande Compagnie comme la *Dennison Manufacturing Cº* base toute sa politique de vente et de fabrication sur l'étude exclusive de ses propres statistiques. Dennison a remarqué que son entreprise accroissait son chiffre d'affaires régulièrement de 8 º/º chaque année, et subissait une crise tous les 6 ans. Cette prévision lui a permis de stabiliser sa production, de supprimer à peu près totalement le chomage dans ses usines et de parer efficacement aux crises. C'est ainsi que la crise de 1921 ne réduisit son chiffre d'affaires que de 4 º/º. En 1919, en pleine prospérité, il avait réduit ses frais de publicité à moins de 150 dollars afin de se faire une réserve qu'il dépensa en période de dépression. En 1920, il faisait 820 dollars de publicité ; en 1921, 17.000 dollars ; en 1922, 19.000 dollars, son principe étant : chercher le client pendant la crise et au contraire le laisser venir pendant la période de prospérité.

Les petites entreprises elles-mêmes peuvent se procurer des renseignements statistiques auprès des agences de publicité. Lorsqu'on veut lancer un produit en Amérique, on s'adresse à l'une de ces agences. Elle demande un délai pour étudier le marché, après quoi elle indique à son client la publicité à faire et le chiffre de ventes qu'il peut espérer de son article. C'est sur ce chiffre d'affaires garanti que repose le contrat de publicité.

Un besoin sans cesse croissant de statistiques devait amener à en perfectionner la technique pour en faire un travail moins long et moins ingrat.

En descendant au domaine pratique, les statistiques rencontrèrent deux difficulté, le *temps* et l'*argent*.

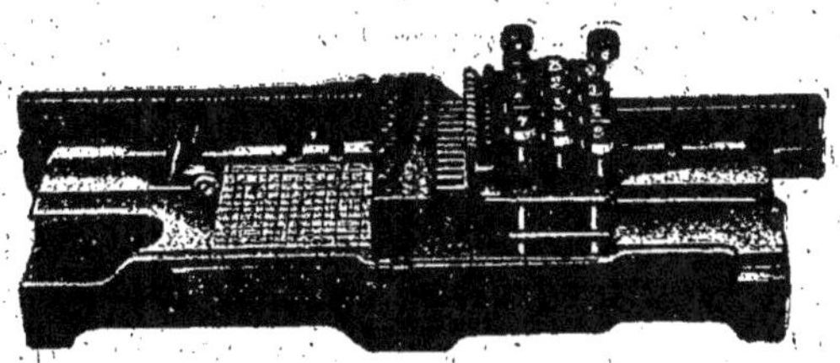

FIG. 2. — La perforatrice à clavier

Il faut qu'une statistique soit établie rapidement. Exécutée lentement, une statistique perd de sa valeur administrative.

Mais la rapidité d'exécution d'une quantité de statistiques ne doivent pas entraîner des frais disproportionnés avec les résultats qu'on en attend. Et cependant ce travail considérable exigerait une nombreuse main-d'œuvre.

La solution de ce problème d'économie et de rapidité fut l'invention américaine des machines à statistiques.

LES MACHINES

L'intervention d'un dispositif mécanique exigeait que la lecture des documents fut rendue palpable, s'inscrivit dans les trois dimensions de l'espace.

Tous les appareils à sélection existants expriment les faits en perforation. Or, c'est aussi le cas des machines à statistiques. Elles transposent le langage écrit en *langage percé*, pour ainsi dire.

Elles ont pour but :

1° D'enregistrer les caractéristiques des faits ou des individus que l'on désire étudier ;

2° De grouper avec rapidité les caractéristiques semblables ;

3° De faire l'évaluation numérique des sous-groupes, des groupes et de la totalité des faits et de leurs caractéristiques.

Ces trois opérations, qui correspondent aux trois opérations des statistiques énumérées plus haut, sont accomplies par trois machines différentes : la *machine à perforer*, la *trieuse*, la *tabulatrice*.

1° La machine à perforer, encore appelée : Poinçonneuse ou Perforatrice, ou Perforeuse, enregistre chaque caractéristique, sous une forme numérique, au moyen de perforations dans une carte.

2° La trieuse, groupe les cartes présentant certains éléments communs de perforation, ce qui revient à grouper les faits et les

Fig. 3. — La perforatrice électrique " Hollerith ".

individus par certaines caractéristiques communes.

3° La tabulatrice, totalise les nombres affectés aux faits groupés selon les caractéristiques semblables.

Prenons les éléments de la machine les uns après les autres.

La fiche

La fiche des machines à statistiques (fig. 1 et fig. 9) porte 45 colonnes verticales de 10 chiffres, de 0 à 9. Deux positions supplémentaires permettent de perforer le 11 et le 12, lorsque c'est nécessaire.

On répartit ces colonnes en zones, réunissant 2, 3, 4 ou 5 colonnes, etc., suivant la grandeur des nombres à y porter. Ces zones sont consacrées chacune à une caractéristique ou aux évaluations numériques, tels que prix, nombre d'heures, nombre d'articles, etc., l'en-tête de chaque zone indique la nature des renseignements contenus dans celle-ci.

On perfore les chiffres des nombres que l'on veut inscrire. Un code permet de noter ce qui n'est ni quantité, ni valeur.

Par exemple : un client est désigné par le numéro qu'on lui attribue. Un ouvrier par son numéro matricule ; la commande par son numéro, etc.

Les fiches sont perforées d'après un document initial, toujours nécessaire et qui est l'enregistrement d'un fait. C'est sur ce document initial que repose toute la valeur de la statistique. En comptabilité, le document initial est le document comptable : bon de travail, fiches de débit, factures, etc. Ce document initial peut d'ailleurs être combiné, si on le juge utile, avec la fiche perforée.

Fig. 4. — Poinçonneuse automatique " Samas "
perforant 400 fiches simultanément.

La machine à perforer.

La poinçonneuse ou perforatrice, sert à pratiquer dans les cartes appropriées des perforations correspondant aux renseignements numériques ou conventionnels à faire entrer sur les cartes.

La machine à perforer ressemble extérieurement à une machine à écrire, dont les touches ne porteraient que des chiffres. Elle transcrit par perforation les renseignements à enregistrer sur les cartes (fig. 2).

Certaines machines à perforer sont imprimantes, c'est-à-dire qu'elles effectuent simultanément sur les fiches la perforation et l'impression des données qui doivent y figurer ; ainsi, les nombres portés en perforation sont écrits en clair en haut des colonnes. Ce détail peut avoir son utilité pour trouver rapidement une carte ou pour vérifier les perforations (fig. 1).

La rapidité de perforation des cartes par machine, est de 800 à 1.000 fiches par jour, selon l'habileté de l'opérateur.

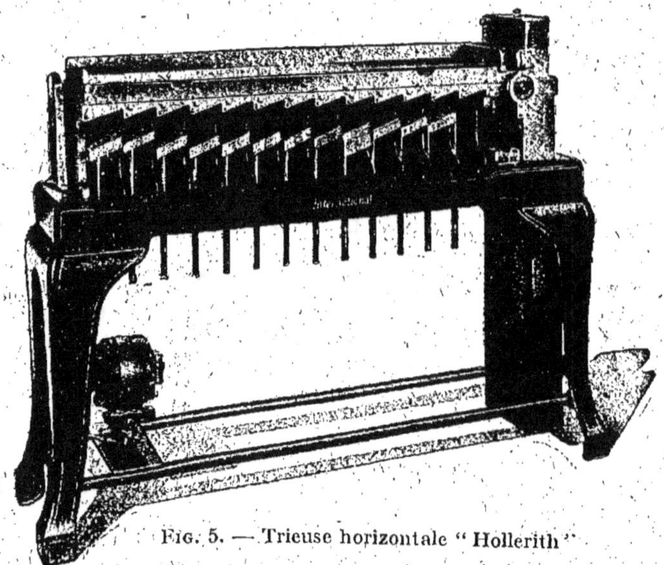

Fig. 5. — Trieuse horizontale " Hollerith "

Les machines à perforer sont à main ou à commande électrique. Il en est d'automatiques qui poinçonnent les mêmes caractéristiques sur 400 fiches à la fois : ainsi des renseignements communs à une certaine quantité de fiches (indication de mois, de jours, de départements, etc.) sont perforées séparément et tout à fait automatiquement (fig. 4).

La trieuse

La seconde opération à effectuer est le tri ou groupement méthodique des cartes. La méthode adoptée ou plan est l'ouvrage du statisticien ou du chef comptable ; c'est un travail intellectuel irréductible, impossible à mécaniser, parce qu'il est initiative et adaptation.

Mais ce plan une fois établi, la trieuse effectuera groupes et sous-groupes mécaniquement.

Voici le principe de la machine : il subit des variantes suivant le modèle considéré, mais entrer dans les détails nous pousserait trop loin (fig. 4).

La trieuse se compose essentiellement d'un balai de contact électrique (ou de tiges métalliques) devant lequel se présente la carte ; le dit balai commande un certain nombre de circuits et au moment où il passe sur une perforation, il détermine la fermeture du circuit auquel il est relié. A cet instant, dans ce circuit, est inséré un électro-aimant qui agit sur des glissières : celles-ci dirigent la fiche vers la boîte où elle doit être classée. Le balai de contact et le mécanisme d'entraînement sont actionnés par un moteur électrique.

Les cartes à classer, placées sur un plateau ou dans un magasin sont entraînées une à une dans une fente entre deux rouleaux d'entraînement qui les poussent sous le balai de contact.

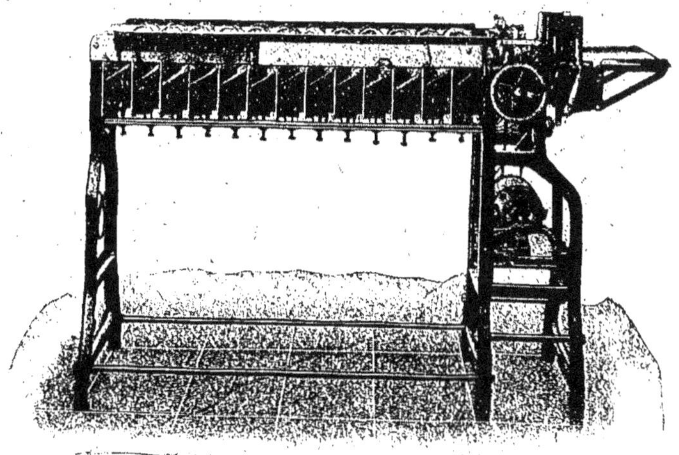

FIG. 6. — Trieuse horizontale " Samas "

L'opérateur tire le balai dans la position correspondant à la colonne de ses fiches qu'il désire trier. Lorsque toutes les fiches sont passées une fois dans la trieuse, elles sont réparties en 12 groupes ; si elles sont, par exemple, triées selon les mois de l'année, chaque boîte contiendra les cartes portant la caractéristique d'un même mois.

Une machine classe de 15 à 24.000 cartes à l'heure, d'après l'emplacement de la perforation sur une colonne verticale de la fiche.

On continue le groupement méthodique des fiches en les faisant repasser autant de fois qu'il est nécessaire devant le balai, déplacé pour visiter une autre colonne.

Ainsi, on peut classer les cartes, selon toutes caractéristiques, par mois, par vendeur, par articles vendus, etc.

Il suffit de passer autant de fois qu'il le faut, les cartes dans la trieuse. On peut introduire dans la machine des cartes de couleur pour séparer les paquets au moment du retrait après triage.

Il existe des modèles de trieuses qui diffèrent les unes des autres par quelques détails. Certaines peuvent dénombrer les cartes triées : ce sont les trieuses à compteurs.

Tandis qu'elles sélectionnent les cartes, selon les caractéristiques d'une colonne, elles comptent les nombres dans cette colonne et dans trois autres colonnes indépendantes les unes des autres. Ce mécanisme rend de grands services pour les statistiques municipales.

La tabulatrice

La tabulatrice est une machine enregistreuse et comptable ; elle sert à additionner les quantités figurant dans les « zones » des fiches. Elle effectue ces additions simultanément sur plu-

Fig. 2. — *Tabulatrice* " Hollerith " *imprimante.*

La tabulatrice imprimante possède tous les éléments de la tabulatrice non imprimante et comporte en plus 5 à 7 secteurs d'impression et un dispositif permettant à volonté l'impression de la totalité des renseignements, accompagnés des totaux partiels et du total général ou simplement celle du total général.

sieurs compteurs et ce à raison de 150, 160 cartes à la minute. Elle établit les États par inscription manuscrite ou imprimée, comportant des indications des totaux partiels, des totaux généraux. Ces États sont, à proprement parler, des statistiques.

La tabulatrice peut être imprimante ou non imprimante ; elle comporte cinq compteurs et deux colonnes facultatives pour porter des renseignements qui ne subiront pas de totalisation (fig. 7 et 8).

Voici le principe de son fonctionnement :

Sous l'action d'un mécanisme d'entraînement, les fiches sont amenées une à une dans un transmetteur ; celui-ci se compose d'un certain nombre de balais ou de tiges de contact se déplaçant sur la fiche ; lorsqu'il passe sur une perforation, les balais ferment

Fig. 8. — La tabulatrice imprimante "Samas" avec 7 secteurs d'impression dont 5 secteurs totalisant

les circuits qu'ils commandent. Dans chacun de ces circuits se trouvent un électro-aimant qui provoque l'accouplement des roues correspondantes de la machine à calculer, avec un arbre d'entraînement pour chaque colonne. Le mécanisme est ainsi déplacé d'un angle convenable et équivalent aux chiffres à enregistrer.

La machine comporte 5 ou 7 groupes de 9 ou 10 chiffres pouvant fournir simultanément 5 totaux. Chacun de ces totaux est obtenu par une simple pression sur le totalisateur correspondant aux groupes considérés. Le résultat apparaît en chiffres clairs sur la machine. La tabulatrice peut être imprimante ou non imprimante. Si elle est imprimante, elle peut porter sur des feuilles préalablement préparées les indications portées par chaque fiche, les totaux partiels, les totaux généraux ou seulement les uns ou les autres. Certaines tabulatrices imprimantes impriment des lettres sur deux secteurs des sept prévus. Alors, des indications, telles que le nom d'un client ou le nom d'un article peuvent être imprimés en toutes lettres sur les états.

Les tabulatrices imprimantes peuvent donner simultanément 6 copies nettes comme dans les machines à écrire ; elles permettent tous les travaux de duplication si économiques en comptabilité et cela à la vitesse de 55 à 60 lignes de 70 chiffres à la minute.

Toutes sortes d'états ou de tabulation peuvent être faits d'après les mêmes cartes, selon qu'elles sont classées différemment par la trieuse ; ainsi les bons de travaux peuvent être classés par ouvrier, et servent ainsi à l'établissement de la feuille de paie ou bien par commande, et permettent le calcul du prix de revient par commande.

Ce travail est préparé une fois pour toutes dans certaines machines par des boîtes de connection ; dans d'autres, par des fiches métalliques mobiles comme dans un standard téléphonique.

UTILISATION

Les machines à statistiques peuvent être employées pour les travaux :

1° De pure statistique ;

2° De statistique comptable et de comptabilité pure.

Nous ne donnerons que quelques exemples simples :

A. — *L'analyse des ventes*

Nous allons prendre un exemple dans un grand magasin vendant au détail, qui fait environ 10.000 ventes par jour.

Chaque vente est enregistrée soit sur une *fiche de vente*, soit sur une facture.

Prenons une vente en province. Notre facture nous renseigne sur les particularités de cette vente : le 15 novembre 1924, dans le département du Nord (7), le vendeur 34 a vendu au client 201, n° de la facture 8698, des articles 71, quantité 22, au prix de 2 fr. 90 l'unité, montant, 63 fr. 80, port 6 fr. 85, commission, 6 fr. 40, la date de paiement, 30 novembre 1924.

La base du système, comme nous l'avons dit, est la transcription sur des cartes d'un format unique, des renseignement portés sur les documents originaux (voir fig. 9).

En fin de journée, toutes les fiches perforées et vérifiées correspondant exactement aux fiches de vente, sont réunies en paquets et vont permettre toutes analyses utiles. Il faut connaître la vente

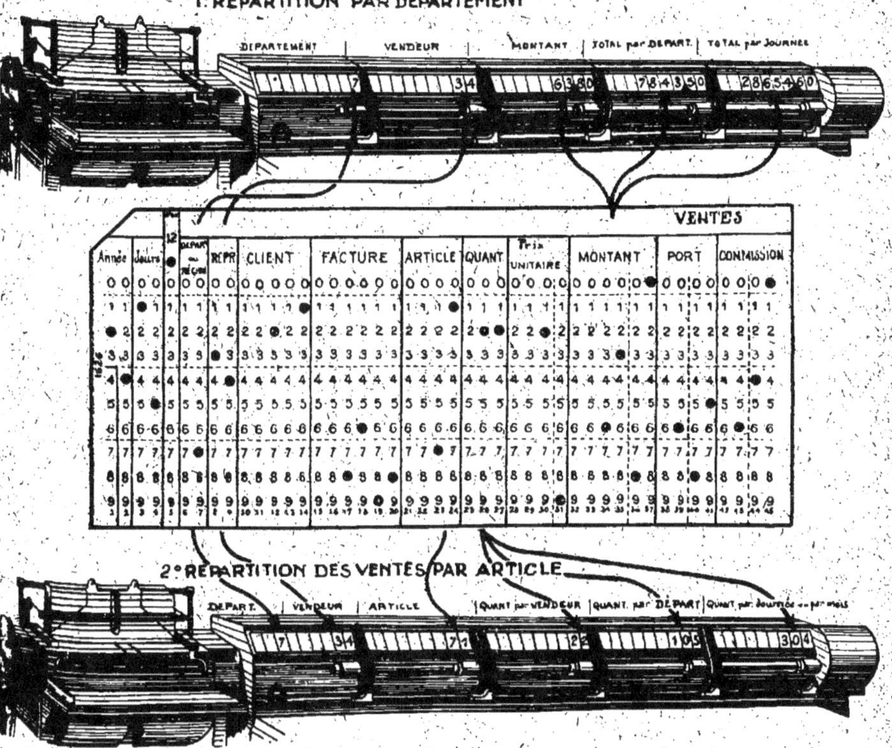

Fig. 9. — L'analyse des ventes.

par article, par région, par vendeur, et la totalité des ventes d'une journée.

Toutes les cartes perforées réunies en paquets sont triées une première fois par *département*. Chaque groupe de cartes qui résulte de ce premier tri est à nouveau soumis à la trieuse afin d'être classé par vendeur ; l'ensemble est classé par département et par représentant.

Passons alors à la tabulation : soit une tabulatrice à 5 compteurs. Chacun des 5 compteurs de la tabulatrice donne des renseignements différents et totalise séparément ; les deux premiers compteurs, dans ce cas particulier, donneront des indications sans totaliser.

Première opération. — Compteur 1 : département, 7.

Compteur 2 : vendeur, 34.

Compteur 3 : montant 63 fr. 80.

Compteur 4 : total des ventes par département.

Compteur 5 : le montant des ventes par journée.

Le 1er et 2e compteur donnent indications variables sans totalisation, que l'on peut transcrire à la main, ou à la machine si elle est imprimante.

D'abord le vendeur 34, par exemple. On fait passer toutes les ventes du représentant 34, au 3e compteur apparaît le montant de ses ventes.

Pour le vendeur 35, on remet à 0 ce troisième compteur en laissant les deux autres compteurs totaliser.

Après avoir passé toutes les cartes du département 7, nous aurons les totaux des représentants du nord, et au 4e compteur le total des ventes effectuées dans ce département. On ramène alors ce 4e compteur à 0 et on passe les ventes des autres départements, jusqu'à passer toutes les cartes de la journée ; au 5e compteur on a le total des ventes de la journée.

Ces cartes dans le même ordre peuvent donner les commissions par vendeur, par département et par journée (fig. 9).

Deuxième opération. — Un tri par *article*, donc : *département, vendeur, article*, nous permettra d'obtenir une statistique des ventes par article.

1er compteur : département et vendeur ;

2e compteur : article ;

3e compteur : nombre d'articles par vendeur ;

4e compteur : nombre d'articles par département ;

5e compteur : nombre d'articles par journée ou par mois.

Le 3e compteur est remis à 0 après chaque vendeur, il cumule les articles.

Le 4e compteur cumule les vendeurs par département.

Le 5e compteur cumule toutes les fiches pour la période comptabilisée.

Troisième opération. — Tri par *client* : *département, vendeur, article, client,* permettra de faire l'activité de la clientèle.

Avec les mêmes fiches triées différemment, on peut établir :

le journal des ventes ;

l'état des commissions par vendeur ;

les comptes de clients ;

la statistique des ventes par articles.

On peut contrôler les représentants, les départements, tout le service des ventes ; avoir les statistiques des ventes nécessaires aux prévisions pour achats, pour fabrication, et pour stabiliser l'entreprise.

B. — *Etablissement du prix de revient*

Entre les mains d'un Directeur qui sait s'en servir, le prix de revient constitue le meilleur des outils à sa disposition pour améliorer sa fabrication et sa politique commerciale. Mais pour cela, il faut connaître le prix de revient comptable pour chaque commande et assez rapidement pour prévoir utilement les prix de revient futurs.

On comprend de plus en plus l'intérêt d'un prix de revient : l'importance qui lui est donnée a créé une nouvelle profession : celle du comptable des prix de revient considéré comme le collaborateur du Directeur.

Nous allons exposer la méthode qu'emploie une grande fabrique d'automobiles pour établir son prix de revient de fabrication.

Le prix de revient d'un produit est constitué par le montant des frais effectués pour fabriquer ce produit, c'est-à-dire que le prix de revient de fabrication totalise *les dépenses de main-d'œuvre et de matières* auxquelles est ajouté un pourcentage [des frais généraux pour le prix de revient net.

1° *Main-d'œuvre*

Un des points essentiels du prix de revient est donc la répartition de la main-d'œuvre par commande. Le premier travail sur les dépenses de main-d'œuvre, effectué par le service de prix de revient que nous décrivons, est la *feuille de paie*.

Les ouvriers sont pointés à leur entrée et à leur sortie de l'usine par un appareil de pointage automatique, sur leur fiche de présence ou carton de pointage. Ce carton de pointage est bi-mensuel et permet au service de pointage de calculer les heures de présence d'un ouvrier à l'usine pendant la quinzaine.

Il est établi en outre, pour chaque travail effectué par un ouvrier, des bons de travaux qui enregistrent les travaux de l'ouvrier par commande pendant la quinzaine. Ces bons portent toujours les numéros de l'ouvrier, du département et de la commande, le nombre d'heures consacrées par l'ouvrier à cette commande, son salaire à la journée ou aux pièces, son boni et le montant total de son salaire effectué sur cette commande. Un ouvrier aura autant de bons à la quinzaine que de travaux par commande. Ces bons remplis et signés par le Secrétaire d'atelier sont dirigés sur le service des machines à statistiques où une fiche est perforée par bon, c'est-à-dire par commande et par ouvrier.

A la fin de chaque quinzaine, les fiches passent à la trieuse pour être réparties par ouvrier, puis on fait la feuille de paie par atelier, avec totaux partiels par ouvriers et total général par atelier. Ce travail est entièrement automatique ; il est fait sur la tabulatrice imprimante. Toutes les données numériques de la fiche perforée, donc du bon de travail, se retrouvent sur la feuille de paie. Les totaux partiels et le total général s'obtiennent automatiquement et s'inscrivent dans les colonnes correspondantes sous la liste des détails. Ce travail est accompli avec une grande rapidité. Les feuilles de paie sont dirigées sur le service de pointage où elles sont vérifiées d'après les cartons de pointage, dont nous parlions plus haut.

La somme des heures du carton de pointage doit coïncider avec la somme des heures de la feuille pour chaque ouvrier.

La feuille de paie ainsi vérifiée, revient au service de la machine à statistiques où toutes les fiches perforées sont contrôlées.

Puis, avec ces mêmes fiches commence le calcul proprement

dit du prix de revient. Elles passent alors à la trieuse où elles sont réparties automatiquement par commande, puis à la tabulatrice imprimante qui établit automatiquement le prix de revient de la main-d'œuvre par commande. Le travail s'effectue de la même façon que pour la feuille de paie. Les données des fiches perforées sont transcrites automatiquement sur le bordereau de la main-d'œuvre ; le total des heures passées sur chaque commande est calculé automatiquement et inscrit ainsi que le montant des salaires payés pour une commande. La vérification des calculs est donnée par la comparaison de deux totaux généraux : le total général de la paie par commande doit être égal au total général de la paie par ouvrier.

Les mêmes fiches perforées qui ont servi à établir la *feuille de paie* et *le bordereau de la main-d'œuvre* servent également, en fin d'année, à connaître la *somme des salaires par ouvrier* et à faire *les déclarations au fisc.*

BORDEREAU DE LA MAIN-D'ŒUVRE

JOUR	MOIS	N° DE POINTAGE	N° DE LA FICHE DE COMMANDE		NOMBRE D'HEURES	PRODUIT DES HEURES À LA JOURNÉE	PRODUIT DES HEURES AUX PIÈCES	DIVERS	MONTANT TOTAL
21	9	821	55	17	85 50	239 05		2 25	241 90
25	9	824	55	17	34 00	204 00			204 00
10	9	328	55	17	82 25		101 25		101 25
30	9	322	55	17	24 75		154 70	15 30	170 00
					126 50	443 05	315 95	17 55	777 15
25	9	326	829	17	47 50		249 40	10 50	260 00
15	9	321	929	17	8 25	55 70			55 70
					55 75	55 70	249 40	10 60	315 70
26	9	327	4758	17	84 00		441 00	9 00	450 00
20	9	521	4758	17	8 00	54 00			54 00
					92 00	54 00	441 00	9 00	504 00
30	9	829	4760	17	43 25		216 25		216 25
15	9	321	4760	17	15 50	91 15		1 15	92 30
25	9	328	4760	17	19 50		117 00		117 00
					78 25	91 15	333 25	1 15	425 55
						2789 75		135 60	3782 95

Fig. 10. — Bordereau du prix de revient de la main-d'œuvre, par commande, établi sur tabulatrice imprimante

2° *Matières*

Le second facteur du prix de revient est le coût de la matière. Le prix de revient matière se calcule d'après les sorties de magasin.

Les sorties de magasin sont, d'une part, des ventes, d'autre part, des sorties de magasin pour les besoins de l'usine, c'est-à-dire livraison aux clients ou livraison à l'atelier. C'est le chef de magasin qui établit les bons de sortie en double, dont l'un va au service des prix de revient. Des fiches sont perforées d'après ces bons de sortie ; toutes ces fiches portent la date, le numéro de la commande, le numéro du département et du magasin d'où les matières sont sorties, un numéro conventionnel qui indique la nature de la marchandise, la quantité de matières sorties, le prix unitaire et le prix total des matières sorties.

Mais selon que l'on a à faire à des sorties de matières destinées à la fabrication, à des sorties d'articles fabriqués ou à des sorties de pièces détachées, un signe distinctif marque la feuille ; une perforation est effectuée en position 11 ou 12. Cette perforation distinctive permet le tri automatique des fiches de matières destinées à la fabrication qui seules servent à l'établissement du prix de revient.

Ces fiches de matières passent à la trieuse pour être réparties par commande. Dès que des commandes sont terminées, on passe les fiches qui se rapportent à la tabulatrice qui établit automatiquement le bordereau des matières avec les totaux par commande. Chaque total est le prix de revient des matières destinées à la fabrication d'une commande que l'on appelle souvent le prix de revient brut.

Les fiches perforées qui servent à établir ce bordereau servent également à la *ventilation du chiffre d'affaires par nature de marchandises* (très utile pour les achats à effectuer et les prévisions) et à l'inventaire des stocks par sortie.

Le bordereau des matières et le bordereau de la main-d'œuvre contiennent toutes les données du calcul du prix de revient et fournies très rapidement.

On peut établir le prix de fabrication avec un décalage très petit et qui laisse aux chiffres toute leur valeur, toute leur efficacité de prévision et de gestion.

3° *Application à la comptabilité à parties doubles*

La Comptabilité peut être envisagée comme un système de statistiques. Elle est toujours classement et analyse des faits comptables, ou plus précisément :

Notation des faits comptables;

Classement et analyse d'après leurs caractéristiques numériques;

Totalisation arithmétique des données numériques, trois opérations que font précisément les machines à statistiques. C'est pourquoi elles sont utilisées de plus en plus à la rédaction des *journaux et grands livres.* Dès que le nombre des comptes est suffisamment important, la machine à statistiques rend d'immenses services.

Il faudra, pour utiliser la machine à statistiques à la comptabilité pure, faire correspondre à chaque fait comptable une fiche qui contiendra trois renseignements essentiels :

1° Numéro du compte à débiter (A) ;

2° Numéro du compte à créditer (B) ;

3° Somme à inscrire à propos de ce fait comptable au débit du compte n° A et au crédit du compte n° B.

Les autres colonnes de la fiche peuvent renfermer d'autres indications permettant d'identifier le fait comptable et de le rapporter à un nom de client ou d'agent, ou tout autre donnée pouvant faire l'objet d'analyses comptables ultérieures.

A des intervalles de temps réguliers, les fiches passent à la trieuse qui les classent selon l'indice des comptes à débiter ; la tabulatrice peut imprimer si on le désire la liste complète et détaillée des écritures de débit et fournit automatiquement la somme totale à passer au débit de chaque compte intéressé.'

On classe ensuite ces mêmes fiches selon l'indice des comptes à créditer. Comme précédemment la tabulatrice fournit automatiquement la somme totale à passer au crédit de chaque compte.

La vérification des écritures et des calculs est obtenue par comparaison du total général des débits et du total général des crédits fournis par la machine, qui doivent coïncider.

Par un dispositif spécial, la tabulatrice peut *tirer les soldes*. Elle peut faire aussi la balance des comptes.

Par interposition de papier carbone entre des imprimés de libellés semblables ou partiellement semblables, on peut faire tous les travaux comptables automatiquement, et extrêmement vite.

* * *

Nous avons seulement essayé d'exposer sommairement ce que sont les machines à statistiques, et comment elles sont des auxiliaires précieuses dans l'organisation commerciale. Elles sont non seulement des machines à statistiques, mais encore des machines comptables, elles cumulent la notation des données numériques, le classement de ces données et leur totalisation et ceci avec une telle rapidité qu'elles transforment le rôle des statistiques en les faisant passer du domaine de la curiosité intellectuelle au domaine de l'action pratique.

Elles permettent d'accomplir ce que l'on ne pourrait pas fair sans elles. On ne peut même pas dire qu'elles sont une économie dans un service comptable existant : — l'établissement des statistiques indispensables dans des entreprises importantes, ne peut être envisagé actuellement sans le secours de la mécanographie. On s'imagine aisément, en effet, le personnel considérable que nécessiteraient le dépouillement, le classement sous des rubriques nombreuses et la totalisation des données d'exploitation — la compilation des données économiques et leur présentation — ce que les machines font rapidement et sûrement.

Leur usage se répand en France depuis quelques années. Elles deviennent presque indispensables dans les Compagnies d'assurances, dans les banques, dans les grandes compagnies ; leurs applications à la comptabilité pure se multiplient.

Il est problable que l'économie et la facilité qu'elles introduisent dans l'établissement des statistiques étendra l'usage que l'on fait de celles-ci dans l'organisation commerciale, suivant l'exemple, parfaitement raisonnable sur ce point, que nous donnent les Américains.

CHAPITRE V

LA TECHNIQUE DU CALCUL
SIMPLIFIÉ PAR L'EMPLOI DES MACHINES
A CALCULER

par Gaston RAVISSE

I

HISTORIQUE

De tout temps les hommes ont cherché à libérer leur cerveau du servage des chiffres. Le calcul est, en effet, opération purement mécanique. Pourquoi alors, ne pas confier à des appareils, à des machines, le soin de l'effectuer sans le concours du cerveau, organe de la pensée ?

C'est ce qu'avaient très bien compris les Grecs et les Romains (1) qui, plusieurs siècles avant notre ère, utilisaient déjà couramment les « abaques », et c'est également à cette préoccupation qu'obéit au Moyen Age, l'inventeur des « bouliers », ces appareils à calcul encore en usage aujourd'hui en Chine et au Japon, et dans quelques provinces de Russie.

... Mais, *abaques* et *bouliers* n'étaient que de simples et assez primitifs appareils destinés à faciliter et à simplifier le calcul. Ce n'est que plus tard, au XVIIᵉ siècle, qu'on vit apparaître réellement la machine.

Si sept villes de la Grèce se disputent la gloire d'avoir vu naître Homère ; — si toutes les nations du globe revendiquent l'honneur de compter au nombre de leurs enfants l'inventeur de la machine à écrire : il n'est constesté par personne que la machine à calculer soit *d'invention française*, et que la première d'entre elles ait été

---

(1) L'*Abacus Romanum* qui est à la Bibliothèque Nationale date des Romains ; mais cet appareil était connu déjà des Hébreux.

conçue, réalisée, fabriquée et même mise en vente par Blaise Pascal (1).

Celui-ci n'avait que 19 ans quand il réalisa son « ouvrage » pour employer un mot du temps. Il le destinait à son père alors surintendant de Haute-Normandie, que les travaux de chiffres absorbaient horriblement. Bien que tout jeune homme, Pascal avait donné déjà des preuves de la précocité scientifique de son esprit... Il était l'auteur de plusieurs ouvrages très remarqués, parmi lesquels : Un « Traité des sons », un « Traité sur les sections coniques », un « traité du vide » ; il avait même déjà fait une invention : « la presse hydraulique » (2) !

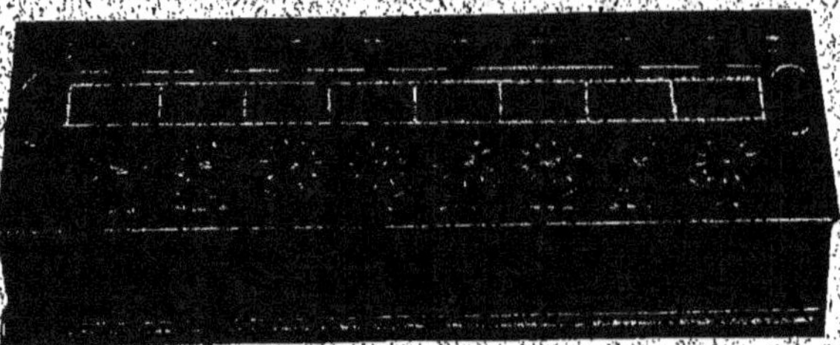

Fig. 1. — *La machine de Pascal*

Notre figure représente un des modèles de la machine fabriquée par Pascal, qui se trouve au conservatoire des Arts et métiers.

C'est à Rouen que la première machine à calculer vit le jour. Pascal en fabriqua plusieurs modèles. Il avait même songé à entreprendre la fabrication en série de sa machine. Mais hélas ! ses méthodes de vente n'étaient pas à la hauteur de son génie ; il lui fallut bientôt abandonner le commerce des machines à calculer.

---

(1) Blaise Pascal, mathématicien et philosophe français, né à Clermont-Ferrand le 19 juin 1623, mort à Paris le 19 août 1662. Un des plus beaux et des plus purs génies de notre race française. L'auteur des « Lettres Provinciales » et des « Pensées ».

(2) On attribue généralement encore à Pascal d'autres inventions : celle de la « brouette », par exemple, et celle du « char à bancs ». C'est là une erreur, et M. Maurice d'OCAGNE nous l'a fait observer. La « brouette » du terrassier est connue de toute antiquité. Quant au « char à bancs », de quelle invention aurait-il bien pu être l'occasion ? La vérité, c'est que Pascal, qui avait l'esprit d'un organisateur, choqué dans sa raison, de ce qu'il fallut deux hommes pour porter à l'aide de brancards, une « chaise à porteurs », transforma celle-ci en la plaçant sur un châssis monté sur roues. C'est cette chaise à porteurs ainsi transformée qu'on appelait au XVIIe siècle une « vinaigrette » ou « la brouette de Pascal ».

Quant au « char à bancs », c'est une autre histoire. Pascal ne l'inventa pas, mais il fut le premier entrepreneur de transports en commun. Il créa, en effet, les « carrosses à cinq sols » qui moyennant ce prix modique transportaient les piétons d'un point à l'autre de la ville.

Plusieurs exemplaires de la machine de Pascal nous sont parvenus. On peut en voir quatre au Musée du Conservatoire des Arts et Métiers.

Désireux de nous cantonner dans l'examen des seules machines modernes, nous ne la décrirons pas ici. A titre d'indication, nous noterons seulement qu'elle comportait déjà ce dispositif essentiel des machines à calculer : *le report automatique des dizaines*.

Il n'entre pas dans notre plan d'énumérer les noms de tous les inventeurs et fabricants qui, depuis Pascal, ont apporté à la machine à calculer les perfectionnements, les modifications souvent remarquables qui font qu'elle est devenue aujourd'hui l'instrument de travail parfait que tout le monde connaît : les Leibnitz, Roth, Thebichef, Babbage, Torrès y Quevedo, etc..., la liste serait trop longue. Cependant il serait injuste de ne pas accorder une mention spéciale à deux autres grands Français : Thomas (1) de Colmar, dont la machine « l'Arithmomètre Thomas » était si parfaite que pendant tout un siècle, elle fut fabriquée et utilisée sans que, pour ainsi dire, aucune modification de principe ait été apportée dans sa conception primitive ; et Léon Bollée (2), ce fabricant d'automobiles du Mans, qui, à l'âge de 18 ou 19 ans, comme Pascal, conçut et réalisa ce miracle de mécanique de précision, *la machine à multiplication directe*.

II

ESSAI DE CLASSIFICATION DES MACHINES A CALCULER
DESCRIPTION SOMMAIRE DE LEUR FONCTIONNEMENT

Mais laissons le passé. Examinons maintenant les machines modernes. Essayons de les distinguer entre elles, de les classifier ; et sommairement tâchons d'en faire comprendre le fonctionnement.

A première vue, pour le profane, rien ne semble plus compliqué qu'une machine à calculer ; rien n'apparaît comme si difficile que de se guider, pour un choix, au milieu de si nombreux modèles d'apparence si divers.

M. F. Maurice, dans un article écrit au lendemain du premier concours de machines à calculer, en faisait la remarque en ces termes (3) :

___

(1) Le modèle primitif de la machine de Thomas fut établi en 1820.

(2) Léon Bollée n'en était pas non plus à sa première invention. Dès l'âge de onze ans, il s'était appliqué à construire de petits appareils destinés à la simplification du calcul. Quand il construisit sa machine à multiplication directe, « il avait, dit le général Sébert, à calculer pour l'établissement industriel de son père des tables numériques très étendues. C'est ainsi qu'il avait été amené à l'idée de construire une machine pouvant effectuer rapidement les opérations de l'arithmétique ».

(3) *Mon Bureau*, fascicule du 15 mai 1921, page 323 et suivantes.

« Un autre sujet de réflexion, écrivait-il, s'imposait vite (en regardant le concours) à l'observateur qui penché à la balustrade de la galerie, contemplait la cohorte bigarrée et disparate des opérateurs devant leurs machines à calculer. Les uns sont installés devant un énorme appareil où ronfle un moteur électrique, d'autres travaillent sur une petite machine qui tiendrait sur un coin de bureau. Les uns tapent sur des claviers, les autres poussent des boutons, les uns tournent des manivelles, les autres tirent des leviers, les uns transcrivent au crayon les résultats que leur donne leur appareil ; les autres au contraire se contentent de laisser se dérouler la bande ou la feuille de papier sur laquelle la machine imprime elle-même les résultats. Et le profane reste perplexe devant la diversité mécanique de tous ces appareils... »

C'est qu'à la vérité, en effet, il n'y a pas de modèle « standard » de machine à calculer ; et il n'y en aura très vraisemblablement jamais. A l'inverse de la machine à écrire qui a pour mission unique d'écrire, et pour laquelle le meilleur type de machine, est maintenant presque uniformément reconnu et adopté par tous les fabricants, la machine à calculer doit répondre à des besoins essentiellement divers et être utilisée de façons fort différentes suivant les « services » où elle est employée. La machine à calculer est donc une machine à spécialisations multiples, d'où ses aspects divers.

Cependant les différences que l'on peut constater entre elles sont bien plus apparentes que réelles aussi bien si l'on considère leur forme extérieure que si l'on pénètre dans les détails mécaniques de leur fabrication.

On peut aujourd'hui, sans crainte de se tromper, diviser les machines à calculer en trois groupes principaux bien distincts :

1º Les machines à additionner imprimantes ;

2º Les machines à calculer proprement dites ;

3º Les machines à comptabiliser, communément appelées « machines comptables ».

Nous ne parlerons, en détail, dans ce chapitre, que des deux premiers groupes. Nous ne dirons qu'un mot des machines comptables : ces dernières devant être étudiées et décrites de façon plus complète dans le chapitre de cet ouvrage qui traite de la comptabilité simplifiée (1).

---

(1) M. Maurice d'Ocagne dans son savant ouvrage « Le calcul simplifié par les procédés mécaniques et graphiques » a classifié les machines à calculer d'après leur anatomie. Il distingue : les *machines sans entraîneur* : à totalisateur multiaxial ; à totalisateur uniaxial ; et actionneurs simples ; additionneurs à touches ; — *machines avec entraîneur* : par pignons à dents d'inégale longueur ; par pignons à nombre variable de dents ; par actionneurs à course variable ; et machines à multiplication directe ; — *machines à opération complexes*, groupe dans lequel il fait entrer les machines à différences, les machines arithmétiques générales, les machines arithmologiques.

Dans son essai de classification, M. d'Ocagne s'est placé au point de vue de l'anatomie, de la construction des machines. Nous avons, nous, plus particulièrement considéré ces dernières du point de vue de leur utilisation. Cependant notre classification est très voisine de celle de M. Maurice d'Ocagne qu'elle suit la plupart du temps parallèlement.

* * *

§ 1. — *Les machines à additionner imprimantes*

Les machines encore désignées techniquement sous le nom de :
« machines à crémaillère arrêtée » : *a*) totalisent les nombres
qu'on inscrit successivement sur leur clavier ; *b*) en même temps
impriment ces nombres, en chiffres arabes ; *c*) et font apparaître,
en fin d'opération, le total des nombre enregistrés en même temps
qu'elles impriment ce total (fig 2).

FIG. 2. — *Type de machine à additionner imprimante*
(à clavier réduit)

Elles se composent : 1º d'un clavier de pose des nombres ;
2º d'un totalisateur, composé de roues placées verticalement sur
un axe horizontal et se déplaçant d'un 1/10e, de 2/10e de tour,
etc... suivant le chiffre inscrit sur le clavier ; 3º d'un certain nombre de touches auxiliaires : «total », « total-report », etc : 4º d'un
dispositif d'impression avec ruban encreur et chariot porte-papier
pour l'inscription des nombres et leur contrôle ; 5º d'une manivelle
d'enregistrement des nombres dans le totalisateur. Cette manivelle agit sur des tiges à crémaillère qui, en même temps qu'elles
actionnent les roues pour les faire avancer de la portion de tour
voulue, déclanchent le dispositif d'impression.

Ces assitionneuses imprimeuses sont de deux modèles :

L'un à *clavier complet,*
L'autre à *clavier réduit.*

Dans les machines à clavier complet, l'utilisant opère sur un clavier où les chiffres de 1 à 9 se trouvent reproduits dans chaque colonne : colonne des unités, colonne des dizaines, colonne des centaines, etc. ; il inscrit donc les nombres dans n'importe quel ordre, en particulier, dans celui qui donne le plus de rapidité, et, ceci, sans avoir à composer les zéros.

Dans les machines à clavier réduit, l'opérateur n'a devant lui qu'un petit clavier comportant les chiffres de 1 à 9, plus le zéro. Les nombres ici s'inscrivent comme à la plume, c'est-à-dire dans l'ordre où ils se trouvent dans les nombres, les uns après les autres.

Les zéros s'inscrivent comme les autres chiffres dans les nombres.

Et voilà à peu près les seules différences qu'on constate entre nos deux sous-groupes. En dehors de cela, les deux types de machines fonctionnent sensiblement de la même façon par le moyen d'une manivelle ; elles possèdent les mêmes touches : « total », « sous-total », « total-report », « non-impression », « non-addition », etc...

Comme leur nom l'indique, elles font surtout les additions, mais on n'ignore pas qu'environ 85 % des travaux de chiffres dans les bureaux consistent en des additions. Cependant, et comme nous le dirons tout à l'heure, soit par la méthode des *nombres complémentaires*, soit par celle des *réciproques* (1), elles peuvent aussi faire facilement la multiplication et la division. Certaines même, ont un dispositif de transport du multiplicande dans les colonnes de puissance supérieure qui rend cette opération très rapide et très aisée.

Par contre, toutes font la soustraction ; quelques-unes par la méthode des nombres complémentaires indiquées ci-après, la plupart directement en appuyant sur la touche « soustraction ».

---

(1) *Réciproque d'un nombre* : La réciproque d'un nombre est le quotient de l'unité par ce nombre, soit $\dfrac{1}{n}$. Exemple : la réciproque de 256 est 0,003906.

En effet $\dfrac{1}{256} = 0,003906$.

Si au lieu de diviser un nombre quelconque par 256 (par exemple 3042), nous le multiplions par sa réciproque, le résultat sera le même :

$$\frac{3042}{256} = 3042 \times 0,003906 = 11,882.$$

Prenons un exemple plus simple et plus connu : $\dfrac{1}{2} = 0,5$

La méthode des réciproques permet de se dispenser pratiquement de faire des divisions, ce qui est très intéressant dans de nombreux cas, par exemple dans le calcul des pourcentages :

$$\frac{12}{2} = 6 \qquad 12 \times 0,5 = 6.$$

Il existe dans le commerce des tables de réciproques.

Plusieurs d'entre elles font même la soustraction algébrique, c'est-à-dire qu'elles peuvent continuer à soustraire au-dessous de zéro, par exemple :

$$+ 125 - 250 = - 125.$$

Et si l'on continue : $- 125 - 100 = - 225.$

Ce qui présente, on le conçoit, un intérêt assez considérable dans de nombreux cas, tout particulièrement dans les travaux de comptabilité où il s'agit de faire apparaître aussi bien les soldes débiteurs (qui sur la machine s'inscrivent généralement en rouge ou avec un signe spécial) que les soldes créditeurs.

Fig. 3. — *Type de machine à additionner, imprimante*
(à clavier complet)

La caractéristique de ce premier groupe de machines, dites *machines à additionner*, c'est donc d'être à la fois additionneuses et imprimantes. La qualité essentielle d'une machine à calculer, à quelque groupe qu'elle appartienne, est de donner la certitude de l'exactitude du calcul effectué. En matière d'addition, cette sécurité, cette assurance, ne peuvent être données que par pointage. Il faut pouvoir se rendre compte que tous les nombres à additionner ont bien été inscrits pour être sûr que le total est juste : d'où cette obligation pour les machines à additionner, d'imprimer en même temps qu'elles enregistrent les nombres à additionner et la somme de ces nombres.

Dans le paragraphe que nous réserverons à la fin de ce chapitre à l'examen des machines comptables nous montrerons comment les machines à additionner imprimantes, par l'adjonction d'un grand chariot et de quelques dispositifs particuliers peuvant être transformées en machines comptables, susceptibles d'établir tous les tableaux de chiffres, ventilations, etc., que l'on peut désirer.

Pour terminer, signalons que la plupart des machines à additionner, comportent, selon les besoins, un ou plusieurs totalisateurs. Certaines machines possèdent quatorze totalisateurs. Elles donnent ainsi la faculté soit de faire simultanément des additions séparées : crédits d'un côté, débits de l'autre ; soit de totaliser à fois horizontalement et verticalement, etc. En un mot, elles s'adaptent à tous les besoins avec une souplesse, une facilité que tous les usagers connaissent.

Ces machines fonctionnent à la main, au moyen d'un levier, ou électriquement. Dans le modèle à levier, il faut à chaque pose d'un nombre tirer à soi le levier d'enregistrement des nombres : opération qui, à la longue, peut devenir fatigante. C'est pour éliminer cette fatigue, que les constructeurs ont adapté un moteur sur leurs machines. Dans les machines ainsi équipées, une simple pression sur une touche remplace la manœuvre du levier.

* * *

§ 2. — *Machines à calculer proprement dites*

Ce second groupe de machines, comme le premier, se subdivise en sous-groupes :

a) Les machines à *frappe directe* ;
b) Les machines à *manivelle* ;
c) Les machines à *multiplication directe*.

* * *

A) *Machines à frappe directe*

Ces machines sont très nettement différentes quant à leur forme extérieure, quant à leur manipulation et quant aussi à la conception qui a présidé à leur fabrication, de celles des second et troisième sous-groupes.

Elles sont constituées essentiellement par deux parties : *a) un clavier* (clavier complet dans tous les cas) semblable à celui des machines à additionner imprimantes, mais avec cette différence que les touches au lieu de rester enfoncées comme dans les premières jusqu'au coup de levier, se relèvent *automatiquement* après chaque dépression (1) ; *b) un totalisateur* composé d'un certain nombre de roues verticales placées à côté les unes des autres sur un même axe horizontal. Chacune de ces roues correspond à une des colonnes de la machine : colonne des unités, colonne des dizaines, colonne des centaines, etc... Un dispositif de report des dizaines est placé entre chacune des roues du totalisateur,

----

(1) Le levier dans ces machines ne sert que comme dispositif d'effaçage une fois l'opération terminée, non comme dispositif d'enregistrement.

de façon que quand l'une d'elles a fait une révolution complète, sa voisine de la puissance de 10 immédiatement supérieure soit nécessairement entraînée d'un neuvième de tour, c'est-à-dire d'une portion de cercle correspondant au un neuvième de la course totale. Les roues totalisatrices portent gravés sur leur champ les chiffres de 0 à 9, lesquels sont visibles de l'extérieur par le moyen de lucarnes réservées dans le carter de la machine. Un petit levier sert à remettre le totalisateur à zéro une fois l'opération terminée.

FIG. 4. — *Machine à calculer du type dit « à frappe directe »*

En somme : la machine de Pascal, dans laquelle les roues totalisatrices sont verticales au lieu d'être horizontales, et dans laquelle ces roues sont actionnées plusieurs à la fois au moyen des touches d'un clavier au lieu d'être actionnées individuellement au moyen d'un « style ».

Examinons maintenant leur fonctionnement. Soit une addition : 125 + 435 + 2312... par exemple. On peut, soit inscrire les nombres chiffre par chiffre : le 1 dans la colonne des centaines, le 2 dans la colonne des dizaines, le 5 dans la colonne des unités, soit bloquer d'un seul coup le nombre, en se servant de plusieurs doigts. Aussitôt les touches remontées, ce qui est instantané, le nombre 125 apparaît dans les lucarnes du totalisateur. Il est enregistré. On fait de même pour le nombre 435. Celui-ci vient s'ajouter au précédent. Au totalisateur on lit : 560 (125 + 435). Puis on enregistre, toujours de la même façon, 2312. Le total de tous ces nombres accumulés successivement dans le totalisateur apparaît aussitôt aux lucarnes : 2362.

S'il s'agit d'une multiplication : même manœuvre, mais répétée. Soit 435 à multiplier par 12... Vous prenez sous vos doigts le nombre 435 et vous l'enregistrez deux fois dans la colonne des unités, en enfonçant deux fois, bien à fond, les touches. Le nombre 870 apparaît au totalisateur. Vous déplacez alors vos doigts d'une colonne vers la gauche, pour vous porter dans la colonne des dizaines. et vous enfoncez une fois les touches dans la position 4350. Le produit de la multiplication apparaît aussitôt.

$$870 \ unités + 435 \ dizaines$$
$$ou \ 870 + 4350 = 5.220$$

C'est très simple, on le voit. Les soustractions et les divisions, s'effectuent dans ces machines par la méthode des nombres complémentaires.

Nombres complémentaires. — Le complément d'un nombre est la différence entre ce nombre et la puissance supérieure de 10. La première puissance de 10 est 10. La seconde est 100. La troisième est 1.000, etc...

Pour faire une soustraction par la méthode des nombres complémentaires, il suffit d'ajouter au plus grand nombre le complément du nombre à soustraire et d'annuler le chiffre 1 de la puissance de 10 supérieure. Soit à soustraire 27 de 68

$$68 - 27 = 41.$$

Quel est le complément de 27 à 100 ? C'est 73. Si nous ajoutons 73 à 68, nous obtenons 141. Et si enfin nous annulons le 1 de la puissance supérieure, nous trouvons 41 comme dans la soustraction directe.

Cette théorie des nombres complémentaires démontre que tous les calculs arithmétiques, quelqu'ils soient, peuvent se résoudre par la seule opération de l'addition. C'est sur ce principe qu'ont été conçues les machines que nous étudions en ce moment.

On comprend maintenant facilement comment ces machines qu'on aurait pu croire construites pour additionner seulement, sont aussi capables d'effectuer les soustractions et les divisions.

Elles possèdent d'ailleurs des dispositifs spéciaux pour faire disparaître automatiquement, dans la soustraction, le 1 de la puissance complémentaire.

Signalons que ces machines, en vue de rendre plus facile encore leur manipulation, intercalent dans chaque colonne de touches, des touches à plateau convexe et des touches à plateau concave (1). de manière à permettre aux opérateurs de travailler sans regarder leur clavier ; et qu'enfin chaque touche porte deux chiffres, l'un pour l'addition, l'autre pour la soustraction : en sorte que l'opérateur n'a pas, dans le cas des soustractions et des divisions, à rechercher son nombre complémentaire. Il le trouve inscrit sur le clavier même.

Une des caractéristiques principales des machines de la classe que nous venons d'examiner, c'est d'être extrêmement rapides. Un opérateur expérimenté, peut battre, avec elles, tous les records de vitesse ; mais elles exigent de leurs utilisants un certain appren-

---

(1) Concaves pour les chiffres impairs et convexes pour les chiffres pairs.

tissage. D'aucuns leur reprochent, en outre, de ne pas être suffisamment *sûres*. A quoi les constructeurs répondent qu'étant donné leur extrême rapidité, il est toujours possible aux opérateurs de faire deux fois la même opération dans le même temps et (même en moins de temps) que n'importe quel autre calculateur.

* * *

B) *Machines à manivelle*

Ce deuxième groupe de machines comporte de nombreux modèles. Il semble avoir la faveur des constructeurs. Alors, en effet, que dans le groupe précédent, on ne compte guère que deux marques, c'est par dizaines qu'on doit compter ici ces dernières.

Bien que très diverses en apparence, les machines de notre deuxième groupe peuvent se subdiviser en deux sous-groupes, très voisins d'ailleurs l'un de l'autre : l'un dans lequel les roues totalisatrices placées horizontalement sont montées sur axes verticaux séparés avec manivelle verticale ; l'autre dans lequel les roues totalisatrices sont verticales et montées sur un même axe horizontal avec manivelle horizontale.

Fig. 5. — *Machine à calculer à manivelle*, à totalisateurs multiples monté sur un même axe horizontal. Dans ce modèle de machine, la pose des nombres s'effectue au moyen de curseurs.

Comme on le voit, il n'y a en réalité de différences entre ces deux types que dans des détails de fabrication. Dans la pratique et pour l'utilisant, leur fonctionnement est le même, les résultats qu'elles peuvent donner sensiblement égaux : si du moins on les compare en quelque sorte schématiquement, sans tenir compte de leur plus ou moins grande capacité et de certains perfectionnements qu'elles ne possèdent évidemment pas toutes et, dont nous parlerons plus loin.

Ces machines à calculer possèdent toutes les trois éléments essentiels suivants :

1º Un *dispositif d'inscription des nombres* (multiplicandes, dividendes, nombres soustracteurs), formé soit par un clavier à touches, soit par une série de rainures avec boutons d'inscription ou curseurs ;

2° Un *chariot totalisateur* renfermant les roues totalisatrices, se déplaçant de gauche à droite, ou vice versa, selon qu'on a à effectuer une multiplication ou une division ;

3° Une *manivelle* servant à l'enregistrement dans le totalisateur des nombres inscrits sur le clavier de la machine avec son corollaire, un « *compteur des tours de manivelle* », lequel fait partie du chariot.

Fonctionnement. — S'il s'agit d'une addition, inscrire successivement chacun des nombres à additionner sur le dispositif d'inscription. Après chaque inscription, un tour de manivelle pour faire entrer dans le totalisateur le nombre inscrit. Puis effaçage, et pose du nouveau nombre à additionner. Quand tous les nombres ont été de la sorte accumulés successivement, il n'y a qu'à lire au totalisateur, la somme de l'addition.

Pour une soustraction : inscrire sur le dispositif d'inscription le plus grand nombre. Puis, par un tour de manivelle, faire entrer ce nombre dans le totalisateur. Effacer. Inscrire ensuite le plus petit nombre sur le clavier, puis, par un tour de manivelle en arrière (1), retrancher le plus petit nombre du plus grand. Le totalisateur indique le solde ou « différence » de la soustraction.

S'agit-il d'une multiplication ? La manœuvre est la même que pour l'addition, seulement le chariot mobile entre ici en jeu.

Comme nous l'avons déjà dit, la multiplication peut être considérée comme une suite d'additions répétées. Si j'ai à multiplier 236 par 25, je puis additionner 25 fois ce nombre 236. A la machine, il suffirait de tourner vingt-cinq fois la manivelle. Mais ce serait un peu long : d'où l'utilité et la raison d'être du chariot. Celui-ci est mobile. Il se transporte au gré de l'opérateur ; de la colonne des unités à celle des dizaines ; de la colonne des dizaines à celle des centaines, etc... De sorte que pour faire une multiplication, 236 par 25, il suffit de totaliser (c'est-à-dire additionner) le multiplicande 5 fois dans la colonne des unités, deux fois dans la colonne des dizaines, pour avoir le résultat :

```
5 fois 236 unités.....................  1.180
2 fois 236 dizaines (ou 2360)..........  4.720
                                        ───────
Somme des deux additions partielles . .  5.900
```

Comme le « compteur des tours de manivelle » fait partie intégrante du chariot, et que par conséquent il avance ou recule avec lui d'une puissance à une autre, en fin d'opération on peut lire en clair à travers les différentes lucarnes de la machine : sur le dispositif d'inscription, *le multiplicande* ; au compteur, le *multiplicateur* (formé par le nombre de tours de manivelle donnés dans les colonnes

---

(1) Certaines machines ont une touche spéciale « soustraction ». Dans ce cas le renversement du sens de marche s'opère automatiquement. Et la manivelle n'a pas à être tournée en arrière.

des différentes puissances) ; enfin, au totalisateur, *le produit* de la multiplication.

Donc, pas d'erreur possible : lorsque l'opération est terminée, les deux facteurs et le produit sont inscrits de façon très nette. Si on s'est trompé, si par exemple on a multiplié par 35 au lieu de 25, on le voit aussitôt ; et l'erreur peut être facilement réparée. Il suffit pour cela de faire glisser le chariot dans la colonne des dizaines où l'erreur a été commise, et de soustraire une fois dans cette position. Aussitôt le compteur de tours (multiplicateur) ne marque plus que 25 ; et du totalisateur sont automatiquement extraites 236 dizaines, soit le nombre 2.360 qui par erreur avait été totalisé en trop au produit de l'opération.

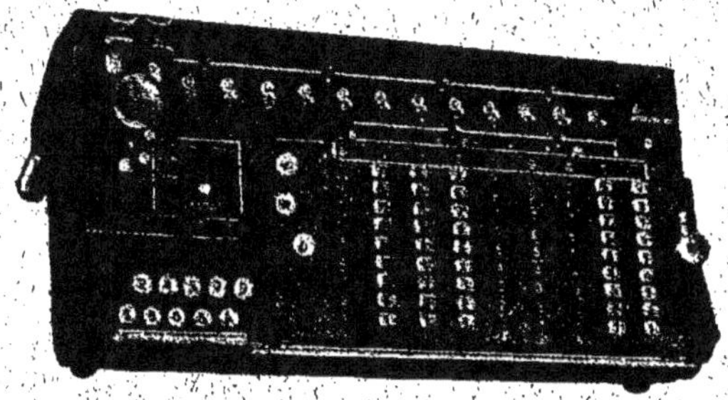

Fig. 6. — *Machine à calculer à manivelle,* à totalisateurs horizontaux montés sur axes verticaux. Le dispositif de pose des nombres est constitué ici par un clavier.

Les divisions s'effectuent par soustractions successives. Le dividende se place dans le totalisateur ; le diviseur dans le dispositif d'inscription et l'on soustrait par tranches autant de fois qu'il est possible. Lorsque le nombre à soustraire est devenu plus grand que la tranche correspondante du dividende, la machine avertit d'elle-même par une sonnerie. On déplace alors le chariot pour l'amener sous la tranche suivante ; et l'on continue les soustractions successives aussi loin que l'on veut pousser l'opération dans l'ordre des décimales.

L'auteur se rend parfaitement compte de la difficulté qu'il y a de vouloir démontrer le fonctionnement d'une machine comme la machine à calculer sans la présence de cette machine (1). Il s'en

----

(1) L'auteur remercie ici les opérateurs de machines à calculer qui ont bien voulu lui apporter le concours de leurs démonstrations lors du cours-conférence qu'il fit à la Semaine d'organisation commerciale 1927. Toutes les marques de machines présentes à l'Exposition avaient bien voulu répondre à son appel. Les opérateurs étaient placés avec leurs machines au milieu même de l'auditoire, en sorte que chacun d'eux (une vingtaine de marques étant représentées) n'avait à s'occuper que d'un nombre d'auditeurs relativement restreint. Les démonstrateurs faisaient fonctionner

excuse près du lecteur. En même temps il lui conseille de ne pas hésiter à aller rendre visite à ceux qui vendent les machines à calculer, afin de leur demander la documentation et les démons-

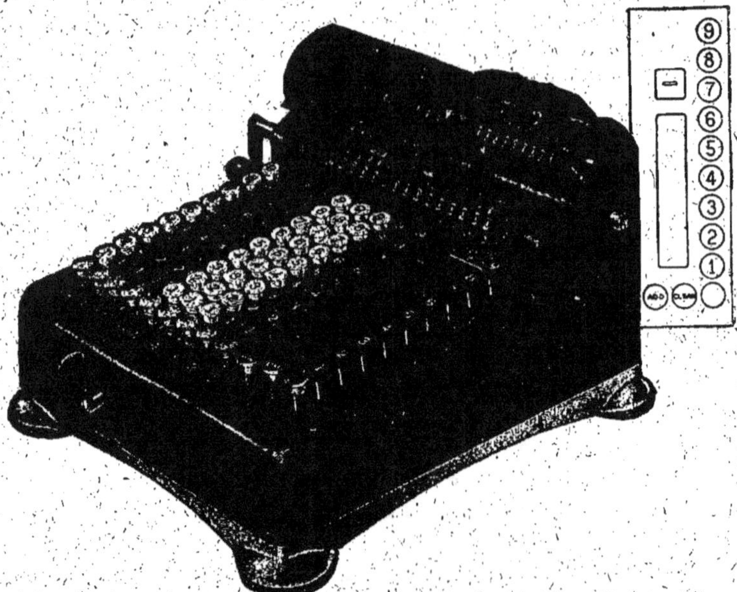

Fig. 7. — Autre type de machine à calculer à manivelle.
Modèle à clavier, actionné par moteur électrique

trations qui ne peuvent leur être données ici. Quelques minutes passées en la compagnie d'un bon opérateur vaudront bien mieux pour lui que les plus grands discours et que les plus belles phrases en cette matière.

C) Machines à multiplication directe.

Les machines à multiplication directe sont basées sur le principe de la table dite de Pythagore. Elles sont fabriquées sur les brevets et d'après les conceptions de Léon Bollée. Ceux de nos lecteurs qui seraient désireux d'être complètement documentés sur la machine de Bollée, en trouveront la description complète dans l'ouvrage de M. Maurice d'Ocagne : *Le calcul simplifié par les procédés mécaniques et graphiques* (1), page 67 et suivantes.

---

leur machine en suivant les observations présentées par le conférencier. Cette manière de faire a été très goûtée des assistants qui de la sorte ont pu tirer le plus grand profit de la leçon à laquelle ils avaient assisté.

(1) Gauthier-Villars, imprimeurs-libraires, 3e édition, 1928.

Nous extrayons le passage de cet intéressant chapitre qui décrit le fonctionnement du « chariot calculateur », pièce capitale de tout le système :

« Dans cette machine, écrit M. Maurice d'Ocagne, les cylindres chiffrés tournant sous les lucarnes, reçoivent leur mouvement de tiges verticales munies de crémaillères. Suivant qu'on fait avancer chaque tige d'une, de deux, de trois dents... le cylindre correspondant tourne de 1/10e, de 2/10e, de 3/10e... de tour. Pour imprimer à chaque crémaillère le mouvement voulu, une autre partie de la machine intervient, un chariot, dit « chariot calculateur », lequel renferme une série de plaques hérissées de petites tiges d'acier qui constituent des tables de Pythagore en relief. Une de ces plaques calculatrices est représentée par la figure ci-contre.

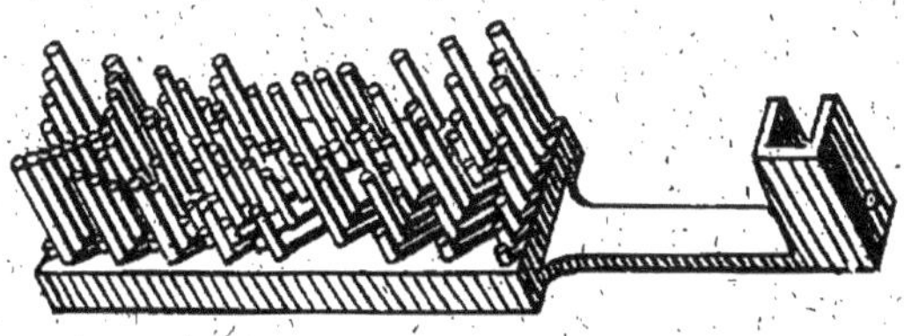

Fig. 8. — *Le chariot calculateur*
de la machine, à multiplication directe, Léon Bollée

« Si l'on appelle *ligne* l'ensemble des pointes placées sur une droite parallèle aux petits côtés de la plaque, et *colonnes* l'ensemble des pointes placées sur une droite parallèle aux grands côtés, on peut dire qu'au point de croisement d'une ligne et d'une colonne se trouve le produit des chiffres qui servent à les numéroter, chacun de ces produits étant réalisé sous forme de deux tiges placées dans le sens de la colonne (la tige des unités en avant) et dont les longueurs sont proportionnelles aux compléments à 9 des chiffres qu'elles représentent.

« Chacune des plaques calculatrices ainsi constituées est solidaire d'un bouton du dispositif de pose des nombres mobile dans une rainure graduée ainsi que dans l'arithmomètre Thomas.

« Lorsque le bouton d'une des rainures se trouve en face du chiffre 6, par exemple, de la graduation de cette rainure, la plaque calculatrice correspondante est placée de telle sorte que c'est la ligne des pointes d'acier figurant en relief les multiples de 6 qui se trouve dans le plan vertical contenant les tiges à crémaillère dont il est question plus haut.

« Le calculateur peut être déplacé latéralement au moyen d'un pignon engrenant avec une crémaillère fixée au châssis et qui est mis en mouvement à l'aide d'une manette. Chaque tour complet de cette manette fait franchir au calculateur l'espace correspondant à un ordre décimal complet, et lorsque, au cours d'un tour, on arrête cette manette dans l'encoche portant un certain numéro, 4 par exemple, ce sont dans chaque plaque calculatrice les colonnes des pointes figurant les produits partiels par 4 qui se trouvent dans les plans de profils des tiges.

« On voit donc, le multiplicande étant écrit au moyen des boutons du calculateur, que, en amenant la manette sur un chiffre du multiplicateur, on aura disposé les plaques calculatrices de façon à faire apparaître, par l'intermédiaire des tiges à crémaillère, le produit partiel correspondant. Le mouvement voulu est d'ailleurs obtenu au moyen d'un tour de la manivelle qui, en soulevant verticalement le châssis qui porte le calculateur, fait pousser par les pointes d'acier de ce calculateur les tiges à crémaillère avec lesquels engrènent les cylindres gradués ».

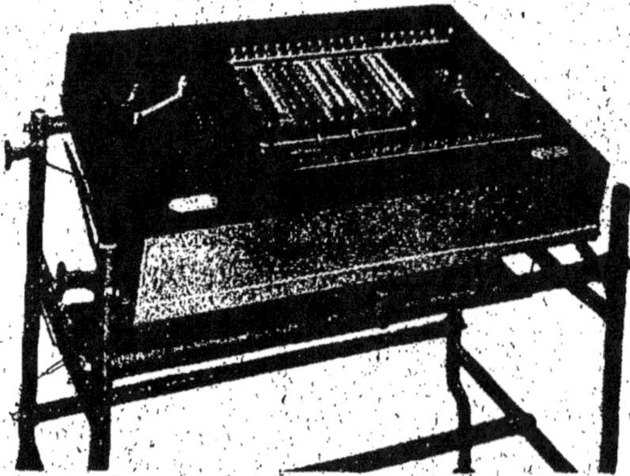

FIG. 9. — La machine « Millionnaire », à multiplication directe

Dans la machine à calculer « Millionnaire », les pointes de la table de Pythagore sont remplacées par neuf lames de bronze de 3 millimètres d'épaisseur environ, taillées suivant des hauteurs déterminées par les produits de la table de Pythagore qu'elles matérialisent en quelque sorte. Ces lames sont suffisamment espacées pour recevoir entre elles neuf autres semblables mais différemment taillées. *Il y a donc deux lames voisines pour représenter un même produit partiel.* L'examen de notre dessin, figure 10, fait comprendre le mécanisme de l'opération.

Effectuons, par exemple, la multiplication de 7 successivement par les neuf chiffres. Commençons par le haut : $7 \times 1 = 7$. Ce produit 7 est représenté par les sept unités de la tête supérieure de B. Continuons : $7 \times 2 = 14$. Ce produit est représenté par la dizaine 1 de la première tige A et les quatre unités de la deuxième tige B. Et ainsi de suite : $7 \times 7 = 49$, représentés par la septième tige de 4 unités de A et la septième tige de neuf unités de B. La longueur de ces tiges est donc déterminée, non par les chiffres constituant le multiplicande et le multiplicateur, mais directement par ceux du produit. On ne pouvait vraiment trouver rien de plus ingénieux.

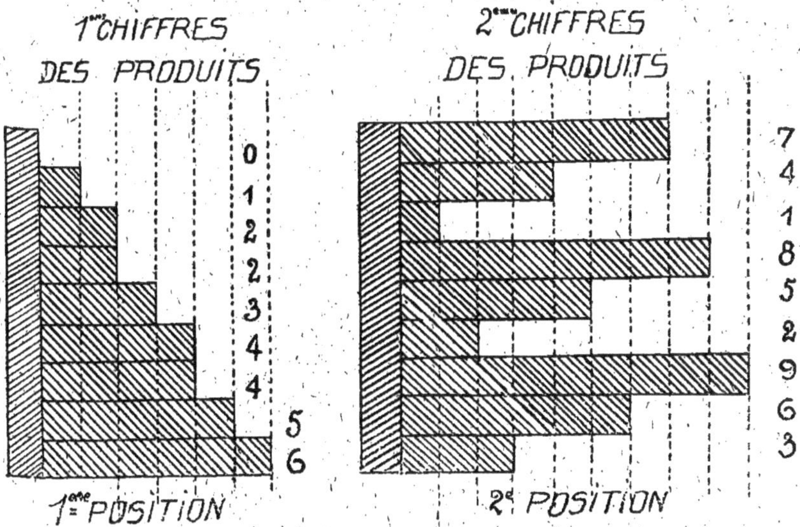

FIGURE 10

Principe de la représentation des chiffres de la Table de Pythagore dans la " Millionnaire "

Les deux constructions représentent la multiplication du chiffre 7 par tous les chiffres. La première position, à gauche, donne les premiers chiffres des produits, et la seconde les derniers.

$$7 \times 1 = 07$$
$$7 \times 2 = 14$$
$$7 \times 3 = 21$$
$$7 \times 4 = 28$$
$$7 \times 5 = 35$$
$$7 \times 6 = 42$$
$$7 \times 7 = 49$$
$$7 \times 8 = 56$$
$$7 \times 9 = 63$$

A part cette différence, la « Millionnaire » fonctionne comme la Bollée, par tiges à crémaillères, etc.

Notre figure 9 représente une machine à multiplication directe de modèle courant. On voit au centre le dispositif de pose du multiplicande : une série de boutons dans des rainures ; à gauche, la manette destinée à former le multiplicateur ; à droite, la manivelle.

Il suffit pour faire une multiplication d'inscrire le multiplicande à l'aide des boutons, puis de placer la manette en face de chacun des chiffres du multiplicateur, enfin de donner à chaque fois un tour de manivelle qui automatiquement fait ainsi avancer le chariot. Soit à multiplier : 2.436.545,35 par 175,85.

Inscrire sur le dispositif de posé le multiplicande 2.436,545,35 puis mettre successivement la manette devant les chiffres du secteur 1.7.5.8.5 et donner chaque fois un tour de manivelle. Le produit apparaît aussitôt (1).

Les machines à multiplier font aussi, bien entendu, les additions et les soustractions. Elles effectuent également les divisions, mais à l'aide d'un barême. Elles fonctionnent à la main par manivelle ou électriquement. Dans certains modèles, le dispositif de pose du multiplicande, au lieu d'être constitué par des rainures dans la platine et des boutons coulissant dans des rainures, se compose d'un clavier à touches, comme pour les machines du § 2

Examinons maintenant un autre type de machines à multiplication directe : la « Bourroughs Moon ». Cette machine comprend, comme la machine « Millionnaire » un mécanisme de multiplica-

Fig. 11. — *Machine Burroughs-Moon*
Combinaison d'une machine à écrire et d'une machine à multiplication directe ; égale à la fois machine à facture et machine comptable

tion directe basé sur la réalisation matérielle de la table de Pythagore. Elle possède en outre une machine à écrire complète et un certain nombre de compteurs d'additions purs.

Elle peut donc à la fois multiplier et enregistrer les données ou les résultats des multiplications dans divers compteurs. Le nombre de compteurs varie de 3 à 8, non compris le compteur qui est

____

(1) Dans les derniers modèles de la « Millionnaire », la manette servant à mettre la table de Pythagore en position est remplacée par des touches représentant les chiffres de 1 à 9. Ce niveau dispositif facilite encore considérablement le travail et augmente la rapidité d'exécution.

réservé, au cours des multiplications, à l'addition entre eux des produits partiels. Considérée en tant que machine à additionner, elle rentre dans la catégorie des machines à additionner imprimantes, dites à crémaillère arrêtée et décrites plus haut. Comme clavier, elle est du type à clavier réduit.

Le clavier de la machine à additionner, dit clavier rouge, sert également à enregistrer le multiplicande des multiplications. Cette inscription se fait comme l'enregistrement d'une somme dans les machines à additionner ordinaires à clavier réduit. Par suite, comme il est ramené à l'opération normale de ce type de machine, il peut être également effectué par transfert, c'est-à-dire que le total ou le total report de l'un quelconque des compteurs de la machine peut être transféré dans le multiplieur afin d'y être multiplié comme on va le voir.

FIG. 12. — *Machine à comptabiliser*
Type à clavier réduit, à additionner et à soustraire

Cette possibilité est très appréciable pour les multiplications successives (longueur par largeur, par hauteur et par prix) ou total d'une facture majoré d'un certain coefficient, ou sujet à un escompte. La multiplication est effectuée en utilisant un clavier noir similaire au clavier rouge, c'est-à-dire également clavier réduit. L'enfoncement d'une touche provoque automatiquement une double opération de la machine qui enregistre successivement dans un compteur réservé à cet effet les dizaines, puis les unités du produit partiel du nombre posé sur le clavier rouge par le numéro de touche noire employé. La multiplication se résume donc à enfoncer les diverses touches noires dans l'ordre normal. Si le résultat ne comporte aucun établissement de virgule, il suffit d'enfoncer une touche pour imprimer le résultat en vidant, comme sur une machine à additionner imprimante ordinaire, le compteur réservé aux multiplications.

Si le calcul comporte des décimales, un double dispositif permet de placer automatiquement la virgule par le côté où cela est le plus facile, etc.

Enfin, la machine à écrire de type courant permet toutes les combinaisons de chariot demandées et permet de frapper un très grand nombre de copies, de l'ordre d'une quinzaine par exemple.

Il existe d'autre part une machine « Burroughs Moon Comptable » qui est analogue à la précédente, mais sans dispositif de multiplication. Dans cette machine, tous les perfectionnements ont porté sur le mécanisme de soustraction : cette machine prévient l'opérateur lorsque le solde est devenu négatif et possède le renversement automatique d'un solde, permettant d'imprimer le solde négatif en chiffres clairs avec un signe distinctif.

Cette machine s'applique donc parfaitement aux travaux comptables, en particulier pour la tenue des comptes courants en solde avec texte, feuille de paye, etc.

Fig. 13. — *Machine à comptabiliser*
Type à clavier complet, à additionner et à soustraire,
et à totalisateurs multiples

* * *

§ 3. — *Les machines à comptabiliser*

On appelle *machines comptables*, soit des machines à additionner imprimantes spécialement étudiées et construites en vue de l'exécution du travail comptable, soit des machines qui sont une combinaison, ou mieux une conjonction de la machine à écrire, avec : soit une machine à additionner, soit une série de compteurs-additionneurs, soit une machine à calculer proprement dite.

Donc, deux sous-groupes :

I. — *Machines comptables imprimant les chiffres et non les lettres.* Ce sont des machines du type décrit dans notre § 1er (Machines à additionner imprimantes). Le petit chariot sur lequel se déroule la bande de papier destinée à contrôler l'exacte inscription des nombres à additionner est ici remplacé par un large chariot de nombres à écrire. Ce chariot est muni de taquets colonnateurs, de façon à ce que ce dernier vienne se placer, au gré de l'opérateur, successivement devant les différentes colonnes du travail comptable à effectuer. En Outre, d'autres taquets, de forme différente, permettent de mettre la machine soit en soustraction, soit en addi-

FIG. 14. — *Machine à comptabiliser, à écrire et à calculer* à totalisateurs multiples, écrivant à plat, et même sur livres reliés

tion, soit en « non impression », soit en « non addition », etc... Le travail comptable s'effectue donc avec la plus grande régularité, de façon automatique ; et les « sommes » des nombres inscrits s'obtiennent soit horizontalement, en fin de ligne, soit verticalement, en bas de colonne.

Comme ces machines sont presque toutes à double totalisateur, ou à totalisateurs multiples, on voit tout de suite toute la gamme de travaux qu'elles sont susceptibles d'effectuer dans l'exécution du travail de comptabilité : établissement de feuilles de paie, tenue à jour des comptes courants (position), etc., etc.

Nous ne rappelons ici que pour mémoire que ces machines *soustraient* aussi bien qu'elles additionnent.

Bien que machines n'imprimant, en principe, que des chiffres certains modèles de ces machines sont munis de touches spéciales (non additionnantes) qui permettent certaines inscriptions utiles en comptabilité, comme par exemple : la date : DEC 21 (21 décembre) ; certains libellés courants : *s. fact,* (sa facture) ; *Rem. esp.* (Remise espèces), etc.

II. — *Machines conjuguées.* — Ce sous-groupe comprend une assez grande variété de modèles différents. Leur description complète, l'examen de leur fonctionnement, l'étude de tous les travaux qu'elles sont susceptibles d'effectuer nous entraîneraient trop loin. Un chapitre de dimensions égales sinon supérieures à celui-ci serait nécessaire. Nous nous contenterons donc de les énumérer. On distingue parmi ces machines :

a) Celles qui sont la conjugaison d'une machine à additionner et à soustraire et d'une machine à écrire de modèle Standard (type Ellis Moon-Comptable) ;

Fig. 15. — *Machine à comptabiliser*
Combinaison de machine à écrire et de totalisateurs multiples

b) Celles qui, machines à écrire quant à leur conception, sont devenues machines comptables par l'adjonction d'un plus ou moins grand nombre de totalisateurs (ou « compteurs ») sur leur chariot.

Ces machines qu'on peut caractériser en disant qu'elles sont du *type à totalisateurs multiples,* se subdivisent elles-mêmes en :

Machines écrivant à plat (Elliot-Fisher) ;

Machines à chariot (Remington, Smith Premier, Mercédès, etc.).

c) Celles qui sont des machines à écrire Standard comme les précédentes, mais dans lesquelles les compteurs-totalisateurs font partie intégrante et constitutive de la machine (type Underwood) ;

d) Enfin celles qui sont la conjugaison d'une machine à écrire et d'une machine à multiplication directe (type Burroughs-Moon à multiplier).

APPENDICE

Les machines à statistiques et les caisses enregistreuses

Il n'est pas possible de parler des machines à calculer sans réserver une mention spéciale aux machines à statistiques et aux caisses enregistreuses.

Les machines à statistiques sont de véritables machines à additionner, et aussi des machines de comptabilité pure. Mais nous leur avons réservé, vu leur importance, un chapitre spécial dans ce volume. Nous n'en parlerons donc pas plus longuement ici.

Quant aux Caisses enregistreuses, nous leur devons une mention spéciale. Construites, à l'origine, simplement en vue du contrôle des espèces en caisse, elles sont vite devenues de véritables « caissières » tenant compte très exactement de tout ce qu'elles enregistraient, et même ventilant à différents comptes les mouvements de caisse qu'elles avaient effectués.

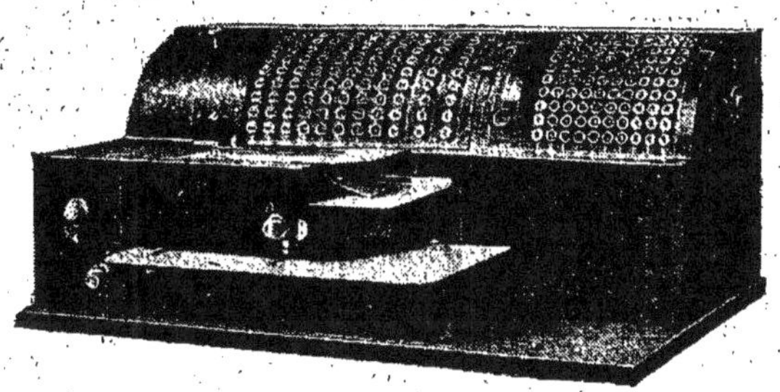

Fig. 16. — *Caisse enregistreuse " National "*

C'est dire que les caisses enregistreuses n'avaient que bien peu de chemin à parcourir pour devenir machines de comptabilité.

Il semble inutile de décrire ces machines que tout le monde connaît, et dont tout le monde apprécie les services remarquables qu'elles rendent tout particulièrement au commerce de détail.

Il existe de nombreux modèles de caisses enregistreuses suivant le genre de commerce auquel elles sont adaptées.

Signalons que des machines récemment introduites sur le marché permettent d'étendre le nombre des totalisateurs jusqu'à trente. Ces totalisateurs représentent des comptes permanents sur lesquels viennent s'accumuler respectivement les totaux, permettant ainsi, d'un seul coup, d'obtenir les positions immédiates et les balances de tous les comptes.

Les subdivisions de comptes s'obtiennent automatiquement. Les comptes sont toujours à jour et *balancés*. Donc plus d'erreur possible dans la tenue des livres. On a la certitude de l'exactitude de tous les comptes : Caisses, Banques, Comptes généraux, Comptes particuliers. La machine donne en outre les totaux généraux par compte et par groupes de comptes.

Ajoutons qu'en fin de journée un bordereau de toutes les écritures est donné imprimé par la machine même qui indique les caractéristiques de chaque écriture et les authentique en quelque sorte par des impressions spéciales faites sur chaque document.

Comme dans les caisses enregistreuses de modèle courant, d'ailleurs, toutes ces inscriptions s'opèrent de la façon la plus simple, par la seule manipulation des touches de la machine.

III

OBSERVATIONS D'ORDRE GÉNÉRAL
CONCERNANT LES MACHINES A CALCULER

Leurs multiples perfectionnements. — La machine à calculer que nous avons décrite dans ce chapitre, est en quelque sorte la machine type, *schématique* même si l'on veut.

De nombreux perfectionnements ont été apportés dans sa fabrication depuis une dizaine d'années. Ces perfectionnements ont eu surtout pour objet de simplifier encore la manipulation, et pour but l'élimination de la fatigue chez l'opérateur. Aucune profonde modification de principe ou de conception, dans l'ordre mécanique, n'est à signaler.

Dans l'ordre chronologique, on peut dresser comme suit la liste des améliorations constatées dans le domaine des machines à calculer proprement dites.

La première en date semble bien avoir été le *report automatique des dizaines au compteur*, perfectionnement très intéressant, et qui facilite considérablement certains calculs.

Puis, ça été le *remplacement de la manivelle ou du levier d'enregistrement par le moteur électrique* : d'où élimination de toute fatigue chez l'opérateur qui, au lieu d'avoir à tourner une manivelle ou à tirer un levier, n'a plus qu'à appuyer sur un bouton qui fait tourner la machine sans effort de sa part.

Puis vinrent les *machines semi-automatiques*, dans lesquelles les divisions s'effectuent toutes seules : l'opérateur n'ayant qu'à poser le dividende, le diviseur, et la virgule au quotient, enfin à tourner la manivelle (ou mettre en route son moteur) sans avoir aucunement à se préoccuper soit de déplacer son chariot, soit de surveiller les soustractions successives...

Ce furent, enfin, ces merveilleuses machines *tout-automatiques* qui viennent de faire leur apparition toute récente sur le marché, et dans lesquelles, aussi bien les multiplications que les divisions s'effectuent sans aucune intervention de l'opérateur.

Dans le domaine des machines imprimantes, de gros progrès ont été également réalisés : soit pour abaisser de façon sensible le prix de revient des machines, pour en rendre la diffusion plus facile, soit en ajoutant aux machines comptables divers perfectionnements permettant d'accélérer leur marche, d'éliminer tout travail d'opérateur fatigant ou sujet à erreurs, tout en perfectionnant d'autre part les diverses méthodes de contrôle. Dans cet ordre d'idées, les machines peuvent être maintenant munies de répétitions rigoureusement automatiques des écritures et des soldes ; des chariots permettant de supprimer complètement l'attention de l'opérateur pour l'obtention, dans diverses colonnes, des opérations que la machine doit effectuer et les multiples totalisations dans différents compteurs choisis soit par le chariot lui-même selon sa position, soit par l'opérateur dans une même colonne, selon la nature de l'écriture qu'il est entrain d'enregistrer ; chariots spéciaux permettant l'alignement instantané, parce que automatique, des quittances et des feuilles de comptes, dans le cas d'un travail simultané de quittances, bordereaux, etc.

Machines à double totalisateur. — Plusieurs modèles de machines à calculer sont munies d'un *double chariot totalisateur*. Elles présentent par suite cet avantage de pouvoir fournir des résultats partiels d'opérations séparés, et la somme de tous les résultats partiels.

Par exemple, il est possible avec ces machines d'établir complètement une facture. Les produits de chaque tirage sont fournis par le premier chariot ; ils sont au fur et à mesure passés dans le second qui les cumule. On peut aussi, ayant obtenu le produit brut général (cumulé dans le second chariot), faire le tirage de l'escompte dans le premier chariot, et soustraire cet escompte du produit brut du second chariot ; donc, obtenir, en fin de compte, le produit net de la facture dans le second chariot, etc.

Qualités requises des machines à calculer. Leurs avantages. — Les avantages que présentent les machines à calculer sur le calcul mental ou à la plume sont nombreux. Ce sont :

a) *Sécurité.* — La machine à calculer ne *commet pas d'erreurs de calcul* (à moins qu'elle soit détraquée, ce qui est rare et dont on s'aperçoit vite). La seule cause d'erreur, c'est une mauvaise inscription de nombres sur le « dispositif d'imposition » ou dans le nombre de tours de manivelle. Mais alors l'erreur apparaît tout de suite : dans les machines à additionner, par pointage des nombres additionnés ; dans les machines à calculer, par simple lecture des facteurs et du résultat dans les lucarnes d'inscription des nombres. Quelquefois même, comme dans le cas d'une division trop poussée, la machine l'indique par une sonnerie, etc.

b) *Elimination de la fatigue.* — C'est ici que la machine donne la véritable mesure de son utilité incontestée. Car n'est-il pas absurde de voir des hommes mettre leur cerveau à la torture pour faire des calculs qu'il leur faut recommencer en certains cas, deux et trois fois, quand la machine peut faire ce travail plus vite, mieux qu'eux, sans fatigue et sans le moindre effort ?

c) *Rapidité.* — Le calcul à la machine est infiniment plus rapide que le calcul par les méthodes ordinaires. Il suffit de rappeler, pour en fournir la preuve, les expériences sensationnelles faites en présence d'Inaudi, à la suite desquelles ce véritable prodige du calcul mental dût s'incliner, d'ailleurs avec beaucoup de bonne grâce et d'esprit, devant la supériorité incontestable des machines sur l'homme.

d) *Contrôle.* — La machine donne toujours le contrôle de l'opération effectuée. C'est ce qui vient d'être expliqué. Et c'est en cela que réside, selon nous, par-dessus tout, la supériorité du calcul mécanique. Il élimine le souci de non exactitude de l'opération effectuée.

Quels calculs peut-on faire à la machine ? — Évidemment tous les calculs arithmétiques, puisque la machine effectue, comme nous l'avons montré, les quatre opérations essentielles : additions, soustractions, multiplications et divisions ; et que tous les calculs arithmétiques ne sont que des applications des « quatre règles ».

Par suite, on effectue mécaniquement, aussi facilement : les calculs d'intérêt que les calculs de change ; les calculs de résistance que les calculs d'amortissement, les pourcentages, la réduction en système décimal des monnaies étrangères, etc., etc. La machine permet en outre de nombreuses simplifications. Pour n'en citer qu'un exemple : les machines à grand chariot résolvent une règle de trois, d'un seul coup, en une seule opération, indiquant à la fois (avec inscription sur la machine), le prix de la douzaine, le prix de l'unité, le prix d'un nombre donné d'unités, etc.

Par suite, la machine à calculer a sa place marquée partout : aussi bien dans les services techniques qu'à la caisse, au stock qu'à la comptabilité, sur le bureau du chef d'entreprise qu'au magasin ou à l'atelier, partout...

Quelle machine « dois-je » acheter ? — C'est une question que l'on entend poser souvent. L'homme d'affaires qui s'est rendu compte de l'utilité de la machine à calculer, éprouve encore quelque hésitation avant de se déterminer à l'achat. Parmi tous ces modèles de prix si différents, il ne distingue pas toujours bien celui qui doit lui convenir le mieux.

Évidemment la question est, à première vue, quelque peu complexe. En l'analysant, on arrive assez vite à la solution simple.

Ce qu'il faut savoir tout d'abord, c'est ceci : dans quel service de votre entreprise doit être employée la machine que vous vous proposez d'acheter ? Puis, ce qu'il faut savoir ensuite, c'est la façon plus ou moins intensive dont la machine sera utilisée.

Comme nous l'avons dit déjà, la machine à calculer est fabriquée pour faire tel ou tel genre de travaux. L'essai de classification que nous avons tenté dans ce chapitre doit donc guider utilement le futur acheteur.

Pour ce qui concerne la question du prix : elle n'intervient qu'en raison de l'intensité du travail que doit fournir la machine. Si elle doit fonctionner toute la journée, il ne faut pas hésiter : il faut prendre la machine de plus grand rendement, par suite, du prix le plus élevé. Si au contraire, elle ne doit servir que peu, et seulement pour quelques vérifications, une machine simple, « à tout faire », de prix modique, doit suffire.

Prix de revient d'une machine à calculer. — Au surplus, le prix d'achat de la machine n'est pas la chose qui, commercialement parlant, doit être considérée tout d'abord. Ce qu'il importe de connaître, c'est le *prix de revient* de la machine, afin d'être à même de se rendre compte, en raison du rendement du travail de cette machine, si définitivement elle « paie », ou mieux si elle vaut la dépense dont elle a été l'occasion.

Le prix de revient d'une machine à calculer est relativement facile à établir. Prenons, pour exemple de discussion, une machine à calculer de prix moyen, soit 15.000 francs. Et débitons tout d'abord le compte de cette machine de la dépense qu'elle à occasionné, soit.. 15.000 fr.

Débitons-le également et tout de suite des frais d'entretien et de réparation que nous pourrons avoir à supporter en cinq ans. Et inscrivons à ce poste la somme certainement exagérée de.................... 1.000 —

A ces deux sommes, ajoutons l'intérêt de la dépense d'achat à 8 % pendant cinq ans, soit............... 6.000 —

Nous arrivons au total de..................... 22.000 —

Mais au bout de cinq ans une machines à calculer n'est pas encore complètement usée : loin de là même. Et elle conserve une valeur de revente que l'on peut évaluer sans crainte de se tromper à 6.000 francs. Ces 6.000 francs doivent être déduits des dépenses additionnées ci-dessus, soit :

Prix de revente après cinq ans.................. 6.000 —

D'où le prix de revient net d'une machine à calculer de prix d'achat moyen ressort à .... 16.000 — en cinq ans. Le prix de revient par mois s'établiera comme suit :

$$\frac{16.000}{5 \times 12} = 266 \text{ fr. } 66.$$

On doit considérer qu'un employé muni d'une machine à calculer fait facilement, seul, les travaux de calcul qui exigeaient auparavant deux et même trois employés. Si alors, on pose la question de savoir si la machine « paie », le calcul du prix de revient répond. Car où trouverez-vous à l'heure qu'il est un bon employé, bon calculateur, et ne se trompant jamais, pour *deux cent soixante six francs* 66 *centimes* par mois ?

Pays producteurs de machines à calculer. — La machine à calculer se fabrique un peu dans tous les pays du monde. Par ordre d'importance de production, ceux-ci peuvent être énumérés dans cet ordre : États-Unis d'Amérique, Allemagne, Suisse, France, Suède, Autriche, Tchécoslovaquie.

On ne possède pas encore, à l'heure qu'il est, de statistique sérieuse concernant l'importance de la fabrication des machines à calculer dans le monde. On peut dire cependant que cette fabrication a pris depuis le début du siècle une importance considérable, qui a été sans cesse en augmentation progressive et semble devoir continuer à progresser selon un rythme de production encore plus rapide.

Signalons que la production européenne de machines à calculer proprement dites (c'est-à-dire déduction faite des machines à additionner) est très sensiblement égale sinon supérieure à celle des États-Unis. En Europe, la France, dans cette industrie, après avoir été l'instigatrice et l'initiatrice, s'est laissée distancer par l'Allemagne et même par la Suisse. Elle ne fabrique actuellement que quatre marques de machines à calculer.

IV

CONCLUSIONS

Dans ce trop court chapitre nous avons essayé de présenter au lecteur une vue d'ensemble des machines à calculer actuellement à sa disposition pour mieux lui permettre d'accomplir ses travaux de chiffres, de calculs, qui deviennent chaque jour plus nombreux ; de lui en montrer le fonctionnement ; et surtout d'appeler son attention sur l'aide merveilleuse qu'elles sont susceptibles de lui apporter dans l'accomplissement de son labeur quotidien.

Il ne faut pas cesser de répéter qu'à l'époque d'intense développement industriel et commercial que nous traversons, l'importance du calcul est devenue considérable. Écoutons ce que nous dit à ce sujet M. Maurice d'Ocagne, qu'on ne peut manquer de citer plusieurs fois quand on parle ou quand on écrit sur les machines à calculer :

« L'importance du calcul s'affirme tout aussi bien dans le domaine de la théorie que dans celui de la pratique. Les progrès matériels réalisés par notre civilisation dérivent tous, plus ou moins directement, de la science. Or, la science ne saurait elle-même progresser sans le secours permanent du calcul. Et il ne s'agit pas seulement ici de sciences anciennement dites *exactes*, comme la mécanique et l'astronomie, où le calcul joue un rôle essentiel, mais encore de celles qui n'étaient considérées naguère qu'à titre de sciences expérimentales ou d'observation, et cela en raison de la précision qu'une évolution contemporaine a fait pénétrer dans leurs méthodes.

« Dans toutes les branches de la Physique, voire en Chimie, la formule mathématique a pris une importance capitale. Il n'est pas jusqu'à la Physiologie qui n'y ait aussi recours, depuis qu'a été reconnue la nécessité de faire intervenir la notion de mesure dans l'étude des faits qui sont de son domaine. On peut donc aujourd'hui plus que jamais, répéter avec Platon, que les nombres gouvernent le monde... ».

Et de même qu'ils gouvernent le monde, c'est eux aussi qui dirigent et gouvernent les entreprises particulières. Quand on considère en effet ce mouvement considérable qui s'est déclanché récemment à travers le monde sous le nom *d'organisation scientifique du travail,* il y a une *science* nouvelle qui tend à dégager ses principes, à s'affirmer.

Elle tend avant tout à *mesurer* et à *comparer* ; elle recherche l'*exactitude.* Son but est l'*économie* dans le coût de production. Pour se développer, la science de l'organisa- tion devra faire appel aux mêmes méthodes de recherches qui ont servi pour les autres sciences.

Or, « si le calcul est l'auxiliaire indispensable de la recherche scientifique, il est l'outil même au moyen duquel les principes découverts grâce à cette recherche, sont mis en œuvre en vue des applications pratiques. C'est ainsi que le navigateur, le géodésien, l'artilleur, le mécanicien, l'électricien, le financier, l'ingénieur (et l'on pourrait ajouter aujourd'hui : l'industriel, le commerçant...) sont astreints à y avoir sans cesse recours ; pour chacun d'eux le calcul constitue une partie importante, non la moins pénible assurément, du labeur quotidien. La simplification du calcul apporte au travailleur une large part de soulagement ; mais parfois elle fait mieux en rendant possible, même faciles des opérations qui sans cela exigeraient un effort disproportionné avec le résultat à obtenir et que nul peut être ne se soucierait de dépenser. »

CHAPITRE VI

LES APPAREILS DE CONTROLE

Le Contrôle par les graphiques

Par Thérèse LEROY

I

LE CONTROLE

Dans leurs écrits, Taylor aussi bien que Fayol, ont insisté sur l'importance du contrôle et l'ont présenté comme l'une des phases essentielles de l'organisation des entreprises.

« Il ne suffit pas de donner des ordres, il faut s'assurer qu'ils ont été exécutés », c'est là un principe d'administration universellement connu depuis longtemps. Dans toutes les usines, il existe un certain contrôle de la fabrication et l'on y tient une statistique du travail, mais bien souvent ce contrôle est fait d'une manière tout à fait irrégulière.

Taylor est beaucoup plus exigeant, il demande un contrôle et une statistique sur chaque opération et veut en avoir les résultats dans les 24 heures qui suivent la fin du travail de l'ouvrier.

A l'atelier, il charge du contrôle du travail un contremaître spécial qui vérifie la qualité de chaque pièce isolée, s'assure que le temps alloué n'a pas été dépassé et inscrit le résultat de ses constatations sur *l'ordre de travail* qui est encore entre les mains de l'ouvrier.

Cette pièce va alors servir à l'établissement d'une statistique très minutieuse.

Arrivé à un service de *contrôle* annexe des deux services de préparation et d'exécution, *l'ordre de travail* passe successivement entre les mains de trois employés : un prépare la *feuille de paye* des ouvriers ; un autre tient à jour la feuille *d'avancement de chaque commande* et vérifie dans quelle mesure les prévisions primitives se sont réalisées ; enfin, un troisième établit le *prix de revient* des pièces en cours de fabrication, de telle façon que le jour où le dernier boulon sera posé, le prix de revient global puisse être obtenu par simple addition.

Ces statistiques résumées sous forme de tableaux graphiques d'une lecture rapide, tiennent au jour le jour, le chef d'industrie au courant de ses fabrications, de leurs résultats financiers et des délais probables de livraison, etc.

Dans ce fonctionnement préconisé par Taylor, nous voyons que le contrôle doit servir, non seulement à vérifier dans quelle mesure l'exécution a été conforme au plan, mais encore au calcul de la paye des ouvriers et à la détermination du prix de revient.

D'autre part, dans son « *Administration industrielle et générale* », Henri Fayol a écrit : « Dans une entreprise, le contrôle consiste « à vérifier si tout se passe conformément au programme adopté, « aux ordres donnés et aux principes admis.

« Il a pour but de signaler les fautes et les erreurs afin qu'on « puisse les réparer et en éviter le retour. Il s'applique à tout, « aux choses, aux personnes, aux actes.

« *Au point de vue administratif*, il faut s'assurer que le programme « existe, qu'il est appliqué et tenu à jour, que l'organisme social « est complet, que les tableaux synoptiques du personnel sont « usités, que le commandement s'exerce selon les principes, que « les conférences de coordination se tiennent, etc.

« *Au point de vue commercial*, il faut s'assurer que les matières « entrées et sorties sont exactement appréciées en quantités, « qualités et prix, que les inventaires sont bien faits, que les « engagements sont bien tenus, etc.

« *Au point de vue technique*, il faut observer la marche des « opérations, leurs résultats, leurs inégalités, l'état de l'entretien, « le fonctionnement du personnel et des machines, etc.

« *Au point de vue financier*, le contrôle porte sur les livres et « la caisse, sur les ressources et les besoins, sur l'emploi des « fonds, etc.

« *Au point de vue sécurité*, il faut s'assurer que les moyens « adoptés pour protéger les biens et les personnes sont en bon « état de fonctionnement.

« Enfin, *au point de vue comptabilité*, il faut constater que les « documents nécessaires arrivent rapidement, qu'ils donnent « une claire vision de la situation de l'entreprise, que le contrôle « trouve dans les livres, dans les statistiques et les diagrammes « de bons éléments de vérification et qu'il n'existe aucun docu- « ment ou statistique inutiles. »

II

CE QUE DOIT ETRE LE CONTROLE

Pour que le contrôle soit efficace, il faut qu'il soit *fait en temps utile* et *suivi de sanctions*. Il est bien évident que si les conclusions d'un contrôle même très bien fait arrivent trop tard pour qu'il soit possible de les utiliser, le contrôle aura été une opération inutile. Il est non moins évident que le contrôle est inutile si les conclusions pratiques qui en découlent sont volontairement négligées.

Les conditions essentielles d'un bon contrôle sont encore la *compétence* et l'*impartialité* et, à ce point de vue, nous sentons toute la garantie que nous sommes en droit d'attendre d'appareils mécaniques appropriés suppléant les individus chargés d'exercer le contrôle.

En résumé, nous dirons avec Harrington Emerson, dans ses « *Douze principes d'Efficience* », que le contrôle doit être *exact, suffisant, continu* et *immédiat.*

Entre ces quatre qualités, un certain équilibre doit exister, il ne faut pas, par exemple, qu'une précision non nécessaire nuise à la continuité ou apporte des retards dans la connaissance du résultat du contrôle.

Comme dans l'exécution de toute opération, il faudra rechercher la qualité maximum ; — dans le cas du contrôle, l'efficacité maximum — avec la dépense la moins élevée possible.

Dans l'organisation scientifique chaque opération de contrôle aboutit, le plus souvent à comparer un chiffre exprimant l'état réel avec un chiffre standard prévu à l'avance et considéré comme le meilleur. Le rapport de ces deux chiffres, c'est le *rendement.*

Enfin, pour jouer complètement son rôle, le contrôle devra rechercher les causes des écarts qu'il révèle entre l'exécution et le plan. Pour cela, il renouvelle l'analyse des facteurs, analyse qui avait servi à l'établissement du plan et ceci permet d'établir des plans de plus en plus parfaits.

Le contrôle apparaît donc ainsi comme un véritable instrument de progrès. La réduction du gaspillage qui ne peut manquer d'en être la conséquence, représente à elle seule beaucoup plus que le prix d'un contrôle minutieux.

III

COMMENT EXERCER LE CONTRÔLE

Le contrôle s'étend, nous l'avons vu, à tout ce qui se passe dans l'entreprise. Il s'y exerce par l'intermédiaire d'un service spécial comprenant un certain nombre d'agents.

Fayol nous met en garde contre l'immixtion de ces fonctionnaires, dans la direction et l'exécution des services. Cet empiètement constitue la dualité de direction sous son aspect le plus redoutable, écrit-il : « d'un côté, le contrôle, irresponsable et « cependant pourvu du pouvoir de nuire parfois dans de larges « limites ; de l'autre, le service exécutif qui ne dispose que de « faibles moyens de défense contre un contrôle malveillant. »

En énumérant les qualités indispensables à l'efficacité du contrôle, nous avons pressenti déjà la garantie que pouvait donner l'adjonction aux agents du contrôle, ou leur remplacement par des appareils mécaniques appropriés.

Nous arrivons maintenant à l'examen de ce problème. Nous réservons pour l'instant pour y revenir spécialement plus loin les procédés spéciaux de présentation des résultats du contrôle sous la forme de graphiques, qui, d'ailleurs, peuvent être tracés aussi bien par les agents humains du contrôle que par l'intermédiaire d'appareils mécaniques.

Nous avons énuméré avec Fayol les actes de l'entreprise sur esquels pouvait s'exercer le contrôle. Dans le contrôle de la fabrication, toutes les fois que ce sera possible, les contrôleurs seront munis d'appareils tels que les calibres à tolérances par exemple, qui rendent leur travail purement mécanique.

Mais le contrôle du point de vue technique et commercial appellera l'emploi de procédés mécaniques propres à chaque genre d'industrie. C'est un chapitre spécial de la technique de chaque industrie et nous n'avons pas à le traiter ici.

Nous devons nous borner au contrôle des actes communs à toutes les entreprises. Quels sont-ils ?

L'activité de toute entreprise se traduit en définitive par des opérations financières dont les résultats s'expriment en monnaie. La comptabilité en fait le contrôle. Elle a pour cela ses méthodes et ses machines.

Mais il est un autre acte auquel sont soumises inéluctablement toutes les entreprises quelles qu'elles soient, c'est la consommation du temps. Le temps c'est de l'argent, disent nos amis d'outre-Manche. A coup sûr, c'est bien la chose la plus précieuse qu'il existe pour le commerçant et l'industriel.

Donc dans toutes les entreprises, il y a des travailleurs et des machines qui devraient chacun produire une certaine quantité de travail pendant un certain temps. Le contrôle consistera à vérifier si les travailleurs et les machines ont fonctionné pendant le temps prévu et si la quantité de travail exécutée pendant ce temps par les uns et par les autres est conforme à la quantité prévue.

Le contrôle se ramènera alors à des mesures de temps et par suite les différents problèmes seront résolus à l'aide d'appareils comportant un mouvement d'horlogerie.

Nous étudierons les appareils de contrôle des temps, successivement en ce qui concerne le personnel et les machines.

IV

LE CONTROLE DES TEMPS DU PERSONNEL

(Les facteurs)

L'enregistrement des temps du personnel appelé couramment le pointage du personnel et par conséquent le choix des appareils susceptibles de l'effectuer doit prendre en considération un certain nombre de facteurs dont l'étude systématique et détaillée a été faite dans une communication de M. V. Mercier au Comité National de l'Organisation Française.

Pour en faciliter l'examen, les facteurs peuvent être classés en trois groupes principaux : les facteurs relatifs à l'entreprise, les facteurs humains, les facteurs relatifs au procédé de pointage lui-même.

Pour étudier les *facteurs relatifs à l'entreprise*, il y a lieu de considérer séparément les divers services qui la composent et qui diffèrent nettement les uns des autres par la nature du travail et le genre du personnel.

Nature et intensité du travail. — La nature du travail et son intensité sont essentiels à considérer ; il est fastidieux de compter des minutes de présence à des ouvriers dont l'allure du travail est telle qu'ils gâchent des heures entières par manque d'activité ou d'organisation. Dans ce cas, la nécessité d'instaurer une méthode efficace de mesure des temps de travail, prime celle de la mesure des temps de présence.

Salaires. — Le système de salaire est important à considérer, qu'il soit basé sur le temps de présence, comme sur la tâche exécutée. Nous verrons que divers systèmes d'appareils procurent automatiquement de véritables bordereaux de calcul des temps de présence ou de travail.

Complexité des passages. — Il faut tenir compte du nombre des entrées des équipes et du nombre de sorties, de la simultanéité ou non simultanéité de leurs passages, de la mobilité ou de la fixité des heures de passage.

Temps de présence et de travail. — Il faut chaque fois que cela est possible imposer au personnel de pointer les entrées et sorties en *tenue de travail*, c'est-à-dire au moment de le commencer ou lorsqu'il cesse ; on évite ainsi une surveillance difficile, on augmente l'esprit de discipline et d'activité, enfin, on rend possible le contrôle des « temps de travail » nécessaire au service des « prix de revient », par « les temps de présence ».

Précision de l'horaire et tolérances. — La précision de l'horaire ou tolérance est le temps accordé bénévolement au personnel pour entrer après l'heure d'entrée ou sortir avant l'heure de sortie. Elle tient à plusieurs causes, notamment à la rapidité du pointage caractérisée par le nombre d'inscriptions à la minute et à la surveillance exercée. Un relâchement dans cette surveillance tend automatiquement à faire abuser le personnel de la situation pour arriver plus tard et partir plus tôt.

La mesure du temps perdu par la cause du procédé, du fait de la tolérance qu'il nécessite, permet d'apprécier sa valeur.

Effectifs. — Le nombre des agents à pointer par service est indispensable à connaître pour évaluer la capacité des moyens à mettre en œuvre, le nombre des appareils et de surveillants ou pointeurs à placer aux entrées et sorties.

Disposition des lieux. — Suivant l'étendue des lieux de travail, les postes de pointage devront être disposés de manière que le personnel puisse, après le pointage, gagner son poste de travail dans le temps le plus réduit possible.

Accès. — Cependant, il faut réduire au minimum le nombre des passages, accès et portes d'entrée pour faciliter la surveillance.

Les facteurs humains, à considérer sont relatifs au personnel, à la direction et au milieu extérieur :

Discipline. — La discipline collective du personnel naît de l'efficacité des sanctions prises lors des infractions aux règles posées. Dans les entreprises où la discipline est relâchée, les retards sont fréquents et importants.

Dans certaines maisons, on ferme les portes à partir d'une certaine heure, ce procédé peut priver la maison d'agents habiles ou nécessaires au travail. La vraie solution consiste à laisser entrer les retardataires ; mais à condition de ne pas leur payer le temps d'absence, d'appliquer des amendes ou de supprimer les primes d'assiduité.

Des sanctions morales variant de l'avertissement pur et simple au renvoi des retardataires incorrigibles sont également nécessaires. Enfin, il est indispensable de veiller aux fraudes possibles dans le pointage, aussi bien de la part du personnel que des agents du pointage, fraudes qui sont fonction de la vigilance et de l'honnêteté professionnelle de ces agents.

Instruction. — Le degré d'instruction est aussi à considérer. Le personnel à pointer est-il capable de signer son nom, de le lire ou de lire un numéro ?

Profession, hiérarchie. — Certaines gens, avocats, artistes qui peuvent être employés dans des entreprises ne se plient pas volontiers à la discipline du pointage. C'est un point délicat comme celui du pointage des chefs subalternes.

Le mieux est d'éviter de fournir au personnel un moyen facile de contrôle de l'assiduité de ses chefs ; et de s'assurer de la régularité de ceux-ci par une surveillance directe de la part du chef du personnel.

En ce qui *concerne la direction,* il y a lieu de s'assurer des idées de l'état-major sur les questions de pointage et de ses qualités personnelles de discipline. Une connaissance précise des qualités et de la mentalité du personnel de pointage est aussi précieuse.

Enfin, il ne faut pas négliger de considérer les coutumes et habitudes régionales et les lois et conventions syndicales relatives aux heures de travail.

V

LES PROCÉDÉS DE POINTAGE DU PERSONNEL

Le pointage du personnel peut être effectué par un agent spécialisé ou par le personnel lui-même avec surveillance :

Dans le premier cas, un agent responsable, dans les petites entreprises le patron lui-même, procède par comptage numérique, appel nominal ou numérique, pointage par inscription sans appel. Nous ne nous y attarderons pas.

Dans le deuxième cas, le pointage peut être effectué par le personnel lui-même sans l'aide d'appareils, mais il nécessite la surveillance d'un agent de la plus haute honnêteté professionnelle. Citons parmi ces procédés : le bordereau de signatures, les feuilles ou cahiers de présence, l'usage des jetons de présence.

Le grand avantage des systèmes perfectionnés utilisant les appareils mécaniques est de rendre semi-automatique le rôle des agents de pointage. Avant d'énumérer ces appareils, il nous reste quelques mots à dire sur leur usage.

Tout d'abord, faut-il pointer à l'entrée et à la sortie ou à l'entrée seulement. Le premier mode est indispensable si l'on veut tirer du contrôle tout ce qu'il peut fournir et notamment à la fois le contrôle des temps de présence et celui des temps de travail.

Il est nécessaire de préciser la capacité de chaque poste de pointage : à la fois la capacité par passage indiquant combien il peut être pointé d'employés par appareils lors d'un passage de 5 minutes (valeur pratique à conseiller comme durée totale d'un passage), et la capacité totale ou nombre d'employés différents pointant sur un appareil au cours de la journée.

Les emplacements des postes étant fixés, ils devront être aménagés rationnellement en assurant la circulation « non entravée » c'est-à-dire qu'une file d'employés se dirigeant vers un appareil ne soit pas coupée par une autre file. Le poste du surveillant doit être placé de manière à voir les appareils et surtout les travailleurs au moment où ils pointent.

Le plan de l'installation et son programme de marche établi, on fera le devis d'exploitation du procédé de pointage nouveau par comparaison avec celui précédemment employé en faisant intervenir : la valeur des retards chiffrés en francs, la valeur locative de l'espace occupé par le service de pointage, l'amortissement et l'intérêt du matériel, les dépenses d'entretien et de fournitures, celles de main-d'œuvre, les pertes ou les gains occasionnés dans les services annexes par l'introduction du procédé. Enfin, les avantages ou inconvénients non appréciables en argent, tels que la confiance, la sécurité, etc.

VI

LES HORLOGES DE POINTAGE

Les appareils d'horlogerie de pointage du personnel peuvent se classer en quatre classes principales :

1º Appareils à feuilles collectives placées dans un enregistreur à horloge pour les entrées et les sorties.

2º Appareils pointeurs de cartes individuelles également pour les entrées et les sorties.

3º Les horo-dateurs et appareils appliqués à la production.

4º Les contrôleurs du type contrôleurs de rondes.

1º *Les appareils à feuilles collectives*

Parmi les appareils à feuilles collectives nous en distinguerons quatre sortes :

a) *Les appareils à signatures* comportent en général un cylindre à axe horizontal entraîné par un mouvement d'horlogerie et sur lequel est appliquée une feuille de présence. Une fente ménagée dans le couvercle recouvrant le mécanisme découvre une partie de la feuille sur laquelle les employés signent en passant. En même temps la manœuvre d'un levier assure l'impression de la date et de l'heure.

FIG. 1.

Appareil à signatures
« International »

L'employé appuie sur le levier de gauche, ce qui fait apparaître la bande de papier sur laquelle il signe en regard de l'heure et de la minute qui viennent de s'imprimer automatiquement.
(Cl. International Time Recording Cy.)

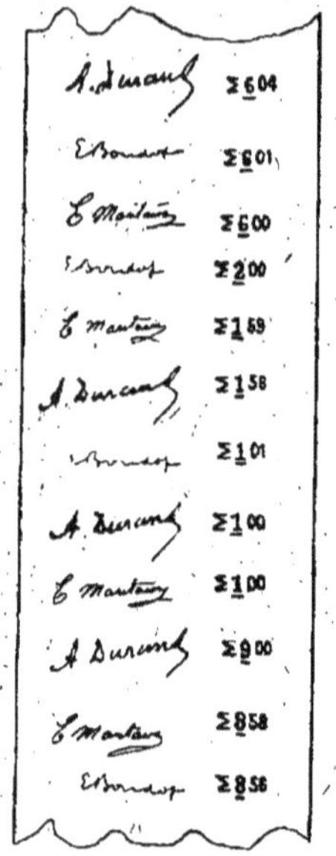

FIG. 2.

Fragment de bande d'un appareil à signatures « International ».

A gauche, les signatures; à droite, les heures avec initale du jour.
(Cl. International Time Recording Cy.)

Ce genre d'appareil convient à des entreprises de petite importance, car l'identification des signatures est une tâche pénible au delà d'une cinquantaine (fig. 1 et 2).

De ce type, nous citerons les appareils « Godineau » à disque circulaire ; et les appareils « Brillié » et « International » à cylindres (1).

---

(1) Les deux derniers appareils ont été présentés à la en séance de la semaine d'organisation commerciale par la « Société Magnéta » et la « International Time Recording Cy ». Les autres appareils qui ont fait l'objet de démonstrations seront signalés successivement au cours du texte.

b) *Les appareils à clés* sont basés sur le principe suivant : à chaque employé est affectée une clé spéciale portant un numéro. Deux tableaux d'accrochage sont installés, un de chaque côté de l'appareil. A chaque passage, l'employé prend sa clé, l'introduit dans une lumière ménagée dans l'appareil enregistreur et après l'avoir tournée pour déclancher l'impression de l'heure et de son numéro, la retire et l'accroche au tableau suivant.

Dans l'appareil « Godineau », 15 à 40 employés peuvent être enregistrés sur un rayon du disque qui reçoit les impressions.

Dans l'appareil du type « Bundy », les impressions se font sur une bande et se succèdent dans l'ordre des passages, les sorties peuvent être distinguées des entrées par l'impression d'une étoile caractéristique. 200 passages environ peuvent être pointés en 5 minutes.

Les appareils à clés sont plus rapides que les appareils à signatures, ils ont une capacité plus grande. Leurs tableaux à clés indiquent les présents et les absents. Mais ils nécessitent un travail de recherches assez long pour tenir une comptabilité des présences ou des salaires.

Fig. 3.

Appareil à feuille collective « International ».

L'ouvrier amène le levier de pointage en face de son numéro et appuie sur l'extrémité de ce levier, l'heure vient s'inscrire sur une feuille intérieure en face de son numéro. (Cl. International Time Recording Cy.)

c) *Les appareils à feuilles à enregistrement sélectionné ou repéré,* qui sont de deux sortes :

1° Ceux fonctionnant par *simple perforation* sur une feuille quotidienne unique placée sur un cylindre vertical, à la façon d'un baromètre enregistreur. Ces appareils présentent sur une surface très réduite le pointage de tout le personnel en une même journée et permettent un établissement rapide du relevé hebdomadaire des heures d'entrée et de sortie du personnel. Pour se pointer, chaque employé appuie sur le bouton portant son numéro. 100 personnes peuvent se pointer en 2 minutes. Il existe différents modèles de ce type d'appareils de la marque « *Simplex* ».

2° Les appareils du type « Dey » (fig. 3) permettent de pointer sur une même feuille jusqu'à 150 personnes à raison de 4, 6 ou 12 pointages par jour. C'est une capacité réellement considérable.

Semaine du **26 Novembre** au 2 9

Time values are given as: matin entrée · matin sortie · soir entrée · soir sortie.

Nos	VENDREDI	SAMEDI	LUNDI	MARDI	MERCREDI	JEUDI	NOMS ET PRÉNOMS	H.N. Total	Taux	Montant	H.S. Total	Taux/Mont.
1	800 1231 1330 1731	757 1230	759 1230 1328 1732	756 1230 1326 1730	755 1230 1326 1734	800 1230 1328 1731	J. N. Faure	47	4.—	166 —		
2	758 1235 1326 1733	800 1235	800 1234 1330 1730	756 1233 1330 1733	757 1232 1329 1730	757 1235 1327 1735	Léon Raymond	47	4.—	188 —		
3	800 1231 1330 1731	757 1230	759 1230 1328 1732	755 1230 1326 1730	755 1230 1326 1735	759 1230 1328 1731	A. Nardy	47	4.50	211 50		
4	758 1235 1328 1733	800 1235	755 1234 1330 1730	756 1233 1330 1733	757 1232 1329 1730	757 1235 1327 1735	Ph. Bouillet	47	4.—	188 —		
5	800 1231 1330 1731	757 1230	759 1230 1329 1732	756 1230 1326 1730	756 1230 1326 1735	759 1231 1328 1731	E. Lachand	47	3.50	164 50		
6	758 1236 1326 1733	800 1235	755 1234 1330 1730	756 1233 1330 1734	757 1232 1329 1730	757 1236 1329 1736	Louis Argoud	47	5.—	235 —		
7	800 1231 1330 1732	756 1230	758 1230 1328 1732	756 1231 1327 1730	757 1230 1326 1735	759 1231 1328 1732	M. Piot	47	4.50	211 50		
8	758 1235 1326 1734	801 1236	756 1234 1330 1730	758 1235 1327 1734	758 1232 1329 1730	757 1236 1329 1736	Jean Martin	46¾	4.—	187 —		
9	800 1232 1330 1732	758 1230	756 1234 1328 1732	758 1231 1327 1731	757 1230 1327 1735	759 1231 1328 1732	Ch. Barbezat	47	4.—	188 —		
10	759 1236 1326 1734	800 1236	758 1234 1327 1732	758 1235 1327 1734	758 1233 1329 1732	759 1236 1329 1736	C. Chaix	47	4.—	188 —		
11	800 1232 1330 1732	758 1232	756 1231 1323 1732	1327 1732	932 1230		François Gilbert	28¾	4.—	113 —		
12	759 1231 1328 1734	758 1233	758 1236 1327 1732	758 1235 1327 1734	758 1232 1330 1732	759 1236 1329 1731	D. Morin	47	5.—	235 —		
13	800 1232 1329 1731	756 1232	758 1231 1328 1732	758 1231 1327 1732	757 1232 1327 1736	800 1231 1328 1732	J. Laplanche	47	5.50	258 50	2	8.25
14	759 1231 1326 1734	759 1233	759 1232 1327 1530	758 1235 1327 1735	758 1236 1330 1732	759 1236 1329 1731	A. Lacroix	45	5.—	225 —		
15	759 1232 1329 1732	759 1232	758 1231 1328 1732	759 1231 1327 1732	757 1232 1327 1735	800 1232 1329 1733	H. Soulier	47	4.50	211 50	2	6.75
16	759 1231 1326 1732	758 1233	758 1236 1327 1732	759 1237 1329 1735	758 1238 1330 1732	759 1236 1329 1731	J. Lecuyer	47	4.—	188 —	2	6.—
17	758 1234 1331 1733	759 1233	758 1232 1329 1731	758 1231 1327 1733	757 1232 1327 1735	800 1232 1329 1733	F. Pellissier	46¾	4.—	187 —		
18	758 1232 1329 1733	758 1233	758 1236 1325 1733	800 1237 1329 1735	759 1236 1332 1733	759 1236 1329 1731	G. Gauthier	46¾	4.—	187 —	2	
19	758 1234 1330 1733	759 1233	800 1232 1329 1731	758 1232 1329 1733	758 1232 1328 1735	800 1232 1329 1734	R. Jones	47	4.50	211 50		
20	759 1232 1328 1732	758 1230	759 1236 1325 1733	800 1237 1329 1735	759 1236 1330 1733	757 1236 1329 1731	N. Léonard	47	4.—	188 —		
21	800 1234 1329 1734	759 1233	802 1232 1329 1731	758 1232 1329 1733	758 1232 1328 1732	800 1232 1329 1734	A. Chardon	46¾	4.—	187 —	2	6.—
22	752 1232 1329 1736	758 1230	759 1231 1325 1733	800 1231 1330 1736	800 1236 1330 1733	759 1231 1330 1733	Micoulaz	47	5.—	235 —	2	7.50
23	758 1234 1328 1734	753 1233	800 1232 1329 1731	759 1232 1329 1733	758 1233 1328 1732	800 1232 1329 1734	M. Fabrègues	47	5.—	235 —	2	7.50
24	752 1232 1329 1734	757 1230	759 1231 1325 1734	800 1231 1330 1733	800 1236 1330 1733	757 1231 1330 1733	B. Merle	47	5.50	256 50		
25	758 1236 1328 1733	753 1235	800 1234 1333 1731	759 1232 1329 1731	754 1233	800 1234 1327 1734	P. Ménard	46¾	4.—	171 —		
26	752 1232 1329 1734	801 1230	759 1231 1325 1734	800 1231 1330 1732	800 1234 1330 1733	759 1231 1330 1733	Ch. Bonnefont	46¾	4.—	187 —		
27	758 1235 1733	753 1235	800 1234 1330 1735	759 1232 1329 1731	754 1233 1328 1732	800 1234 1327 1735	E. Durieux	47	4.50	211 50		
28	756 [illegible]	753 [illegible]	759 1231 1325 1734	800 [illegible]	754 1330 1733	759 1231 1330 1733	L. Moreau	47	5.—	235 —		
29			1234 1330 1735			800 1234 1327 1735	Laborde	46¾	4.—	[illegible]		

FIG. 4. — Fragment de feuille hebdomadaire d'un appareil à feuille collective « International »

L'heure de chaque entrée et de chaque sortie se trouve inscrite à sa place dans chaque colonne « matin » ou « soir » et sur la ligne du numéro de l'ouvrier. Le comptable totalise les heures à droite et en déduit le montant de la paie.

(Cl. International Time Recording Co.)

Ce genre d'appareil consiste en un coffre vitré en avant duquel se trouve une couronne circulaire perforée portant 50, 100 ou 150 numéros. Le pointage s'effectue par l'introduction d'un poinçon fixé à l'extrémité d'un levier tournant devant cette couronne, dans le trou de la couronne correspondant au numéro de chaque agent. L'appareil sonne et en même temps, l'heure et la minute indiquées par la pendule s'impriment sur la feuille en face du numéro de l'ouvrier. On peut effectuer facilement 60 pointages à la minute.

Cette feuille synoptique (fig. 4) est divisée en colonnes indiquant les entrées et les sorties ; dès qu'elle est retirée de l'appareil, elle est prête pour effectuer le paiement. Le contrôle peut être quotidien ou hebdomadaire, ou par quinzaine. Les feuilles hebdomadaires comportent une série de colonnes affectées au total des heures, aux heures supplémentaires, au tarif des heures de travail et au total de la paie (1).

2° Les appareils à cartes individuelles

Les installations d'enregistreurs à cartes individuelles comportent une horloge placée entre deux groupes de casiers à fiches. La partie supérieure de chaque fiche restant visible.

Fig. 5. — Pointage à l'horloge.
(Cl. Société Magnéta.)

Chaque ouvrier en entrant prend sa fiche dans le premier casier, pointe à l'horloge et met sa fiche dans le deuxième casier, du côté de l'atelier, dit casier des entrées ou des présents (fig. 5). En quittant son travail, il exécute l'opération inverse.

______

(1) Ce modèle d'enregistreur fut présenté en séance par la « International Time Recording Cy ».

Les enregistreurs à cartes individuelles sont de deux types :

a) Le premier type emploie des cartes (fig. 6, 7, 8) sur lesquelles on a préparé des cadres devant recevoir l'impression des heures

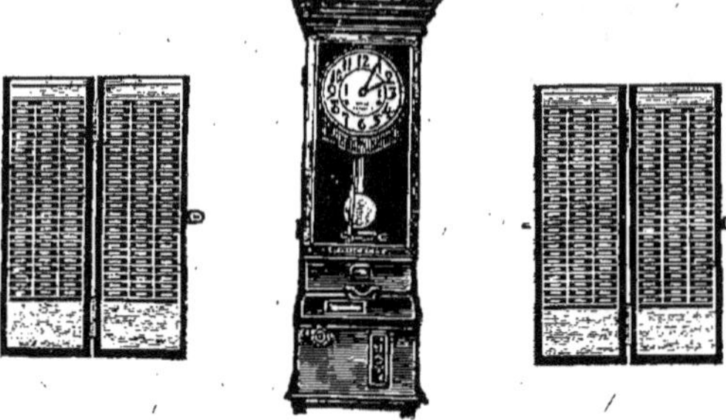

FIG. 6.

Appareil à cartes « International » *avec ses casiers à cartes à deux vantaux pouvant se fermer après usage à l'aide d'un cadenas.*
L'appareil peut utiliser la carte hebdomadaire, de quinzaine ou mensuelle.
(Cl. International Time Recording Cy.)

No. **20**
Nom **L. Durand**
SEMAINE finissant le **5 juillet 1920**

JOURS	ENTRÉE	SORTIE	ENTRÉE	SORTIE	TOTAL
LUN matin	LU 7 59	LU 12 02			
LUN soir	LU 13 58	LU 18 01			
MAR matin	MA 7 59	MA 12 01			
MAR soir	MA 14 00	MA 18 02			
MER matin	ME 8 00	ME 12 01			
MER soir	ME 13 59	ME 15 30			−2.30
JEU matin	JE 7 53	JE 12 01			
JEU soir	JE 13 59	JE 18 08	JE 18 59	JE 22 02	+3 h
VEN matin	VE 8 30	VE 12 01			3.30
VEN soir					
SAM matin	SA 7 57	SA 12 05			
SAM soir					
DIM matin					
DIM soir					
Heures régulières			38	3/14	00
Heures supplémentaires					
TOTAL			38		

N° **6**
Nom **Dupont**
Semaine du **12/2** au **17/2** **1925**

	Matin		Après-Midi		Interruptions		Totaux
	Entrée	Sortie	Entrée	Sortie	Entrée	Sortie	
LU	8 03	12 04	13 31	18 01			8 ½
MA	8 25	12 04	13 38	18 09			8
ME	8 03	12 05	13 51	18 21			8 ½
JE	8 07	12 06	13 11	18 07			9
VE	8 01	12 06	13 11	18 12			9
SA	8 03	12 06					4
							47

Salaire — Totaux **47 heures**
Fr. **4**
Totaux Fr. **188**

<table>
<tr><td>

FIG. 7.
Carte hebdomadaire d'appareil
« International »,
(Cl. International Time Recording Cy.)

</td><td>

FIG. 8.
Carte individuelle d'appareil « Brillié ».
(Cl. Société Magnéta.)

</td></tr>
</table>

sur plusieurs colonnes d'entrées ou de sorties. Le repérage pour imprimer dans la case convenable étant ou n'étant pas automatique. On peut compter sur une vitesse maximum d'enregistrement de 45 à la minute. De ce type, citons les modèles « Simplex », « Brillié » et « International » (1). La plupart de ces appareils enregistrent automatiquement en deux couleurs : en bleu les heures régulières et en rouge les départs avant l'heure et les heures supplémentaires, ce qui réduit considérablement le travail de dépouillement comptable, tout en assurant le maximum de sécurité.

b). Le deuxième type emploie des cartes sur lesquelles les heures d'entrée et de sortie se trouvent imprimées, successivement sur une même colonne.

De plus, l'appareil coupe à chaque coup un morceau de la carte. L'encoche progresse régulièrement et c'est elle qui arrête la carte lorsqu'elle est enfoncée dans la fente de l'appareil.

Il permet de pointer un grand nombre de fois dans la même journée, ce qui est un avantage sur les appareils du premier type.

Citons les appareils « Lambert », « Bonneuil » et « Brillié » (2).

Il existe des appareils « Brillié » à cartes, dont le fonctionnement est entièrement automatique et qui se branchent sur une distribution d'heure existante, ou sur un des régulateurs électriques comme une horloge réceptrice (fig. 9). Ils indiquent ainsi la même heure que les autres horloges de l'établissement.

3° *Les horo-dateurs et appareils appliqués à la production*

Nous avons classé dans un troisième groupe les horo-dateurs et les pointeurs appliqués à la production.

Tout d'abord, il existe de petits appareils, dits *horo-dateurs*, imprimant la date, l'heure et la minute sur tous les documents qu'on y introduit, et qui permettent, par exemple, de garder trace indiscutable de l'heure d'arrivée des lettres, des télégrammes, des commandes et d'une manière générale du début et de la fin d'opérations de toute nature, commerciales ou autres. Nous avons comme appareils de ce genre les modèles « Lambert », « Brillié » (3), « International » (fig. 10).

Mais pour l'enregistrement des temps de travail à l'atelier on a créé des appareils spéciaux que nous allons examiner.

Il ne suffit pas, en effet, que les ouvriers soient dans l'usine, on leur demande des heures de travail et non de présence. Plus les machines sont perfectionnées, plus il est indispensable d'utiliser judicieusement le temps :

En général, des fiches suivent chaque pièce et d'autres suivent chaque ouvrier ; quand un ouvrier a fini le travail qu'il devait faire sur une pièce, il la porte au contremaître qui pointe le temps

---

(1) Les appareils « Brillié » et « International » ont été présentés en séance.

(2) L'appareil « Brillié » fut présenté en séance par la « Société Magnéta ».

(3) Décrit en séance.

et lui donne d'autre ouvrage. L'expérience montre qu'il y a souvent désordre et complaisance et parfois les temps attribués à l'ouvrier font un total supérieur à son temps de présence, indiqué par les enregistreurs d'entrée et de sortie.

Les appareils pointeurs d'atelier ressemblent à ceux de cartes individuelles ; ils sont placés à portée du contremaître et sous

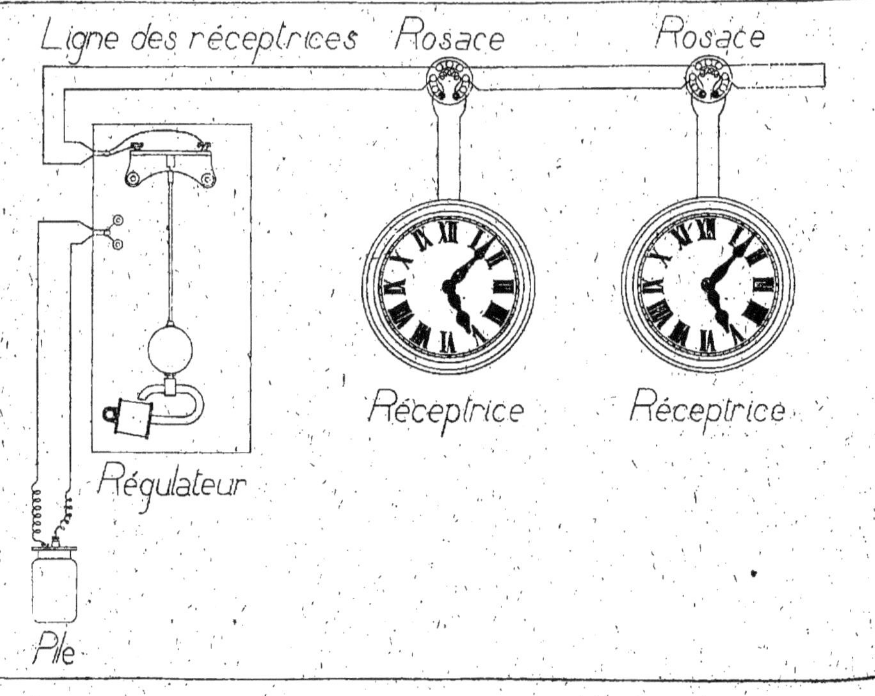

(Cl. Société Magnéta.) Fig. 9.

Fig. 10.

Horo-dateur « International ».

Permet de timbrer tous documents avec indication des mois, date, heure, minute, année. Son fonctionnement est entièrement automatique, quelle que soit la durée des mois.

(Cl. International Time Recording Cy.)

sa surveillance. D'après leurs enregistrements, on pourra calculer les temps exacts de travail de chaque ouvrier et le prix de revient. De ce type, citons l'appareil « International » (1), qui permet de timbrer, date, heure et minutes sur des bons de travail, de force de papier et de format absolument quelconque (fig. 11 et 12). Dans ces dernières années, on a cherché à obtenir au moyen d'un seul appareil l'enregistrement des temps de présence et des temps de travail, de manière à obtenir la concordance absolue de ces

Fig. 11.
Appareil d'atelier
« International »
enregistreur
des temps de travail.
(Cl. International
Time Recording Cy.)

PIECE No.		Heures.		Enregistrements.
573	FINI	31	1	8 01
	COM.			7 30
2469	FINI	.05	2	8 07
	COM.			8 02
1027	FINI	1 53	3	10 01
	COM.			8 08
217	FINI	.43	4	10 45
	CON.			10 02
5095	FINI	.14	5	11 00
	COM.			10 46
463	FINI	15	6	11 16
	CON.			11 01
104	FINI	.43	7	12 00
	COM.			11 17
	FINI		8	
	COM.			

NOM. Jean Roux — NO. 21 — 22/10/23

Fig. 12.
Carte d'ouvrier pointée par un enregistreur
de travaux « International »
(Cl. International Time Recording Cy.)

temps. Nous connaissons deux réalisations intéressantes : les appareils « Duplo » et le pointeur « Codel ».

Une *installation* « Duplo » se compose d'une horloge génératrice munie d'une roue distributrice qui permet d'établir à l'avance l'horaire normal de la journée ; et de un ou plusieurs appareils enregistreurs à cartes, reliés à l'horloge par un circuit électrique. Ces enregistreurs ont la forme d'un coffret mobile, muni à la partie supérieure de deux embouchoirs pour les cartes et à l'avant d'un levier d'impression.

Pendant les heures de travail, l'horloge envoie toutes les trois minutes un courant qui fait avancer les enregistreurs de

____

(1) Présenté en séance.

5/100 d'heure. Pour la facilité des calculs, on a adopté la minute centésimale.

Un râtelier pour les cartes est placé à proximité de chaque enregistreur.

L'introduction de deux cartes est indispensable pour que l'enregistreur fonctionne. Au commencement du travail, on pointe la carte de présence et la carte de travail. Quand un travail est achevé, l'ouvrier pointe simultanément la carte du travail achevé et celle du nouveau travail, etc. La corrélation est absolue entre les temps de présence et de travail.

On peut concevoir diverses combinaisons, par exemple, on pourra utiliser des cartes collectives, enregistrant les commencements et fins des opérations sur un même travail.

Le *pointeur « Codel »* (1) vise au même but que le système précédent. C'est un appareil simple et assez peu coûteux pour que

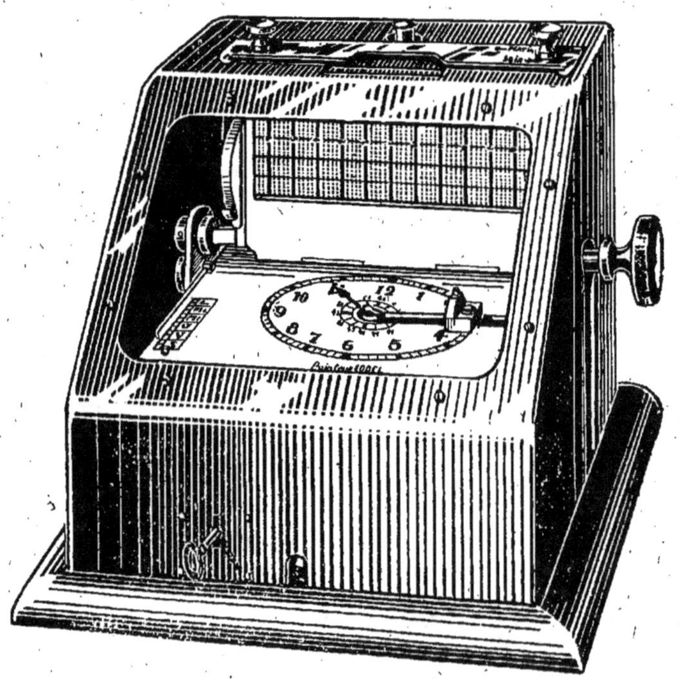

FIG. 13.

l'on puisse s'en procurer un nombre suffisant afin d'en doter chaque équipe et chaque bureau (fig. 13).

Il comprend une horloge, un poinçon perforateur qui se meut proportionnellement aux temps écoulés. Un porte-fiche action-

---

(1) Présenté par « L'Organisation économique moderne ».

nant le poinçon pour la perforation des fiches qu'il contient et un dispositif de centrage des fiches.

La fiche d'emploi du temps (fig. 14) est divisée généralement en 6 colonnes verticales, correspondant chacune à un jour ouvrable et en 12 tranches horizontales correspondant aux heures de la journée, chaque heure est divisée en 5e d'heures.

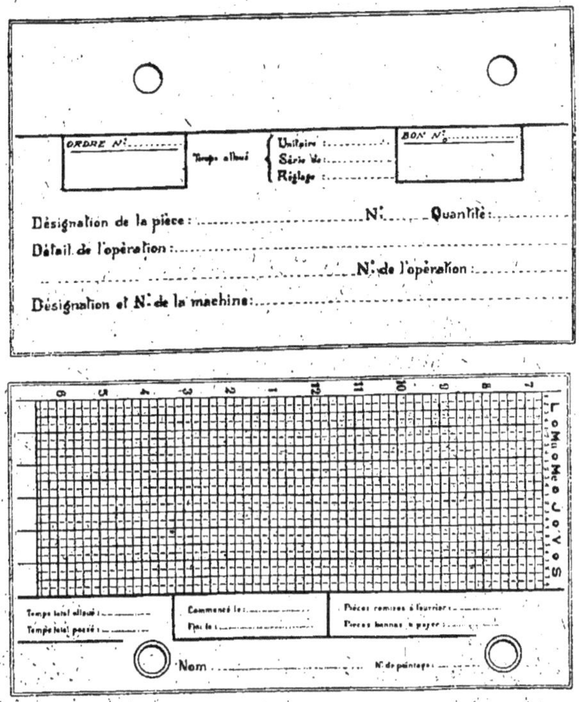

Fig. 14.

Deux fiches individuelles d'emploi du temps sont remises à chaque agent, l'une pour lui, l'autre pour la comptabilité, il y pointe ses entrées, ses sorties et tous ses changements de travail.

A chaque changement de travail, le bon du travail terminé, le bon du travail à commencer et les deux fiches d'emploi du temps, sont pointées ensemble. Il est ainsi impossible que se glissent des creux dans la journée. Tout temps ouvrable est occupé et son occupation est connue.

4° Contrôleurs de ronde

Enfin, nous arrivons au quatrième et dernier groupe d'appareils, celui des contrôleurs de ronde.

Le service de sécurité comprend des veilleurs chargés d'effectuer des rondes dans les ateliers et les bureaux en dehors des heures normales de présence du personnel, par mesure de précaution contre le vol et l'incendie.

Il faut établir d'après le plan du local à surveiller un trajet fermé, tel que le veilleur qui le parcourt voit et traverse toutes les parties susceptibles de vol ou d'incendie. On choisit ensuite un certain nombre de points, généralement dans des pièces dont l'accès est commandé par plusieurs autres, tels que le veilleur qui les visite successivement soit obligé de parcourir tout le trajet jugé utile.

Deux systèmes principaux sont en présence :

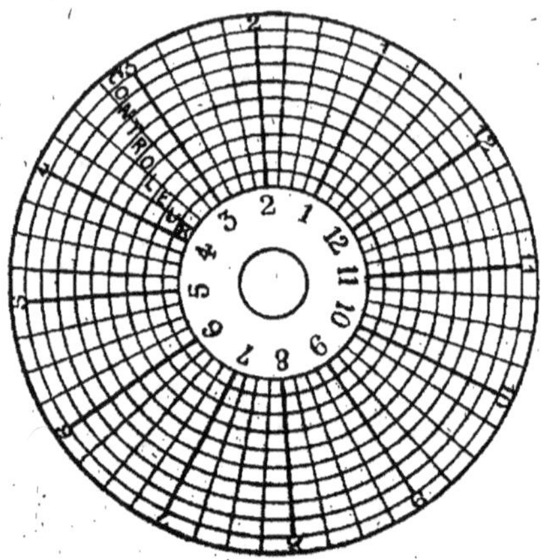

FIG. 15. — Cadran de papier pour 12 heures.

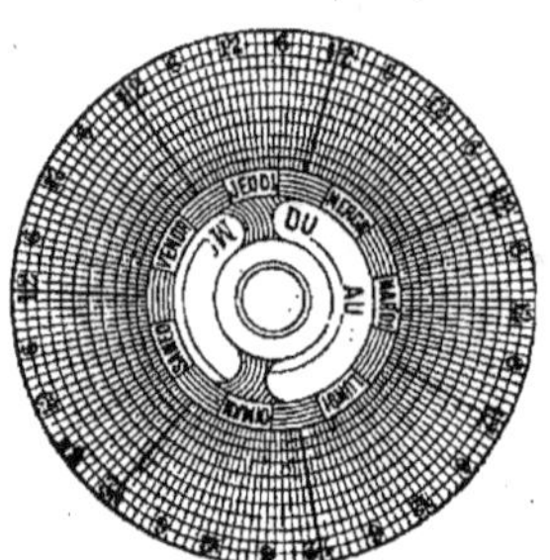

FIG 16.

Cadran de papier pour 7 jours,
sans divisions intérieures.

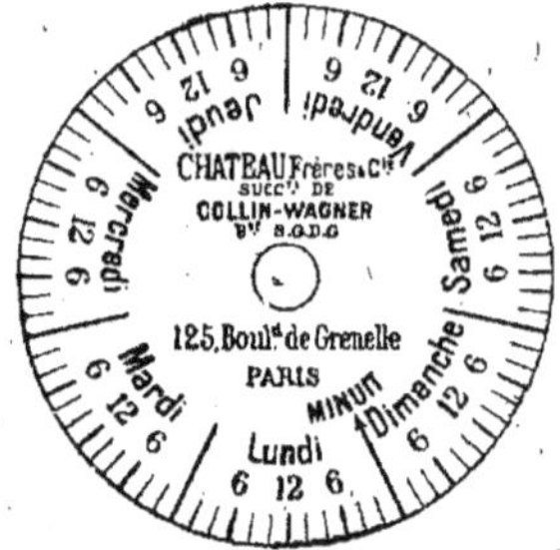

FIG. 17.

Cadran de papier pour 7 jours,
*portant toutes les divisions radiales
des heures et les divisions circulaires
pour 11 postes.*

(Cl. Établ. Chateau Frères et Cⁱᵒ.)

1° On fixe à la muraille aux points choisis, de petites alvéoles de fontes fermées à clé et contenant chacune un poinçon caractéristique en forme de lettre.

Le veilleur est porteur d'un *contrôleur*, sorte de chronomètre contenant un disque de papier divisé (fig. 15, 16, 17) tournant en 12 heures, 24 heures ou 7 jours, il appuie le contrôleur contre le poinçon de chaque poste, et la lettre s'imprime à travers une petite ouverture du boîtier, sur le papier. Le cadran de papier sert à prouver que la ronde a été faite aux heures marquées. Parmi ces appareils, citons les modèles « Charvet » et « Chateau » (1).

Il est utile de renverser fréquemment le sens des rondes sans quoi les malfaiteurs connaissant l'intervalle des passages, peuvent trouver le temps d'opérer en toute sécurité. Dans certains établissements particulièrement menacés, on a même l'habitude de donner chaque soir au veilleur une enveloppe cachetée contenant les trajets qu'il devra effectuer pendant la nuit.

2° Dans l'autre système, on fixe aux points voulus des boîtes de contrôle toutes reliées électriquement à une horloge centrale. Le veilleur en passant près de chaque boîte y introduit une clé et lui fait faire un ou plusieurs tours suivant le cas. Automatiquement, l'appareil central enregistre l'heure exacte du passage du veilleur à chaque poste sur une bande ou un disque de papier. Il existe également différents types d'appareils de ce genre, « Simplex », « International », « Brillié » (2).

VII

LES APPAREILS DE CONTROLE DES MACHINES

Après avoir étudié les principaux types d'appareils existants pour le contrôle de l'emploi du temps du personnel dans les entreprises, nous examinerons les appareils de contrôle de la marche des machines.

Nous laisserons de côté, comme je l'ai déjà signalé les appareils de contrôle qui sont propres à la technique de chaque industrie, enregistreurs de tous types, manomètres, pyromètres, etc., et nous nous en tiendrons au contrôle du temps et de la vitesse.

Aux Imprimeries Delmas, à Bordeaux, la direction s'est assuré le contrôle de la marche de toutes ses machines par un appareillage électrique commandant un enregistreur automatique traçant le graphique d'utilisation de chaque machine.

Il est vraisemblable que dans beaucoup de cas, il serait possible de réaliser un enregistrement de même nature.

Il existe divers appareils de contrôle, enregistreurs qui permettent d'obtenir un relevé exact de la marche et de l'arrêt d'une machine et parmi lesquels nous citerons : l'*Enregistreur automatique I. T.* (3), présenté en 1924 à l'Office national des Recherches et Inventions par la Société Industrielle de Mécanique de Paris, et le *Service Recorder*. Nous décrirons ce dernier.

---

(1) Présenté en séance par les Établissements Château Frères et Cie.

(2) Présenté en séance par la « Société Magnéta ».

(3) *Mon Bureau.* nov, 1924,

Le « Service Recorder » (fig. 18) se compose de deux parties essentielles :

1° Un mouvement d'horlogerie entraînant un disque horaire de 8, 12 ou 24 heures.

2° Un pendule oscillant librement et portant un stylet qui inscrit le graphique de marche sur un cadran en papier spécial.

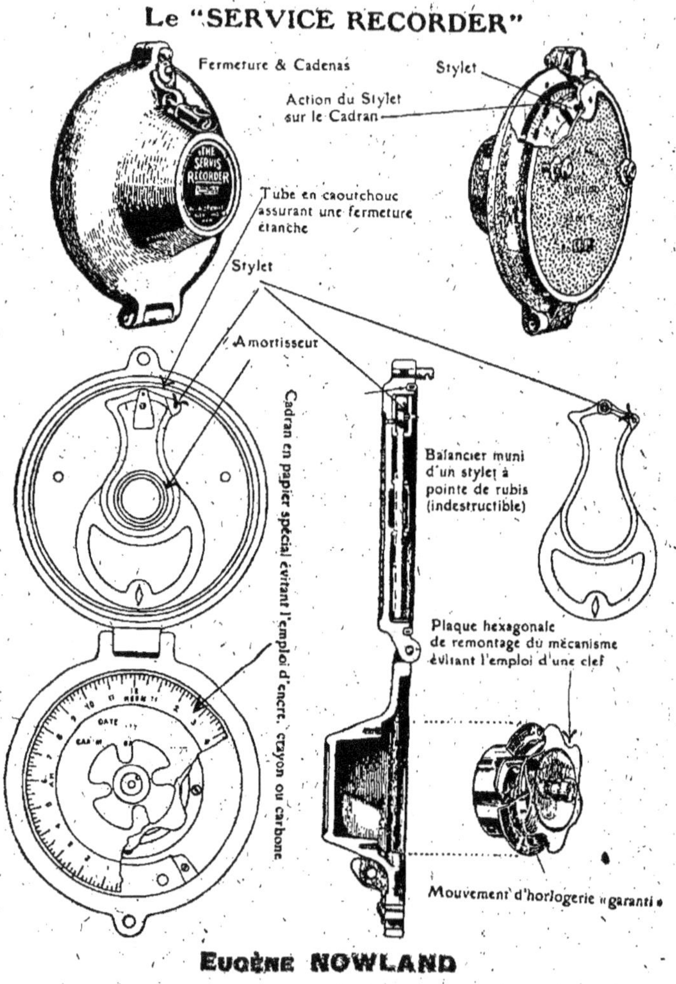

Le "SERVICE RECORDER"

Fig. 18.

Le tout est enfermé dans une alvéole de fonte inviolable et fixée sur la machine à contrôler. Le relevé s'effectue pendant le travail utile de la machine, l'appareil étant entraîné [par un mouvement résultant du travail accompli. Il indique à la fin de la journée combien de temps la machine qu'il contrôle a travaillé réellement et combien de temps elle s'est arrêtée utilement ou inutilement.

Le « Service Recorder » peut contrôler tous les mouvements mécaniques. Toutes les branches de l'industrie sont susceptibles de s'en servir.

Il a été appliqué à des machines de filatures, de tissage, à des machines-outils, des appareils de levage, des presses hydrauliques, des véhicules, locomotives, camions automobiles ou à traction animale, etc.

Des applications ont été faites pour le contrôle de l'ouverture des portes de coffre-forts dans les banques, le contrôle des opérations d'aiguillage de chemins de fer ou de la manœuvre des signaux, etc.

Les appareils qui servent à mesurer des vitesses sont appelés des *tachymètres*. Il en existe différents types dits compteurs de tours, tachoscope, tachygraphe, etc. Ils indiquent, en général, sur un cadran les vitesses de rotation, en tours à la minute ; certains les vitesses linéaires (1). La description des divers types existants nous entraînerait trop loin.

IX

LES GRAPHIQUES COMME MOYEN DE CONTROLE

M. Bonaldi a fait une étude générale (voir chapitre X) des statistiques et des graphiques et montré leur utilisation dans différents domaines, je ne veux pas reprendre le sujet dans son ensemble, mais seulement insister sur un point : l'emploi des graphiques comme moyen de contrôle.

Nous venons de voir des appareils de contrôle des machines donnant le résultat de leur enregistrement sous forme de graphiques qu'ils tracent automatiquement.

Il existe d'autres appareils comme le « Descartes », le « Graphicone » qui servent au tracé des graphiques, mais qui doivent être manœuvrés à la main. Ils se composent, en général, d'un tableau avec graduations devant lequel on peut déplacer des fils de différentes couleurs, mus au moyen de petites poulies, et à l'aide desquels on trace et tient à jour les courbes des facteurs (fig. 19) à contrôler. Ils ont surtout pour rôle d'attirer l'attention du chef d'entreprise sur les résultats essentiels du fonctionnement de son affaire ; le contrôle consiste dans la comparaison de ces résultats avec ses prévisions.

Un autre appareil, le « Métrographe Japy » permet de marquer au moyen d'un repère mobile sur un cadran gradué la valeur normale d'un facteur. Un disque coloré ou voyant apparaissant plus ou moins suivant les variations du facteur auquel il se rap-

---

(1) A titre d'exemple, le tachymètre « Chateau » fut présenté en séance par les Établissements Chateau Frères et Cⁱᵉ).

porté, attire l'attention sur l'écart entre la valeur réelle et la valeur normale.

Nous pouvons imaginer toutes sortes de représentations graphiques faisant office de contrôle en y inscrivant au fur et à mesure des prévisions, les valeurs prévues des différents facteurs et en enregistrant sur le même graphique les valeurs effectives atteintes au fur et à mesure des réalisations. Nous pouvons tracer la courbe des prévisions sur un papier opaque, celle des réalisations sur papier transparent. Le contrôle s'effectue par la superposition des deux courbes.

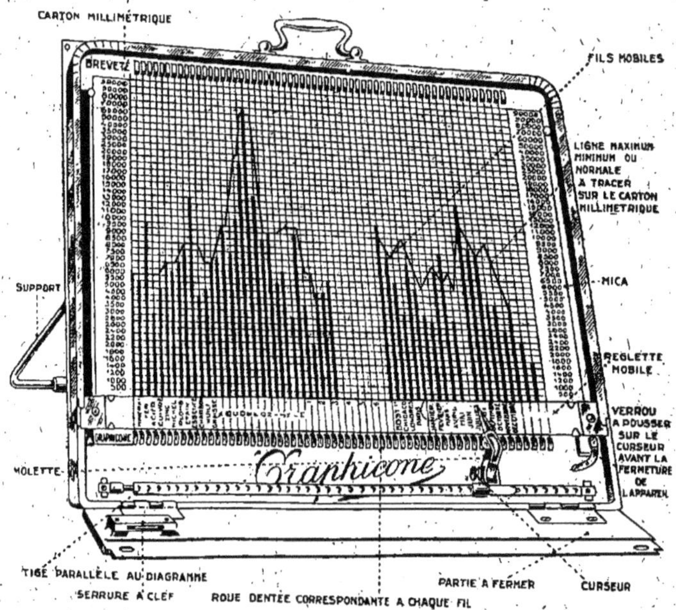

Fig. 19.

Une grande imprimerie, dont je vous ai parlé déjà, effectue le contrôle de la main-d'œuvre par un ingénieux système de graphique horaire journalier du travail, pour chaque machine et pour chaque ouvrier.

Dans le même ordre d'idée, nous pouvons citer les harmonogrammes imaginés par le Professeur Adamiecki, le graphique de contrôle de la production de Knoeppel, etc.

Ces graphiques de contrôle se sont particulièrement diffusés en Amérique. Gantt notamment en a imaginé un type qui constitue un remarquable instrument de contrôle et d'organisation sur lequel je m'étendrais plus longuement, car on peut dire qu'il est le graphique de contrôle par excellence.

L'ingénieur H. L. Gantt fut l'un des plus fidèles collaborateurs de Taylor et avec lui l'un des pionniers de l'organisation scientifique du travail aux États-Unis.

Gantt avait imaginé son graphique il y a déjà de nombreuses années, on en retrouve en effet, sous une forme primitive, des exemples d'application dans son célèbre ouvrage : *Work, Wages and Profits*, Travail, Salaires et Bénéfices, paru en 1911.

Gantt perfectionna et mit au point son graphique en 1917 et l'appliqua dans des conditions particulièrement efficaces aux fabrications de guerre dans les arsenaux américains. En même temps, son collaborateur, l'ingénieur Wallace Clark, l'appliquait, sous sa direction et non moins efficacement, à la surveillance de la marine marchande américaine en 1917 et 1918. Il parvint ainsi à contrôler la navigation des 12.000 navires employés par les États-Unis.

Gantt mourut en 1919, et depuis lors son graphique est surtout connu par les travaux de Wallace Clark qui est l'auteur d'un ouvrage remarquable se rapportant à cette question et dont la traduction française (1) a paru récemment.

Lundi	Mardi	Mercredi	Jeudi	Vendredi
100	125	150	150	150

FIG. 20.

Graphique Gantt montrant la prévision journalière.

Le graphique Gantt est une aide précieuse pour la direction d'une entreprise, en ce qu'il permet de baser les décisions qui doivent affecter l'avenir, sur une parfaite connaissance des évènements passés, de l'époque où ils ont eu lieu, de la vitesse à laquelle le travail fut fait.

Pour pouvoir employer les graphiques de Gantt, il est indispensable d'avoir un plan de travail, rien que l'inscription de ce plan sur un graphique où il peut être vu par d'autres personnes, est un avantage appréciable, car elle tend à rendre ce plan exact et précis, et favorise l'assignation aux individus de tâches nettement définies.

Mais avant d'insister sur tous les avantages de la méthode, voyons quel en est le *principe*.

Sur un graphique Gantt, une division de l'espace représente à la fois : une quantité de temps et une quantité de travail qui doit être exécutée pendant ce temps.

Des lignes tracées horizontalement à travers cet espace montrent

---

(1) WALLACE CLARK. — *Le graphique Gantt*, trad. franç. par Th. Leroy, 1 vol., 160 p., 21 × 13, 1926. Libr. de Doc. com. et ind., Ed. Langlois et Cie.

le rapport de la quantité de travail réellement faite, pendant ce temps, à la quantité prévue.

Par conséquent, des divisions égales de l'espace sur une seule ligne horizontale représentent en même temps :

1º Des divisions égales du temps ;
2º Des quantités variables de travail prévu ;
3º Des quantités variables de travail fait.

Prenons un exemple :

Le plan de travail d'une semaine est établi comme suit :

Lundi............................... 100
Mardi 125
Mercredi. 150
Jeudi............................... 150
Vendredi 150

Une feuille de papier est réglée en la *divisant en espaces égaux* représentant des jours (fig. 20) et la quantité de travail prévu est inscrite en chiffres sur le côté gauche de l'espace représentant chaque jour. Jusqu'ici le graphique montre *la prévision et sa relation avec le temps*.

Le travail réellement fait pendant la semaine ayant été :

Lundi............................... 75
Mardi 100
Mercredi. 150
Jeudi............................... 180
Vendredi 75

Portons ces résultats sur le graphique comme le montre la figure 21.

Lundi	Mardi	Mercredi	Jeudi	Vendredi
100	125	150	150	150

FIG. 21.
Graphique Gantt montrant le travail réellement effectué.

Des lignes sont tracées à travers les espaces journaliers pour montrer le rapport entre la prévision et l'exécution réelle. Lundi, l'espace représente 100 ; le travail fait correspond seulement à 75, une ligne fine est tracée à travers 75 pour cent de l'espace. Mardi, 125 étaient prévus ; l'exécution étant seulement de 100, on trace une ligne fine à travers 80 pour cent de l'espace. Mercredi, la quantité de travail prévue était 150 ; elle fut exécutée, aussi la ligne est tracée à travers l'espace entier. Jeudi, la quantité prévue était 150, celle exécutée 180, soit 120 pour cent de la prévision ; une ligne est donc tracée à travers tout l'espace pour représenter 100 pour cent et une ligne additionnelle à travers 20 pour cent de l'espace. Vendredi, la prévision était de 150, dont seulement 75 furent faits, une ligne est par conséquent, tracée à travers 50 pour cent de l'espace. *Le graphique donne maintenant la comparaison, jour par jour, de la quantité de travail fait et de la quantité prévue et la relation avec le temps, à la fois de la prévision et de l'exécution.*

Il est en même temps intéressant de pouvoir comparer l'ensemble du travail fait dans la semaine avec la prévision ; à cet effet, les chiffres représentant la prévision cumulée sont inscrits à droite de chaque espace journalier (fig. 22). A la fin de la journée de vendredi, par exemple, la quantité totale de travail qui devait être faite était évaluée à 675.

Une *ligne épaisse* est donc tracée pour montrer le rapport entre le travail fait cumulé et la prévision cumulée. Lundi, cette ligne épaisse est de la même longueur que la ligne fine. Le travail fait mardi est représenté par 100, sur cette quantité 25 ont servi à combler le déficit de lundi. Les 75 restant sont appliqués à la prévision pour mardi et la ligne épaisse est tracée à travers 60 pour cent de l'espace de mardi. Des 150 faits mercredi, 50 sont employés à couvrir la prévision jusqu'à mardi soir et les 100 restant sont appliqués à la prévision de 150 pour mercredi, la ligne étant tracée à travers 66 pour cent de l'espace. Des 180 faits jeudi, 50 sont employés à parfaire la prévision au mercredi soir et la ligne représentant les 130 restant est tracée à travers 87 pour cent de l'espace de ce jour. Des 75 faits vendredi, 20 servent à compléter la prévision du jeudi soir 55, restant à appliquer au vendredi. La ligne cumulative nous montre, par conséquent, que le vendredi soir le travail est en retard de 2/3 de jour sur la prévision.

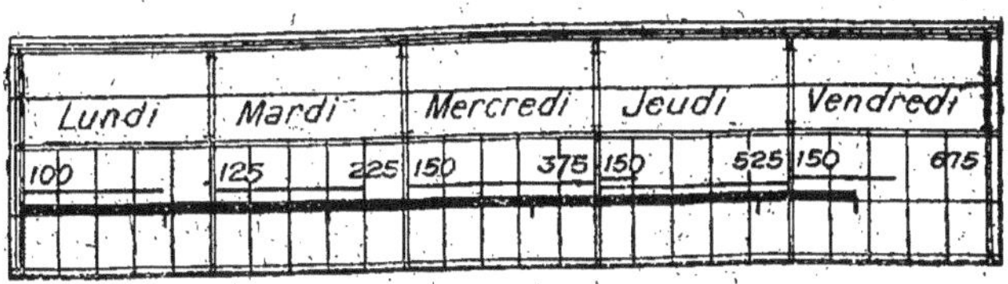

FIG. 22.

Graphique Gantt montrant la prévision cumulée et le travail fait cumulé.

Ce graphique (fig. 22) montre la relation de la prévision avec le temps, le travail fait chaque jour par rapport à la fois au temps et à la prévision, et enfin le travail fait cumulé par rapport au temps et à la prévision (1).

On se rend compte maintenant des multiples avantages du graphique Gantt.

---

(1) Il existe des feuilles préparées pour le tracé des graphiques Gantt suivant les directives des ingénieurs américains qui les emploient couramment (Librairie de Documentation industrielle et commerciale, Ed. Langlois et Cⁱᵉ).

D'abord au point de vue matériel :

1º Facilité du tracé qui repose sur un principe extrêmement simple, qui ne comporte absolument que des lignes droites et peut par conséquent être effectué par tout employé d'intelligence moyenne.

2º Facilité de lecture, il n'y a pas de lignes qui s'y croisent.

3º Possibilité de condenser sur une surface de papier relativement très réduite, une foule de renseignements.

4º Continuité remarquable des enregistrements, la moindre lacune saute immédiatement aux yeux.

Le principe du graphique Gantt peut être appliqué à toute activité humaine, mais jusqu'à ce jour c'est à la production industrielle qu'il l'a été d'une manière étendue. Même dans ce champ, les possibilités sont grandes de développer encore son application. Les graphiques Gantt employés jusqu'à présent se répartissent en trois classes principales :

1º Les graphiques du travail des ouvriers et les graphiques du travail des machines.

2º Les graphiques de répartition du travail et les graphiques du travail d'avance.

3º Les graphiques de l'avancement du travail.

Sur *les graphiques du travail des machines* le contremaître trace des lignes fines dont la longueur est à la largeur de l'espace journalier dans le même rapport que celui du nombre d'heures de fonctionnement de la machine au nombre d'heures de travail de l'usine. Un espace vide indique que la machine n'a pas fonctionné, une lettre ou symbole y est inscrite pour en indiquer la raison. L'attention est ainsi attirée sur tout ce qui entrave le fonctionnement des machines, et le contremaître et le chef d'atelier peuvent faire le nécessaire pour y remédier.

Le graphique du travail des ouvriers est établi de la même manière que celui du travail des machines, son objet est de montrer si oui ou non un ouvrier a fait une journée complète de travail et si non pour quelle raison. Il met en lumière les causes qui empêchent l'ouvrier de faire son travail dans le temps prévu et bien souvent, il fait apparaître que ces causes sont plus la faute de la direction que celle de l'ouvrier.

Le graphique Gantt de répartition du travail indique machine par machine, ouvrier par ouvrier, le travail que chacun doit faire et combien de temps demandera son exécution.

Il ne peut être établi avec succès que par quelqu'un qui sait ce qui doit être fait, comment cela peut être fait, et en combien de temps. Des instructions basées sur ce graphique inspireront par conséquent confiance à celui qui doit faire le travail. Ce graphique permet d'assigner aux ouvriers des tâches bien définies, et mieux, une tâche est définie, plus il est aisé d'obtenir qu'elle soit exécutée.

Le graphique du travail d'avance a pour objet d'indiquer la quantité de travail que l'usine a devant elle.

C'est une analyse du travail à un moment donné pour les diverses catégories de machines. Les renseignements pour l'établissement de ce graphique sont tirés des « Graphiques de répartition du travail » qui indiquent les commandes que chaque machine doit exécuter, d'après cela il est facile d'additionner les nombres d'heures de travail prévus pour les différentes catégories de machines, pour chaque semaine ou chaque mois.

Ce graphique permet aux dirigeants de proportionner l'outillage, le nombre des ouvriers et celui des heures de travail à la quantité de travail.

Gantt a écrit : « Le pouvoir de donner un ordre implique la responsabilité de contrôler son exécution ». Son *graphique d'avancement* en comparant continuellement le travail fait avec ce qui aurait dû l'être, active la production et aide à assurer l'exécution des travaux en temps voulu. Il permet au personnel dirigeant de juger de l'effet de ses décisions et lui indiquent les mesures qui doivent être prises à l'avenir.

A titre d'exemple, nous reproduisons (fig. 23) un graphique Gantt, d'après la brochure de Clark : *Un graphique de contrôle pour le chef d'entreprise* (1).

Avec le graphique Gantt, l'importance des résultats obtenus se trouve constamment mise en évidence au fur et à mesure de l'écoulement du temps, et est ainsi continuellement fournie une vision claire de la situation.

Cette vision, qui révèle en même temps ce qui a été fait et ce qui aurait dû être fait, devient un stimulant d'action pour le chef responsable, qui voit instantanément de combien la tâche accomplie est inférieure (ou supérieure) à la tâche assignée.

Le graphique Gantt crée l'obligation d'établir un programme préliminaire précis du travail à accomplir, non seulement la prévision d'ensemble, mais aussi les détails d'exécution. Il a donc une corrélation étroite avec l'organisation rationnelle du travail et notamment avec ce que l'on appelle le « planning », c'est-à-dire la prévision méthodique des détails d'exécution d'une tâche déterminée. Par exemple, s'il s'agit d'un travail d'atelier, le graphique Gantt de prévision d'usinage indiquera les machines-outils à prévoir, le moment de la mise en route et de l'achèvement du travail sur chacune d'elles, les durées des opérations successives, etc.

Le graphique Gantt fait ressortir d'un coup d'œil quels sont les obstacles qui s'opposent à l'accomplissement de la tâche prévue, à quels moments ces obstacles se sont présentés et pourquoi. Il montre le temps perdu et incite par conséquent à éviter et les obstacles et les gaspillages de temps.

On peut dire que le champ d'application du graphique Gantt est illimité. Qu'il s'agisse d'une petite ou d'une grande entreprise, de services administratifs, commerciaux ou techniques, de travaux de bureaux, d'ateliers de constructions mécaniques, de fonderies, de forges, de filatures, etc., du moment qu'il y a des résul-

---

(1) Brochure de 16 pages 21 × 13 ½, 1926. Librairie de documentation industrielle et commerciale, Paris, édition Langlois et Cie.

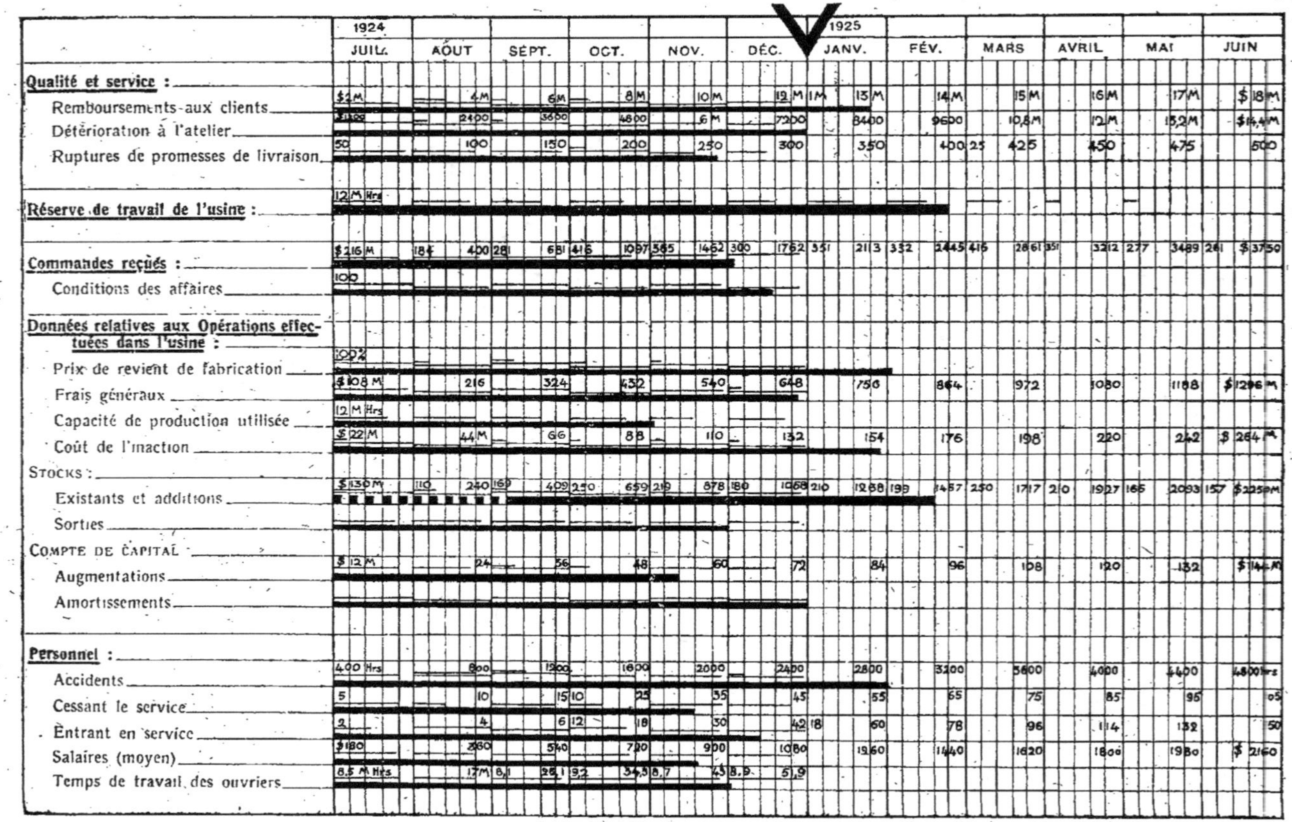

	1924						1925					
	JUIL.	AOÛT	SEPT.	OCT.	NOV.	DÉC.	JANV.	FÉV.	MARS	AVRIL	MAI	JUIN
Qualité et service :	$2M	4M	6M	8M	10M	12M 1M	13M	14M	15M	16M	17M	$18M
Remboursements aux clients	$1100	2400	3600	4800	6M	7200	8400	9600	10,8M	12M	13,2M	$14,4M
Détérioration à l'atelier	50	100	150	200	250	300	350	400 25	425	450	475	500
Ruptures de promesses de livraison												
Réserve de travail de l'usine :	12M Hrs											
Commandes reçues :	$216M 184	400 281	681 416	1097 565	1462 300	1762 351	2113 332	2445 416	2861 351	3212 277	3489 261	$3750
Conditions des affaires	100											
Données relatives aux Opérations effectuées dans l'usine :	100%											
Prix de revient de fabrication	$108M	216	324	432	540	648	756	864	972	1080	1188	$1296M
Frais généraux	12M Hrs											
Capacité de production utilisée	$22M	44M	66	88	110	132	154	176	198	220	242	$264M
Coût de l'inaction												
Stocks :												
Existants et additions	$130M 110	240 169	409 250	659 219	878 180	1068 210	1268 199	1457 250	1717 210	1927 165	2093 157	$2250M
Sorties												
Compte de capital	$12M	24	36	48	60	72	84	96	108	120	132	$144M
Augmentations												
Amortissements												
Personnel :												
Accidents	400 Hrs	800	1200	1600	2000	2400	2800	3200	3600	4000	4400	4800 Hrs
Cessant le service	5	10	15 10	25	35	45	55	65	75	85	95	05
Entrant en service	2	4	6 12	18	30	42 18	60	78	96	114	132	50
Salaires (moyen)	$180	360	540	700	900	1080	1260	1440	1620	1800	1980	$2160
Temps de travail des ouvriers	8,5 M Hrs	17M 8,1	26,1 9,2	34,5 8,7	43 8,9	5,9						

Fig. 23.

tats à prévoir, à assurer et à contrôler, le graphique Gantt peut rendre les plus grands services.

* * *

Les différents modèles d'appareils décrits ainsi que les graphiques seront susceptibles, chacun dans la mesure de leurs moyens, d'aider les chefs d'entreprise à mieux suivre le fonctionnement de leurs affaires, en éliminant le gaspillage sous toutes ses formes et en particulier le gaspillage du temps, de cette chose infiniment précieuse qui se distingue de toutes les autres en ce qu'il nous est tout à fait impossible de la remplacer quand nous l'avons perdue.

BLIBLIOGRAPHIE

Le Chatelier (Henry). — Le système Taylor (*Revue Scientifique*, mai 1919).

Fayol (Henri). — *Administration industrielle et générale*.

Adamiecki (Professeur). — Le contrôle dans l'Organisation scientifique (*Organizazzione*, sept. 1927).

Emerson. — Douze principes d'Efficience.

Mercier (V.). — Le Pointage du Personnel (Communication au C. N. O. F.). *Bulletin de la Société d'Encouragement*, 1924.

Devaux (P.). — L'horlogerie de Pointage au bureau et dans l'atelier. (*Revue industrielle*, novembre 1927).

Dumaine (M.). — Les appareils de pointage Duplo (*Mon Bureau*, avril 1924).

Baechi (E.). — Une application des appareils de pointage Duplo (*Mon Bureau*, 1926).

Billard (Ch.). — Un nouvel appareil de pointage. Le Pointeur Codel. (*Mon Bureau*, janvier et octobre 1927).

Babcock (G.-D.). — Le contrôle de la production (*Mon Bureau*, juin et septembre 1926).

Knoeppel (C. E.). — Graphic Production Control (*The Engineering Magazine Company*, New-York, 1920).

Clark (Wallace). — *Le Graphique Gantt*, Traduction française, Th. Leroy (Ed. Langlois et Cie, éditeurs).

Clark (Wallace). — *Un graphique de contrôle pour le chef d'entreprise*, trad. fr. Th. Leroy (Ed. Langlois et Cie, édit., Paris).

Heranger (Serge). — Un important facteur d'organisation : le graphique Gantt (*La Technique moderne*, 1er septembre 1927).

Le contrôle des machines (*Mon Bureau*, novembre 1924).

CHAPITRE VII

LA TECHNIQUE DU TRAVAIL COMPTABLE

Par M. Thueux

Les outils de la comptabilité moderne

Le sujet que nous avons à traiter peut nous permettre de faire une petite incursion dans le passé et d'imaginer l'histoire de la comptabilité à la manière de...

Il dut se trouver parmi les hommes préhistoriques ayant atteint un certain degré d'évolution, des individus doués d'un tempérament calculateur et économe, et ce que j'annonce ici ne peut paraître paradoxal puisque nous rencontrons les qualités d'économie chez les animaux. Nombreux sont les insectes, vous le savez aussi bien que moi, qui constituent des provisions en prévision des jours néfastes. On peut dire que les animaux eux-mêmes ont l'instinct de la prévision.

Il est donc possible d'imaginer que des hommes primitifs purent être doués de qualités d'ordre, de méthode et d'économie. L'homme possesseur de ces qualités qui eut le premier l'idée de faire l'échange des produits qu'il avait recueillis ou qu'il possédait en abondance par suite de conditions favorables, dut penser à calculer la quantité de ce produit qui lui était particulièrement nécessaire pour sa consommation, et songer à échanger l'excédent contre d'autres produits également nécessaires qui lui faisaient défaut.

On a, à ce sujet, émis diverses opinions sur les premiers échanges, et essayé de situer les premières négociations qui se firent à l'aide des produits d'échange type, ayant constitué la première monnaie.

On peut admettre que l'établissement d'une comptabilité rudimentaire suivit de près la création de la monnaie d'échange ; on peut également supposer que la comptabilité existait bien avant l'écriture, et il ne paraît pas excessif d'admettre que les peuples les plus frustes employèrent divers procédés destinés à effectuer leurs opérations d'échange, ne fut-ce que pour seconder leur mémoire lorsque les paiements devaient être différés.

L'échange d'un produit de consommation contre un autre produit de consommation fut une des premières manifestations de l'intelligence de l'homme, et tous les individus la pratiquèrent, comme ils la pratiquent encore actuellement.

Le produit du travail humain est une valeur dont l'homme tire parti en l'échangeant contre une valeur égale. Si ce produit a une valeur importante et qu'il s'agisse d'un nombre restreint de produits, il ne lui faudra pas évidemment un grand effort de mémoire pour se souvenir de ce qui lui est dû.

Mais si, au contraire, il ne subsiste et ne s'enrichit que par la production de multiples valeurs, s'il ne reçoit pas immédiatement paiement de ces produits, si encore il doit opérer de nombreux échanges, et qu'il lui faille accepter des paiements à échéances plus ou moins lointaines, il ne pourra plus s'en rapporter à sa mémoire, et il devra tenir compte, par un procédé quelconque, de ces valeurs à recevoir.

Voici la comptabilité devenue nécessaire ; on pourrait dire que la *Comptabilité est la mémoire des échanges de valeurs*, le mot valeur étant pris ici dans le sens de production.

On peut donc affirmer que les premiers hommes prudents et soucieux de leurs intérêts devaient pratiquer la comptabilité ; évidemment, à l'origine, ils le firent par des procédés rudimentaires, tels que la réunion de pierres, de bâtonnets, etc., puis, au fur et à mesure que l'esprit humain se développa, les procédés se développèrent également. On coupa des bouts de corde d'égales dimensions, les deux hommes qui échangeaient un produit dont ils remettaient le paiement à une date ultérieure, ayant chacun un bout de corde semblable, faisaient un nœud au même endroit sur chacune des deux cordes : Pierre devant à Paul faisait un nœud sur sa corde ; Paul, de son côté, faisait également un nœud du même genre sur la sienne, indiquant ainsi que Pierre lui devait. Ce procédé de comptabilité constituait en même temps un accord tacite, une sorte de contrat de dette ; nous pouvons supposer qu'ainsi s'établit le premier principe de la comptabilité à parties doubles.

Il y a trente ans, on pouvait voir dans nos campagnes, un procédé qui rappelle ce genre de comptabilité. Le boulanger se présentait chez son client, lui livrait un pain de valeur déterminée, ce dernier lui remettait une planchette longue et étroite portant un signe particulier, le boulanger possédait une planchette semblable portant un même signe, qui était en quelque sorte l'indication du nom du client ; appliquant les deux planchettes l'une sur l'autre, à l'aide d'un couteau, le boulanger fournisseur faisait rigoureusement au même endroit une encoche sur les deux planchettes. Ce procédé évitait toute discussion, puisqu'il était toujours possible, en cas de contestation, par l'examen des deux planchettes, de constater que la même encoche existait bien rigoureusement au même endroit, donc, que la marchandise avait bien été reçue.

Généralement les comptes se réglaient entre le boulanger et son client chaque mois, c'est donc en principe 30 encoches que portaient les planchettes.

Toutefois, à supposer que le client eût doublé sa consommation, le boulanger eut fait deux encoches rapprochées.

Le compte réglé entre les deux parties, le boulanger enlevait par une coupe longitudinale les traces des encoches sur les deux planchettes, et celles-ci servaient pour un nouveau mois.

Il n'est pas certain que ce genre de comptabilité sujette malgré tout à caution, n'entraînait pas des contestations.

Il s'agissait là, en somme, de l'échange d'un seul produit constant, contre une valeur espèces également constante.

Tant que les échanges se firent entre producteurs d'un seul produit, la comptabilité put affecter une forme empirique, mais l'échange de produits multiples, entraînant la diversité des prix, détermina la transformation de la comptabilité rudimentaire en une comptabilité écrite.

La publication *La Réforme* signalait en 1920 une comptabilité vieille de 4.000 ans, que la *Revue du Bureau* de M. Navarre présentait ainsi :

« D'importantes trouvailles viennent d'être faites en Asie Mineure par la mission tchécoslovaque des professeurs Brozuy et Pétra.

« Des livres de comptabilité de gros négociants de Kanech, très ancienne cité de la Cappadoce, viennent d'être mis à jour.

« Ces documents consistaient en tablettes d'argile, couvertes de caractères cunéiformes, que l'on a pu identifier comme appartenant à l'alphabet de l'ancien assyrien. Ces tablettes, qui sont parfaitement classées dans un palais des archives, renferment de la comptabilité commerciale ; des copies de correspondances.

« Les archéologues assignent pour date à ces collections l'an 2100 avant Jésus-Christ.

« Leur découverte apportera de curieux renseignements sur les relations commerciales de la Cappadoce avec les pays voisins, sur les mœurs des nations qui les peuplaient, leur façon de vivre et leur droit ».

Dans une conférence-rapport faite à l'Assemblée générale de 1924, de la Société de Comptabilité de France, M. Thouvignon, administrateur de cette importante association, nous fit remonter aux temps puniques.

« Lorsque Hamilcar, — nous dit-il, — revient de ses expéditions lointaines, il fait une visite de ses propriétés en compagnie de ses intendants. En apprenant les pertes qu'il a subies, il entre dans une violente colère, et il interpelle son intendant général dans ces termes :

« Abdalomin, je veux savoir ce que j'ai perdu jusqu'au dernier « sicle ; apporte-moi les comptes des vaisseaux, ceux des cara-« vanes, ceux des métairies, ceux de la Maison.

« Abdalomin va prendre au milieu d'un casier dans la muraille, des cordes à nœuds, des bandes de toile et de papyrus, des omoplates de mouton chargées d'écriture fine.

« Il les dépose aux pieds d'Hamilcar, lui met entre les mains un cadre de bois, garni de trois fils intérieurs, où sont passées des boules d'or, d'argent ou de corne.

14

« Hamilcar compte avec les billes, elles sonnent sous ses doigts.

« Plus loin, quand il s'agit des dépenses de nourriture pour les équipages des trirèmes, c'est sur des lames de plomb qu'on en trouve le compte.

« Enfin, les dépenses de Mégara, qui comprennent les fameux festins des Barbares, se trouvent sur des planchettes de sycomore, enfilées par paquets à des cordes de cuir. »

L'imagination peut évidemment se livrer à toutes les fantaisies, et cependant ces procédés de comptabilité, encore que bien encombrants, comme le dit notre aimable confrère Thouvignon, ne sauraient laisser place à aucune invention.

Mais, laissons ce domaine historique que notre cher et grand maître Gabriel Faure a parcouru bien mieux que je ne saurai le faire, où il a puisé la matière de magistrales conférences, faites avec cette fine ironie que nous lui connaissons.

Disons après lui et d'après ses études que les progrès des méthodes comptables furent extrêmement lents jusqu'au XIXe siècle.

Toujours d'après M. G. Faure, dont les connaissances sont inépuisables (pour notre plus grand profit à tous), dès 1926, I. S. Quiney, chef et professeur de comptabilité... de nos jours, il se fut intitulé, sans doute, officier de réserve et d'académie — nous dit M. G. Faure, présente dans son ouvrage intitulé *Comptable général* ou *Livre de raison*, une impression tout à fait remarquable pour l'époque, et que je me dois de reproduire :

« Ayant appliqué depuis plusieurs années la reliure mobile à mes registres et ayant acquis la certitude qu'elle en rend l'emploi plus facile et plus économique, puisque la même peut servir très longtemps, que l'on peut y mettre à volonté les feuilles en nombre juste dont on a besoin, et les y renouveler aussi à volonté, je dois donner et je donne en effet la préférence à cette reliure mobile sur toute autre ».

Voici donc en 1825 un éloge devenu centenaire de la comptabilité sur feuillets mobiles, etc.

Enfin, nous voyons dans l'intermède récréatif de sa conférence, M. G. Faure citer de Tacaille, qu'il dénomme humoriste inconscient, cet extrait :

« Au moyen de l'emploi (*sic*) des registres de ce nouveau système (système Tacaille probablement), le commerçant même illettré (*sic*) peut tenir ses écritures en partie double sans avoir jamais appris. Outre cela, ces registres font encore économiser sur l'ancien système français, plus de huit heures de travail sur douze, tout en donnant la situation approximative de la maison. »

Il ne nous paraît pas qu'à une époque quelconque, la vie humaine ait été aussi trépidante qu'à notre époque.

La découverte de l'utilisation de la vapeur semble marquer le plus grand changement dans la vie humaine.

La machine à vapeur et l'invention de Stéphenson qui en est une des applications les plus importantes, peut-être la plus importante, a déterminé une évolution considérable dans la vie des peuples.

Et que dire de cette autre reine du jour la fée « Électricité » !

On disait autrefois : « le monde marche à la vapeur », et c'était déjà pour les anciens une constatation effarante ; aujourd'hui, on peut donc dire que le monde marche à l'électricité.

En ce qui concerne la vie des affaires, ce progrès immense a apporté une réelle perturbation, mais il faut être de son temps et suivre le progrès.

Vous avez pu voir, ou vous verrez ici même les manifestations les plus belles de ce progrès.

SIMPLIFICATIONS

L'homme n'aime pas le travail pour lui-même, il l'aime pour les résultats qu'il en tire.

Il a, de ce fait, une tendance manifeste à aimer le travail productif, et tend, par cela même, à éviter toute besogne inutile.

En ce qui nous concerne, et plus particulièrement dans ce domaine de la comptabilité, tout travail inutile est fastidieux, je dirai plus : il est odieux.

Il est donc tout naturel que le comptable ait une propension marquée à rechercher les procédés les plus pratiques, ceux qui lui évitent la fatigue intellectuelle sont ceux qu'il préfère.

Car si le travail manuel inutile est pénible, le travail intellectuel inutile est, lui, déprimant et annihilant.

Et c'est pourquoi cette exposition est visitée par un grand nombre de comptables, avides d'y rencontrer toujours de nouveaux procédés tendant à ces fins.

D'un autre point de vue, nous voyons la comptabilité s'introduire de plus en plus sous une forme séduisante dans des petites entreprises, petits commerces, petites industries, qui, jusqu'ici, n'en avaient cure, et chez lesquels l'empirisme en matière de comptabilité, régnait en maître.

Les gros négociants, les industriels qui possédaient une comptabilité assez rudimentaire, ont modifié leur manière de faire, et, séduits par les procédés modernes, ils se sont attachés davantage à cette question : Le modernisme en comptabilité.

COMPTABILITÉ SIMPLIFIÉE

On peut donc dire que toutes les recherches tendaient à simplifier la comptabilité.

Pour le petit commerçant, les praticiens de la comptabilité, et particulièrement les entrepreneurs de comptabilité ont imaginé des méthodes de simplification, et il n'est pas malaisé de comprendre les mobiles qui les fit agir dans ce sens.

Réunir la documentation le plus simplement, tout en donnant le maximum de renseignements utiles, et négliger complètement les inutilités, tel a été le principe qui a donné naissance aux comptabilités dénommées :

Le Rêve, la Diagraphie, l'Intégral, etc. ;

Le Centralisateur monographe, que vous pourrez voir au stand de la Maison Cogery et Hervé ;

La Discrète, l'Unique commerciale, que la Maison Acker se fera un plaisir de vous présenter à son stand.

On peut également classer dans la catégorie des comptabilités simplifiées les systèmes de comptabilité à journalisation automatique, dans lesquels on obtient à l'aide d'un carbone, la copie d'une seule écriture à la fois, et sur le journal et sur le compte, ce dernier constitué par une fiche, et qui permet même, à l'aide d'un carbone, d'obtenir un troisième document, facture au client, bordereau, etc.

Dans ce procédé, la simplification réside dans la simplicité des opérations, et dans une réduction du temps extrêmement appréciable.

Je reviendrai plus loin sur ce procédé.

Également la comptabilité est simplifiée par l'usage des feuillets mobiles, des fiches, et l'emploi habituel des fiches ordinaires est lui-même simplifié par les systèmes dits à fiches visibles.

Autre simplification de la comptabilité : l'utilisation des machines dites comptables.

Il n'est pas excessif d'affirmer que la plupart des machines ici-même exposées, tendent à réduire le facteur temps pour un genre de travail donné, et que toutes ou presque toutes ont une application en comptabilité.

Aussi, ne sera-t-on pas surpris si je déclare que la majeure partie des visiteurs de cette Exposition, sont des chefs-comptables, ou des chefs de service ou d'entreprises s'intéressant à la comptabilité.

COMPTABILITÉ A FEUILLETS MOBILES

Je ne veux pas entrer dans l'exposé théorique de la comptabilité moderne, mon excellent confrère, M. Delaporte, devant vous en entretenir avec une compétence affirmée, dans quelques instants.

Je me contenterai donc de vous faire ressortir les principales caractéristiques et avantages des procédés modernes, déjà connus de vous, et je regrette encore de n'avoir pu accomplir le projet que j'avais formé de vous faire démontrer ici même dans cette salle, par les maisons exposantes, toutes les particularités de leurs modèles, de leur système ou de leur matériel.

Ce qui eut été possible en plusieurs heures, ne l'est plus dans le très court délai qui nous est imparti ; vous savez, en effet, que cette salle doit être rendue disponible cet après-midi, pour un genre d'exercice tout différent, moins grave, plus artistique peut-être, puisqu'il s'agit de chorégraphie.

* * *

Un des grands progrès atteints dans la comptabilité moderne est la suppression assez généralisée de ces registres cousus, d'énormes dimensions, qui rendaient autrefois, chez nos anciens camarades la besogne, littéralement écrasante et exigeaient du comptable un effort physique fréquemment renouvelée.

GRAND-LIVRE A FEUILLETS MOBILES

Le registre relié n'est plus guère utilisé dans les entreprises de quelque importance, car il offre certains inconvénients reconnus à l'usage.

En voici quelques-uns :

On a supposé qu'un compte jouerait fréquemment, et on lui a, de ce fait, réservé une page entière ou peut-être plusieurs pages. Or, pour une cause quelconque, les opérations ayant cessé avec le titulaire du compte, la place réservée devient inutile.

Au contraire, on a prévu qu'il faudrait peu d'opérations à tel autre compte, et, pour économiser, on a mis deux comptes sur la même page ; l'un des deux prend de l'extension et l'on se trouve dans l'obligation de le reporter ailleurs.

Le livre étant entièrement pris, on fera des reports en avant, en arrière, quelquefois d'une manière répétée, et on finira par être obligé de se livrer à une véritable gymnastique, chaque fois que l'on voudra compulser un compte.

Exemple : le compte Lucas, ouvert au folio 45, sera reporté au folio 66 et au folio 79 ou 100 et quelquefois la suite des écritures se retrouvera à la page 32 ou 35, parce que, cherchant l'endroit du livre où il pouvait y avoir un emplacement de disponible, on n'a pu trouver que ces deux derniers folios.

La nécessité d'un répertoire s'impose, répertoire qui, par suite des circonstances que nous venons d'indiquer, est bariolé.

Nul d'entre vous ne contredira que le registre relié n'aurait-il que ces grands défauts, est condamné à disparaître.

Déjà, depuis longtemps, son successeur est nommé : c'est le registre à feuillets mobiles.

Disons tout de suite quel est son principal et seul défaut par comparaison à ce qui pouvait être considéré comme une qualité du registre cousu.

Le registre cousu ou relié est immuable, et aucun de ses feuillets ne peut disparaître sans qu'il en demeure une trace. En effet, les registres comptables cousus sont numérotés et quiconque s'aviserait à déchirer un folio pour une cause quelconque, se dénoncerait lui-même presque immédiatement.

Le feuillet mobile, moins que la fiche, mais l'un et l'autre toutefois peuvent disparaître sans laisser de trace immédiatement constatable. Soit, mais ce défaut n'est pas aussi grand qu'on pourrait le croire, car dans combien de cas le comptable est-il tenté de faire disparaître un compte ? très rarement.

Et combien d'avantages extrêmement appréciables le feuillet mobile n'offre-t-il pas ?

Il n'est plus nécessaire, en effet, de se creuser la tête, de subir mille hésitations sur l'emplacement à réserver à un compte.

Chaque compte s'ouvrira sur un feuillet.

Les subdivisions adoptées dans le plan comptable et qui seront employées dans la présentation du bilan, peuvent être immédiatement appliquées dans le classement des feuillets mobiles, en sorte qu'il suffira pour établir la balance des comptes de relever compte par compte dans l'ordre de leur emplacement dans le registre.

L'interchangeabilité des feuillets, la possibilité très grande d'intercaler des feuillets neufs chaque fois que le besoin s'en fait sentir, sans altérer l'ordre des comptes, de modifier l'ordre des groupements de comptes, suivant les nécessités, la suppression du répertoire remplacé par des feuillets rigides à onglets, servant de guides.

La réouverture des comptes, qui avec le Grand-livre cousu exigeait bien souvent le remplacement du registre, est simplifiée avec les feuillets mobiles, puisque la même reliure sert indéfiniment et que les éléments essentiels, tels les guides, servent à nouveau.

J'allais oublier un autre avantage du feuillet mobile et non des moindres :

Le registre relié comporte un tracé qu'il est presque impossible de modifier pendant toute la durée d'utilisation de ce registre, et si le comptable, pour une cause quelconque, est tenté d'employer telle ou telle nouvelle disposition, il se trouvera obligé d'acheter un nouveau registre. En outre, il devra adopter un des tracés existants qui, pour si nombreux qu'ils soient, ne correspondront peut-être pas à l'emploi voulu.

Au contraire, le feuillet mobile permettra au comptable d'employer dans un même registre, et suivant ses besoins, plusieurs genres de tracés, et il lui sera même loisible d'intercaler tout feuillet documentaire qu'il voudra, pourvu qu'il soit établi à la main ou à la machine sur un feuillet d'un même format. On pourra, par exemple, placer à la suite des comptes des feuillets mobiles, Balances (voir Registres d'inventaire).

Les journaux auxiliaires, livres de débit (Journal des Ventes), effets à recevoir, compte matière, etc., pourront également être tenus sur des feuillets mobiles.

L'application des feuillets mobiles s'applique à une multitude de cas.

Je n'ai pas l'intention de vous faire passer sous les yeux les nombreux tracés ou dispositifs de feuillets mobiles.

Vous aurez tout à l'heure, le plaisir de voir ceux que les maisons Cogery-Hervé, Gérault-Fouqueray, Acker, Morin Antoine vous présenteront.

Le feuillet mobile est généralement d'un format plus large que haut, il doit permettre l'inscription d'un texte assez long; la partie réservée au libellé sera donc aussi large que possible.

La partie de gauche destinée à être emprise dans le dos de la couverture doit être large et souple, afin de permettre, lorsque le registre est ouvert, de n'être pas gêné pour réaliser l'inscription des écritures. Le registre doit, une fois ouvert, présenter les feuillets bien à plat. Cela n'est possible que si la couverture est bien comprise et bien conditionnée. Or la couverture qui transforme l'ensemble des feuillets mobiles en registres joue un très grand rôle.

De grands perfectionnements ont été apportés dans la reliure des feuillets mobiles, lesquels furent tout d'abord à broches fractionnées, puis à broches télescopiques à l'arrière et enfin à broches courbes, et maintenant on peut dire que la plupart des modèles, imaginés par d'ingénieux fabricants, réunissent les qualités de rigidité, d'extensibilité, et de mécanisme aisé que l'on pouvait désirer.

Ce que je vous ai dit du feuillet mobile s'adapte si bien à la fiche, que l'on peut dire, la fiche de comptabilité n'est rien autre chose qu'un feuillet mobile rigide destiné à être placé dans un meuble classeur.

Toutefois, reconnaissons que si la fiche perforée à sa base est fixée au moyen d'une tige entrant dans l'encoche, elle sera rendue plus immobile, mais, comme l'extrême mobilité est la qualité essentielle de la fiche, elle perdra en quelque sorte son principal attrait. D'autre part, son extrême mobilité est le défaut que lui imputent ses détracteurs lesquels y trouvent une cause d'insécurité. Toute personne étrangère, disent-ils, ou intéressée à la suppression d'un compte peut faire disparaître la fiche qui s'y rapporte, sans que la comptabilité puisse parfois de longtemps s'en apercevoir. Cette objection n'a pas d'autre valeur que celle qui consisterait à dire :

Du temps des carrosses, des pataches ou des diligences, on allait lentement il est vrai, mais les accidents étaient rares, aujourd'hui on se transporte d'un pays à un autre avec une rapidité inouïe et les chemins de fer, les automobiles, les avions font de nombreuses victimes.

Ceux qui tiendraient ce langage prendraient-ils les véhicules d'autrefois ou les transports d'aujourd'hui s'ils avaient le choix? préfèrent-ils le Postillon de Longjumeau ou Lindbergh ?

Sans vouloir nier cependant la valeur de l'objection faite par les détracteurs de la fiche, nous déclarons qu'il est facile de remédier à la distraction des fiches, en plaçant celles-ci dans un meuble fermant à clef, dont le chef de maison et le comptable possèdent seuls une clef, en principe le Comptable qui est responsable, devrait seul en posséder une ; le chef de maison devant toujours lui demander les documents dont il a besoin.

L'extrême mobilité de la fiche lui donne les avantages suivants :

Classification extrêmement claire. Classement rationnel des comptes. Mise à jour facile et rapide. Compulsion aisée. Combinaisons multiples de classement. Adoption de tous tracés, de toutes formules. Extensibilité illimitée. Visibilité rapide.

LA COMPTABILITÉ SUR FICHES OFFRE UN AVANTAGE PARTICULIER

Son importance est très grande, elle permet d'employer les cavaliers, grâce auxquels il est possible d'obtenir une série de renseignements du plus haut intérêt, et surtout de les obtenir en une minute.

Chaque fiche porte sur sa partie supérieure 24 cases, 2 pour chaque mois. l'une des 2 cases sera réservée à l'échéance du 15, l'autre à l'échéance de la fin de mois. Si sur ces cases nous plaçons un cavalier indiquant l'échéance, ou les échéances auxquelles les clients auront à faire face, il nous sera facile de contrôler nos encaissements.

Nous pourrons opérer de la même manière pour nos propres échéances sur les fiches « Fournisseurs », nous connaîtrons ainsi aisément nos obligations. Nous pourrons également, à l'aide de cavaliers, désigner les clients douteux, les clients litigieux, les clients à surveiller, les clients n'ayant pas remis d'ordres depuis longtemps, etc., etc.

Les fiches de comptabilité, ainsi comprises, nous donneront un certain nombre de renseignements qui nous dispenseront de tenir des registres-contrôle ou des fiches spéciales.

La recherche constante d'améliorations à apporter aux systèmes de comptabilisation est activement poussée d'une part, par les comptables eux-mêmes, d'autre part, par les industriels, papetiers ou fabricants de meubles, et il faut reconnaître que jamais il n'a été offert aux usagers une plus grande variété de procédés ; tous plus ingénieux les uns que les autres.

Certains systèmes, tels les feuillets mobiles visibles, étagés les uns sur les autres, de telle façon qu'il soit possible de les compulser avec rapidité et qui, de ce fait ont été dotés d'un nom qui fasse ressortir cette qualité, représentant à coup sûr une innovation.

Les uns modèles Kardex, Ronéo, Memos, etc., sont placés dans des tiroirs superposés dans un meuble spécial, et tiennent peu de place.

Dans les modèles primitifs Kardex, qui date de 1921, les fiches ou feuillets sont attachés dans un encartage formant enveloppe. Cet encartage, placé dans un tiroir, de telle façon que les feuillets y sont superposés et que chacun d'eux recouvre le précédent presque entièrement, ne laissant dépasser que la partie portant l'indice.

L'attachement ou le détachement d'un feuillet demande un certain soin, et l'emploi de ce système a rencontré un grand succès dans les comptabilités accessoires, matières, stocks, etc.

Des modifications nombreuses ont été apportées et se poursuivent.

D'un autre côté, des tentatives étaient faites, pour créer un système de feuillets sur le même principe, placé non plus dans des meubles, mais dans des registres. Ce procédé offrait l'avantage d'éviter l'encombrement en hauteur et de faciliter la lecture de la fiche au verso.

Le mécanisme de ce genre de registre est à broches courbes fixées, une partie sur la partie droite de la couverture, une partie sur celle de gauche, de plus, alors que dans le registre à feuillets mobiles ou ordinaires les fiches sont serrées à bloc ; dans le registre à feuillets visibles, les feuillets manœuvrent librement et ne sont pas serrés.

Ces systèmes offrent l'avantage d'une sécurité assez grande puisque la fiche est fixée dans un cadre, assez bien pour être malaisément enlevée et égarée sans qu'on s'en aperçoive immédiatement et assez facilement enlevable pour augmenter la rapidité de placement ou de remplacement.

De plus, le dispositif imaginé pour la visibilité augmente considérablement la rapidité du travail.

Les autres tels : Visiblex, Visobook, Clirbyl, sont des systèmes analogues, mais sous forme de carnets ou registres, et rendant la compulsion à la fois horizontale et verticale et ajoutent à la visibilité.

Un autre modèle, tel Novex, est une adaptation de ces divers principes.

Dans ce domaine, des perfectionnements nouveaux seront certainement encore apportés.

Tous tendent à obtenir le rendement le plus fort par l'économie de temps et la diminution de l'effort cérébral.

A ce titre, nous devons féliciter les hardis inventeurs, qui consacrent toute leur active intelligence à de telles recherches.

Toujours dans le même esprit de réaliser une grande économie de temps, et de faciliter sa tâche, en se libérant le plus possible d'opérations fastidieuses, un comptable inventa un système de Comptabilité sur fiches avec journalisation automatique.

Cette fois l'inventeur de ce système était un Allemand, Saxenhoffen, après lui, certains confrères adoptèrent un procédé analogue Huise, Diemand, Stirnemann, etc.

Ces procédés étaient basés sur les méthodes ordinaires de comptabilité, auxquelles on avait adjoint un principe mécanique constant dans la juxtaposition des formulaires l'un sur l'autre, à l'aide d'un petit appareil et l'emploi de papier carbone pour décalque des écritures.

Tous ces systèmes découlaient du Journal Centralisateur, ils laissent subsister soit sur la page de droite, soit sur celle de gauche des colonnes de comptes généraux : Caisse, Achats, Ventes, Comptes courants et possédait en outre, une colonne de contrôle des soldes.

L'original était sur le journal, le duplicata sur les fiches elles-mêmes ; ces fiches étaient en carte forte.

Un comptable suisse, nommé Ruff, adopta ce système en le modifiant.

Dans le système allemand, le journal prend la première place ; dans le système Ruff, le compte lui-même est considéré comme plus important, il supprimait les colonnes de ventilation et augmentait au contraire le volume des fiches en multipliant les fiches dans le fichier, il ramenait donc le journal à n'être plus qu'un fichier des écritures portées directement sur les comptes ; il supprimait enfin le contrôle des soldes.

Ces divers systèmes, qui sont de plus en plus adoptés et appréciés en France, offrent de réels avantages sur lesquels, à mon grand regret, il m'est impossible de m'étendre.

MACHINES COMPTABLES

La machine à écrire est universellement employée dans tous les milieux, l'idée de l'adapter à des travaux comptables est relativement récente, du moins dans la forme actuelle qui a donné naissance à la création de machines dites comptables.

Entrer dans le développement très long que justifierait l'importance de ces machines m'entraînerait beaucoup trop loin.

Je me bornerai à ceci :

Grâce à un dispositif spécial relatif à l'introduction des imprimés, certaines machines à écrire ordinaires rendent de grands services à la comptabilité.

Certaines maisons ont créé des modèles spéciaux appropriés à tous les travaux de comptabilité, et donnant des résultats remarquables.

Du reste, M. Gaston Ravisse, dans son excellente conférence sur les *machines* à calculer, vous a donné un aperçu des machines dites *machines comptables* et de leur application.

Il est un fait sur lequel je tiens à insister :

Pour que le meilleur rendement soit obtenu à l'aide des machines en général, il convient surtout que la documentation devant être transcrite par l'opérateur soit toujours à sa portée ; s'il se trouve, en effet, dans l'obligation de courir de bureau en bureau, chaque fois qu'il a besoin d'un renseignement, il perdra tout le bénéfice de temps que doit procurer la machine, il s'énervera, son travail s'en ressentira en qualité et en rapidité.

La plupart du temps, l'opérateur n'est, en effet, qu'un transcripteur, il n'est pas toujours un comptable et quelque sûreté de main qu'il possède, il ne sera qu'un copiste auquel on ne pourra reprocher une faute professionnelle si le document qui lui a été donné à transcrire est erroné.

Il ne faudrait pas non plus prétendre obtenir toutes sortes de travaux à l'aide d'une même machine ; tel système donnera le maximum de rendement et partant la plus entière satisfaction dans certains cas, tel autre lui sera supérieure dans d'autres cas déterminés.

L'emploi d'une machine à deux totalisateurs conviendra particulièrement à certains travaux ; pour d'autres, il sera préférable d'employer la machine à quatre totalisateurs.

Il convient donc que le Chef de service appelé à introduire une Machine comptable dans son service, ait fait une étude attentive des moyens que possède chaque machine, de s'adapter à la besogne qu'il en attend et qu'il procède même à des essais, ce qui lui sera largement facilité par la complaisance que mettent les diverses Marques à se prêter à des expériences de longue durée en mettant à cet effet des machines en essai chez leurs clients éventuels.

La machine, en général, diminue les chances d'erreurs ; dire qu'elle les supprime est inexact ; en effet, il faut bien considérer que la machine est aveugle, son travail, comme dirait M. de Lapalice, est machinal ; si donc l'opérateur se trompe, il aura des moyens de s'en apercevoir, de rectifier, l'erreur lui apparaîtra peut-être plus vite que dans une transcription manuscrite par le jeu de bloquage de la machine, dans certains cas, mais un employé quelque peu étourdi quoique et peut-être justement parce que rapide, pourra se tromper.

Les progrès les plus réels ont été réalisés dans le domaine des *machines comptables* et le dernier mot n'est pas dit, on peut même affirmer que les meilleures améliorations proviendront du fait des suggestions qui seront adressées aux Fabricants par les usagers et plus particulièrement par les usagers, opérateurs comptables.

On ne peut nier que les machines comptables soient bien venues à leur heure, elles marquent l'évolution vers le plus grand rendement, vers la *simplification* du travail comptable, et si la comptabilité de demain est sans conteste la comptabilité à copies sur documents multiples, la *machine comptable* a bien favorisé ce développement.

On peut en effet, obtenir, d'un seul coup de frappe, la transcription d'une même écriture, d'une même somme, sur neuf documents différents, opérant ainsi l'établissement : au livre des ventes, — au compte du client, — sur la facture ou mémorandum, — au livre des effets à recevoir, — et l'établissement de la traite, — du bordereau des remises d'effets à la Banque, de son double, — du compte de remise au représentant et de son double.

Economie de temps considérable, réduction certaine des chances d'erreurs.

Ajouterai-je à ces multiples avantages les qualités de propreté du travail et sa meilleure présentation ? il n'est pas douteux en effet que le caractère en quelque sorte typographique de la machine rend la lecture plus agréable et c'est ce qui constitue une des supériorités de ce genre de travail sur la meilleure écriture manuscrite.

En résumé, les principales caractéristiques des machines au point de vue du travail sont :

Rapidité, clarté, netteté, économie de temps et d'effort cérébral.

MOBILIER

Avant de terminer, je dois cependant dire un mot du mobilier comptable.

La comptabilité sur fiches nécessite un mobilier approprié ; dans ce domaine encore les industriels du meuble de bureau se sont ingéniés à faire de mieux en mieux et la formule semble être le plus grand confort dans l'espace le plus restreint, toujours la meilleure simplification.

C'est aussi ce dont se sont inspiré les fabricants de matériel pour fiches visibles.

* * *

Je crois bien que ce brave Taincaille était plus un commerçant avisé qu'un humoriste inconscient : il vantait son ours et insistait sur ce point que son système économisait huit heures de travail sur douze.

Il était donc un partisan de la simplification du travail comptable. En ceci il se trouve être sur le même plan que nous.

CHAPITRE VIII

L'AMÉNAGEMENT DU SERVICE DU COURRIER
DANS UN GRAND MAGASIN

Par M. Rachinel

Depuis vingt ans, la mécanographie a fait des progrès considérables. Vers 1900, on se contentait, dans les bureaux, d'utiliser la machine à écrire. Aujourd'hui, machines à adresser, machines à plier le courrier, machines à ouvrir les enveloppes, machines à affranchir, etc., ont mis à la disposition des entreprises des moyens de travail rapides autant que perfectionnés. Le service du courrier, en particulier, a bénéficié de la nouvelle technique : on conçoit tout l'intérêt qui s'attache, dans une maison importante, à ce que la correspondance soit digne de l'entreprise, surtout quand la lettre est un moyen essentiel de vente. Il est donc normal que, dans une grande firme, la technique ait pénétré dans le service du courrier.

Nous nous proposons donc de montrer, dans ces quelques pages, l'aménagement d'un tel service dans un grand Magasin de Paris. Il ne nous sera pas possible d'aller très avant dans les détails d'exécution. Nous essaierons seulement d'exposer les méthodes de travail et les moyens matériels utilisés pour obtenir le maximum de rendement dans un « département » important entre tous.

ROLE PRÉPONDÉRANT DU SERVICE DU COURRIER

Nous n'avons pas besoin, croyons-nous, d'insister sur l'importance d'un tel service : il fait partie intégrante de la maison. C'en est un rouage essentiel, au même titre que la comptabilité, le service des livraisons ou la publicité.

Rappelez-vous l'histoire de tous les Grands Magasins de la capitale ; chacun d'eux fut, tout d'abord, une petite boutique servant la clientèle du quartier. Peu à peu et pour des raisons tenant surtout au génie commercial du chef, cette clientèle s'étend, fait tache d'huile et bientôt, ce sont les clientes de province qui profitent de leur passage à Paris pour venir faire leurs achats dans la maison. On garde leur adresse, on reste en relations avec elles. Puis on imagine des procédés qui permettent d'atteindre la clientèle possible ; les catalogues font leur apparition : a la vente par contact direct, va s'ajouter la vente par correspondance.

Si l'on veut songer au chiffre considérable de clients avec lesquels notre maison est en relations suivies, si l'on veut se souvenir que telle grande maison — une des plus ancienne de la place — fait avec sa clientèle de province et de l'étranger un chiffre d'affaires supérieur à celui fait au magasin lui-même, on comprendra tous les soins apportés à l'aménagement du courrier.

QUE DEMANDONS-NOUS AU SERVICE DU COURRIER ?

Notre clientèle sait que tout est mis en œuvre pour lui donner satisfaction. Au magasin même, elle veut trouver, dans un décor plaisant aux yeux, des marchandises de qualité, servies par des vendeurs empressés et compétents ; elle désire obtenir une livraison rapide et admet difficilement qu'une erreur puisse se glisser dans les multiples opérations d'emballage, de paiement... et se montre à peine moins exigeante quand, par hasard, son achat ne répond pas pleinement à ses désirs : elle sait que tout article qui ne donne pas satisfaction complète est repris sans récrimination. Et elle en use...

La cliente qui, pour être servie, est obligée d'utiliser la correspondance ne comprendrait pas qu'on se montre moins prévenant à son égard. Précision dans l'exécution de la commande, célérité dans l'expédition, correction absolue dans la forme, sont à la base de la vente par correspondance.

Si l'aménagement d'un service de courrier laissait à désirer sur l'un ou l'autre de ces points, une réforme s'imposerait immédiatement.

* * *

VUE D'ENSEMBLE SUR L'ORGANISATION D'UN GRAND MAGASIN

Il est nécessaire, pour la compréhension d'un mécanisme quelque peu complexe, que l'on connaisse, tout au moins dans ses grands lignes, l'organisation d'un grand magasin.

L'idée d'intégration préside à cette organisation et on a pu dire qu'un grand magasin est une illustration éclatante du phénomène que les économistes ont appelé la concentration horizontale ou commerciale : c'est la juxtaposition, sous une direction commerciale unique, d'un nombre plus ou moins considérable de maisons de commerce ; chacune de ces maisons de commerce est le rayon : le rayon jouit, jusqu'à un certain point, d'une réelle autonomie ;

toutefois, pour faciliter l'exécution des ordres de la direction et pour amener l'uniformité indispensable dans les méthodes de travail, des rayons de même nature : toutes les soieries, tout ce qui touche aux vêtements pour hommes, par exemple, sont groupés sous les ordres d'un Administrateur, intermédiaire obligé entre le Chef de rayon et la Direction générale de la maison.

C'est là le fond de l'organisation. Son développement a naturellement donné naissance à la création d'un nombre relativement considérable de services annexes ; il est inutile de les énumérer tous. On n'en compterait pas moins de 45 ou 50 jouissant eux aussi, d'une véritable autonomie sous l'autorité d'un chef responsable.

Il faudrait ajouter également qu'on a, parfois, poussé la concentration dans le sens vertical ou industriel. Tous les Grands Magasins de Paris possèdent des ateliers de couture et de mode ; tel d'entre eux fabrique tous ses emballages ; tel autre s'est assuré le contrôle de filatures et de tissages de coton dont il est le client exclusif ; on sait que des ateliers d'art ont été créés, qui n'ont pas peu contribué à la rénovation des arts décoratifs modernes.

C'est dire qu'un grand magasin constitue un ensemble commercial et industriel très divers, et naturellement très complexe.

Nous avons souligné plus haut, que les rayons, que les services jouissaient d'une sorte d'autonomie. Si nous insistons sur cette liberté d'action des différents rouages de l'entreprises, liberté tempérée par des directives générales communes, c'est que nous allons la trouver dans l'organisation même du courrier.

En effet, il ne faudrait pas imaginer une salle immense abritant une armée de dactylographes vers qui se rassembleront tous les éléments nécessaires à la confection du courrier.

Au contraire, nous verrons disséminés un peu partout dans la maison, des installations particulières de courrier, travaillant pour le compte d'un groupe de rayons, pour un service déterminé et sous la responsabilité entière de leurs chefs.

C'est dire que nous ne saurions entreprendre la description de tous ces organes de travail. Nous choisirons les plus caractéristiques et en même temps les plus susceptibles d'éclairer le lecteur sur les méthodes de travail employées dans la maison qui nous occupe.

ORGANISATION D'ENSEMBLE

A. *Réception*. — Tout le courrier destiné à notre magasin et qui porte comme adresse soit le seul nom de la maison, soit l'adresse exacte du siège social, et qui arrive chaque jour dans les différents bureaux de Paris, est centralisé dans un bureau unique. On peut estimer à une moyenne de 20.000 lettres et plis divers notre courrier quotidien. Ce chiffre peut être doublé à certaines époques de l'année, correspondant à l'envoi des catalogues d'entrée de saison (hiver-été). Grâce à une entente avec l'Administration des P. T. T., un premier tri est effectué par un certain nombre d'employés des services postaux particulièrement compétents pour cette besogne et qui, aux frais de la maison, bien entendu, et sous forme d'heures supplémentaires, partagent les lettres qui lui sont destinées en deux catégories. Celles-ci sont déterminées par le cachet postal mentionnant le lieu d'origine des lettres : d'une part, tout le courrier en provenance de Paris et des localités desservies par les voitures de livraisons de la maison : Paris est le centre de ce territoire comprenant la Seine, les départements de Seine-et-Oise, Seine-et-Marne, une partie de l'Oise, de l'Eure-et-Loir, auxquels il faut ajouter certaines villes telles que Rouen, Saint-Quentin, Reims, Troyes, Orléans, etc.

La deuxième catégorie des lettres est en provenance des autres régions de la France, des colonies et de l'étranger.

Il va sans dire que, naturellement, des erreurs d'origine peuvent se produire dans ce premier tri : elles seront corrigées par la suite.

Le courrier catalogué Paris est beaucoup moins important que le courrier en provenance de la province et de l'étranger ; sur un chiffre moyen de 20.000 lettres, on peut admettre que les services Paris en reçoivent 4 à 5.000.

Ce premier tri est, en principe, terminé à 7 heures du matin ; des fourgons de la maison se rendent au bureau de poste et portent, soit à Paris, soit aux services Province-Étranger, le courrier ainsi trié.

B. *Ouverture.* — Examinons d'abord ce qu'il advient des 5.000 lettres et plis remis au service de Paris. Dans une salle spécialement réservée à cet usage une équipe d'employées, sous la surveillance d'un Chef de service, va procéder à l'ouverture du courrier, à sa lecture et à sa répartition.

L'ouverture est faite au moyen d'une machine spéciale qui débite environ 200 lettres à la minute. Malgré les précautions prises, il arrive parfois qu'un pli se trouve coincé entre les couteaux de la machine et subisse une détérioration sensible. Le fait est assez rare, heureusement, et on ne l'évite qu'en ralentissant sensiblement la vitesse de rotation du cylindre transporteur.

Le premier soin de celles qui extraient les plis des enveloppes est de mettre de côté tous ceux qui sont accompagnés : d'un mandat, d'un chèque ou d'une valeur quelconque ; ces plis sont remis immédiatement au Chef de service qui enregistre alors le courrier accompagnant ces valeurs et prépare la remise de ces dernières à la comptabilité ; la lettre elle-même est alors munie d'une note qui mentionne le montant qui accompagnait la lettre et la forme du versement ; le service destinataire, en effet, n'est pas compétent pour régler les questions comptables, mais il a besoin tout de même de connaître les annexes de la lettre.

C. *Lecture et répartition.* — Au fur et à mesure que les employées prennent connaissance des lettres, elles en font la répartition suivant les différents services.

Il n'est pas intéressant de donner une liste complète de ces services destinataires, mentionnons au hasard : Direction, Bureau du personnel, Comptabilité, Publicité, Réception, Fournisseurs, etc.

Les lettres destinées aux rayons sont rassemblées sous la rubriques Commandes-Paris.

Les lettres en provenance des fournisseurs, mais autres que celles relevant de la comptabilité, sont rassemblées par groupes de rayons et remises directement aux Administrateurs de ces groupes de rayons. Chaque Administrateur en fera ensuite la répartition à ses chefs de rayons.

Cette manière de procéder permet aux Administrateurs d'être au courant des relations de leurs rayons avec les fournisseurs. Dans les conférences quotidiennes, administrateurs et chefs de comptoirs discuteront, s'il y a lieu, des solutions que comportent les questions posées par ces lettres.

Dès que la répartition du courrier est faite, il est porté aux destinataires par des jeunes filles ou des jeunes gens. Bien que la maison dispose d'un service de liaison pneumatique entre ses différents services, il n'est pas possible d'utiliser cette liaison, en raison même de l'importance des paquets de lettres.

Dans le courant de la journée, il arrive du courrier, mais en quantité beaucoup moindre ; naturellement les mêmes opérations d'ouverture, de lecture, de répartition vont être effectuées au fur et à mesure des distributions : la remise aux destinataires va alors se faire par tube pneumatique.

* * *

Les opérations d'ensemble se terminent avec cette distribution dans les différents services, puisque, ainsi que nous l'avons dit, la suite à donner aux lettres reçues, relève uniquement des chefs de ces services.

* * *

Voulez-vous que nous suivions d'un peu près le travail du courrier dans quelques cas particulièrement démonstratifs.

Aux Commandes Paris

Ce service est plus spécialement chargé de l'exécution des commandes reçues de clients habitant Paris ou la banlieue, c'est-à-dire les localités desservies régulièrement par nos voitures de livraison.

Les commandes parviennent par lettres, ou par l'intermédiaire des garçons de livraison ou par téléphone : dans ces trois cas, il s'agit de travailler sur instructions *écrites*.

Le courrier nous arrivera donc sous trois formes différentes :

1° Des lettres nous parviennent de la réception du courrier que nous venons de décrire.

2° Le service des livraisons nous adresse les notes que les garçons rapportent de leurs tournées : ils sont munis à cet effet d'un carnet à souche où la cliente, qui en exprime le désir, note ses instructions. Le garçon livreur n'est pas un vendeur, toutefois, il est pourvu des catalogues de la Maison qui lui donnent la possibilité d'aider la cliente à fournir des précisions sur ce qu'elle désire.

(Signalons ici que le garçon de livraison touche une prime pour chacune des commandes qu'il rapporte de sa tournée).

3º Le service téléphonique nous envoie, au fur et à mesure qu'elles lui sont communiquées, et par voie pneumatique, les commandes enregistrées sur des feuilles détachées d'un registre *ad hoc* permettant la prise en duplicata par carbone.

La commande par téléphone entre peu à peu dans les habitudes. Voici deux chiffres très indicatifs à ce sujet :

En 1913, la moyenne mensuelle des commandes ainsi faite ne dépassait pas 5.000.

En 1920, elle atteignait déjà 11.000.

En octobre 1927, elle est arrivée à 21.876 exactement.

Pour qu'elle soit d'une application vraiment courante, il faut au service téléphonique des opératrices habiles. Les clientes utilisant le téléphone doivent se montrer toujours très précises dans leurs commandes et surtout donner leur adresse nettement et complètement.

On remarquera que le garçon de livraison prend note des commandes sur un registre à souche, que la commande téléphonique est prise en double ; ajoutons que nous conservons toutes les enveloppes des lettres reçues par la poste : ces précautions restent indispensables pour que nous puissions, le cas échéant, nous justifier auprès de la clientèle, en cas de désaccord, et pour avoir parfois une précision que la correspondance elle-même ne révèle pas ; on sait qu'il y a par exemple en Seine-et-Oise, deux localités qui s'appellent Bures, qu'il y a deux Villaines et qu'il y a trois Villeneuve. Il est assez rare que nos correspondantes prennent la peine de préciser le bureau postal qui dessert leur commune.

C'est le timbre de la poste qui nous permettra d'éviter, dans une certaine mesure, les erreurs d'adresses et par conséquent, les pertes de temps.

Voici donc le service Commandes-Paris en possession de son courrier.

Suivons pas à pas un des quelque 1.500 plis quotidiens qui parviennent au service. (Un graphique nous montre que ce chiffre de 1.500 est souvent dépassé : certain jour de la saison dernière, il a atteint 4.300).

La lettre va être immédiatement enchemisée dans un dossier qui, par sa couleur, nous révèlera son origine : blanc pour Paris, mauve ou vert pour la banlieue, jaune pour une commande téléphonique. Le dossier est ensuite passé au service du répertoire. Une fiche est établie portant le nom et l'adresse de la cliente, la date et le numéro du dossier.

Cette fiche va être recopiée sur les cartons d'un fichier, s'il s'agit d'une cliente ayant déjà correspondu avec nous.

Si la lettre est le première que nous recevons de la cliente, la fiche établie sera mise elle-même dans le fichier.

Jetons rapidement un coup d'œil sur ce fichier ; il est divisé en deux grands groupes : d'un côté Banlieue, avec classement alphabétique par nom de villes et, à l'intérieur, de chaque localité, de clientes ; de l'autre : Paris : ordre alphabétique pour les rues et dans chaque rue, classement par numéro.

Il va sans dire que ce fichier nous est d'un grand secours : les recherches y sont faciles et d'autre part, nous sommes à même de connaître la « valeur » de chacune de nos clientes.

Notre dossier, ayant quitté le répertoire, passe au « tirage ». Là, des employés préparent, à la main, pour chacun des rayons intéressés, un extrait de la terre, extrait porté sur une fiche de même couleur que le dossier et donnant exactement les indications portées par la cliente : N° de rayon, N° de l'article, désignation et prix.

La demande d'échantillons fait elle-même l'objet d'une fiche spéciale qui sera dirigée immédiatement sur le service compétent.

Chacune des fiches est alors placée dans un meuble spécial comportant une case par rayon.

Trois fois dans la matinée, des garçons passent devant ce meuble et *portent* aux rayons les notes de commandes.

Laissons maintenant chaque comptoir exécuter les commandes.

Le service Commandes-Paris se chargera du rassemblement des articles fournis par les rayons, de la vérification de leur bonne conformité avec la commande, de l'emballage, de la facture, etc., opérations qui ne rentrent pas à proprement parler dans l'organisation du courrier. Mais il peut arriver qu'un article demandé manque momentanément, ou qu'il soit épuisé... La cliente doit en être avisée. Dans ce cas, le rayon renvoie, par tube pneumatique, une partie détachable de la fiche qui va nous indiquer la date approximative de la livraison ou nous donner les éléments de la réponse à faire à la cliente.

C'est le service des Commandes-Paris qui va se charger de ce travail.

Les réponses à faire sont presque toujours du même genre : on peut donc sans inconvénient ici utiliser le chiché imprimé en caractères dactylographiques et complété par repiquage à la machine.

Nous trouvons une formule indiquant que l'article est épuisé. (C'est fréquent lorsqu'il s'agit de mise en vente d'articles de grand débit : réclames de Porcelaine ou de Ménage).

Nous demandons à la cliente un délai de livraison que nous précisons, ou encore nous l'informons que le complément de sa commande, exécutée en partie seulement, lui parviendra dans X jours : enfin, à défaut de l'article demandé, nous faisons des propositions pour un article similaire, etc.

S'il s'agit d'un cas moins fréquent, un correspondancier dictera la lettre à l'une des sténo-dactylographes du service.

Lorsque le « cliché » est utilisé, on se contentera de mentionner sur le dossier le numéro de la formule employée.

Dans le cas d'une lettre rédigée spécialement, un double est pris au carbone, épinglé à la lettre et enchemisé avec elle.

Les lettres, après la signature du chef, sont mises sous enveloppe, timbrées et confiées le plus souvent à la poste.

Si, par contre, la cliente à qui nous avons une communication à faire, doit recevoir la visite d'un garçon de livraison, celui-ci sera muni d'une note dactylographiée lui indiquant l'essentiel de ce qu'il devra dire à la cliente.

Dans le cas où il n'a pas été donné complète et entière satisfaction à la cliente, le dossier est mis en attente dans un meuble spécial où, jour par jour, on reprend le contact avec les rayons intéressés.

Dans le cas contraire, le dossier classé à son numéro est conservé six mois, puis mis au pilon.

Telle est, dans ses grandes lignes, l'organisation de ce service. On pourra s'étonner de voir que les tirages sont faits à la main : la machine, en raison même de la brièveté des mentions à porter sur la fiche ne conduirait pas à une économie sensible de temps. Mais il y a plus : les employées chargées des tirages ne sont employées à ce travail que le matin : l'après-midi, elles sont occupées à la vérification des colis ou à l'application des factures sur les paquets.

Or, l'expérience a montré que des dactylographes éprouvent toujours quelque répulsion à faire un travail très différent de celui pour lequel elles ont été engagées. Cette remarque n'est certainement pas particulière aux Grands Magasins.

On pourrait objecter aussi que certaines écritures se répètent plusieurs fois et qu'il y aurait intérêt à utiliser des machines spéciales.

Nous étudions en ce moment d'adaptation d'un appareil qui permettrait de remplir par une seule écriture au crayon et en triplicata :

La fiche de répertoire ;

L'adresse à remettre au service des factures ;

L'adresse à mettre sur le paquet.

Une économie de temps évaluée à 40 % pourrait être ainsi réalisée.

Quoi qu'il en soit, le service est organisé pour que toutes les commandes reçues dans la matinée soient remises au service des livraisons dans le courant de l'après-midi.

Cette célérité ne peut être obtenue qu'au prix d'un ordre minutieux dans la répartition des tâches, ordre qu'explique la complexité — plus apparente que réelle d'ailleurs — du service des Commandes-Paris.

UN GROUPE DE SERVICES

Passons maintenant à un service réunissant quatre ou cinq comptoirs. Indépendamment d'autres considérations sur lesquelles nous n'avons pas à nous étendre ici, la possibilité de simplifier les opérations du courrier a conduit à un groupement ayant sa vie propre.

C'est un ensemble traitant plus particulièrement les relations commerciales avec les succursales, avec les hôtels, restaurants, etc., placé sous l'autorité d'un chef de groupe.

Les affaires qu'il traite sont d'importance très variable, puisqu'un client peut acheter un article de 20 francs et que des devis d'installations complètes de Palaces, devis se montant à 6, 7 ou même 10 millions, y sont également traités.

Voici la filière que suit le courrier dans ce service où les opérations sont moins nombreuses qu'importantes.

Le Chef de groupe se fait remettre tout le courrier dès l'arrivée au service, il en prend connaissance, garde par devers lui, les lettres qu'il étudiera lui-même, porte, s'il y a lieu, quelques indications en marge sur les autres lettres et les fait remettre ensuite à son collaborateur direct ; celui-ci fait alors constituer des dossiers analogues à ceux que nous avons vus au service des Commandes-Paris, pour les tirages : nous retrouvons alors le même processus que précédemment en ce qui concerne l'exécution des ordres de la clientèle.

Des différences apparaissent si nous étudions la confection du courrier proprement dit.

Pour les cas sortant de l'ordinaire, des correspondanciers dictent les lettres : prise en sténographie, prise directe en dactylographie sont utilisées.

On peut aussi se servir de clichés ; mais on a estimé qu'en raison de l'importance même des opérations traitées, on ne pouvait employer le cliché imprimé à l'avance. Chaque dactylographe possède un recueil de formules qu'elle transcrira sur le papier de la maison, en y portant les indications qu'elle trouvera sur le dossier lui-même. Un duplicata est naturellement pris de toutes les lettres : ce double sera épinglé dans le dossier.

Les lettres sont ensuite lues par un collaborateur particulièrement attaché à cette besogne. Son rôle ne se borne pas à un simple examen de la « forme » de la correspondance : il arrête, s'il y a lieu, les lettres qui lui paraissent présenter une anomalie quant au fond, et fait étudier à nouveau le dossier.

Vient ensuite la signature par le Chef responsable et le courrier est prêt pour l'expédition.

Les lettres sont d'abord mises sous enveloppe. On utilise deux sortes d'enveloppes : des enveloppes à fenêtres et des enveloppes ordinaires ; celles-ci sont nécessaires chaque fois que, parmi les documents à y insérer, se trouvent des valeurs : mandat, chèque, etc. Il n'est pas possible d'employer de machine à plier le courrier en raison même de la diversité des plis à y introduire et, d'autre part, on ne peut songer, non plus, à employer une machine à fermer les enveloppes.

Les personnes chargées de mettre le courrier sous enveloppe ont soin de séparer d'une part, les papiers d'affaires timbrés à 0 fr. 40 seulement, et d'autre part, les lettres ordinaires qui sont timbrées à 0 fr. 50 et celles dont le timbrage dépassera 0 fr. 50. En principe, toutes les lettres demandant plus de 0 fr. 50 d'affranchissement doivent être pesées.

On évite, dans la mesure du possible, cette opération. On a étudié, une fois pour toutes, le poids de certains documents. On sait par exemple que trois factures, une lettre et l'enveloppe permettent encore l'affranchissement à 50 centimes. Au delà, pesée.

Chaque enveloppe demandant plus de 0 fr. 50 d'affranchissement reçoit, en haut et à droite, l'indication du timbrage nécessaire.

Le groupe possède une machine à affranchir le courrier, tous les plis réclamant 0 fr. 50 ou plus, sont estampillés au moyen de cette machine. S'il y a lieu, le complément est ajouté en figurines ordinaires.

L'utilisation de la machine à affranchir est soumise à un contrôle très sérieux, le compteur permet de s'assurer du nombre exact de plis envoyés, et permet aussi de faire la répartition des frais d'expédition du courrier entre les cinq ou six comptoirs constituant le groupe.

Une des difficultés, et non des moindres, est celle qui résulte des fluctuations dans l'importance de ce courrier : ainsi, le 2 novembre, il est parti du groupe 326 lettres ; le lendemain, il en partait 2.484 (la moyenne peut être fixée à 600). On conçoit qu'on ne puisse arriver à satisfaire à de telles différences dans l'intensité du travail, qu'avec un personnel parfaitement entraîné à cette tâche et pouvant, le cas échéant, recevoir un appoint sérieux de personnel prélevé sur des services moins surchargés.

*
* *

Le Secrétariat

Venons-en enfin à un service où nous trouverons une méthode de travail quelque peu différente des précédentes. Nous sommes au Secrétariat.

Le personnel dactylographe de ce service constitue en somme la réserve où viennent puiser à certains moments, et particulièrement pendant la période des vacances, les autres services ayant besoin momentanément de dactylos ; c'est donc là que nous allons trouver les jeunes filles les plus compétentes, si l'on peut dire, en matière de courrier.

Le passage dans des services très divers les amène à faire connaissance avec des travaux très différents et surtout, leur tâche ne se borne pas à la transcription de lettres dictées, à l'adaptation de clichés aux cas particuliers ou à l'emploi de formules à compléter, elles ont à faire œuvre vraiment personnelle.

Voici comment.

Nous avons vu, à propos des Commandes-Paris, que les rayons reçoivent des feuilles de tirage portant commandes de la clientèle ; au cas où satisfaction immédiate ne peut être donnée, le rayon avise le service commandes de la date possible de livraison, des manquants, des épuisés, en portant une mention sur la feuille de tirage.

Mais les clientes qui viennent au Magasin ne trouvent pas toujours ce qu'elles désirent ; on prendra note de leur commande qu'on exécutera dans le délai le plus bref ; le moment venu, il faudra prévenir la cliente de l'imminence de la livraison. Voilà donc une lettre à faire.

On nous apporte des articles à remettre en état : on conçoit qu'il n'est pas possible de dire immédiatement à la cliente le prix et le délai nécessaire pour rénover un manteau de fourrure de 25.000 fr. ; on examinera minutieusement le vêtement, on établira un devis et on demandera à la cliente ses instructions définitives.

Donc, échange de correspondances.

Une cliente remet un verre de cristal et exprime le désir de réassortir la douzaine. Il est rare que l'on puisse le faire immédiatement. Nous devrons nous adresser à la fabrique ; si celle-ci nous fait des promesses quant à la date de livraison, et qu'elle ne les tienne pas, nous aurons à en aviser la cliente.

Encore des lettres à rédiger.

Enfin, le chef de rayon peut avoir des ordres à donner à ses fournisseurs, ordres qu'il devra, le plus souvent, formuler par écrit.

Or, pour des raisons matérielles, il n'est pas possible de donner à chaque chef de comptoir une dactylographe ; elle prendrait dans le rayon même une place trop précieuse pour la vente et elle risquerait parfois d'être trop longtemps désœuvrée.

Voici comment on procède :

Les Chefs de comptoirs sont munis d'un registre où ils notent, au crayon et en double exemplaire, les indications nécessaires à la rédaction de leurs lettres ; ils gardent dans ce registre le double de leurs notes, et envoient l'original par tube pneumatique au Secrétariat ; au moyen de cette note, la dactylographe va rédiger la lettre proprement dite. Les Chefs de rayons n'ont à se préoccuper naturellement ni des formules initiales, ni des formules de politesse, ils ne s'embarrassent non plus d'aucune tournure littéraire ; leurs notes sont réduites à l'exposé technique ; voici, par exemple, quelques-unes de ces notes, choisies au hasard et destinées à vous montrer que la tâche des dactylographes n'est pas purement mécanique :

1º Aviser cliente que Cristallerie de Saint-Lambert nous informe qu'accident au cours fabrication 12 verres Rubis empêche livraison date fixée.

Impossible donner date même approximative. Présenter excuses.

2º Informer Mᵐᵉ (suit l'adresse) que recherches pour remplacer pièces brisées du jouet mécanique confié sont restées infructueuses : article fabrication ancienne complètement abandonnée.

La valeur du jouet ne paraît pas justifier la confection de pièces neuves dont le prix serait très élevé.

Demander instructions.

3º Aviser M. (ici le nom et l'adresse d'un fournisseur) que nous attendons encore le solde de sa livraison promis pour le 30 octobre. Des ventes ont été manquées à cause de ce retard. L'informer que si nous ne sommes pas en possession de son envoi avant quatre jours refuserons à l'arrivée sans préjudice compensation pour perte subie.

On peut se rendre compte que le travail ainsi confié à nos dactylographes n'est pas toujours des plus aisés.

Les notes sont parfois insuffisantes : dans son désir d'économiser un temps précieux, le rédacteur de la note a été vraiment trop concis. C'est à la dactylo de demander, par téléphone, des explications complémentaires. Il faut que la lettre remise à la signature de l'Administrateur soit suffisamment claire pour que ce dernier comprenne ce dont il s'agit, sans être au courant de la question.

Et parfois, aussi, des difficultés se présentent quant à la « vedette » de la lettre, aux formules initiales à employer, aux formules de courtoisie à utiliser. C'est que dans sa clientèle, un grand magasin compte de hautes personnalités, des princes, des princesses, des rois et des reines. De « graves » questions protocolaires peuvent se poser !

Nous n'avons pas besoin de préciser que dans certains cas, la dactylographe s'en remet à son chef du soin de résoudre ces difficultés.

Toutes les lettres sont accompagnées de deux doubles au carbone : l'un est envoyé au rayon ; l'autre, accompagné de la note, est conservé dans les archives du Secrétariat où un classement par rayon permet de retrouver, si nécessaire, la correspondance échangée avec la clientèle.

Au fur et à mesure que les lettres sont rédigées, elles sont remises à l'un des chefs de courrier du Secrétariat qui en prend lecture, indique les corrections à faire s'il y a lieu.

Tout le courrier concernant un groupe de rayons est placé dans une farde et porté à l'Administrateur pour la signature.

Les lettres reviennent ensuite au Secrétariat et vont être expédiées.

Ici, on peut utiliser le matériel mécanique. Les lettres sont toutes du même format et ne comportent que très rarement des annexes. Une machine spéciale plie les lettres et les introduit dans les enveloppes. Une autre machine colle ces enveloppes, puis on procède au timbrage par machine à affranchir.

Un employé se charge enfin de la remise de ce courrier au bureau de poste le plus proche.

PLIS RECOMMANDÉS

Signalons ici que toutes les lettres recommandées ou à recommander passent par ce service du secrétariat. Il est tenu une comptabilité exacte de ces plis : le chef du Secrétariat donne décharge au service postal et remet aux destinataire contre nouvelle décharge.

PROVINCE ET ÉTRANGER

Si nous en avions le loisir, nous vous conduirions au « département » Province et Étranger. Mais ce serait pour retrouver, comme au département Paris, les mêmes opérations d'ouverture, de lecture, de répartition, de tirage, etc.

Une seule complication se présente : le courrier provenant de l'étranger est, le plus souvent, rédigé dans la langue du pays d'origine.

Nous trouvons donc un service de traduction extrêmement important.

L'ensemble du personnel « Étranger » est réparti en secteurs correspondant chacune à une langue :

Secteur pays de langue anglaise ;
—   italienne ;
—   espagnole ;
—   portugaise, etc.

Chaque secteur est divisé en sections : ainsi le secteur de langue anglaise comprendra : Amérique du Nord, Iles Britanniques, etc. A côté de ces groupements importants, se placent les sections : Turquie, Roumanie, Perse, Egypte, etc.

Une règle absolue domine : la correspondance est adressée à une cliente dans la langue où elle a écrit elle-même.

Il n'est pas difficile d'imaginer la suite des opérations que nous rencontrerons dans chacune des sections.

La lecture du courrier est faite par un employé connaissant à fond la langue étrangère et rompu à la traduction. C'est le plus souvent une personne originaire du pays même.

Quand la lettre ne comporte qu'une commande, sans plus, le traducteur se contente d'effectuer en français, les tirages destinés aux rayons. Si le client demande des renseignements complémentaires, formule une réclamation — cela arrive — une traduction intégrale de la lettre accompagne l'original dans le dossier. Les services destinataires font le nécessaire, répondent le cas échéant, en français, aux questions soulevées. Le dossier revient alors au traducteur qui assure la transcription de la lettre dans la langue du client : transcription faite naturellement à la machine à écrire.

Tous les employés d'une section ne connaissent pas la langue du courrier sur lequel ils travaillent ; mais l'habitude aidant, ils finissent, pour toutes les lettres ne contenant que des commandes, par se passer des services d'un interprète.

Ajoutons, d'ailleurs, que la maison fait donner des cours de langues étrangères au personnel employé dans les services étrangers.

* * *

L'expédition de ce courrier est faite avec beaucoup de soin : on doit s'interdire tout erreur dans l'affranchissement des lettres destinées à porter au loin le bon renom de la maison.

* * *

Tel est, dans ses grandes lignes, l'aménagement du service du courrier dans un grand magasin de Paris.

Nous avons essayé de vous montrer que la décentralisation en est la caractéristique essentielle : l'organisation même de l'entreprise a obligé à répartir, non seulement les tâches, mais encore les responsabilités sur un grand nombre de services.

A l'intérieur de chacun d'eux, les méthodes mises en œuvre tendent surtout à conduire à des résultats précis et rapides : s'il n'est pas possible — et pour cause — d'utiliser des appareils ou des machines de grand débit, on emploie, chaque fois qu'on en a reconnu les avantages, tout ce qui peut simplifier la besogne et par suite accroître le rendement.

* * *

Et dans tout ce courrier, il n'est pas uniquement questions d'affaires à traiter. On y trouve parfois des lettres douloureuses : c'est un ouvrier sans travail qui implore un secours ; c'est une mère de famille qui, en termes touchants, sollicite du travail à faire chez elle.

On y trouve des propositions sensationnelles de génies méconnus : c'est un inventeur qui demande l'appui financier nécessaire à la mise au point d'un bateau qui traverserait l'Atlantique en moins de 48 heures. On y trouve aussi des lettres amusantes qui aboutissent presque toujours d'ailleurs à un appel... de fonds : celles-ci sont surtout fréquentes à l'époque des étrennes.

La gardienne d'un passage à niveau fait remarquer qu'elle a bien souvent ouvert la barrière à nos voitures de livraisons et qu'elle suppose qu'on ne l'oubliera pas.

Le vaguemestre d'un régiment de l'armée rhénane souligne qu'il prend soin, toujours, de faire de la publicité pour notre maison, quand il apporte un colis.

C'est une petite fille qui nous écrit une lettre toute naïve où elle nous dit qu'elle a appris que c'est dans les Grands Magasins que l'on trouve les petits enfants et qu'elle espère bien que pour la Noël on lui enverra un petit frère.

Et je n'aurai garde d'oublier la bonne provinciale qui, sachant qu'elle va prochainement venir à Paris, nous demande de lui faire connaître un bon dentiste.

Non plus que celle qui, désespérant de trouver un mari pour sa fille, voudrait bien que nous lui indiquions une sérieuse agence matimoniale.

J'en passe... et des meilleures !

* * *

Et l'usage veut que nous répondions toujours ou... presque toujours à ces lettres. La règle de la maison n'est-elle pas de donner, en toute circonstance, satisfaction à la cliente car, n'est-cepas :

La cliente à toujours raison.

EXEMPLES D'APPLICATION DES MÉTHODES DE CLASSEMENT DANS LES GRANDES ENTREPRISES

Par Ch. Trébucq

I. — *Dans une compagnie d'assurance*

Cette journée de la semaine de l'Organisation commerciale a été réservée au classement. La nécessité pour toute entreprise quelconque de posséder un bon système de classement n'est pas à démontrer, le classement n'étant pas réservé d'ailleurs uniquement aux entreprises mais s'appliquant dans tous les domaines où s'exerce l'activité humaine.

En effet, quel est le sens du mot classer ? D'après les dictionnaires nous trouvons que classer c'est ranger par classe selon un plan déterminé. Nous verrons tout à l'heure que cette définition en appelle d'autres car elle est ici synthétique et elle ne saurait exprimer sous une forme aussi concise ce qu'est le classement.

Il peut paraître surprenant, et cela l'est en effet, de constater que le classement est exposé sous des formes différentes et qu'une conférence peut encore paraître intéressante sur un sujet où tant d'autres avant moi ont dit avec beaucoup d'autorité ce qu'est et ce que doit être le classement.

S'il paraît intéressant de revenir sur cette question, c'est que le classement n'a pas encore de règle définie. Malgré les efforts des pionniers de l'organisation chez nous, je citerai notamment, en ce qui concerne le classement, MM. Gabriel FAURE, NAVARRE, RAVISSE, et tant d'autres encore qui ont voulu élever le classement à la hauteur d'une science voyant et sachant par expérience que le classement est à la base de toute organisation, nous devons constater qu'aucune règle précise n'est adoptée et que même dans nos écoles d'enseignement commercial, le classement n'a pas retenu l'attention qu'il méritait.

Or, il n'y a pas de question plus importante que celle du classement dans l'organisation d'une entreprise, qu'il s'agisse des services administratifs ou des services commerciaux, ou qu'il s'agisse encore des services de la production. On peut dire, et l'expérience nous l'enseigne tous les jours, qu'une bonne méthode de classement exerce une influence considérable sur le rendement du travail ; on peut même ajouter qu'un bon classement incite et entraîne les négligents à plus d'ordre et à plus de régularité dans l'exécution des opérations dont ils ont charge.

Nous allons examiner l'application du classement dans la pratique et faire abstraction des théories. Un bon système de classement n'a de valeur que s'il est simple, facile à comprendre et à exécuter. Le classement des documents aussi divers que ceux que reçoit une entreprise importante doit être organisé de façon à permettre de trouver immédiatement tout document nécessaire.

Dans la pratique des affaires le courrier apporte tous les jours des documents de toutes sortes, lettres, prix courants, catalogues et autres documents divers, journaux, revues, échantillons, ouvrages techniques, etc. Cette simple énumération fait ressortir la possibilité d'application de plusieurs systèmes de classement ; il faut retenir d'ailleurs que tous les documents ne sont pas réunis entre les mains d'un service unique préposé au classement.

Ainsi, par exemple, dans une entreprise industrielle, les documents pourront se trouver classés dans plusieurs endroits, selon la disposition des locaux :

1º Au secrétariat pour les documents divers concernant la direction ;

2º Au service technique pour les documents concernant les constructions, les installations et le matériel de fabrication ;

3º Au service commercial pour tout ce qui concerne la clientèle ;

4º Au service de la comptabilité pour les factures et correspondance avec les fournisseurs ;

5º Au service des approvisionnements pour les catalogues, prix courants et autres documents similaires.

Les documents peuvent être classés dans ces divers services par les soins de chaque service intéressé, selon l'une des deux méthodes suivantes :

Classement par ordre alphabétique ;

Classement par ordre numérique.

Ces deux méthodes peuvent être appliquées quel que soit le procédé de classement, vertical ou horizontal.

Dans le classement horizontal l'inscription qui identifie le dossier doit être portée sur le dos même du dossier seule partie visible, si l'on veut profiter des avantages du classement horizontal. Si le dossier est de peu d'importance, l'inscription l'identifiant sera portée sur la couverture, à plat, et les recherches seront d'autant moins rapides que les dossiers seront peu volumineux.

Cela ne signifie pas que le classement horizontal doive être écarté comme inférieur au classement vertical ; bien au contraire, dans beaucoup de cas il sera appliqué le plus généralement et sera même le seul applicable. Ainsi par exemple les dossiers des avocats, des notaires, des avoués, des huissiers, des experts-comptables et de tant d'autres professions représentent très souvent un gros volume et le classement horizontal leur est seul applicable. Le plus souvent une affaire nécessitera un certain nombre de dossiers et les documents de chaque dossier seront retenus par une sangle.

Le classement de ces dossiers est toujours fait dans l'ordre alphabétique, et un ou plusieurs casiers sont réservés à chaque affaire, le nombre des casiers étant proportionné à l'importance des dossiers.

Nous ajouterons cependant que le classement alphabétique n'est pas utilisé uniquement par les mêmes professions et que le classement numérique leur rend d'appréciables services pour le classement de la documentation intéressant la profession.

A côté du classement horizontal, nous trouvons le classement vertical dont les avantages sont démontrés par toutes les maisons s'occupant de meubles de bureaux qui offrent en même temps des meubles pour le classement horizontal et pour le classement vertical. C'est donc que la pratique justifie l'emploi des deux sortes de classement, parfois même dans les mêmes entreprises. Ainsi par exemple une entreprise industrielle possédera un classement vertical pour les documents concernant le service commercial, la comptabilité, le secrétairiat, et un classeur horizontal pour les services techniques, relativement aux documents concernant les immobilisations, les plans, desseins, modèles, etc.

L'application d'une méthode de classement demande l'étude préalable d'un plan complet du classement envisagé. Celui-ci doit être des plus simples et lorsqu'il s'agira du classement des documents concernant les clients, les fournisseurs, les agents et les correspondants divers, une entreprise aura toujours le plus grand intérêt à adopter le classement alphabétique, le classement numérique étant réservé pour les cas spéciaux.

Si la correspondance peut être classée facilement selon l'ordre alphabétique, il n'en est pas de même pour tous les documents divers que reçoit une entreprise importante : journaux, ouvrages et revues techniques, catalogues, prix courants, rapports, fiches documentation, etc., se rapportant à des questions multiples : personnel, assurances et questions sociales, questions fiscales, constructions, installations nouvelles, situation des marchés mondiaux, concurrence, etc. Il est facile de comprendre que si une personne habituée au classement pourrait se retrouver au milieu de cette documentation grâce à sa mémoire, les personnes appelées à recourir aux documents se trouveraient fort dans l'embarras pour trouver la documentation cherchée ; on est donc obligé de recourir dans ce cas au classement par ordre numérique.

Celui-ci consiste à réunir les documents pouvant intéresser une affaire dans un même dossier portant un numéro d'ordre, classé d'après ce numéro sans tenir compte de la place qu'il occuperait s'il était classé dans l'ordre alphabétique.

Le classement numérique a pour base un répertoire constitué par des fiches index indiquant le numéro du dossier intéressé, par conséquent extensible indéfiniment. Ces fiches index sont classées dans l'ordre alphabétique avec fiches références multiples. Celles-ci sont parfois assez nombreuses lorsque le fichier est important et qu'il est divisé par classes ou groupes selon la division des services ou de la documentation.

Dans les entreprises industrielles les fiches de certains services sont utilisées pour fournir tous renseignements accessoires permettant aux services d'avoir une documentation succincte sous la main.

Ainsi, par exemple, si le service des approvisionnements d'une usine assure le classement des documents intéressant les fournitures, les marchés à passer, les cotes de matières premières, les catalogues, prix courants, etc., il pourra porter sur les fiches de certains correspondants tous renseignements utiles permettant d'aider la mémoire et éviter des recherches dans les dossiers et parfois ailleurs, au service de la comptabilité ou au service des magasins et réceptions.

Dans les entreprises importantes, la diversité des documents à classer et la difficulté de retrouver leur énumération dans un ordre alphabétique oblige à établir des sélections dans le fichier répertoire composé par les fiches-index et à envisager ce répertoire par groupements en utilisant le système décimal pour la numérotation.

Le classement par le système numérique décimal a pour but de faciliter le groupement des documents se rapportant à une affaire déterminée ; par le système décimal un dossier ou un groupe de documents concernant une même opération peut être subdivisé à l'infini en conservant dans le classement des pièces la clarté et l'ordre nécessaire. Les documents importants peuvent à leur tour recevoir un numéro d'ordre décimal particulier au dossier dans lequel ils se trouvent classés. Lorsqu'on procède ainsi le numéro d'ordre et la désignation de chaque sous-dossier sont inscrits sur la première page du dossier.

La solution la plus pratique consiste à créer des groupes bien déterminés au début de la mise à exécution d'un plan de classement. Cependant, grâce au système décimal, le nombre de groupes peut s'augmenter sans limitation, au fur et à mesure des besoins d'une entreprise.

Les groupes peuvent être répartis en autant de divisions et de subdivisions qu'il y a ou peut survenir de parties à distinguer les unes des autres. Chaque partie recevra son numéro d'ordre particulier lequel sera composé d'abord du numéro du groupe auquel il appartient et ensuite par les décimales qui constituent son numéro propre.

On doit reconnaître que le classement numérique avec décimales présente des difficultés d'application et qu'il exige une grande attention pour éviter des confusions. Aussi, dans la pratique, certaines entreprises importantes ont remplacé le numéro du groupement par un symbole ; les divisions sont indiquées par un numéro et les subdivisions par des décimales. Ce système permet de subdiviser un classement à l'infini et à toute époque de la vie d'une entreprise, sans amener de perturbation ni de confusion si la progression des affaires oblige à créer de nouveaux groupes ou de nouvelles subdivisions.

Dans une entreprise industrielle importante, les groupes peuvent être fixés comme suit :

1º Administration générale.......................... A. G.
2º Service Financier .... S. F.
3º Service Commercial .... S. C.
4º Service Technique................................ S. T.
5º Service Approvisionnements .... A. P.
6º Service des Fabrications......................... F. A.

Ces groupes peuvent être divisés et subdivisés comme suit :

1º Administration générale

1º *Conseil d'administration :*

A. G. 1 - 1 Nomination d'administrateurs.
    — 1 - 2 Tantièmes et jetons de présence.
    — 1 - 3 Études et projets.
    — 1 - 4 Procès-verbaux et exécution des décisions,
                etc.

2º *Questions relatives au personnel :*

A. G. 2 - 1 Direction et secrétariat.
    — 2 - 2 Fondés de pouvoirs. Procurations.
    — 2 - 3 Mutations et promotions.
    — 2 - 4 Contrats de travail.
    — 2 - 5 Personnel administratif.
    — 2 - 6   —   ouvrier.
    — 2 - 7 Syndicats patronaux.
    — 2 - 8   —   ouvriers.
    — 2 - 9 Maisons ouvrières.
    — 2 - 10 Caisses de retraite.
    — 2 - 11   —   de secours.
    — 2 - 12   —   de chômage.
    — 2 - 13 Législation ouvrière.
    — 2 - 14 Prud'hommes,
                etc.

3º *Questions relatives aux services :*

A. G. 3 - 1 Instruction générale sur le fonctionnement des ser-
                vices et leurs attributions.
    — 3 - 2 Liaison entre les services.
    — 3 - 3 Mobilier et agencement.
    — 3 - 4 Téléphone.
    — 3 - 5 Économat,
                etc.

4º *Assurances :*

A. G. 4 - 1 Incendie.
    — 4 - 2 Accidents.
    — 4 - 3 Dégâts.
    — 4 - 4 Vol.

5° *Statistiques :*

A. G. 5 - 1 Chiffre d'affaires (décomposé par pays et par régions).
— 5 - 2 Frais généraux.
— 5 - 3 Publicité.
— 5 - 4 Prix de revient global.
— 5 - 5 Coefficients de rendement,
etc.

6° *Contentieux :*

A. G. 6 - 1 Affaire A.
— 6 - 2 Affaire B.,
etc.

7° *Lois et décrets. Questions fiscales :*

A. G. 7 - 1 Lois de finances.
— 2 Chiffre d'affaires.
— 3 Impôts cédulaires.
— 4 Impôt général sur le revenu.
— 5 Taxes sur les valeurs mobilières.
— 6 Douanes,
etc.

2° SERVICE FINANCIER

1° *Actionnaires et capital :*

S. F. 1 - 1 Capital et obligations.
— 1 - 2 Assemblées générales et dividendes.
— 1 - 3 Bilans et rapports financiers.
— 1 - 4 Correspondance avec les actionnaires,
etc.

2° *Portefeuille :*

S. F. 2 - 1 Succursales.
— 2 - 2 Filiales.
— 2 - 3 Participations.
— 2 - 4 Valeurs diverses.
— 2 - 5 Ordres de bourse.

3° *Conventions avec les banquiers :*

S. F. 3 - 1 Banque A.
— 3 - 2 — B.
— 3 - 3 — C.,
etc.

3° SERVICE COMMERCIAL

1° *Rapports du service :*

S. C. 1 - 1 Rapport sur les ventes.
— 1 - 2 — — marchés.

S. C. 1 - 3 Rapport sur les agents.
— 1 - 4 Études sur les droits de douane.
—. 1 - 5'   —   —   transports,.
        etc.

2° *Contrats :*

S. C. 2 - 1 Contrats avec la direction.
— 2 - 2   —   — le personnel.
— 2 - 3 Contrats de fabrication.
— 2 - 4 Marchés et adjudications.

3° *Documents concernant les fournisseurs et les clients :*

S. C. 3 - 1 Rapport du chef comptable,
— 3 - 2   etc.
Comme nous l'avons vu tout à l'heure, les documents concernant les fournisseurs et les clients sont classés par les services intéressés, service commercial et comptabilité, dans l'ordre alphabétique.

4° SERVICE TECHNIQUE

1° *Rapports du service :*
S. T. 1 - 1 Rapports et questions relatifs aux immeubles.
— 1 - 2   —   —   — au matériel.
— 1 - 3   — sur le fonctionnement des installations.
— 1 - 4   — sur les installations des concurrents.
— 1 - 5   — sur les inventions nouvelles. — Étude des brevets,
        etc.

2° *Constructions et installations :*

S. T. 2 - 1/0 *Nouveau bâtiment n° ... (dossier général).*
— 2 - 1/1 Études préliminaires et évaluations relatives au bâtiment.
— 2 - 1/2 Contrats et conventions annexes au bâtiment.
— 2 - 1/3 Instructions et correspondance avec l'architecte.
— 2 - 1/4   —   —   — l'entrepreneur.
— 2 - 1/5 Études préliminaires et évaluation relatives au matériel.
— 2 - 1/6 Contrats et conventions annexes relatifs au matériel.
— 2 - 1/7 Instructions et correspondance avec les constructeurs du matériel.
— 2 - 1/8 Études préliminaires et évaluations relatives aux machines.
— 2 - 1/9 Contrats et conventions annexes relatifs aux machines.
— 2 - 1/10 Instructions et correspondance avec les contracteurs des machines,
— 2 - 1/11 etc.

S. T. 2 - 2/0 *Nouveau matériel de fabrication (bâtiment n° ...
(dossier général).*
— 2 - 2/1 Études préliminaires, etc.
— 2 - 2/2 Contrats et conventions annexes relatifs au matériel.
— 2 - 2/3 Instructions et correspondance avec les constructeurs des machines.
— 2 - 3/0 *Transformation de l'installation X... (dossier
général).*
— 2 - 3/1 Études et correspondance préliminaires.
— 2 - 3/2 Contrats et conventions,
— 2 - 3/3 etc.

Dans ce groupe, on trouve les subdivisions nombreuses qui
nécessitent l'emploi d'une nouvelle décimale. Pour la clarté du
classement on donne dans ce cas aux dossiers un numéro d'ordre
distinct de celui de la subdivision à laquelle ils appartiennent ; ce
numéro peut être placé comme dénominateur pour éviter toute
confusion. Il est cependant préférable alors de remplacer par une
lettre le chiffre placé en dénominateur. On arrive ainsi à la numérotation suivante :

$$\frac{\text{S. T. 2 - 1}}{\text{A.}} \qquad \frac{\text{S. T. 2 - 1}}{\text{B.}} \qquad \frac{\text{S. T. 2 - 1}}{\text{C.}}, \text{ etc.}$$

$$\frac{\text{S. T. 2 - 2}}{\text{A.}} \qquad \frac{\text{S. T. 2 - 2}}{\text{B.}} \qquad \frac{\text{S. T. 2 - 2}}{\text{C.}}, \text{ etc.}$$

3° *Études et exploitation des brevets :*

S. T. 3 - 1 Étude n° ... sur...
— 3 - 2 Étude n° ... sur...
— 3 - 3 Exploitation du brevet n° ... pris le... ayant pour
objet...
— 3 - 4 Concession à M. ... du brevet n° ... ayant pour
objet...
— 3 - 5 Achat de licence d'exploitation à ... du brevet n° ...
ayant pour objet...
— 3 - 6 etc.

4° *Bibliothèque et revues.*

5° *Clichés.*

6° *Dessins et modèles.*

5° SERVICE DES APPROVISIONNEMENTS

A. P. 1 - 1 Rapports sur la situation des marchés passés et sur
les cours.
— 2 - 1 Transports. Réceptions. Refus.
— 3 - 1 Douanes.
— 4 - 1 Catalogues et prix courants,
etc.

6⁰. SERVICE DES FABRICATIONS

1° *Fabrications :*

F. A. 1 - 1 Rapports et situations sur les stocks.
  — 1 - 2   —   —   —   fabrications.
  — 1 - 3 Matières premières et analyses.
  — 1 - 4 Rapports sur les machines.
  — 1 - 5 Outillage.
  — 1 - 6 Personnel,
      etc.

L'accumulation de documents peut obliger à en transférer une partie dans les réserves. Dans ce cas celles-ci sont classées de la même façon que les dossiers courants, les documents gardant toujours le numéro de leur groupe et de leur subdivision. Toutefois la fiche index portera mention des documents transférés.

Classement des catalogues

Le classement des catalogues présente certaines difficultés provenant de la diversité des formats et des nombreux objets qu'ils représentent parfois.

Les catalogues et prix courants reçus d'un correspondant seront inscrits sur la fiche-index-fournisseur au fur et à mesure de leur arrivée. Ils donnent lieu également à la création d'une fiche par produit.

Si un catalogue est relatif à plusieurs produits, on établit autant de fiches que de produits annoncés intéressant l'entreprise ; ces fiches sont classées ensuite par catégories de produits, dans l'ordre alphabétique des fournisseurs.

Classement des clichés d'imprimerie

Les clichés doivent d'abord faire l'objet d'une inscription sur un registre spécial, au fur et à mesure de leur création. Un numéro d'ordre sera donné à chaque inscription et reproduit sur le dos du cliché au moyen d'une étiquette.

Les clichés sont placés dans des boîtes plates de 40 mm. de profondeur ; le fond de ces boîtes est garni d'une feuille de papier sur laquelle on classe les clichés par ordre numérique, la gravure contre le papier.

Une étiquette collée sur chaque boîte indique la série des numéros des clichés qui s'y trouvent classés.

Indépendamment de ce classement on constitue un répertoire de tous les clichés, soit sur album, soit sur fiches. Une reproduction imprimée de chaque cliché est collée sur le répertoire après y avoir inscrit le numéro du cliché. La préférence doit être donnée au répertoire sur fiche quand il s'agit de clichés nombreux pour un même ensemble d'objets, afin de pouvoir rassembler tous les clichés d'un même groupe. Si les reproductions sont collées sur un album, une récapitulation à la fin de l'album facilitera les recherches.

Le répertoire dont il vient d'être parlé, sur album ou sur fiche avec reproduction, est indépendant de la fiche-index du répertoire du classement. Toute sortie du cliché sera portée sur cette dernière, avec indication de la date de sortie et de la destination; le retour y sera porté par l'inscription de la date de rentrée.

Les clichés photographiques sont répertoriés d'après le même principe et classés verticalement dans des boîtes en carton ou en bois.

Publications diverses

Les articles parus dans des revues et journaux et intéressant l'entreprise sous une forme quelconque feront l'objet d'une inscription sur des fiches-index ; celles-ci indiqueront pour chacun d'eux le numéro ou la date de la publication et le numéro d'ordre dans le classement. Généralement les revues et les périodiques divers sont classés dans des cartons placés verticalement sur des rayons. Chaque carton reçoit un numéro qui est reproduit sur les fiches concernant le contenu.

Comme nous le voyons, les entreprises industrielles et commerciales utilisent simultanément le classement alphabétique et le classement numérique, le premier étant réservé et appliqué pour tout ce qui concerne le service commercial et la comptabilité et le second étant réservé pour le secrétariat et les services techniques.

Il serait exagéré de dire que les services techniques n'utilisent que le classement numérique, il est important au contraire de faire ressortir que celui-ci n'est utilisé qu'en raison de la complexité des questions qu'il y a lieu de suivre et pour avoir dans un lieu bien défini la documentation utile, alors que celle-ci pourrait être classée sous plusieurs rubriques distinctes ; et il est non moins important d'ajouter que chaque fois que le classement alphabétique peut être adopté la préférence lui est donnée pour permettre les recherches par tout intéressé, sans documentation préalable du classement.

Prenons les magasins de marchandises où un classement méthodique est indispensable pour assurer une distribution rapide sans difficultés. On sait qu'à défaut de classement méthodique des marchandises, les pertes de temps dans leur distribution sont considérables, nécessitant une main-d'œuvre supplémentaire sans aucun profit et des stationnements dans les magasins indiquant le flottement, l'indécision, l'inorganisation.

Le ou les magasiniers connaissent généralement l'emplacement et la case où se trouvent les marchandises, il les retrouvent facilement par l'habitude ; au besoin des tableaux situés au bout des travées ou dans certains endroits des magasins leur permettent de retrouver sans difficulté ni perte de temps l'emplacement où se trouvent classés les objets cherchés.

Il n'en est pas de même dans le bureau du magasin où sont tenues les fiches de stock. Celles-ci sont classées généralement par catégories de marchandises, soit par pièces détachées, soit par pièces composées, soit par montages partiels soit autrement, et les fiches sont classées dans l'ordre alphabétique des objets dans chaque catégorie. Ces fiches servent en même temps de répertoire et quelle que soit la personne ayant à les consulter, une simple connaissance du magasin ou des fabrications lui permet de retrouver facilement les pièces cherchées. Au surplus les fiches doivent être manipulées par le ou les employés chargés d'y porter les entrées et les sorties et seul le classement alphabétique peut permettre la rapidité dans le travail.

Les cas d'application sont trop nombreux, il n'est pas possible de les envisager tous au cours d'une simple conférence.

On trouve également dans certaines entreprises le classement alpha-numérique, système qui demande un plan de classement bien déterminé et une prévision du développement de ce classement assez exacte si on veut l'appliquer d'une façon générale.

Le classement alpha-numérique est utilisé très souvent lorsque le classement comporte des dossiers importants comme on en trouve chez les notaires, les avocats, les avoués, les experts-comptables, etc... Nous avons vu tout à l'heure que ces dossiers sont classés dans l'ordre alphabétique et que les sous-dossiers sont classés dans l'ordre numérique. Au risque de me répéter, je dirai que les systèmes de classement divers qui existent ont tous leur utilité avec des applications différentes.

Après avoir constaté que le classement alphabétique et le classement numérique s'emploient simultanément dans les mêmes entreprises, nous allons examiner celles qui utilisent plus particulièrement l'une ou l'autre des méthodes. Nous trouverons qu'une grande banque utilisera plus particulièrement le classement alphabétique et qu'une compagnie d'assurances utilisera presque exclusivement le classement numérique.

II. — *Dans une banque*

Examinons donc le classement dans une grande maison de banque ayant un certain nombre de succursales, soit dans la même ville que le siège social, soit en province, soit à l'étranger.

La première chose qui frappe l'attention, c'est l'importance des documents de toutes sortes que reçoit une banque et l'on n'envisage pas au premier abord que tous ces documents doivent circuler dans l'entreprise dans le cours de la journée pour recevoir la solution qu'ils comportent et arriver à être classés dans un endroit bien défini où ils seront retrouvés avant d'être envoyés aux archives.

Nous n'entrerons pas ici dans le détail de la distribution du courrier, nous sortirions du cadre de notre sujet. Nous retrouverons les documents à classer dans les services, au cours des opérations.

Que se passe-t-il donc au cours de celles-ci ? Lorsqu'un service reçoit les documents qui lui sont destinés, il en fait un dépouillement pour exécuter les opérations dont il a charge. Il est facile de comprendre que si les documents devaient être transmis d'un service à l'autre pour recevoir une solution dans chaque service intéressé lorsqu'ils traitent plusieurs questions, la confusion qui résulterait de la transmission des pièces serait une cause d'erreurs nombreuses tout en amenant un retard important dans les solutions à donner et les écritures à passer.

Pratiquement, lorsqu'un document d'un correspondant concerne plusieurs services, un extrait intéressant chacun d'eux est établi par la correspondance générale et envoyé aux services intéressés ; les documents envoyés à ces derniers concernent donc exclusivement les opérations qu'ils doivent effectuer. Les difficultés d'exécution sont ainsi supprimées, les exécutions se trouvent décomposées en opérations simples, habituelles à chaque service. Nous allons voir plus loin comment tous les documents pourront se retrouver au classement pour servir éventuellement de pièces justificatives, alors qu'ils auront été utilisés dans les services comme pièces d'exécution.

Prenons les virements par exemple.

On sait qu'une banque reçoit quotidiennement un nombre très important d'ordres de paiements de toutes sortes pour être effectués sur un nombre de places parfois considérable. Ces documents sont réunis sous le titre des virements et sont dépouillés en bordereaux ou fiches de dépouillement comportant des opérations simples ; cela veut dire que tout ordre de virement fera l'objet de deux fiches ou bordereaux de dépouillement, l'une concernant le débit de l'opération et l'autre concernant le crédit ; il arrivera souvent qu'un virement donnera lieu à une fiche de débit contre plusieurs fiches de crédit, ou, inversement, à plusieurs fiches de débit contre une fiche de crédit.

Le premier soin d'un service est de transmettre à la « position » tout document comptable dès son entrée ou sa création. Tout le monde connaît l'importance de la « position » en banque, section rattachée à la caisse qui doit donner à tout instant la position du compte de tout client. Le service de virements transmet donc à la position tous les documents dès leur création et vérification.

Il transmet ensuite à la comptabilité générale les documents créés et positionnés, pour y être triés, c'est-à-dire classés en vue de leur comptabilisation d'abord et de leur classement définitif ensuite.

La comptabilité générale reçoit dans le cours de la journée et au fur et à mesure des opérations, les divers bordereaux de dépouillement. Ceux-ci lui sont amenés en vrac, c'est-à-dire sans aucun classement préalable, les bordereaux concernant une même affaire épinglés en vue de la vérification à laquelle il est procédé avant triage. La comptabilité doit, en effet, vérifier si les écritures portent bien le visa du chef du service des virements, si elles sont passées à la position et si les débits et les crédits sont égaux.

Il est procédé ensuite au triage de tous les documents d'après les numéros des comptes qu'ils indiquent. On sait que dans beaucoup de maisons importantes les divers comptes reçoivent un numéro d'ordre en vue du triage des pièces et pour la rapidité d'exécution et des recherches.

Les bordereaux sont donc triés selon la division des comptes généraux et les débits et crédits sont classés distinctement.

Ils sont classés dans chaque catégorie de comptes dans l'ordre alphabétique, d'abord par pays, ensuite par ville et enfin par correspondant ou client dans chaque ville.

Un numéro d'ordre est donné à chaque pièce pour le contrôle des pièces en retour avant envoi aux archives.

Je ne m'étendrai pas sur les opérations qui ont lieu au point de vue comptable ; elles sont des plus simples grâce à la division des documents et au classement qui en a été fait. Il suffit en effet de relever les divers bordereaux dans chaque catégorie de comptes et d'en porter le montant sur les feuilles de journalisation, l'ensemble de celles-ci donnant le total des divers bordereaux en débits et crédits, les uns et les autres de même importance d'ailleurs.

Les bordereaux sont ensuite envoyés aux comptes courants pour être comptabilisés. Après écritures les bordereaux font retour à la comptabilité générale qui compte les pièces pour éviter les disparitions de documents et, lorsqu'il y a lieu, les contrôle d'après le numéro d'ordre qui leur est donné avant inscription sur les feuilles de journalisation.

Il est procédé de la même façon avec les documents venant des autres services, qu'il s'agisse des pièces de caisse ou des documents créés par les services eux-mêmes, notes de débit ou de crédit pour coupons par exemple, ou pour toute autre cause.

La comptabilité générale n'a plus qu'à envoyer au classement appelé improprement les archives, les divers documents comptables qui ont servi à passer les écritures. Ces documents sont classés par journée après avoir été groupés par catégorie de comptes, chaque catégorie réunie sous un emballage séparé, le tout formant un ballot maintenu par une sangle.

Les documents originaux sont envoyés par les services au service de la correspondance générale où ils sont mis sous le dossier des intéressés classés dans l'ordre alphabétique.

Voilà en quelques mots les bases du classement des documents concernant les opérations quotidiennes d'une banque ; vouloir les examiner en détail serait rentrer dans le cadre de l'organisation, sujet bien différent et très important qui nous entraînerait loin du classement.

On sait que les banques possèdent un secrétariat où sont classés les documents spéciaux qui sortent du cadre des affaires courantes. Les documents y sont classés généralement d'après la méthode du classement numérique dans les conditions que nous avons vues tout à l'heure.

Il en est de même du service des études où le classement numérique est le plus généralement employé.

Nous trouvons encore dans les banques un classement spécial concernant les valeurs mobilières, qu'elles appartiennent à la banque elle-même ou qu'elles soient déposées par des tiers.

Le classement des valeurs mobilières exige comme tout classement d'ailleurs un plan bien défini.

On divise d'abord le classement en deux parties bien distinctes :

a) Valeurs mobilières déposées en cautionnement ou pour assemblées générales, souscriptions ou autre cause, bloquant les titres déposés.

b) Valeurs mobilières en dépôt libre.

Dans certaines entreprises les valeurs appartenant à la banque sont séparées de celles de la clientèle ; dans d'autres au contraire le portefeuille maison est considéré comme un client.

Nous avons vu précédemment que le classement est à la base de toute organisation et qu'un plan de classement bien défini doit être établi pour la facilité des recherches ; ceci s'applique tout particulièrement au classement des valeurs mobilières dont le volume et le nombre exigent l'application d'une méthode adhéquate aux besoins de l'entreprise. Ceci revient à dire qu'une méthode peut être appliquée avec succès dans une entreprise et qu'une méthode différente donnera de meilleurs résultats dans une autre.

On trouve dans certaines banques tous les titres d'un client sous un même dossier, subdivisé lui-même en rentes, actions, obligations. Ce dossier pourra avoir deux autres subdivisions si un client a déposé en outre des actions et des obligations en nantissement, d'où la nécessité de deux dossiers, nantissements. Cette manière de procéder ne présente aucun avantage important au point de vue des contrôles, si ce n'est la suppression de la tenue d'une fiche dite « Fiche valeurs » ; par contre le détachement de coupons, les souscriptions et autres opérations qui s'y rattachent peuvent donner lieu à des omissions et être la cause d'erreurs, tout en exigeant en outre un travail plus laborieux à l'époque de ces opérations.

Le classement par valeur sera préféré le plus souvent, les actions se trouvant séparées des obligations ; il est facile de comprendre que les actions de catégories différentes d'une même société ne doivent pas être confondues.

Lorsqu'on adopte le classement par valeur, on divise généralement le classement en quatre parties :

Valeurs cotées au parquet.

— — en coulisse.

— traitées en hors cote.

— cotées à l'étranger. -

Les valeurs sont ensuite classées le plus souvent d'après le classement de la cote officielle ou de toute autre cote si elle est préférée par l'entreprise.

Lorsque le classement par valeur est adoptée, le contrôle des titres sous-dossier est effectué par deux fiches :

1º Une fiche au nom de chaque intéressé classée par lettre alphabétique, indiquant tous les titres déposés par un client. Cette fiche est parfois complétée par une fiche *bis* ou fiche nantissement.

2º Une fiche valeur, classée dans l'ordre alphabétique des valeurs, le plus souvent en groupant les valeurs d'après une cote choisie, chaque fiche indiquant pour chaque valeur le nom des déposants et le nombre de titres déposés pour chacun d'eux.

Ici encore classement et organisation sont synonymes.

On sait que les banques utilisent la fiche sur une très grande échelle pour références sur les clients, dépôt de signatures, etc. Là, encore le classement alphabétique est employé exclusivement, divisé selon les cas par régions et par villes, les sociétés formant un groupe distinct.

Nous avons parlé tout à l'heure de maisons de banque possédant un certain nombre de succursales soit dans la même ville que le siège social, soit en province, dans les Colonies ou à l'Étranger.

Généralement les succursales éloignées du siège sont autonomes, tiennent leur propre comptabilité et sont considérées comme des clients au point de vue du classement.

Si le siège social tient la comptabilité de certaines succursales, les documents intéressant chacune d'elles sont classés d'après la méthode exposée ci-dessus pour les opérations du siège social.

Si nous résumons le classement dans une banque nous trouvons :

a). Le classement alphabétique pour tout ce qui concerne les opérations quotidiennes avec la clientèle et les correspondants divers.

b) Le classement numérique pour le secrétariat et les services spéciaux.

c) Le classement par ordre chronologique pour les documents comptables.

d) Un classement particulier aux valeurs mobilières pouvant être effectué sous deux formes différentes : classement nominatif ou classement objectif.

Je ne parlerai pas des bibliothèques registres et autres documents classés d'après la méthode du classement numérique.

Le transfert aux archives générales se fait par périodes de six mois à un an selon l'emplacement disponible et les documents transférés sont classés dans l'ordre adopté pour le classement quotidien.

Le classier des archives indique sur les bordereaux d'envoi qui lui sont transmis, le local où sont classés les documents intéressés avec le numéro des rayons et des cases. Un de ces bordereaux est envoyé au service du classement qui peut ainsi indiquer l'endroit où se trouve classé tout document demandé en communication, ce qui évite aussi toute erreur d'interprétation.

Classement dans les Compagnies d'assurances

Si nous examinons maintenant le classement dans une Compagnie d'assurances, nous constaterons que là au contraire le classement par ordre numérique est employé pour toutes les opérations de la production. Nous y trouverons cependant le classement alphabétique lorsqu'il s'agira du classement des documents reçus des agents et des copies de ceux qui leur sont adressés.

Examinons donc les services de la production.

On sait que toutes les polices sont référencées par un numéro et que tout ce qui les concerne, les avenants, les quittances et autres, sont établis avec référence au numéro de la police intéressée.

L'assuré, en effet, n'est pas connu de la Compagnie, il est généralement le client de l'agent, l'assurance ne connaît que le contrat désigné par un numéro.

Au contraire, s'il s'agit des agents, la Compagnie ne les désignera pas sous un numéro bien que leurs comptes soient numérotés, mais elle les désignera par leur nom et le lieu de leur résidence. Tout ce qui aura rapport avec les agents sera donc placé sous le dossier à leur nom, classé dans l'ordre alphabétique. Cependant tous les documents reçus d'un agent pourraient se trouver placés sous plusieurs dossiers. Ainsi une lettre reçue d'un agent concernant spécialement une police sera classée dans le dossier de cette police ; si, au contraire, la lettre de l'agent concerne ses comptes, elle sera classée dans son dossier à la comptabilité ; la correspondance concernant toutes autres affaires sera classée sous son dossier à la correspondance générale.

Si une même lettre d'un agent traite plusieurs sujets ou concerne plusieurs affaires il en est fait un extrait pour chaque service intéressé et la lettre originale est classée dans le dossier de l'agent à la correspondance générale.

Pour toutes les opérations de l'exploitation, les documents sont établis avec référence au numéro de chaque police et classés dans chaque catégorie dans l'ordre numérique.

Si l'on examine de près le fonctionnement d'une Compagnie d'assurances, on constate que le classement est à la base de tout contrôle. Si la méthode de classement est bien conçue, les contrôles seront faciles, les services de la production établiront les documents, polices, avenants, échéanciers, quittances dans un minimum de temps et avec la plus grande régularité.

Si, au contraire, la méthode de classement est défectueuse, les quittances pourront être établies en double dans certains cas et des omissions pourront se produire dans d'autres cas ; d'où il résultera un travail de pointage fastidieux, parfois très long pour arriver à justifier les chiffres de chaque échéance dans chaque catégorie.

Nous venons de dire que le classement est à la base de l'organisation et de tout le travail dans une Compagnie d'assurances. Si nous prenons par exemple une Compagnie faisant deux sortes d'assurances : l'assurance-vie et l'assurance-accidents, pour limiter notre exemple, les assurances seront divisées en deux catégories : lois et droit commun, d'où l'obligation d'avoir pour les polices deux numérotages distincts :

Un pour les polices lois.

Un pour les polices droit commun.

Examinons de plus près la nécessité du classement pour exécuter les opérations dans une Compagnie d'assurances, que trouvons-nous ? D'abord des propositions faites par les agents, propositions étudiées par le bureau des polices qui conserve les documents jusqu'à conclusion et les classe sous les dossiers des agents.

Lorsqu'une police est régularisée c'est-à-dire lorsqu'elle est signée par l'assuré et que la première prime en est payée, les opérations intéressant cette police dans le présent et dans l'avenir sont immédiatement effectués, la police passée au sommier, a reçu le numéro sous lequel elle sera connue pendant toute la durée du contrat. Elle constitue la base d'un dossier qui est classé dans l'ordre numérique et conservé au service de la production.

Il est créé ensuite une fiche sur laquelle sont portés tous les renseignements concernant l'assuré et la police souscrite, le montant de la prime, la ou les échéances. Cette fiche est destinée au fichier général. Celui-ci représente le répertoire général de tous les assurés et les fiches sont classées dans l'ordre alphabétique, quelles que soient les polices souscrites par l'assuré.

Dès qu'une proposition est faite, le bureau des polices consulte le fichier général pour savoir si un assuré a déjà souscrit une police quelconque ; dans l'affirmative, il n'est pas créé de nouvelles fiches et les renseignements concernant la nouvelle police souscrite sont inscrits sur la fiche existante.

Je ne parlerai pas ici du travail de la statistique établi au moyen de fiches perforées et comptabilisées par des machines genre Powers, ce serait rentrer dans le cadre de l'organisation, je m'arrêterai à la limite du classement pour l'exécution des opérations et leur contrôle.

Après la création de la fiche destinée au répertoire général, il est créé deux fiches différentes :

a) Une fiche d'encaissement pour chaque police sur laquelle sont portés tous les renseignements prime, taxes, timbre, etc.

b) Une fiche par échéance.

Les fiches d'encaissement sont classées par agent dans l'ordre numérique des polices.

Les fiches de l'échéancier sont classées par échéance et par ordre numérique des polices dans chaque échéance.

Il est également créé un échéancier sur feuille volante par ordre numérique des polices, pour les assurés de chaque agent.

Lorsque les quittances d'une échéance quelconque doivent être établies, elles sont préparées à l'aide de la fiche de l'échéancier et complétées pour les sommes diverses à l'aide de la fiche d'encaissement, l'une contrôlant l'autre. Les quittances sont relevées à l'aide d'une machine comptable et le total trouvé doit être égal à celui de l'échéancier. En cas de désaccord, les quittances qui ont été établies d'après les fiches de l'échéancier se trouvant classées par ordre numérique des polices sont rapidement pointées avec les feuilles volantes des échéanciers établies elles-mêmes dans l'ordre numérique des mêmes polices et la différence est vite retrouvée.

Un assuré peut avoir plusieurs quittances pour la même échéance s'il a souscrit plusieurs polices, car il est établi une quittance pour chacune d'elles.

Les quittances sont envoyées ensuite à la statistique pour être comptabilisées.

Dans toutes les opérations qui suivent, encaissement des quittances, retour éventuel d'une ou de plusieurs d'entre elles, annulation, c'est toujours l'ordre numérique qui servira de base pour suivre les documents ; cependant les retours sont classés par journée et par ordre numérique dans chaque journée jusqu'à la suite donnée par les services intéressés, service de la production ou par le contentieux.

Chaque sinistre signalé à la Compagnie reçoit un numéro d'inscription et un dossier est constitué et classé sous ce numéro.

Comme on le voit, toutes les opérations de la production sont établies d'après des fiches et des documents classés dans un ordre numérique permettant un contrôle rapide des opérations.

CONCLUSION

On voit par ce qui précède que le classement joue un rôle considérable dans le fonctionnement d'une entreprise, petite ou grande. On n'en saisit généralement pas toute l'importance, car autrement on ne verrait pas le plus souvent le classement confié à des jeunes gens sans expérience, classant les documents comme l'ont fait leurs devanciers, en l'absence de toute méthode et sans un plan défini.

Je ne concluerai pas en disant qu'une méthode doit être préférée à une autre, nous avons vu au contraire que les méthodes sont applicables selon la nature des documents à classer et selon les entreprises. Bien entendu la méthode la plus simple sera toujours la meilleure et chaque fois que le classement alphabétique pourra être adopté il sera bon de lui donner la préférence. J'ajouterai que si un bon classement est un élément de réussite dans une entreprise, le matériel a aussi son importance dans l'application de la méthode adoptée ; or ce matériel existe dans le commerce, il se perfectionne tous les jours.

Pour terminer, il me resterait à exprimer le vœu que l'importance du classement soit mieux appréciée dans les milieux intéressés et notamment dans nos écoles d'enseignement commercial. On sait que le classement n'y a pas pris la place qu'il mérite, alors qu'il est à la base de toute organisation. Dans son application intégrale, classement veut dire méthode et organisation puisqu'il s'applique à toutes les parties d'une entreprise et méthode et organisation sont synonymes de production ; or, nous devons tous produire toujours davantage pour les nôtres et pour notre pays.

CHAPITRE X

LA SCIENCE STATISTIQUE

Exemples pratiques
d'application des machines à statistique

Par Georges Bonaldi
Ancien élève de l'École Polytechnique

Parmi les sujets que devait aborder ce volume, consacré à la « Technique du Travail de bureau », il était inévitable qu'un chapitre fût consacré aux graphiques et aux statistiques, qui jouent un rôle si important dans la documentation du Chef.

Aborder ce point conduit nécessairement à parler des méthodes modernes d'établissement des statistiques, à décrire les applications les plus frappantes des « Machines à statistiques » et à insister sur leurs très intéressantes possibilités en comptabilité à parties doubles.

Ainsi compris, le sujet devient bien vaste, et il supposerait, chez qui voudrait le traiter complètement et sous tous ses aspects, une compétence multiforme et quasi-universelle.

Tel n'est pas mon cas, bien évidemment. Chacun de mes lecteurs, dans sa spécialité, est à coup sûr bien plus apte que moi à discerner quels services peut lui rendre la Statistique en général, telle statistique en particulier, comment les statistiques nécessaires devront être établies et résumées en tableaux, comment leurs résultats pourront être heureusement mis en œuvre sous forme de graphiques parlant aux yeux, quels enseignements enfin (et sous quelles réserves parfois) devront être tirés de ces tableaux et de ces courbes.

Mais il n'est peut-être pas inutile, cependant, de dégager quelques idées générales à propos de ces questions diverses. Ayant réfléchi quelques instants sur la science statistique étudiée à grands traits, nous serons mieux à même de juger ce que nous pouvons demander aux statistiques, ce que nous ne devons pas leur demander, quels moyens modernes et perfectionnés s'offrent à nous pour les dresser rapidement, enfin dans quel esprit nous devons nous pencher sur leurs résultats.

****

La science statistique. — Ses origines
Développement de la Statistique dans tous les domaines

Si nous ouvrons une encyclopédie, nous y trouverons, de la science statistique, une définition du genre de celle-ci :

« La statistique est une science ayant pour objet le groupement méthodique de faits (sociaux ou autres) qui se prêtent à une évaluation numérique ».

Il me semble que le rôle de la statistique ne doit pas se borner là, et qu'il est essentiellement de son ressort d'interpréter les résultats de ces groupements et des opérations arithmétiques subséquentes, de faire l'étude critique des données, des méthodes et des résultats, et de dégager, de ces travaux et de ces études des conclusions pratiques.

Ainsi comprise, la science statistique a vu ses applications grandir d'une façon prodigieuse au XIXe et surtout au XXe siècle ; et ce vaste mouvement de progression ne me paraît pas avoir atteint encore son apogée.

a) La statistique à travers l'histoire

Dès qu'il y eut des hommes et qu'ils surent compter et philosopher, ils firent, sans le savoir, de la statistique, comme M. Jourdain faisait de la prose. Il est si tentant, à l'appui d'une thèse, quelle qu'elle soit, de citer des chiffres qui soi-disant la corroborent. Les auteurs anciens ne s'en privèrent point. Certains (je pense à Xénophon tout particulièrement) eurent vraiment la hantise du chiffre. Certains aussi durent, comme les bluffeurs de notre temps, torturer les statistiques ou même les fabriquer pour les besoins de la cause, afin de mieux étayer une conclusion contestable.

Mais c'est au XVIe siècle seulement que les érudits signalent une œuvre originale, conçue d'un point de vue essentiellement et délibérément statistique, l'ouvrage (maintenant bien oublié) du Vénitien Sansomio, intitulé *Du gouvernement des royaumes et républiques antiques et modernes.* Cet ouvrage renfermait une série d'études, basées sur la connaissance numérique des faits sociaux, et tendait systématiquement à tirer de ces données les conclusions appropriées.

Peu après, le Français Froumenteau, en 1581, orientait, lui aussi, ses efforts dans un sens analogue.

C'est enfin au cours de la deuxième moitié du XVIIIe siècle que l'on trouve trace d'une tentative pour donner à la statistique un caractère vraiment scientifique. A l'Université de Goettingue en Hanovre, (alors la plus fréquentée d'Allemagne), un professeur du nom d'Achenwall enseigna à ses élèves les principes et les méthodes de ce qu'il appela, d'un nom nouveau, « scientia statistica ».

Les idées, ainsi lancées, n'échappèrent pas à nos encyclopédistes ; elles fructifièrent en France surtout. La première opération statistique de grande envergure — un dénombrement démographique complet — fut réalisée en France, au cours de l'année 1801.

Cet exemple fut bientôt suivi par presque tous les autres pays d'Europe.

Pour les applications économiques, le Board of Trade fonctionne à Londres dès 1832. En France, il faut attendre le 19 février 1885 pour que soit constitué le Conseil supérieur de la statistique. Bientôt après un Bureau central de la statistique fut créé au Ministère du Commerce, tandis que plusieurs ministères organisaient, pour leurs besoins propres, des bureaux spéciaux de statistiques.

Mais, comme il arrive bien souvent, l'initiative privée avait su agir, elle aussi. En 1860 était fondée par des esprits cultivés, chercheurs et savants, la Société de Statistique de Paris, bientôt reconnue comme établissement d'utilité publique par décret du 19 juin 1869. Son premier président fut M. Villermé, médecin, chirurgien, sociologue et statisticien remarquable. Plus tard, viennent les Cheysson, Léon-Say, de Foville, Leroy-Beaulieu, Bertillon, etc. Ces noms glorieux sont l'honneur de la Société de Statistique de Paris.

b) *La statistique et les sciences*

Sous cette double impulsion, et publique et privée, le domaine de la Statistique, en France comme à l'étranger, grandit sans cesse.

Bien des sciences, dès la fin du xixe siècle, avaient pris une orientation nettement statistique, ou fait aux méthodes statistiques une large place. Citons par exemple, parmi les sciences exactes, l'astronomie et la physique, la première s'efforçant de cataloguer les astres de plus en plus nombreux découverts grâce à des instruments d'optique de plus en plus perfectionnés, la seconde, soucieuse de contrôler ses théories en multipliant les expériences cruciales et en rassemblant les observations de contrôle, jusqu'à ce que d'autres faits et d'autres observations, effectuées avec une précision supérieure, conduisent à élaborer une autre théorie plus adéquate, mais également provisoire.

En mathématiques supérieures, une mention spéciale doit évidemment être réservée au calcul des probabilités, et à ses applications de toutes sortes.

Parmi les sciences morales, il n'est pas jusqu'à la psychologie qui, dans ses méthodes de recherche, n'ait fait place à des opérations de caractère statistique : procédé du questionnaire, enquêtes directes ou orales multipliées, méthode des « tests » appliquée à un grand nombre de sujets.

17

Cette orientation statistique s'observe d'ailleurs dans toute science expérimentale, car elle est à la base même de l'expérimentation. Témoin les trois tables d'observations que Bacon invitait les expérimentateurs à dresser :

Table des présences, pour noter toutes les circonstances qui accompagnent la production du phénomène étudié ;

Table des absences, pour noter les cas où le phénomène ne se produit pas, en marquant les antécédents présents et absents ;

Table des degrés, pour noter les cas où le phénomène a varié d'intensité, ainsi que tous les antécédents qui ont varié parallèlement.

La guerre même et sa préparation, accentuèrent encore cette disposition d'esprit. A côté des spécialistes des sciences militaires, qui de tout temps avaient dû faire une place dans leurs travaux à la Statistique (par exemple en balistique, pour l'étude des phénomènes de dispersion, pour la cryptographie et le déchiffrement, etc.), les services d'état-major ne purent faire face aux formidables difficultés du Haut-Commandement qu'en utilisant, eux aussi, à chaque instant, la statistique (statistique des moyens de transport, des auxiliaires indigènes à recruter, de la main-d'œuvre féminine pour les usines, des besoins d'ordre économique de l'armée et de la population civile, des capacités de production des usines, de l'agriculture, etc., etc. ; enfin, statistiques du service de santé). Et nous citons spécialement ces dernières, car c'est pour les établir, croyons-nous, que l'on eut, pour la première fois en France, recours à ces merveilleuses machines à statistiques, dont nous parlerons plus longuement tout à l'heure.

L'élaboration du Traité de paix n'alla pas non plus sans de fréquents recours à la Statistique : dénombrement des minorités ethniques ou religieuses ; referendums et plébiscites en vue de l'application du principe « du droit des peuples à disposer d'eux-mêmes ».

Rappelons ici que la Société des Nations a entrepris entre autres choses, de vastes opérations statistiques, d'extension quasi-universelle. L'activité du Bureau international du Travail, dans ce sens, est des plus considérables.

En politique intérieure, d'autre part, la statistique avait partie liée avec le suffrage universel et présidait à la constitution et au jeu des partis.

Les difficultés d'après-guerre ouvrirent de nouveaux champs à la statistique, en particulier au point de vue fiscal, au point de vue économique, au point de vue monétaire. Les statistiques du mouvement des exportations et des importations (en francs ou en tonnes), celle des émissions de billets de banque ou de la circulation des bons de la Défense Nationale passionnèrent littéralement l'opinion par leur répercussion indéniable sur les mouvements du change.

De tous temps d'ailleurs les sciences sociales, économiques et politiques (sociologie, économie politique en particulier) avaient été essentiellement à base statistique. Car en ce qui les concerne, cela découle « de la nature des choses ».

Les statistiques recueillies par l'Administration, en raison de ses moyens d'investigation et de contrôle dans toute l'étendue d'un même pays, présentent évidemment, pour l'élaboration de ces sciences, un intérêt de tout premier ordre. Citons par exemple :

Parmi les faits administratifs, les statistiques relatives aux impôts, au recrutement, aux condamnations, etc. ;

Parmi les faits non administratifs, mais enregistrés par l'Administration, les statistiques des naissances, décès, mariages (qui sont à la base de toute étude démographique) ; les statistiques des exportations et des importations, etc.

Enfin l'on doit, à d'autres sources, privées le plus souvent, des renseignements de toutes natures, intéressant la géographie économique : production agricole, industrielle, tonnage des navires construits, extraction houillère, stocks existants en matières premières diverses (pétrole, caoutchouc, etc.). Certaines de ces statistiques sont même quelquefois tendancieuses, ou tout bonnement truquées.

M. Clément Colson, au livre I de son cours d'Économie politique, analyse très finement l'usage que les sciences sociales doivent faire de la statistique, et les précautions qui s'imposent. La statistique, dit-il, « constitue un instrument indispensable dans toutes les études sociales ; mais cet instrument ne doit être employé qu'avec réserve et précaution. L'abus que l'on en fait, de nos jours, est une source constante d'erreurs, qui se rattachent à deux causes principales : l'*inexactitude* fréquente des statistiques : la difficulté de leur *interprétation* ».

A propos de cette deuxième cause, M. Colson indique que la statistique ne donne pas toujours les renseignements qu'elle paraît donner, d'où nécessité d'une analyse serrée des conditions d'établissement. Il souligne aussi la difficulté de comparer, entre elles, des statistiques dressées dans divers pays ou à des époques très espacées.

Touchant au premier point, il signale combien les erreurs systématiques peuvent faire perdre toute valeur pratique à certaines statistiques, et il rappelle pourquoi d'autres statistiques, en raison des conditions de leur élaboration, sont, à coup sûr, tendancieuses et erronées.

« On soutient parfois que, dans le total, les erreurs de sens opposé se font compensation. Cela est vrai, jusqu'à un certain point, pour les erreurs purement accidentelles. Cependant le calcul des probabilités montre que l'erreur probable, sur le résultat d'une addition, croît en grandeur *absolue*, à mesure que des chiffres douteux s'ajoutent en plus grand nombre. Sans doute, la grandeur *relative* de cette erreur par rapport au total obtenu, est inférieure à l'erreur commise dans les observations les plus mauvaises ; mais elle reste fort importante, si l'erreur propre de chaque document élémentaire est fréquemment considérable. Et si, comme il arrive souvent, une partie notable de ces documents ne fournit que des chiffres lancés au hasard, qui n'ont été soumis à aucun contrôle sérieux, le résultat total reste sans aucune autorité ».

c) *La statistique et les affaires*

Débordant du domaine scientifique, la Statistique a conquis également le domaine des affaires. Et les mêmes précautions, qui s'imposent aux hommes de science pour dresser ou pour utiliser les statistiques, sont recommandées aussi aux hommes d'affaires.

Et que l'on n'aille pas supposer que, seules, certaines affaires à technique très particulière relèvent de la statistique, et que, assureur, je pense plus spécialement à l'assurance, où statistique et calcul des probabilités interviennent à la base des opérations industrielles pour dresser les tarifs, comme à la fin pour contrôler les résultats obtenus.

La Statistique joue, à présent, un rôle de premier plan dans la conduite des grandes affaires industrielles ou commerciales. L'activité statistique de groupements comme le Comité des Houillères, le Comité des Forges n'a d'égale que leur importance économique.

Conçoit-on la formation d'un vaste cartel, comme nous en voyons se créer autour de nous, sans d'importants travaux préliminaires de statistique : recherche de la production par catégorie de produits, par usine, par région, par pays, étude des prix de revient élémentaires et d'ensemble, etc. ? Et ce prix de revient s'obtient en totalisant au numérateur tous les éléments du coût de la production, et au dénominateur les nombres d'objets ou les tonnages produits.

Les luttes entre spéculateurs internationaux, par-dessus les frontières, se mènent à coup de statistiques. Citons par exemple la lutte entre producteurs, surtout anglais, de caoutchouc et les consommateurs, surtout américains, menée par le contingentement de la production (plan Stevenson) et la surveillance des stocks.

Enfin la rationalisation (si en honneur ces temps-ci, et qui, généralisée avec discernement, doit avoir pour notre économie nationale de si heureuses conséquences) peut-elle être envisagée, développée, contrôlée sans la statistique ; cette rationalisation, dont les étapes essentielles sont : statistique de tous les types et variétés en usage pour un produit afin d'en réduire le plus possible le nombre ; étude des prix de revient de chaque usine, pour éliminer les entreprises à coût de production trop élevé et orienter les autres vers leur utilisation optima, détermination des quantums de production de toutes les entreprises adhérentes ; groupement centralisateur des ordres en vue d'une répartition équitable entre tous les affiliés.

Et si, quittant le domaine des généralités, j'envisage une affaire en particulier, la vôtre ou la mienne, par exemple, que nous le voulions, que nous ne le voulions pas, nous faisons bien souvent, que dis-je ? à tout moment, de la statistique. S'agit-il de suivre le travail de nos représentants ou agents commerciaux, statistique ; de contrôler le rendement de nos machines, statistique ; d'encourager le travail de nos ouvriers, de nos employés par l'introduction du salaire aux pièces, ou l'attribution de primes au rendement, statistique et encore statistique. S'agit-il d'un détail comme une simple commande d'imprimés, d'une circulaire à envoyer à telle catégorie de nos clients, statistique. S'agit-il d'un coup d'œil d'ensemble aussi important que la détermination du prix de revient de notre produit principal, ou l'étude de la progression de notre chiffre d'affaires de mois en mois, ou d'année en année, statistique et encore statistique.

Présentation des résultats d'une statistique, d'une série de statistiques. — Comment rendre saisissable, d'un coup d'œil, l'allure d'un phénomène en fonction du temps. — Le graphique dans ses rapports avec la statistique. — Comparaison de graphiques : l'échelle logarithmique.

Nous avons essayé de montrer à quel point la Statistique s'impose et pénètre dans l'administration des affaires privées comme dans celle des affaires publiques.

Un chef d'entreprise privée, comme un chef de gouvernement ou de département ministériel, se déterminera souvent à agir dans tel ou tel sens, sur le vu de telle ou telle statistique. Il faut évidemment qu'elle soit sincère et exacte, mais aussi qu'elle soit « parlante ». Pour que le chef puisse décider vite, il faut qu'il soit vite et complètement éclairé. Car le temps du chef est précieux.

Une statistique, si longue et si pénible à établir qu'elle soit, doit pouvoir être embrassée, d'un coup d'œil, dans ses résultats essentiels par le chef.

S'il s'agit d'une opération statistique isolée, exceptionnelle, il sera prudent que le chef ait lui-même, en quelques coups de crayon, tracé le schéma du tableau d'ensemble dans lequel devront venir s'inscrire les résultats. Les exécutants, voyant nettement le but à atteindre (c'est-à-dire le cadre à remplir), seront guidés ainsi dans l'élaboration de la statistique. Le chef, trouvant les résultats inscrits là même où il le désire, où il l'a prévu, en saisit mieux et plus vite la valeur, et en tire plus sûrement les conséquences logiques.

S'il s'agit d'une série de travaux statistiques à exécuter périodiquement (le cas est très fréquent), c'est la variation des divers résultats de la statistique avec le temps qu'il importe de bien saisir. Faisons remarquer à cette occasion que, même si la valeur absolue des résultats de chaque statistique n'est pas absolument sûre, en raison des erreurs accidentelles ou même systématiques qui peuvent les entacher, néanmoins le sens et la valeur relative des variations peuvent être l'objet d'une étude fructueuse, à condition toutefois que l'on ait toujours procédé aux divers travaux statistiques exactement dans les mêmes conditions.

Une précaution s'impose évidemment : celle de dresser toujours ces tableaux successifs rigoureusement selon le même modèle. Mais si les tableaux dressés sont tant soit peu complexes, et si l'on veut en comparer plus de deux ou trois à la fois, on se heurte à une difficulté matérielle réelle. Et l'esprit, occupé à rechercher les chiffres correspondants sur les divers tableaux, n'a plus la notion nette de leur valeur relative et de l'allure des variations avec le temps. Certes, on pourrait dresser un nouveau tableau, indiquant en colonnes les valeurs successives de chacun des résultats comparés, à chacune des dates où les travaux statistiques ont été effectués.

Mais le graphique fournit, au problème qui nous occupe, une solution bien préférable. Qu'est-ce donc qu'un graphique ? C'est un tracé linéaire représentant la marche d'un phénomène, la variation d'une fonction mathématique selon les valeurs attribuées à une variable, la marche d'une machine, etc.

Les applications pratiques des graphiques sont innombrables. En particulier, on en use beaucoup dans les Compagnies de chemins de fer pour représenter la marche, les vitesses et les croisements des trains sur une même ligne ferrée. Dans les sciences expérimentales, on s'efforce toujours, pour éliminer le coefficient personnel des opérateurs, d'équiper des dispositifs d'enregistrement automatique des phénomènes ; ainsi le graphique se trace automatiquement et l'on peut ensuite l'étudier à loisir.

Nous nous bornerons ici à quelques remarques sur le graphique, dans ses rapports avec la statistique. Il n'est alors qu'un moyen simple, parlant, de suivre les variations avec le temps, d'un ou plusieurs résultats, dus à la statistique.

On portera d'habitude en abscisses (axe horizontal) le temps selon une échelle appropriée, les intervalles égaux marqués sur l'axe des abscisses représentant des jours, des semaines, des mois ou des années, selon la fréquence adoptée pour la recherche statistique considérée. En ordonnées (axe vertical), on portera les valeurs successives du résultat statistique étudié, selon une échelle convenable. Théoriquement, l'étude statistique étant discontinue, le résultat devrait être matérialisé par des *points* situés sur des verticales équidistantes. Mais on a l'habitude de relier ces points par des segments de droite. Le graphique se présente alors sous l'aspect classique d'une ligne brisée, à allure plus ou moins « fiévreuse », plus ou moins accidentée. Un simple coup d'œil d'ensemble renseigne sur les points hauts, les points bas, l'ampleur des écarts. Et la vision que l'on a eue de l'allure ainsi matérialisée du phénomène ne s'oublie plus.

S'il s'agit de l'étude d'un seul phénomène, d'un seul résultat de statistique, en fonction du temps, l'usage du graphique tel que nous venons de le décrire est parfaitement satisfaisant. Mais on peut désirer saisir d'un même coup d'œil les variations simultanées de deux phénomènes. Mon chiffre d'affaires augmente-t-il dans les mêmes proportions que mon budget de publicité ; avec quel retard mes dépenses de publicité se répercutent-elles sur mon chiffre d'affaires ? Mes bénéfices suivent-ils la marche du cours du dollar par rapport au franc, ou tout au moins la courbe des indices des prix ? etc., etc.

Tracer des graphiques distincts et les comparer n'est pas toujours aisé. Selon l'échelle adoptée pour les ordonnées, l'aspect des diagrammes peut se modifier profondément. Si je n'étudie que les valeurs relatives, selon le temps, de *deux* quantités, je pourrai, sur un même graphique, dédoubler en quelque sorte l'échelle verticale, faire coïncider à l'origine des temps le point représentant la valeur du phénomène 1 avec celui qui représente le phénomène 2, et adopter des échelles telles qu'à la longueur l représentant une variation donnée du phénomène 1 corresponde la même longueur l pour représenter la variation corrélative la plus probable du phénomène 2. Si je veux étudier par exemple les variations relatives du cours en francs français de la livre sterling et du franc suisse en 1926-27, je ferai coïncider les points 124 du diagramme livre et 491 du diagramme franc suisse, et j'adopterai, en ordonnées, une échelle 4 fois plus grande environ, dans le diagramme livres, que dans le diagramme francs suisses, de sorte qu'une variation de 25 fr. 20 dans le cours de la livre corresponde à une variation de 100 francs dans le cours du franc suisse.

Il peut arriver d'ailleurs que le chevauchement des courbes (même tracées en encres de couleurs différentes) rende l'opération malaisée et la lecture difficile. Il suffit alors de tracer dans les conditions ci-dessus, un des graphiques sur papier-fort, le second sur papier-calque, et d'effectuer la comparaison en regardant par transparence.

On pourra comparer ainsi, après expérience faite, le *graphique de prévision* tracé d'après les résultats escomptés d'une mesure ou d'un programme mis en vigueur à une certaine date, avec le *graphique de contrôle* représentant les résultats effectivement obtenus au cours de la période étudiée.

Mais, bien souvent, le problème sera plus complexe, et l'on aurait besoin d'observer les variations concomitantes de toute une série de phénomènes, connus par des études statistiques dressées aux mêmes époques. L'*échelle logarithmique* permet de triompher, élégamment, de la difficulté. Au lieu que l'axe des ordonnées soit gradué en parties égales, les divisions sont proportionnelles aux logarithmes des nombres inscrits le long de l'axe des ordonnées. Les distances de l'origine aux points marqués 10, 100, 1000, sont entre elles comme les nombres 1, 2 et 3. Étudier une grandeur ou une autre 10 fois ou 100 fois plus grande, conduit au même graphique décalé simplement vers les ordonnées croissantes de une ou de 2 unités de longueur d'échelle. Le quadrillage est donc lâche vers l'axe des abscisses et d'autant plus serré qu'on s'en écarte davantage.

La propriété essentielle de ce graphique est évidente. Si j'appelle U_m, V_m, W_m les valeurs de trois fonctions U, V, W à époque m ; U_n, V_n, W_n les valeurs des trois mêmes fonctions à l'époque n, les segments de droite reliant les points représentatifs seront parallèles entre eux si l'on a les élations

$$\frac{U_n - U_m}{U_m} = \frac{V_n - V_m}{V_m} = \frac{W_n - W_m}{W_m}$$

Ainsi à des phénomènes présentant des variations relatives égales, quelles que soient les valeurs absolues initiales, correspondront des courbes parallèles dans le graphique d'ensemble.

Un examen rapide permettra facilement aussi de discerner les phénomènes, dont les variations relatives sont égales, mais de sens contraire, ou qui présentent des variations relatives égales après un certain décalage dans le temps.

Même si l'on désire mener de front l'étude comparative d'un assez grand nombre de résultats statistiques, de valeurs absolues très diverses, les graphiques respectifs se placent facilement sur le quadrillage logarithmique (au besoin en décalant certains d'entre eux grâce à la multiplication ou division par 10 ou 100). Et la vue d'ensemble de tous ces diagrammes est du plus haut intérêt pour l'appréciation rapide, je dirais presque instantanée, des variations relatives de toutes ces quantités en fonction du temps.

La nécessité de la rapidité et de l'économie dans l'établissement des statistiques. — Les machines à statistiques. — Leurs utilisations. — La comptabilité envisagée comme un cas particulier de la statistique. — Conséquences et résultats.

Les statistiques ayant pris l'importance que nous avons indiquée, il n'importe pas seulement que le chef puisse en saisir d'un coup d'œil les résultats ; il est essentiel aussi que les exécutants soient à même de les dresser dans le minimum de temps et avec le minimum de travail matériel.

Si le travail matériel nécessaire est trop long et trop pénible, l'établissement des statistiques, qui n'est pas un travail directement productif, grèvera trop lourdement les frais généraux de l'entreprise, ou chargera exagérément les dépenses du budget considéré.

D'autre part, pour que les enseignements tirés des statistiques soient utiles, il faut que les conditions économiques, le milieu, les données de toutes sortes, influant sur les phénomènes, n'aient pas eu le temps de se modifier profondément entre l'époque des faits recensés et la date où les résultats statistiques sont obtenus. Quel parti pouvait-on pratiquement tirer, à l'époque des grandes oscillations de nos changes, des statistiques relatives au mouvement des indices des prix, au commerce extérieur (importation et exportation), etc. Lorsque ces statistiques paraissaient, quelques semaines après les évènements qu'elles relataient, l'économie de la France n'était déjà plus comparable.

Sur un plan plus particulier, je me souviens qu'un Consortium important de Compagnies Accidents avait décidé, il y a quelques années, l'étude statistique en commun des résultats de l'assurance-automobile, qui donnait lieu, financièrement, à de sérieux déboires. Certaines Sociétés adhérentes passaient trop de temps à remplir les imprimés qui devaient servir de base aux dépouillements : ceux-ci, exécutés à la main, étaient longs et pénibles. Lorsque la statistique était enfin achevée, plusieurs mois après la clôture de l'exercice étudié, l'intensité de la circulation des automobiles, à Paris en particulier, s'était accrue formidablement ; les décisions de jurisprudence alourdissaient toujours la responsabilité civile des automobilistes ; le coût des pièces de rechange, en cas de dommages matériels aux voitures, avait beaucoup renchéri. Dans ces conditions, le relèvement des tarifs auquel conduisait l'étude statistique était trop tardif et insuffisant ; et les résultats financiers de cette branche d'assurance restaient déficitaires.

a) LES MACHINES A STATISTIQUES. — PRINCIPES D'UTILISATION

Pour toutes sortes de questions, dans toute affaire, le chef doit être renseigné sur certains points d'une manière pour ainsi dire instantanée, et continue. Lorsqu'il s'agit d'affaires ou de questions de grande envergure, est-il possible d'atteindre cet idéal. Je crois qu'il faut résolument répondre « oui ». Mais ce qui n'était possible autrefois que moyennant des dépenses exagérées et en utilisant un nombreux personnel, peut être réalisé, à présent, avec la plus grande aisance et bien plus économiquement grâce aux « Machines à Statistiques ».

Voici un peu plus de trois ans que j'ai vu, en Angleterre, à la puissante Compagnie d'assurances « Prudential », fonctionner ces machines : voici 2 ans et 10 mois que ma Société en a fait l'acquisition ; les utilisations que j'avais en vue en les faisant acheter ont abouti d'une façon pleinement satisfaisante ; de nombreuses autres utilisations, auxquelles je ne pouvais même pas penser à l'origine, sont en plein fonctionnement ; les possibilités de mon service et sa rapidité d'exécution ont été considérablement accrues ; grâce à l'emploi de ces machines et de quelques autres et grâce aux réformes permises par le machinisme, 17 employés sur 62 ont pu être supprimés ; l'économie réalisée dans ce seul service, est de l'ordre de 200.000 francs par an (1), le personnel restant moins nombreux, mieux appointé, déchargé de besognes fastidieuses est plus satisfait de son sort. Il n'est point surprenant, dès lors, que je sois un partisan convaincu des machines à statistiques.

Une description détaillée de ces machines ne serait pas ici à sa place. Mieux vaut — et de beaucoup — les voir à l'œuvre que de les entendre décrire ou vanter.

Rappelons seulement, pour l'intelligence de ce qui va suivre, qu'un jeu de machines comprend :

1° Une poinçonneuse imprimante (ou souvent plusieurs), qui effectue simultanément sur les fiches la perforation et l'impression

____

(1) Dans les deux Services de la Compagnie « Le Phénix-vie » qui sont résolument entrés dans la voie du machinisme : Actuariat (c'est-à-dire service technique et statistique) et Comptabilité (service comptable et financier), l'effectif du personnel a été réduit de 104 employés à 71, soit une réduction de 32 %. L'économie annuelle, à raison de 12.000 francs en moyenne par employé supprimé, représente 396.000 francs. Encore la capacité de travail de la machine à statistiques n'est pas absorbée complètement puisqu'elle fournit en outre des travaux importants pour la branche Incendie (statistiques et déclarations fiscales). Le prix d'achat de toutes les machines utilisées, y compris les frais nécessités par l'adoption du nouveau système, n'a pas atteint 375.000 francs.

des données qui doivent y figurer. Ces données ont été préalablement codifiées de façon à pouvoir être représentées par des chiffres (sauf dans la partie correspondant aux secteurs de lettres dans la tabulatrice);

2° Une machine trieuse qui trie, à la vitesse de 400 à la minute, les cartes perforées qu'on y introduit. Selon le chiffre perforé dans la colonne considérée de la carte, celle-ci est envoyée dans celle des 12 cases portant ce même numéro d'ordre;

3° Une tabulatrice imprimante qui imprime en clair, à la vitesse d'une ligne par seconde, les données représentées par les perforations des fiches, et qui fournit instantanément le total de ces données pour une quantité arbitrairement choisie de fiches. Un ou plusieurs secteurs de 10 caractères peuvent être équipés pour imprimer, au lieu de chiffres, des lettres.

Innombrables sont, à mon avis, les utilisations possibles de ces machines. Elles ont été employées avec succès, à ma connaissance, pour les statistiques du Service de santé durant la guerre, pour le recensement et les statistiques démographiques en Angleterre et en Amérique, pour toutes sortes de travaux statistiques et comptables en Angleterre depuis la guerre (Compagnies d'assurances, banques, consortiums industriels, grosses firmes commerciales). En France, le mouvement, qui, pour les affaires commerciales, a débuté au Phénix-Vie, s'est étendu rapidement à 12 autres Compagnies françaises (branches Vie, Incendie ou Accidents); parallèlement, les Compagnies de chemins de fer utilisaient de plus en plus intensivement ces machines (statistiques du transit, office central des wagons, comptabilité des billets, etc.). La Banque de France en est elle aussi très satisfaite. D'autres affaires industrielles ou commerciales, des types les plus divers, à Paris ou en province, les ont étudiées enfin ou viennent de les adopter (1).

Rappelons comment de ces fiches perforées peut sortir une statistique. Par exemple, soit à suivre la production en divers produits des différentes usines d'une même entreprise, ou des différentes entreprises d'un même cartel. Les divers types de produits, en nombre inférieur à 1.000 par exemple, auront été désignés par des nombres de 1 à 999. Les diverses usines ou entreprises sont représentées, au moyen d'un code, par des nombres de 1 à 99 par exemple. On veut suivre, par mois ou par année, le nombre d'unités

---

(1) Nous croyons devoir signaler d'ailleurs qu'une Société s'est fondée pour mettre ces machines à la portée des affaires de moyenne importance, qui pourraient être découragées par leur prix élevé.

Ces usagers n'ont besoin de se procurer que les perforatrices nécessaires. Périodiquement, la Société en question prend livraison des fiches perforées; effectue grâce aux trieuses et tabulatrices qu'elle possède, tous les travaux statistiques ou comptables qui lui sont demandés, et rapporte ces travaux à l'usager en même temps que les fiches.

Il n'y a pas à craindre pour le secret des affaires, étant donné que les renseignements essentiels sont codifiés en chiffres sur les cartes.

Cette Société se charge à forfait de ces sortes de travaux à des prix très abordables, nous semble-t-il.

produites, dans chaque type, dans chaque usine ou entreprise, les poids des lots produits, leur valeur en francs à un cours standard, fixé d'avance selon le cours moyen des matières premières.

Chaque usine ou chaque entreprise aura sa poinçonneuse. Elle perforera sur des fiches, préparées pour cet usage, les données suivantes :

Mois (de 1 à 12) ; année (derniers chiffres du millésime-27) ; usine (83) ; produit (779) ;

Voilà, en 8 colonnes de chiffres, tout ce que j'appellerai les « indices de classement ».

Puis viendront les « éléments statistiques » destinés à être groupés et totalisés sous les divers chefs de classement. Par exemple, une fiche traduira que l'usine 83, dans le produit 779, vient d'achever la fabrication d'un lot de 1.200 pièces, pesant 900 kg. et valant au prix standard 3.240 francs. On aura réservé sur la fiche, pour ne pas être pris au dépourvu, 5 colonnes de chiffres pour les nombres d'objets, 5 colonnes pour les poids en kilogr., 8 colonnes pour les francs et centimes ; chacun de ces groupes de colonnes correspond à un secteur imprimant et totalisant de la machine tabulatrice (1).

Au total :   8 colonnes pour les indices de classement ;
                18 colonnes pour les éléments statistiques à additionner.

Je n'ai eu besoin d'employer que 26 colonnes sur les 45 que comporte la fiche.

Toutes ces fiches rassemblées au service centralisateur y seront triées à la vitesse astronomique que j'ai dite. Dans une journée de travail, environ 200.000 cartes auront pu traverser la machine trieuse. Pour déterminer la production totale du groupement, il aura fallu trier sur 3 colonnes de chiffres. Plus de 60.000 fiches auront pu être triées ainsi dans une journée de travail, et groupées en autant de paquets qu'il y a de types de produits fabriqués.

La machine tabulatrice, reprenant ces 60.000 fiches, imprimera, en moins de 17 heures, les 60.000 lignes correspondantes, donnera les nombres d'objets produits dans chaque catégorie par toutes les usines, les poids de ces objets, leur valeur au prix standard, tous les totaux étant fournis d'une façon absolument automatique par la machine.

L'Office centralisateur, quelques heures après la réception des fiches, saura donc quelle a été la production dans le mois écoulé, et quelle doit être la politique du groupement pour la vente, le réapprovisionnement en matières premières, etc.

Les mêmes fiches avec la même facilité peuvent être classées selon n'importe lequel des indices de classement qu'elles comportent, soit pour être rangées dans cet ordre dans des tiroirs de classement, soit pour être imprimées et totalisées, par la tabulatrice.

---

(1) Tout secteur imprimant de la tabulatrice sauf les secteurs de lettres peut être, à volonté, rendu en même temps totalisant. Il suffit, pour cela d'appuyer sur un bouton de commande.

Cet exemple simple, que j'ai tenu à donner, montre bien quel merveilleux rendement on peut attendre de ces machines. Le rendement est d'autant plus intéressant que le nombre des fiches à manipuler est plus grand, et la statistique à établir plus complexe (c'est-à-dire indices de classement plus variés, et nombre de groupes, sous chaque indice, plus considérable).

b) Exemples pratiques
d'utilisations des machines a statistiques

Pratiquement, au Phénix, les utilisations réalisées ont été les suivantes :

I. — *Utilisations actuarielles*

A l'actuariat de la Compagnie, mon collègue, M. Burlot, a étudié le premier, en rapport avec ce machinisme, les bases scientifiques d'une statistique complète de nos affaires — statistique de la production par agence et par profession — statistique de la production par agence et par nature de contrat — statistique des décès par maladie et par région — statistique des décès par maladie et par profession — statistique de mortalité par importance des capitaux assurés — statistique des décès suivant l'âge à l'entrée.

Tous ces précieux renseignements techniques sont tirés d'une seule fiche statistique créée à l'origine du contrat et complétée au décès de l'assuré. Ces mêmes bases ont été adoptées par toutes les Compagnies d'assurances sur la Vie employant les machines à statistiques.

M. Burlot s'est préoccupé ensuite de faire préparer par les machines le calcul des réserves mathématiques de tous les contrats en cours. Pour le calcul actuariel de ces réserves mathématiques (c'est-à-dire de la valeur devant figurer au passif de la Compagnie comme représentant l'excédent de la valeur actuelle des capitaux ou rentes exigibles, sur la valeur actuelle des primes que paiera l'assuré), il est nécessaire de grouper les contrats en cours par catégorie d'assurance, par année de naissance de l'assuré, par année d'échéance des contrats ; les coefficients résultant des barèmes actuariels doivent ensuite être appliqués dans chaque groupe, d'une part à la somme des capitaux assurés, d'autre part à la somme des primes annuelles d'inventaire. La création d'une fiche perforée pour chaque contrat en cours, permet le groupement convenable des fiches et l'établissement de l'état détaillé des contrats ainsi groupés. *La tabulatrice donne automatiquement, pour chaque groupe, le montant des capitaux et des primes servant de base aux calculs ultérieurs. C'est sur l'état même sortant de la machine tabulatrice que ces calculs sont effectués, et additionnés ensuite.*

Toutes les Compagnies d'assurances se servant des machines ont également adopté le même type de fiches et le même principe de travail.

II. — *Utilisations indirectement comptables*

Au service de la comptabilité j'ai eu, en premier lieu, à résoudre le problème du contrôle de l'émission de toutes nos quittances de primes. L'émission de ces quittances est obtenue maintenant d'une façon purement automatique par une machine à adresses, munie de sélections électriques. Un fichier de 70.000 zincs renfermant toutes les plaques correspondant à tous les contrats sur lesquels il y a des primes à encaisser, permet, chaque mois, l'impression des seules quittances devant venir à échéance dans le mois suivant. Ces mêmes zincs, qui ont servi à imprimer les quittances, donnent également, d'une façon purement automatique, les bordereaux qui accompagnent ces quittances dans les agences et les feuilles de registres qui permettent à la Compagnie d'en contrôler l'encaissement.

La machine à adresses, n'additionne pas les chiffres qu'elle est apte à aligner en colonnes sur des états. Dès l'origine nous avons dû, en même temps que l'on gravait une plaque de zinc, perforer, suivant un code approprié, une fiche portant, en particulier, le numéro de l'agence, la nature d'assurance, les indications relatives à l'échéance des primes et le montant de la prime nette. Ce fichier de carton a été tenu à jour selon les entrées et les annulations des polices, en même temps que le fichier de zinc, mais indépendamment.

Dès lors, automatiquement et d'avance, la machine à statistiques peut faire connaître, dans l'ensemble (ou agence par agence, s'il faut localiser à ce point) le nombre des quittances et le montant total (en primes nettes) devant être confié dans le mois suivant à nos différentes agences, à fin d'encaissement. Ce total est confronté chaque mois, avant expédition des quittances et bordereaux, avec le total général des totaux de ces derniers (colonne primes nettes).

Il n'est pas inutile de signaler que la Compagnie encaisse, chaque année, plus de 130.000 quittances.

D'autres utilisations n'ont pas tardé à s'imposer à mon attention, à la comptabilité.

1° *Contrôle de la production.* — Ce travail a pour but d'obtenir automatiquement, à tout instant :

a) Le nombre de contrats et le total des capitaux assurés dans une certaine période de temps par les agences de la Compagnie ;

b) La production de chacun des agents dans ce même temps ;

c) La répartition par nature d'assurance, par monnaie, etc. des contrats souscrits.

12.000 fiches par an à répartir entre 900 agences et 61 comptes d'assurances. Ma Compagnie opère en plus de 15 monnaies !

d). D'après ces états de production, dressés automatiquement, la comptabilité des rémunérations, dues aux collaborateurs intéressés à la production, s'effectue avec la plus grande facilité, sur les feuilles mêmes qui sortent de la machine tabulatrice.

2° *Contrôle des annulations.* — Statistique des contrats sortant du portefeuille et analyse des causes. Dès qu'un contrat doit être annulé pour quelque cause que ce soit (échéance, décès, rachat, résiliation prématurée), une nouvelle fiche est perforée. Cette fiche de sortie indique, en outre des renseignements que donnait la fiche d'entrée, la cause de la sortie et le nombre de primes payées auparavant. En regard des états d'entrées pour une période de temps, la machine permet de dresser des états de sorties, en analysant les différents motifs de sorties ; en même temps que la quantité de la production, due à chaque producteur, la Direction peut ainsi juger de la qualité de cette production.

REMARQUE

Ici une remarque générale me semble s'imposer. Les deux utilisations décrites ci-dessus (production d'une part et annulations d'autre part) résolvent le problème de l'inventaire permanent d'un stock. Partant d'un état néant ou de totaux par catégories préalablement obtenus par une méthode quelconque, cette double analyse, par catégorie également, des mouvements par entrées et des mouvements par sorties, permet de tenir constamment à jour un état détaillé des éléments existants, état d'ensemble ou état subdivisé en autant de catégories qu'on le désire.

De l'exposé fait en ce qui concerne le contrôle de l'émission des quittances, il découle, à mon sens, une autre solution du problème de la comptabilité d'un stock. Mais cette solution est applicable seulement dans les cas, où les sorties du stock ne peuvent porter que sur des éléments ou groupements d'éléments figurant sur une même fiche d'entrée. Le fichier qui représente le stock à un moment donné, est composé en effet de toutes les fiches relatives aux différents éléments qui sont entrés antérieurement dans le stock. On retranchera aussitôt la fiche de tout élément sortant ; on confectionnera aussitôt une fiche correspondant à tout nouvel élément qui entre ; et on possèdera ainsi en puissance l'analyse complète du stock existant à un instant postérieur quelconque, selon toutes les catégories que l'on peut désirer.

Les deux méthodes, lorsqu'elles sont toutes les deux possibles, peuvent être employées concurremment et se contrôler l'une l'autre.

III. — UTILISATION POUR LA COMPTABILITÉ PROPREMENT DITE

La comptabilité envisagée comme un cas particulier de la statistique

Parvenu à ce point, dans les applications des machines à statistiques, vous aurez, comme je l'ai eue moi-même, l'intuition très nette que leur rôle peut s'étendre encore.

Parmi les statistiques qui intéressent au plus haut point les directions et les conseils d'administration des entreprises, celles qui ont trait à la situation financière de l'entreprise sont les plus souvent demandées au chef de la comptabilité. Une comptabilité industrielle bien organisée doit permettre au chef comptable de répondre à tout instant à des questions de ce genre : la production de l'affaire se développe-t-elle, le coût de la production ne s'accroît-il pas ? S'il s'agit d'une entreprise commerciale : comment évoluent le volume et la nature des transactions réalisées ? Dans les deux cas, quels sont les mouvements des comptes réagissant le plus directement sur le compte de profits et pertes en fin d'année ; quelles sont les variations subies par les postes les plus importants du bilan, soit à l'actif, soit au passif ?

La comptabilité à parties doubles permet de répondre à ces questions. Mais s'il s'agit d'une entreprise importante, dès que l'on considère les comptes du plan comptable ayant rapport directement à l'activité spécifique de l'entreprise, le nombre des faits comptables qui doivent être enregistrés dans une même année devient considérable. Tous ces faits comptables doivent se traduire par l'inscription d'une somme au débit d'un compte, par l'inscription de la même somme au crédit d'un autre compte, et c'est le groupement statistique de toutes ces écritures, se résumant, pour chaque compte, par le solde en fin d'exercice, qui permettra l'établissement du Bilan de l'entreprise considérée.

Entre le travail d'analyse qui a permis de dresser le plan comptable de l'entreprise (analyse qui a régi les passations d'écritures depuis l'ouverture de la comptabilité considérée) et le travail de synthèse qui se traduit par le bilan et le compte de profits et pertes en fin d'exercice, toutes les opérations comptables ne sont que des opérations statistiques, effectuées à des intervalles de temps réguliers et pour lesquelles l'emploi des machines à statistiques s'imposera nécessairement dans toutes les entreprises relativement importantes.

Dans toutes ces entreprises, en effet, il ne peut plus être question de porter, sur le journal général de l'entreprise, tous les faits comptables, un à un. La création de journaux auxiliaires est indispensable. Et seuls les relevés périodiques de ces journaux auxiliaires apparaissent dans la comptabilité générale.

Pour tous ces travaux comptables, à chaque fait comptable, il suffit de faire correspondre une fiche perforée qui contiendra essentiellement, trois renseignements :

1° Numéro du compte à débiter (x) ;

2° Numéro du compte à créditer (y) ;

3° Somme à inscrire à propos de ce fait comptable au débit du compte n° (x) et au crédit du compte n° (y).

Comme je l'écrivais récemment dans un article paru dans le journal *Mon Bureau* (1), les autres colonnes de la fiche perforée (il y a 45 colonnes disponibles sur une fiche) peuvent renfermer d'autres indications en chiffres ou en lettres, permettant d'identifier le fait comptable, de le rapporter soit à une pièce d'archives par un numéro d'ordre ou une date, soit à un nom de client ou d'agent, ou de définir à son propos, une caractéristique importante (monnaie, pays...) pouvant faire l'objet, en dehors de la comptabilité générale, de dépouillements et d'analyses comptables ultérieurs.

____

(1) Numéro du mois d'août 1927.

A des intervalles de temps réguliers, les fiches passent à la trieuse. On les classe selon l'indice des comptes à débiter. La tabulatrice imprime, si on le désire, la liste complète et détaillée des écritures de débit, et fournit automatiquement la somme totale à passer au débit de chaque compte intéressé, et le total de ces débits.

On classe ensuite ces mêmes fiches selon l'indice des comptes à créditer.

La tabulatrice effectue un travail analogue, et fournit automatiquement la somme totale à passer au crédit de chaque compte intéressé, et le total de ces crédits.

Si les fiches ont été exactement perforées, si le total général des débits égale le total général des crédits, on peut avoir la certitude morale que le travail a été exécuté correctement.

Si un désaccord existait entre les deux sommes, la trieuse, avec une extrême rapidité, permettrait de « localiser » l'erreur.

La machine tabulatrice, imprimant ainsi en clair, à la vitesse de une ligne par seconde, des relevés de comptes qu'elle totalise automatiquement et qui peuvent être ensuite conservés dans des reliures à feuillets mobiles, se révèle parfaitement apte à la tenue complète de tous les journaux auxiliaires (1).

Plus le nombre des écritures à passer est grand, plus l'ampleur des « journaux auxiliaires » est considérable, plus l'emploi de ce machinisme est rémunérateur.

Il suffit, pour s'en rendre compte, de comparer le rendement du meilleur employé teneur de livres au rythme continu de la machine tabulatrice, qui ne se trompe pas, qui ne se distrait pas, qui ne se fatigue pas.

A sa vitesse théorique de 3.600 lignes (de 45 chiffres ou caractères) additionnées à l'heure, correspond aisément une vitesse pratique et régulière, pouvant être maintenue pendant huit heures ou même plus, de 2.000 à 2.400 lignes additionnées à l'heure. (La différence provient du temps nécessaire pour placer les feuillets, les retirer; et quelquefois pour alimenter la machine en cartes triées).

<h3 style="text-align:center">IV. — APPLICATIONS COMPTABLES
DANS L'ENTREPRISE CONSIDÉRÉE</h3>

J'ai eu l'occasion de mettre en œuvre ces idées au service de la comptabilité du Phénix, pour tous les travaux ci-après :

1° *Comptabilité des primes encaissées.* — A tout bordereau d'encaissement envoyé par un agent de la Compagnie, doit correspondre une écriture au débit de cet agent et au crédit d'un compte d'assurance.

---

(1) Elle peut donner non seulement la feuille du Journal auxiliaire, mais encore, par interposition de papier carbone, des doubles de tout ou partie de ces feuilles, doubles pouvant servir à des travaux intérieurs ou être adressés à des agents ou à des clients.

60.000 bordereaux par an, donc 60.000 fiches à ventiler entre 900 agences et 61 comptes d'assurances (en service actuellement).

2° *Comptabilité des rémunérations sur affaires nouvelles et sur encaissements de primes.* — Créditer l'agent, débiter le compte d'assurances. 60.000 bordereaux par an (les mêmes que ci-dessus), donc 60.000 fiches. Mêmes subdivisions.

Utilisations accessoires. — La déclaration fiscale prévue à l'article 6 de la loi du 13 juillet 1925 et qui doit comprendre tous les courtiers, agents ou intermédiaires ayant touché plus de 1.000 fr. de rémunération dans l'année, se trouve ainsi préparée automatiquement.

3° *Comptabilité des réassurances.* — Préparation automatique des comptes de la Compagnie avec ses réassureurs ou ses rétrocessionnaires : primes, commissions, recours à passer au crédit ou au débit des réassureurs, au débit ou au crédit des comptes d'assurances.

4° *Comptabilité des visites de médecins.* — Passation automatique des écritures au crédit de l'agent qui a payé le médecin, au débit des frais généraux. 5.000 reçus par an, 5.000 fiches perforées correspondantes.

Utilisations accessoires. — *a)* Déclaration fiscale (art. 6 de la loi du 12 juillet 1925) des médecins ayant touché plus de 1.000 francs dans un exercice.

b) Statistique des visites médicales passées, des assurés acceptés ou refusés.

5° *Comptabilité des sinistres, échéances, rachats, etc., à payer et payés.* — Débiter les comptes d'assurances. Créditer les agents après paiement à l'assuré.

Toutes les applications ci-dessus décrites sont en plein fonctionnement. Et non seulement les machines à statistiques participent ainsi à l'établissement de la comptabilité générale, mais encore elles permettent de ventiler, sur demande, et très rapidement, tel ou tel poste de recettes, ou de dépenses, par pays ou par monnaie, ce qui est de la plus haute importance pour une Société ayant de sérieux intérêts à l'étranger.

6° Enfin une dernière application fructueuse, et qui peut se transposer ailleurs que dans une Compagnie d'assurances, a été réalisée récemment pour reclasser à volonté un fichier en perpétuel déclassement. Les fiches indiquant, après réalisation de chaque police, le décompte des rémunérations qui seront dues aux intermédiaires, après paiement des primes des premiers trimestres, semestres ou années, doivent être conservées pendant deux ou trois ans, et l'on a occasion, de les reprendre en main à des intervalles irréguliers, puis de les reclasser pour pouvoir les retrouver facilement en cas de besoin. Le classement doit être tantôt conforme à la suite naturelle des numéros de contrats ; tantôt une répartition par agence ou par nature d'assurance s'impose. Ce fichier comporte 6 à 10.000 fiches par an, au Phénix. Le fréquent reclassement des fiches absorbait autrefois beaucoup de temps ;

des erreurs de classement étaient extrêmement gênantes. Le fichier est maintenant établi sur fiches perforées. Une partie seulement de la fiche porte les perforations qui permettent les tris désirés. Tout le reste de la fiche est disponible pour les mentions manuscrites et les décomptes nécessaires.

Nous avons cru devoir citer ces utilisations, particulières à notre Société, car il nous semble que des idées analogues, peuvent, à coup sûr, être fructueusement mises en œuvre dans toute entreprise, quelque soit son objet.

c) Conséquences et résultats

J'ai déjà indiqué brièvement, quels avaient été les principaux résultats de ces réformes.

Au point de vue de l'effectif du personnel employé, 32 %, de réduction pour les deux services de l'actuariat et de la comptabilité.

Nous n'avons néanmoins licencié brutalement aucun membre de notre personnel, nous avons simplement profité, sans embaucher d'autres employés, de départs pour des causes diverses (âge, mariage, décès, maladie...).

Une question se pose peut-être à votre esprit. Comment le personnel a-t-il accueilli ces réformes ?

Mon collègue de l'actuariat, M. Burlot, a raconté, avec un certain humour, dans une conférence qu'il a faite à le Confédération générale de la Production française, quelles avaient été les réactions successives du sous-chef d'un service, où des réformes de cette nature allaient être appliquées : « Lorsque dans ce service il fut question de supprimer deux employés, le sous-chef qui les dirigeait prétendit la chose impossible, parce que, depuis son entrée dans la Compagnie (qui remontait à 40 ans), ces deux postes avaient toujours existé. Connaissant parfaitement le travail effectué dans le service, le sous-chef tenait la suppression envisagée comme irréalisable. Pour obtenir néanmoins son concours, la direction lui fit savoir que, si la réforme aboutissait, son traitement annuel se trouverait augmenté de 1.500 francs... Quinze jours après il venait trouver son chef de service pour lui dire qu'après une nouvelle étude il était convaincu que la réforme était possible ».

La morale de cette petite histoire est que le personnel doit se sentir intéressé à l'amélioration des méthodes et à l'effort cérébral que représente la substitution, pour les employés restants, d'un travail plus intellectuel à un travail matériel.

Au Phénix, nous avons obtenu de notre Direction, que le tiers des économies réalisées annuellement, en moyenne, soit reversé sur les employés restants.

Ceux-ci touchent ainsi des « allocations de compression » qui varient, selon les services rendus, entre 800 francs par an et 2.000 francs par an. Ces allocations ne sont pas fixes, mais susceptibles de retenues si les travaux sont faits avec retard ou s'ils comportent des erreurs, si l'employé commet des fautes graves contre la discipline ou est absent trop souvent pour quelque cause que ce soit. Des suppléments sont au contraire ajoutés à ces allocations pour récompenser un effort exceptionnel, une amélioration de rendement ou une suggestion intéressante donnée par l'employé à son chef en vue d'une réforme ultérieure sur un point du service.

Notre Direction nous ayant fait confiance, nos collaborateurs ayant rapidement compris où était leur intérêt, nous avons eu la joie « de ne laisser que de moins en moins accomplir, par des hommes, des besognes qu'une machine pouvait faire à leur place ;

« de conserver moins de personnel et de le mieux appointer ».

Il nous semble que la situation générale de la France rend des réformes de cette nature particulièrement opportunes ; et que, si l'emploi généralisé des machines pouvait, dans beaucoup d'entreprises privées et de ministères, permettre de réduire le personnel administratif d'environ 25 à 40 % de son effectif initial, on verrait plus d'employés satisfaits de leur sort ; l'agriculture manquerait moins de bras ; et l'on pourrait se montrer plus difficile aux frontières sur les aptitudes et les qualités morales des travailleurs étrangers admis sur notre sol.

Conclusions

Nous avons examiné ainsi le passé de la science statistique, ses développements présents, son avenir probable. Cet avenir peut être, et même doit être, révolutionné par les machines à statistiques. Les statistiques que l'on dressait à grand peine et à grand frais par les moyens anciens, seront établies bien plus vite et pour ainsi dire sans frais à l'avenir. Des études statistiques que l'on ne pouvait se permettre d'entreprendre deviendront possibles. Les services de comptabilité eux-mêmes, je crois l'avoir démontré, devront être transformés grâce aux machines à statistiques. Le rendement des travaux comptables s'en trouvera grandement accru et leur prix de revient diminué.

Qu'il me soit permis de clore, en quelques mots, cette étude par des considérations d'ordre moins matériel. Le rôle de la statistique dans la documentation du chef, nous l'avons dit, est et doit rester considérable. Se bien documenter est fondamental pour qui veut se décider et agir en connaissance de cause. Mais la statistique constate des faits passés, elle ne lie pas l'avenir. Bien au contraire, si nous savons l'interroger, lui faire donner toutes les indications qu'elle peut fournir, elle nous dictera nos résolutions, elle nous dira où porter nos efforts.

Le développement de nos affaires n'est-il pas celui que nous nous estimons en droit d'attendre, cherchons-en les causes ; sachons, à temps, réformer nos méthodes, et changer les hommes (soit en changeant d'hommes, soit en transformant, dans le sens le plus favorable, nos collaborateurs).

Notre budget, celui de notre pays, est-il en difficile équilibre. Ne nous lamentons pas. Les lamentations sont stériles. Agissons. Décidons, ou contribuons à inspirer, sur les points essentiels, les compressions de dépenses rationnelles et nécessaires ; sachons trouver surtout les sources fécondes de ressources accrues.

Si du plan économique, nous passons au plan social, que la statistique, principe d'action, y devienne principe d'action sociale. Les statistiques prouvent que le suffrage universel traduit l'influence croissante des mauvais bergers sur les masses laborieuses, que la moralité publique se perd, que la dénatalité française menace notre pays de décadence et l'expose aux guerres d'agression. Ne nous lamentons pas ; agissons. Attaquons-nous aux causes profondes ; prêchons d'exemple ; ne laissons pas aux semeurs de haine, d'immoralité et d'erreurs le monopole de la parole et de l'action. Entre des travailleurs mieux commandés et mieux payés et des chefs soucieux de moralisation, de rationalisation dans tous les domaines, toujours dignes dans leur vie privée, toujours plus avides de servir et de se dévouer, il ne peut y avoir place pour l'envie ou pour le mépris, mais bien pour l'estime réciproque dans le respect de l'ordre social.

Notre pays qui sut trouver un Henri Fayol pour les œuvres de paix, un Albert de Mun pour les œuvres sociales, un Foch comme chef de guerre, ne peut pas échouer, là où la patrie de Taylor et de Ford a si brillamment réussi.

CHAPITRE XI

LA SIMPLIFICATION COMPTABLE

Exemple d'une entreprise complexe organisée

suivant les méthodes comptables modernes

Par René DELAPORTE

Il est un lieu commun de dire que le but d'une entreprise est de faire des bénéfices. Cela est exact, mais si elle est créée et constituée pour cette fin, elle a un autre but : rechercher un développement continu pour acquérir une force vive, lui permettant de vivre, de lutter, de vaincre.

Vivre, c'est grandir et se développer normalement, dans les limites et vers les buts de sa constitution primitive. Elle est en perpétuelle évolution.

Lutter, c'est amplifier l'idée première, en la perfectionnant, en la soutenant contre les concurrents. Elle lutte pour obtenir l'amélioration de ses prix de revient de fabrication ; elle lutte pour obtenir la diminution de ses prix de vente ; elle lutte pour fabriquer toujours des produits meilleurs. Elle lutte pour se transformer, grâce à de nouvelles méthodes, adaptées à des moyens nouveaux et secrets, etc.

Vaincre, c'est obtenir des résultats positifs, bénéficiaires, autorisant la rémunération légitime du capital et les réserves nécessaires pour les mauvais jours ou les remplacements futurs.

En conséquence, la force totale de l'entreprise sera la résultante de forces composantes : d'expansion, d'extension, d'offensive, de résistance et de défense, vers lesquelles doivent tendre tous les efforts du personnel, en suivant les directives des divers plans élaborés, et surtout celui du *plan directeur*.

Celui-ci divise l'entreprise envisagée, en :

1º Un siège social, avec comptoir de ventes, à Paris ;

2º Cinq usines ou ateliers ;

3º Vingt agences, dépôts vendeurs en province.

Chaque unité : usine ou dépôt, dans sa *vie intérieure propre*, est autonome administrativement (plan administratif), ainsi que dans ses cycles d'exploitation (plan technique), mais ses mouvements de valeurs sont centralisés et comptabilisés au Siège social ; et, *sa vie extérieure* est assurée par celui-ci.

Donc : 1° Le siège social centralise l'administration de toute l'entreprise (plan administratif).

Il possède : *a*) un comptoir d'achats où s'approvisionnent les usines et les dépôts ; *b*) un comptoir de ventes pour les transactions parisiennes, avec magasin central de réserves de marchandises, ravitaillant ce comptoir et les dépôts.

Il centralise et ordonne tous les mouvements des approvisionnements et des marchandises, ainsi que tous les règlements y afférents.

Il coordonne les commandes, les livraisons, leurs règlements, et les comptabilise.

Il centralise et ordonnance tous les mouvements d'espèces ; il dirige et alimente les trésoreries du siège, des usines et des dépôts.

Tous les règlements de l'entreprise se font par chèques bancaires ou comptes postaux, en principe.

Le siège est la pensée directrice et ordonnatrice, sous l'impulsion et la surveillance du Conseil d'administration, fixant les directives à la direction générale.

Tout lui obéit.

En conséquence :

2° Les usines (ou ateliers) fabriquent, usinent ou réparent, adressant leurs demandes d'approvisionnements et livrant leurs produits finis, au siège social.

Elles n'ont aucune relation extérieure autre qu'avec le siège social.

Toutes propositions des fournisseurs, toutes demandes de prix ou de renseignements, toutes commandes, etc., adressées directement aux usines, sont immédiatement transmises au siège social, qui *seul* a la compétence et les pouvoirs pour répondre et traiter.

Toutes les livraisons directes de l'usine à des clients ou à des dépôts, sont ordonnées par le siège social.

En résumé : les usines autonomes, administrativement et techniquement, ne sont qu'un organe du siège social ; elles ne peuvent agir *extérieurement* que par son intermédiaire.

3° Les dépôts vendeurs obéissent à ces mêmes principes.

Ils s'approvisionnent, en adressant leurs commandes au siège social, mais ils vendent directement à la clientèle : *a*) en encaissant les ventes au comptant, notées sur une situation périodique de la caisse, envoyée au siège ; *b*) en adressant au siège, un double des factures numérotées (fournies par le siège), remises à la *clientèle en compte* ; *c*) en laissant au siège, le soin de tenir les comptes de la clientèle en compte et de recevoir tous les règlements : chèques ou espèces, ou, pour la majorité : tirage de traites à 30 ou 60 jours.

Les usines et dépôts tiennent leur comptabilité *de mutations*, comptabilité originaire, leur permettant de suivre les mouvements et transformations des valeurs qui leur sont confiées ; et pour les usines, de connaître les *résultats techniques* : prix de revient et tous autres renseignements demandés par la direction de l'usine.

La comptabilité spéciale des usines et des dépôts, au moyen de situations et états périodiques, fournis par eux, et des documents émanant de l'usine (doubles envoyés au siège), est centralisée au siège social (plan comptable) où se tient la comptabilité générale.

Celle-ci contrôle les résultats particuliers de chaque unité d'exploitation ou de ventes : les prix de revient, les frais de fabrication, le rythme des ventes, les frais généraux, les frais sur ventes, etc. ; elle détermine les divers coefficients d'exploitation, de rendements, de ventes, de frais divers, etc. qui autorisent la détermination des progrès de l'entreprise.

Elle relève les erreurs, ordonne les redressements à faire et fixe les résultats, tant mensuels que périodiques ou exerciciels.

Elle présente au Conseil, à chacune de ses réunions, la balance-bilan permanente, les situations : états et prévisions, qui sont notées au plan comptable.

Plan comptable

Au Siège social. — Nous laissons de côté l'organisation de la direction générale et de ses services : administratif, fiscal, comptable et financier, régie d'immeubles, contentieux, renseignements, commercial, études, technique, etc., dont nous avons fixé les rôles dans notre dernier ouvrage *La Comptabilité* (1).

Abordons donc directement le plan comptable.

La comptabilité constitue un service autonome, mais en liaison constante avec tous les services d'exploitation. Elle est divisée en 7 sections :

1º *Comptabilité des usines* : caisse avec ventilation aux comptes collectifs ; exploitation résumée en un journal ; un grand livre des comptes collectifs et des comptes particuliers ; un grand livre des attachements pour les prix de revient ; des balances, à inventaire et bilan permanents, un livre des bilans des usines.

2º *Comptabilité des dépôts* : avec la même subdivision des livres et des comptes.

3º *Mouvements des magasins* : enregistrement des achats, des produits fabriqués, des marchandises vendues (livraisons au prix d'achat), des ventes (livraisons au prix de vente), des rendus et des avoirs.

4º *Les règlements* : caisse, chèques postaux, banques (effets à recevoir), échéancier des traites des fournisseurs autorisés à tirer, en excluant le compte des effets à payer.

5º *Les opérations diverses* : déclarations fiscales, assurances, litiges et procès, engagements contractuels, obligations de ne pas faire, redressements, ristournes, etc.

---

(1) *La Comptabilité*, 1 vol. in-8, 300 pages, 40 fr., chez l'auteur, 130, avenue de Neuilly, et chez les libraires.

6° *Les comptes courants* : fournisseurs, clients (en séries), clients litigieux, comptes spéciaux, grand livre auxiliaire des comptes du siège.

7° *Comptabilité générale* : journal centralisateur ; grand livre général avec comptes récapitulatifs (par chapitres) et collectifs (dits généraux) ; balances mensuelles à inventaire et bilan permanents, livre des bilans de l'entreprise.

Tous ces livres sont sur feuillets mobiles ou sur fiches, les deux sont employés suivant les cas, mais le feuillet mobile l'est plus, à cause des multiples reports à exécuter avec une seule frappe de machine.

Les employés, dans chaque groupe et section, sont aidés de machines à additionner, à calculer, et de machines comptables. Principe : *Faire bien et faire vite.*

Comptabilité des usines

Cette comptabilité se réduit au rôle strict de la *comptabilité des mutations* des valeurs en transformation pour se muer en valeurs d'échange.

Les valeurs d'échange ont leur comptabilité au siège, avec celle de leurs réglements.

Cette comptabilité des usines donne :

a) Les prix de revient : 1° de la pièce détaillée ; 2° de l'appareil complet ; 3° de la commande du client ;

b) Le détail de tous les frais : ceux d'usine, ceux d'ateliers, les amortissements ;

c) L'inventaire permanent de toutes les disponibilités de matières, réparties en des magasins : d'approvisionnements, de matières premières, de pièces détachées, de produits finis, de déchets et de ventes ou expéditions.

Il y a donc de multiples résultats à obtenir ; pour leur amortissement, il y aura une multiplicité de calculs. Ceux-ci sont résolus rapidement, instantanément et avec les moindres frais grâce à l'usage de la mécanographie : par l'emploi constant de machines à additionner et à calculer, et de machines comptables adaptées.

Suivons le cycle d'une commande :

1° A l'arrivée du bon de commande, venant du siège, c'est l'établissement de la nomenclature à quatre exemplaires, sur machines à plat ; les indications à y noter sont de 13 à la ligne et de 325 à la page ; cette nomenclature est envoyée : au magasin, à l'atelier, à la comptabilité, aussi ces divers services peuvent travailler immédiatement et simultanément.

2° Au magasin : pas de bons d'entrée, les bons de réception en tiennent lieu. On n'y établit que des « Bons de sortie » à quatre exemplaires pour l'atelier, la comptabilité et le siège et la souche du magasin, avec une simple machine à écrire.

Sa nomenclature en mains, le magasinier vérifie s'il possède les stocks voulus, prépare les demandes de la nomenclature, sur chariot, et fait établir le « bon de sortie ». S'il ne les possède pas, il adresse une demande au service des approvisionnements.

Dès que la demande de l'atelier lui parvient, le chariot roule vers l'atelier et apporte les approvisionnements, matières ou pièces brutes à pied d'œuvre.

Le bon de sortie du magasin destiné à l'atelier sert de livre d'entrée à ce dernier.

3° Au bureau d'atelier, dès la réception de la nomenclature, on y étudie et prépare l'exécution du travail, basée sur des fiches étalons d'exécution. On y règle la succession des travaux sur les machines-outils et l'on remet aux ouvriers leur fiche de travail et le dessin d'exécution, à l'heure choisie pour la mise en marche.

Au moment de l'exécution, l'ouvrier pointe sa fiche de travail à la machine automatique qui fixe, impérativement et sans discussion, les temps de travail, et les temps morts, qui seront relevés à la comptabilité pour l'établissement des prix de revient et des feuilles de paye.

L'exécution terminée, les produits finis sont contrôlés et dirigés (avec bons de sortie) sur les magasins des pièces détachées ou des produits finis ; les matières inutilisées (avec bon de réintégration) sur leurs magasins respectifs et les déchets (avec bons de sortie) sur le magasin des déchets.

4° Au service de la Comptabilité, l'emploi des machines est d'usage courant. On y relève : *a) des machines à calculer* pour :

1° La valorisation des fiches de travail : tant d'heures et boni acquis ;

2° La valorisation des bons de sortie du magasin (prix de revient de sortie) ;

3° La valorisation des bons de sortie de l'atelier, des bons de réintégration ;

4° La valorisation des éléments du prix de revient ;

5° Les calculs et additions des divers enregistrements aux journaux originaires d'achats, de magasins, de salaires, de mouvements intérieurs, d'opérations diverses, etc.

b) Des machines comptables, à dispositifs de répétition automatique, qui confectionnent simultanément :

1° D'après les fiches de travail et par unique frappe : le livre des salaires de chaque atelier et le compte de chaque ouvrier ; puis le journal collectif des salaires et la feuille du prix de revient (pour l'élément main-d'œuvre) ;

2° D'après les bons de sortie et ceux de réintégration : le livre de magasin et les fiches comptables du stock par nature de marchandise ;

3° D'après les bons de sortie seuls : le journal collectif des sorties des magasins et la feuille du prix de revient (pour l'élément matière).

Sans entrer dans les détails, il nous faut signaler que les bons ou fiches doivent passer rapidement aux machines (d'où étude des mouvements minima) et exactement pour obtenir un bon rendement et permettre le rythme régulier des divers autres travaux de la comptabilité.

Cette comptabilité des mutations est centralisée au siège, dans une section spéciale ; à cet effet, il est adressé au siège, tous les 10 jours :

1º Les situations de la caisse ; emploi de machines à écrire et à calculer ;

2º Les feuilles de paye, avec indications des salaires à telle ou telle commande ; emploi de machines comptables et pour une grande usine, de machines à statistique ;

3º Les mouvements de matières, avec les numéros des commandes : bons d'entrée et de sortie du magasin, bon de réintégration et de sortie des ateliers ; avis d'expédition, etc. à obtenir à trois ou quatre exemplaires, d'où emploi de machines à écrire ou de machines spécialisées.

Ces divers documents doivent être *parfaits*; c'est pourquoi, pour leur confection, l'emploi des machines est recommandé, car elles donnent la perfection demandée pour en permettre les transcriptions sans erreurs.

Au siège, ces documents sont inscrits :

1º A un livre de caisse avec discrimination de leurs sommes aux comptes collectifs situés dans des colonnes de ventilation *ad hoc* ;

2º A un livre d'exploitation par usine, tenu par article de journal, avec répartition ;

3º Aux comptes récapitulatifs et collectifs des usines : *a*) au grand livre des usines (2 catégories) et *b*) aux comptes du grand livre auxiliaire du siège, y compris les comptes particuliers, d'où quatre reports. Ces grands livres sont tenus sur feuillets mobiles divisés en cinq chapitres : un par usine ;

4º Au grand livre des commandes (livre des travaux en cours), où sont établis et vérifiés les prix de revient, totaux et unitaires, qui contrôlent ceux obtenus à l'usine.

Tous ces documents sont vérifiés, avant leurs transcriptions, au moyen de machines à calculer, et les transcriptions se font sur le livre de caisse ou celui d'exploitation ; et *la même frappe*, grâce à la machine à plat, transcrit sur cinq grands livres, au besoin, d'où suppression des reports ; rapidité, propreté et économie.

Les ventilations et classements obtenus par les grands livres autorisent un contrôle permanent et absolu qui chaque mois permet de dresser : des balances-bilans permanents, desquels ressortent la situation nette de chaque usine, avec les valeurs exactes des mouvements et des stocks des approvisionnements, des travaux en cours, des produits finis et de tous les frais de fabrication, qui se contrôlent avec la comptabilité des usines.

Comptabilité des agences et des dépôts

Dans les agences, le volume des mouvements des opérations autorise rarement l'emploi de machines comptables. Quand celles-ci sont adoptées, il nous est apparu qu'avec une organisation adéquate, les machines à plat donnaient un rendement suffisant et une économie de main-d'œuvre.

Dans tous les cas, l'usage des machines à écrire pour les factures et le courrier et les machines à calculer y sont d'un usage courant.

Au siège, sont inscrits :

1° Les achats pour le compte des agences sur : *a*) un livre des *achats* faits à des fournisseurs ; *b*) un livre des livraisons de *produits fabriqués*, tous deux avec colonnes par agences ;

2° Les ventes des agences sur : *a*) un livre des livraisons ; *b*) un livre des ventes tous deux avec des colonnes de répartition par catégories de marchandises.

Il est possible de les réduire à un seul, en ayant une colonne prix de revient au livre de ventes, à côté de celle, prix de vente, ce qui permet de relever d'un coup d'œil, à simple lecture, des erreurs grossières. Tout est cas d'espèces.

Les mêmes totaux des colonnes ventilées de ces livres sont reportés aux comptes « achats telle agence », « livraisons telle agence », « ventes telle agence », au grand livre du siège social, et en même temps aux grands livres des agences.

Les autres opérations faites par une agence sont notées aux situations de caisse et à celle de banque ; les premières appuyées sur les pièces comptables justificatives de la caisse ; la deuxième, sur les pièces de la banque, envoyées au fur et à mesure des opérations de l'agence avec la banque.

Les situations sont ventilées et classées comme celles des usines.

Il est tenu : 1° un livre de caisse des agences, à colonnes d'imputation par comptes collectifs ; 2° un livre d'exploitation pour chaque agence, à colonnes d'imputations ; 3° un grand livre des comptes de chaque agence, sur feuillets mobiles ; il est divisé en vingt chapitres ou classements : un par agence.

Les comptes particuliers des agences (3e ordre) doublent les comptes collectifs du grand livre auxiliaire du siège (2e ordre) et du compte récapitulatif de 1er ordre ; il y a là un contrôle.

Ces comptes, réduits au minimum, sont : installation, mobilier, cautionnements, caisse, banque, achats, livraisons, ventes, frais généraux, entretien de l'auto.

Les documents des agences sont envoyés tous les cinq jours ; les reports sont effectués dès arrivée par machine à plat frappant d'une seule frappe le même report sur quatre à cinq livres divers ; les balances mensuelles fixent la situation bilan ; pour faciliter la venue plus rapide de cette dernière, les mois sont clos le 25, et les exercices vont du 25 décembre au 25 décembre : Noël à Noël.

L'emploi de la mécanographie, nous le répétons, est assez onéreux dans les petites agences, dont le volume d'affaires est minime, car l'établissement des documents n'appelle point la machine, qui reste pourtant supérieure au point de vue de la perfection de leur rédaction et établissement.

En résumé, et nous prions de le méditer, le principe consiste à tenir tous les livres sur feuillets mobiles, afin d'obtenir d'une seule frappe l'inscription sur quatre à cinq feuilles.

Un livre auxiliaire appelle une inscription qui est détaillée et ventilée dans des colonnes répondant à des comptes ou des renseignements désirés. Les mêmes totaux ou les mêmes sommes ventilées devant être reportés sur plusieurs grands livres, trois à quatre en général, l'emploi de la machine comptable s'impose pour obtenir ces trois ou quatre reports par la frappe faite sur le livre auxiliaire ; les reports sont ainsi supprimés et s'il y a erreur de frappe, celle-ci sera vite retrouvée les, additions des divers livres pouvant être contrôlées à part, par une machine à additionner.

Les réglures des livres sont adoptées et arrêtées pour répondre à cette exigence.

On se rend compte qu'ainsi tous les renseignements sont obtenus et contrôlés au jour le jour, d'où exactitude, mise au courant, rapidité... et ajoutons-le, économie par l'organisation (environ 30 %) qui autorise l'amortissement rapide du matériel mécanographique, dont l'achat lui-même sera une économie dans l'avenir.

Comptabilité du Siège

Nousl'avons vu, elle a cinq sections : 1° les mouvements des magasins ; 2° les règlements ; 3° les opérations diverses ; 4° les comptes courants ; 5° la comptabilité générale centralisée.

Mouvements des marchandises

Au siège, les mouvements des marchandises et des approvisionnements de toutes sortes, pour les besoins des usines, de l'entreprise et des agences, se traduisent en :

1° Les achats d'approvisionnements d'usines, à des fournisseurs ;

2° Des achats de marchandises pour revente, à des fournisseurs ;

3° Des livraisons de produits finis par nos usines, au siège ;

4° Des ventes, à la clientèle, par le comptoir parisien et par les agences ;

5° Des livraisons du magasin des réserves, aux agences.

Approvisionnements et marchandises sont constatés par les factures des fournisseurs, enregistrées en un seul : *livre des achats*, après vérification des calculs par le service commercial ; cette notation au livre des achats s'y fait *dès leur arrivée* ; elles sont rendues au service commercial pour vérification, à la réception des marchandises, et reviennent à la comptabilité avec le *bon à payer*. Toutes modifications à ces factures se constatent par *bons de crédit ou de débit* (et non facture d'avoir) signés du service vérificateur et qui deviennent documents comptables de la rectification. Les factures sont conservées, sous dossier « paiements » jusqu'au règlement ; celui-ci effectué, elles sont remises aux archives.

Le livre des achats est ainsi réglé : 1° date ; 2° numéro de la facture ; 3° nom des fournisseurs et matricule ; 4° montant net de la facture. Ce dernier est ventilé et réparti dans des colonnes ;

5° approvisionnements ; 6° frais généraux et divers (indices) ; 7° achats du siège (indices) ; 8° achats des agences (indices) ; 9° rendus aux fournisseurs en deux sous colonnes : siège-agences et catégories de marchandises. Les indices frais généraux sont ceux de la subdivision de ce compte ; ceux des colonnes achats sont ceux des catégories de marchandises (douze).

On saisit tous les renseignements donnés, les indices permettant de les individualiser.

Ce livre est quotidiennement exécuté et reporté au moyen d'une seule frappe au : 1° grand livre des fournisseurs ; 2° grand livre des usines ; 3° grand livre auxiliaire du siège ; 4° grand livre des agences. Ces grands livres ont des comptes : achats, livraisons aux clients, livraisons aux agences, produits fabriqués, ventes, représentant les mouvements de marchandises, à multicolonnes suivant notre division, 12 catégories de produits, arrêtés par notre direction.

Nous avons donc ainsi, *en valeur*, et décomposé en catégories : les achats du siège, des agences, les approvisionnements des usines et les frais généraux (en partie).

Chaque mois les totaux du « livre des achats » sont arrêtés et journalisés en deux écritures centralisatrices (achats et rendus) sous forme digraphique.

Livraisons des produits fabriqués par nos usines. — Les usines livrent leurs produits finis : *a*) au siège ; *b*) aux agences sur l'ordre du siège, mais en facturant à ce dernier.

Toutes les livraisons sont facturées sur des factures bleues, numérotées au nom du siège et à un prix d'ordre, revisé tous les trimestres. Toutes les factures des usines sont inscrites sur le « livre des produits », tenu au jour le jour et ainsi réglé : 1° date ; 2° numéro de la facture ; 3° livraisons au siège (achats siège social) ; 4° livraisons aux agences (achats agences) ; 5° décomposition par catégories ; puis le montant est ensuite réparti à chaque usine, chacune dans sa colonne ; 6° frais sur marchandises ; 7° rendus des produits (rebuts).

Ce livre est quotidiennement reporté : 1° au grand livre des usines (produits fabriqués) ; 2° au grand livre auxiliaire du siège ; 3° au grand livre des agences, au moyen d'une seule frappe de la machine.

Tous les mois, les totaux en sont arrêtés pour le mois et journalisés.

Ventes des marchandises à la clientèle. — Les ventes sont effectuées par le comptoir du siège, par les agences et les dépositaires, au prix de vente du catalogue, sous les remises spéciales et tant pour cent de hausse temporaire. Elles sont assurées et vérifiées par le comptoir de ventes et le service des agences, sous leur responsabilité, tous documents transmis à la comptabilité.

a) *Au comptant,* elles sont encaissées par les caisses enregistreuses du comptoir et des agences.

b) *A terme* ou à règlements échéancés, les factures tirées en double ; ce dernier est transmis à la comptabilité.

Ces factures blanches des ventes sont enregistrées : 1° sur le « livre des livraisons aux clients » au prix de revient ; 2° sur le « livre des ventes » au prix de vente.

Le livre des livraisons aux clients, sur lequel sont inscrites toutes les ventes au comptant et à échéances au prix de revient, est ainsi réglé : 1° date ; 2° numéro de la facture ; 3° désignation de la marchandise par article ; 4° prix de revient unitaire ; 5° prix de revient des articles facturés ; 6° total au prix de revient facture du siège ; 7° total au prix de revient des factures des agences (colonnes 6 et 7 égalant 5). Nous avons la totalité de nos ventes, au prix de revient.

Le livre des ventes présente cette réglure : 1° date ; 2° numéro de la facture ; 3° nom du client et matricule ; 4° montant de chaque facture au prix de vente ; 5° décomposition par catégories, sous indices ; 6° frais sur marchandises ; 7° montant total pour le siège (ventes siège social) ; 8° montant total pour les agences (ventes agences).

Les retours de marchandises par les clients sont portés au « livre des retours » réglé de la même façon.

Le livre des ventes et celui des retours sont reportés quotidiennement : 1° aux grands livres des clients ; 2° au grand livre auxiliaire du siège social ; 3° aux grands livres des agences (à ces derniers : siège et agences, on reporte aussi par catégories de marchandises).

Ainsi, les sommes reportées : les comptes particuliers des clients, les ventes en compte du siège, en total et par catégories et celles des agences, en total et par catégories, sont positionnés à jour.

Ces livres sont arrêtés chaque mois et journalisés par écritures centralisatrices digraphiques.

Livraisons de notre magasin central à nos agences. — Notre magasin central ravitaille les magasins des agences sur leurs demandes, faites sur bon de commande de l'agence, adressé au service des agences. Celui-ci en prend note et le transmet : *a*) au comptoir de ventes, si les marchandises sont en stock ; *b*) au service commercial, s'il faut les acheter à l'extérieur.

a) Le comptoir de ventes, saisi du bon de commande, le remet à sa section des expéditions ; celle-ci prépare, emballe et expédie ; puis elle retourne le bon de commande et les documents annexes, preuves de la bonne fin, au service des agences.

Il est établi des factures vertes de ce mouvement intérieur de marchandises, qui sont enregistrées sur un livre « livraisons aux agences », réglé comme le livre des ventes, qui est reporté aux mêmes grands livres par le procédé de la machine à frappes multiples.

Quant aux retours, assez rares, ils seront passés par écriture digraphique aux livres des opérations diverses.

b) Les articles demandés ne se trouvant pas en stock, le service commercial, saisi du bon de commande, s'adresse à son fournisseur et fait expédier directement à l'agence destinatrice, la facture étant adressée au siège, où celle-ci suit son cycle.

Règlements

Ils ne présentent aucune particularité ; ce sont les modalités connues ; ils sont de deux sortes :

1º Nos règlements aux fournisseurs ou à nos créanciers, réglés :

a) Par paiements en espèces (caisse enregistreuse) ;

b) Par nos tirages de chèques sur notre banque, à l'ordre de nos fournisseurs (livre de banque), chèques exécutés sur machine à écrire, mais dont les caractères perforent le papier ;

c) Par nos acceptations expresses ou tacites (échéancier d'effets à payer) ;

d) Par un des moyens de notre compte postal (livre de chèques postaux).

2º Les règlements de nos débiteurs, réglés :

a) Par nos encaissements directs à leur caisse, contre acquit (caisses enregistreuses).

b) Par leurs versements à notre caisse (caisses enregistreuses).

c) Par contre remboursement (livre des chèques postaux ; grand livre des contre remboursements) ;

d) Par un des moyens de notre compte postal (livre des chèques postaux) ;

e) Par chèques à notre ordre, sur une banque (livre de banque) ;

b) Par nos tirages d'effets (livre des effets à recevoir qui peut être supprimé).

En résumé, ces règlements sont enregistrés et constatés dans cinq livres : banque ; chèque postaux ; effets à recevoir ; grand livre contre remboursements ; échéancier effets à payer, tous connus et de réglures à peu près constantes pour toutes les entreprises.

Les opérations diverses

Toutes les opérations exceptionnelles ou peu courantes, ne pouvant être enregistrées dans les livres ouverts, dont nous avons parlé, sont inscrites sur un livre d'opérations diverses : opérations relatives à certaines marchandises en consignation chez nous, ou celles remises à certains dépositaires, les virements de comptes à comptes chez nous, les compensations, etc., ainsi que les redressements et rectifications d'erreurs, les différences de factures, récupérations de timbres, centimes non payés, escomptes et rabais, pertes ou profits occasionnels, ou accidentels, etc. (les uns et les autres à ne pas confondre).

Il est reporté aux grands livres des fournisseurs, clients, du siège, des usines, des agences et des contre remboursements. Il est tenu par écritures digraphiques et centralisé au journal général sous une écriture récapitulative, sans mention de *Divers à Divers*.

Les comptes courants

Ils sont ouverts dans des grands livres auxiliaires, tenus sur feuilles mobiles avec inscriptions de machines, permettant la confection de plusieurs documents, ce sont :

1º Le G. L. des fournisseurs : 580 comptes.

2º Les G. L. des clients en 6 séries   A. B.   M. N.
       20375 comptes   C. D.   O. R.
                            E. L.   S, Z.

3º Le G. L. des contre rembourse-ment ;

4º Le G. L. du Siège social (comptes de 2e ordre) :

5e Le G. L. des Usines, en cinq chapitres ;

6º Le G. L. des Agences, en vingt chapitres ;

7º Le G. L. des Banques ;

8º Le G. L. des clients litigieux ;

9º Le G. L. des comptes spéciaux.

Tous tenus avec des machines comptables permettant l'inscription simultanée des feuillets mobiles du journal et de ceux des G. L. ou des fiches et des feuillets mobiles des G. L.

Les séries des clients sont classées dans l'ordre alphabétique, mais on gagnerait beaucoup, en temps, à les tenir *suivant les modes de règlements.*

Comptabilité générale

Elle tient : le journal général, centralisateur et légal ; le grand livre général avec comptes récapitulatifs (1er ordre) et collectifs (2e ordre) ; elle établit les balances mensuelles dans la forme dite bilan permanent : postes du bilan ; compte d'exploitation, charges et revenus, que nous fixons dans le tableau suivant, résumant tous les comptes de l'entreprise :

LES COMPTES DE L'ENTREPRISE

1er ordre	2e ordre	3e ordre	4e ordre
COMPTES RÉCAPITULATIFS	G. L. AUXILIAIRE DU SIÈGE	G. L. DES USINES G. L. DES AGENCES	LIVRES ORIGINAIRES AUXILIAIRES

A. — VALEURS DU BILAN

	Caisse Siège social.	»	Livre de caisse centrale.
	Chèques postaux.	»	Livre des chèques post.
Caisses............	Caisse des usines.	Caisse St-Denis ...... / — Vincennes. / — Douai. / — Bastille. / — Boulogne.	Livre de caisse de chaque usine.
	Caisse des agences.	Caisse agence 1 / — — 2 / .... / — agence 20	Livre de caisse de chaque agence.
	Banques du S. S.	»	
Banques............	Banque des agences.	Agence C. N. P. nº 1 / — S. G. nº 2 / .... / Agence C. O. nº 20	G. L. auxiliaire des banques.

Valeurs du Bilan

	1er ordre	2e ordre	3e ordre	4e ordre
Valeurs du Bilan	Traites et remises......	Effets à recevoir S. S.	»	Relieur des bordereaux. Échéancier.
		Effets des agences.	Effets à R. agence 1 — — 2 .... Effets à R. agence 20.	
	Portefeuille-titres......	G. L. des titres.	»	Inventaire des titres. Relieur des bordereaux d'achats et de ventes.
	Approvisionnements... Magasin...............	Seulement les chiffres des stocks.	»	Fiches par nature de marchandises.
	Clients............... Créances litigieuses ... Comptes spéciaux...... Fournisseurs...........	G. L. des clients. — des clients douteux — de ces comptes. — des fournisseurs.	» » » »	Chiffriers mensuels appelés improprement «balances ».
	PAS de COMPTE : Effets à payer, mais un..................................			Échéancier.
	Cautionnements.......	Cautionnements S. S.	»	
		Cautionts des usines.	Cts usine St-Denis. — Vincennes. .... Cts usine Boulogne.	»

	1er *ordre*	2e *ordre*	3e *ordre*	4e *ordre*
Valeurs du Bilan	Cautionnements.......	Caution^ts des agences.	C^ts agence n° 1. — n° 2. C^ts agence n° 20.	»
		du S. S.	»	»
	Terrains et bâtiments...	des usinés.	Usine St-Denis. Usine Boulogne.	Procès-verbaux d'acquisition. Livre des immeubles.
		des agences.	Agence n° 1. Agence n° 20.	
	Fonds de commerce ...	»	»	»
	Installations.........	Installations S. S.	».	
		Installations des usines.	Mêmes divisions. Cinq usines.	Livres des procès-verbaux des installations.
		Install. des agences.	Mêmes divisions. 20 agences.	
	Matériel	Matériel S. S. — usines. — agences.	» Mêmes divisions.	Livres des inventaires du matériel. Procès-verbaux de mutations.

	1er ordre	2e ordre	3e ordre	4e ordre
Valeurs du Bilan	Mobilier..............	Mobilier S. S. / — usines. / — agences.	Mêmes divisions.	Livres des inventaires du matériel. Procès-verbaux de mutations.
	Fonds social.........	»	»	»
	Réserves	G. L. des réserves.	»	Tableaux.
	Amortissements.........	Carnet des amortisse-ments.	Usines. / Agences.	Tableaux.

B. — VALEURS DU COMPTE EXPLOITATION

	1er ordre	2e ordre	3e ordre	4e ordre
Valeurs du compte d'exploitation	Pas de compte........ / Les stocks sont notés dans les valeurs du bilan.............	Approvisionnements des usines.	Approv. Us. St-Denis. / — Vincennes. / .... / Approv. Us. Boulogne.	Livre des achats.
		Achats S. S.	»	
	Pour obtenir le résultat, il y a lieu d'en tenir compte : *ici*	Achats-agences.	Achats agence n° 1. / .... / Achats agence n° 20.	
	Travaux en cours.....	G. L. des usines.	Fabrication St-Denis.	Livre des exploitations des usines.
		G. L. des attachements.	Fabrication Boulogne.	Livre des produits fabriqués.

	1er ordre	2e ordre	3e ordre	4e ordre
Valeurs du compte d'exploitation	Marchandises vendues ou livraisons........	» Ce compte groupe au prix de revient toutes les ventes du S. S. et des agences.	Mar. vend. agence n° 1 — n° 2 — n° 20	Livre des marchandises vendues.
	Ventes............	Ventes S. S.	»	Livre des ventes.
		Ventes agences.	Ventes agence n° 1. .... Ventes agence n° 20.	Livre des retours.
	Pas de compte de 1er ordre, ce sont des charges d'exploitation.	Commissions. Impôt sur chiffre d'af^{res} Escomptes et rabais. Emballages. Entretien. Transports, etc.	» » » » » »	» » » » » »

C. — CHARGES ET REVENUS

	1er ordre	2e ordre	3e ordre	4e ordre
Charges et revenus	Frais généraux........	F. G. du S. S.	»	Livre des frais généraux avec dépouillement.
		F. G. des agences.	F. G. agence n° 1, ... F. G. agence n° 20.	

	1er ordre	2e ordre	3e ordre	4e ordre
Charges et revenus { Foires et salons.......		»	»	»
Intérêts et agios......		»	»	»
Entretien autos ...... {	Entretien auto S. S. — camions usi-nes.	» Auto usine St-Denis. Auto usine Boulogne.	» Livre des opérations di-verses.

Notre formule comptable résumée dans la balance-bilan permanente donne :

    1° *Valeurs du Bilan :*

Passif — Actif = Résultats (1)

    2° *Valeurs d'exploitation et valeurs des charges et revenus :*

Valeur E — Valeurs C et R = Résultats (2)

    d'où (2) contrôle (1) à la période choisie où cette balance-bilan est établie.

CHAPITRE XII

LES PRIMES DE RENDEMENT
DANS LE TRAVAIL DE BUREAU

Par le Lt-Colonel Rimailho

Pendant longtemps, le travail de bureau n'a été qu'un pur travail de main-d'œuvre, si nous entendons par salaire de main-d'œuvre toute allocation donnée à l'agent exécutant le travail, pour rémunérer son rôle personnel dans l'œuvre générale. En effet, les instruments matériels constituant l'outillage de l'homme de bureau, sont bien souvent réduits à très peu de chose et la mécanisation d'une partie de ce travail est de date récente. Ce que l'on paie, c'est l'action personnelle, intellectuelle et matérielle de l'agent.

Dans tout travail de main-d'œuvre, une augmentation de rendement est la conséquence, à qualité égale, d'une économie de temps, soit qu'on en perde moins, soit qu'on utilise mieux celui qu'on emploie.

C'est la conscience de l'agent qui détermine le rendement, si l'on ne prend aucune mesure spéciale.

Si l'on envisage d'utiliser le « stimulant » de l'intérêt pour la recherche de l'augmentation du rendement, plusieurs objections sont immédiatement soulevées.

Pour certains, un tel procédé, appliqué à des travailleurs intellectuels, paraît choquant.

Pour d'autres, les difficultés d'application semblent insurmontables, car ce sont les cas exceptionnels qui se présentent d'abord à leur esprit. Comment mesurer le rendement d'un dessinateur ingénieux collaborant à une étude difficile ? celui d'un chef de contentieux faisant, par sa science du droit, sa perspicacité, orienter des discussions d'intérêt vers une suite favorable ? celui d'un archiviste rassemblant habilement les éléments d'une précieuse documentation ? etc.

Laissons donc, provisoirement, de côté ces cas d'exception et portons notre attention sur les nombreux agents dont la besogne quotidienne est plus terre à terre : les calqueurs qui aideront le premier, les copistes, dactylographes qu'emploiront les autres, les teneurs de livres, rédacteurs de bons, etc.

Supposons que, dans une affaire déterminée, on dresse la liste de ces derniers, il est probable que finalement ils seront en majorité.

Puisque, par définition même, les fonctions qu'ils remplissent nous apparaissent comme pouvant, à la rigueur, donner lieu à un rendement mesurable, essayons de le mesurer.

Les heures du commencement et de la fin du travail étant fixées, l'assiduité est un premier facteur du rendement. Nous avons traité ailleurs *Le pointage des temps passés* des moyens matériels d'enregistrer cette assiduité. Lorsqu'elle est défaillante, l'application de sanctions est délicate et pénible pour les chefs comme pour les subordonnés. Or, toutes les fois que le personnel est intéressé à la quantité de travail produit (toujours à qualité égale bien entendu), non seulement on n'a plus à reprocher un manque d'assiduité, mais on doit souvent lutter contre l'abus des travaux emportés à domicile. Ne trouvons-nous pas là une indication encourageante ?

Si, en étudiant plus à fond le travail de chacun, le chef, qui doit être un instructeur, nous ne cessons de le répéter, découvre, grâce à son expérience, des moyens plus rapides d'exécuter le travail, et s'il enseigne ces moyens à son personnel, de manière à lui faire réaliser des économies de temps, l'union à laquelle nous travaillons, entre les cadres et les agents, ne progressera-t-elle pas, surtout lorsque l'agent recevra, en rémunération supplémentaire, sa part dans l'économie qu'il aura réalisée ? Le chef n'aura-t-il pas acquis des titres à la confiance et à la reconnaissance de ses subordonnés ?

Or, c'est précisément en étudiant les détails des travaux de bureau qu'on a été conduit à imaginer des mécanismes pour en augmenter le rendement. Il n'est donc pas niable que des progrès peuvent être réalisés et il est évident que par la manière de s'y prendre, ordre, méthode, division du travail, on améliore le rendement ; il est clair que partout où l'on a introduit par exemple un papier carbone entre plusieurs feuilles de papier, on a supprimé nombre de copies à plusieurs exemplaires que l'on fait encore trop souvent dans trop de bureaux. Cette recherche de « la meilleure façon de s'y prendre » s'apprend, s'enseigne, c'est la fonction du bureau d'études de fabrication et des démonstrateurs dans les constructions mécaniques ; un bureau d'études des travaux de bureau, avec démonstrateurs, donnerait d'inappréciables résultats partout où il serait introduit, et ces résultats seront bien vite plus efficaces que dans les constructions mécaniques, parce que d'une application bien plus générale. En effet, les barèmes des temps alloués pour taper une page de format commercial sur une machine à écrire d'un type déterminé ne sont-ils pas valables partout où sera employée cette machine et pas seulement dans l'Établissement où les temps auront été déterminés ? Nous donnerons des exemples de travaux, chiffrés en temps, correspondant aux opérations faites dans des bureaux de comptabilité industrielle d'atelier ; leur variété en fera ressortir la généralité ; nous avons indiqué ailleurs les moyens employés pour la détermination de ces temps (*La détermination des temps alloués*), nous résumerons ces procédés pour montrer que chacun peut les appliquer facilement. On verra d'ailleurs que ce que nous avons appelé le «Bureau d'études du travail de bureau » peut être réduit à un agent spécialisé et un ou deux aides.

Nous voilà donc désireux d'appliquer des primes de rendement au travail de bureau.

En quoi consisteront ces primes ?

Par quels cas simples en commencerons-nous l'usage et comment nous y prendrons-nous ?

De la nature des primes. — Dans nos ateliers, la prime est fonction d'une part du temps économisé et, d'autre part, du salaire de la profession.

Supposons que pour faire un travail déterminé, en s'y prenant comme il est indiqué par une instruction écrite, on ait constaté que, sans effort excessif, mais avec une bonne assiduité, le temps nécessaire soit de 8 heures. Majorons, de prime abord, ce temps de 25 % et disons que « le temps limite de prime » pour faire ce travail sera de 10 heures. Cela voudra dire qu'un agent payé 3 francs l'heure, par exemple: aura droit, en plus de 3 francs par heure, à une prime par heure passée, si le travail est fait en moins de 10 heures (pour un temps passé de 10 heures ou davantage, l'heure n'est payée que 3 francs, aucune prime supplémentaire n'étant plus gagnée au-dessus du « temps limite de prime »). Le calcul de cette prime est très simple : le prix de l'heure passée est majoré d'un cinquième si le temps économisé est le cinquième du temps alloué, d'un quart si le temps économisé est le quart du temps alloué, d'un dixième si le temps économisé est le dixième du temps alloué ; on voit la règle : la proportion du temps économisé sert à majorer dans la même proportion le salaire du temps passé. Dans notre exemple, si un agent à 3 francs l'heure, pour un temps limite de prime (temps alloué) de 10 heures, a passé 8 heures à faire le travail, il recevra 24 francs plus une prime. Pour le calculer on dira : l'économie est de 2 heures, soit 20 % du temps alloué, l'heure de travail sera majorée de 20 % de 3 francs, soit de 0 fr. 60, la prime pour les 8 heures de travail sera de 4 fr. 80.

Si, pendant un mois, un employé peut faire normalement, en s'y prenant comme l'indique l'instruction, 750 documents, et si on lui fixe comme « nombre limite de prime » 600, s'il en fait 800 dans un mois on appliquera la prime en disant : sur les 800 documents faits, 200, soit 25 % du total, sont en plus du nombre limite (au-dessous duquel il n'y a pas de prime), le salaire mensuel de 900 francs de cet employé sera majoré dans la même proportion (25 %), la prime sera de 225 francs.

Des cas simples d'application. — La règle étant admise, comment l'appliquer ? Et d'abord, qui l'appliquera ? Notre bureau d'études du travail de bureau devrait entrer en jeu. Nous le réduirons pour commencer à un seul « observateur ». Il sera choisi de préférence dans le personnel existant et nous lui demanderons principalement :

a) D'être convaincu que la volonté de son patron est de voir généraliser le travail à la prime ;

b) De savoir déterminer la meilleure façon d'exécuter le travail, soit en le faisant exécuter devant lui, soit en le faisant personnellement ;

c) De faire définir, soit par ses chefs, soit avec la collaboration des services intéressés, quelle est, pour chaque cas «l'unité de tâche»;

d) De noter soigneusement par plusieurs essais, dont on prend la moyenne, le temps normalement nécessaire, (en s'y prenant comme on l'a dit en *b*) pour faire la tâche ou inversement le nombre d'unités de tâche pouvant être faites, sans surmenage comme sans flânerie, pendant l'unité de temps.

Il n'est pas inutile de donner les motifs qui nous font recommander l'application de ces divers principes. Nous avons dit que l'observateur serait choisi dans le personnel existant. C'est qu'il ne faut pas négliger le côté psychologique du problème que nous abordons. Introduire un nouveau venu dans les bureaux, si qualifié soit-il, c'est indisposer le personnel à qui on veut ainsi faire donner une leçon.

Ce n'est pas dès le début, mais plus tard, quand les idées modernes que nous défendons seront mieux comprises dans les services dont nous voulons augmenter le rendement, quand chacun aura acquis la notion de la difficulté et surtout quand tout le monde aura saisi le but poursuivi, avec son caractère de mesure utile à l'intérêt général comme aux intérêts particuliers, que les agents eux-mêmes réclameront les conseils momentanés de spécialistes, comme un médecin traitant est conduit, dans un cas difficile, à consulter un maître particulièrement entraîné à traiter les questions spéciales qui se posent.

a) Nous avons rappelé que le patron lui-même devait avoir la ferme volonté de voir généraliser le travail à la prime ; car si le personnel pouvait douter de cette volonté, toutes les forces de routine ne tarderaient pas à trouver un appui contre une semblable innovation.

b) Il faut savoir déterminer la meilleure façon d'exécuter le travail. On a vu parfois, dans un zèle un peu excessif, « chronométrer » le travail tel qu'il se faisait au moment considéré. On n'a pas assez tenu compte du fait que ce travail était peut-être exécuté, à ce moment, par un agent exceptionnellement actif... ou le contraire ; si on a pris le temps ainsi relevé pour bon, on aura l'étonnement de voir réaliser des primes de taux inattendu, dans un sens ou dans l'autre, selon le zèle, la qualité... ou la flânerie de l'agent qu'on aura pris pour modèle (1).

____

(1) V. plus loin (Application dans une Banque) le moyen préconisé pour réparer une erreur dans la détermination de la tâche.

Ici encore le facteur psychologique doit intervenir. Quelle que soit l'expérience d'ordre général que possède un organisateur, il ne connaîtra jamais à fond chaque détail d'un métier. Qu'il s'adresse donc à ceux dont la fonction consiste à exécuter ou à faire exécuter ce travail. Au premier abord chacun lui dira qu'il opère au mieux, « parce qu'il a la pratique » ; notre observateur demandera donc à être initié, en prenant le rôle d'élève et non d'instructeur. Son partenaire sera d'autant plus flatté que justice sera rendue à son expérience, d'ailleurs très réelle et indispensable à consulter ; chemin faisant l'organisateur suggèrera que, si on employait une autre machine, on irait plus vite ; personne n'en disconviendra ; si on ordonnait la tâche autrement, on pourrait éviter un temps perdu, etc. ; bref, c'est en commun que la meilleure façon de s'y prendre sera choisie et il sera de bonne politique d'en laisser tout l'honneur à ceux qui seront chargés de l'appliquer. Le patron ne devra pas oublier non plus de donner à ces derniers leur juste part de l'économie faite. Nous montrerons, dans les exemples présentés, la formule que nous appliquons pour fixer la prime des agents principaux chefs de section, compte tenu, d'une part, de la proportion des travaux à la prime exécutés dans leur service et, d'autre part, de la majoration de salaire obtenu par leurs agents par l'augmentation du rendement.

A l'usage, on appréciera le progrès matériel et moral ainsi réalisé quand on aura la satisfaction d'entendre un chef de service qui disait pour souligner son importance : « il me faut 20 employés pour mener ma tâche à bien », annoncer maintenant avec un autre genre de fierté : « je m'en tire très bien avec 15 employés ».

Applications. — Nous ne pouvons mieux faire pour appuyer notre thèse que de donner des exemples vécus que nous prendrons dans trois ordres d'application :

1º Aux travaux d'un bureau central de comptabilité. Ces bureaux, dans nos ateliers de Nevers, Saint-Pierre-des-Corps et Villefranche (Compagnie générale de Construction et d'Entretien de matériel de chemin de fer) fonctionnent comme nous venons de dire, et nous donnons ci-après : une note sur l'organisation de ce travail, copie d'une des nombreuses « Instructions » en usage et enfin les résultats obtenus ;

2º Aux travaux d'une Banque ;

3º Aux travaux d'une Compagnie d'assurances.

* * *

NOTE SUR L'ORGANISATION ET L'APPLICATION
DU PAIEMENT A LA PRIME A UN TRAVAIL DE BUREAU
AUX ATELIERS DE LOCOMOTIVES DE NEVERS
(C. G. C. E. M.)

La mise à la prime d'un travail, quel qu'il soit, conduit d'abord :

a) A déterminer exactement les différentes opérations élémentaires à exécuter pour réaliser ce travail ;

b) A déterminer ensuite les temps nécessaires pour l'exécution de ces diverses opérations.

Parmi les travaux de bureau :

Les uns se composent d'une série d'opérations élémentaires qui se répètent continuellement (travail de copie, classement de fiches, additions de nombres, décomptes, reports, etc.), présentent un certain automatisme et demandant un minimum de réflexion à l'employé qui les exécute ;

Les autres, au contraire, présentent un certain imprévu et exigent de ceux qui en sont chargés une part de raisonnement et des recherches intelligentes.

La mise à la prime des premiers sera presque toujours facile ; celle des autres présentera plus de difficultés, mais sera rarement impossible.

En tout cas, dans un même bureau, les travaux pour lesquels aucun temps ne peut être donné pourront presque toujours être confiés à un employé spécialisé ou à quelques employés, toujours les mêmes, rémunérés d'une façon spéciale ; et rien ne s'opposera à ce que l'ensemble des autres travaux de ce bureau soient payés aux employés qui les exécutent à l'aide d'une prime proportionnelle au rendement obtenu.

La proportion des travaux de bureau pour lesquels aucun temps ne peut être fixé est plus faible qu'on ne le pense généralement *a priori*.

On se trouvera fréquemment en présence de cas analogues au cas simple suivant :

Un employé reçoit et utilise chaque jour pour son travail un certain nombre de documents. Faute d'instructions précises, cet employé s'interrompt fréquemment dans son travail pour classer dans différents dossiers les documents qu'il a utilisés et qui ne lui sont plus nécessaires. Le travail fait par cet employé présente ainsi une certaine variété, et il semble difficile, *a priori*, de fixer un temps raisonnable pour les recherches fréquentes auxquelles son travail même paraît l'obliger. Cet employé reçut alors des instructions pour conserver près de lui les documents, et pour ne les classer et ne les archiver qu'à des jours et heures déterminés. Ce travail devint pour lui une sorte de travail en série pour lequel il fut facile de fixer un temps moyen très approché.

L'expérience faite au Bureau central des ateliers de Nevers, chargé de dépouiller le pointage des ouvriers, de calculer les salaires et les primes à payer à chacun d'eux, d'imputer aux différentes commandes les dépenses de main-d'œuvre et de matières, de déterminer les frais généraux, d'extraire et de contrôler de nombreux résultats, nous a permis de constater que des temps pouvaient être raisonnablement déterminés pour plus de 90 % des travaux exécutés par ce bureau.

Nous examinerons d'une façon succincte :

1º Comment est calculée chaque mois la prime des employés du Bureau central ;

2º Comment est déterminé le temps limite de prime à allouer chaque mois à chaque employé ;

3º Comment ont été fixés les temps limites de prime alloués pour chaque opération élémentaire.

I. — CALCUL MENSUEL
DE LA PRIME DES EMPLOYÉS DU BUREAU CENTRAL

La prime réalisée chaque mois par un employé du Bureau central est calculée à l'aide de la formule Rowan :

$$P = s\,t\,\frac{T - t}{T}$$

dans laquelle :
S représente le salaire de base fixé à 2 fr. 50 ;
t le temps passé dans le mois relevé sur la fiche de pointage de cet employé ;
T le temps limite de prime total qui lui a été alloué pendant le mois.

Les employés principaux chefs de section touchent également une prime calculée d'après la formule :

$$P = s\,t \times n \times c$$

dans laquelle :
S, salaire de base, est fixé à 2 fr. 80 ;
t est le temps passé dans le mois ;
n est le coefficient de rendement moyen du travail à la prime de la section (majoration moyenne de salaire) ;
c est le coefficient de travail à la prime moyen de la section (proportion des travaux exécutés à la prime sur l'ensemble des travaux de la section).

II. — DÉTERMINATION DU TEMPS LIMITE T
ALLOUÉ A CHAQUE EMPLOYÉ

Un travail quelconque effectué par un employé comprend un certain nombre d'opérations *élémentaires* pour chacune desquelles un temps limite de prime unitaire a été déterminé.

L'ensemble des temps unitaires correspondant aux opérations élémentaires d'un travail déterminé constitue le temps limite de prime unitaire donné pour ce travail.

Il suffit donc de savoir combien de fois un employé a exécuté dans sa journée un travail unité déterminé, pour connaître le temps limite de prime correspondant qui doit être alloué à cet employé.

Par exemple, un employé chargé du dépouillement des fiches de pointage de 6 jours doit exécuter, en particulier, les opérations élémentaires suivantes :

a) Compter et classer les fiches de pointage par numéro croissant de matricules d'ouvriers ;

b) Décompter le nombre d'heures de présence (heures normales et heures supplémentaires) pointé sur chaque fiche, pour chacune des 6 journées de la période ;

c) Déterminer et inscrire sur chaque fiche le temps passé par commande ;

d) Totaliser les temps passés par commande, et s'assurer que ce total correspond au total des temps de présence de l'ouvrier pendant la même période ;

e) Reporter le total des temps passés par période de 6 jours sur les feuilles de paie.

A chacune de ces opérations élémentaires correspond un temps unitaire élémentaire.

L'ensemble de ces temps unitaires élémentaires donnera le temps unitaire correspondant au *travail unité consistant à dépouiller une fiche de pointage.*

Il suffira de connaître le nombre de fiches de pointage dépouillées par l'employé pendant sa journée, pour déterminer le temps limite de prime correspondant qui doit lui être attribuée.

Chaque employé notera donc chaque jour, sur une fiche de travail spéciale, le nombre des travaux-unités qu'il a exécutés et remettra cette fiche à son chef de section. Celui-ci reportera sur un état spécial le nombre des travaux-unités exécutés par chaque employé au cours de chaque journée de travail.

A la fin du mois, il totalisera le nombre de travaux-unités exécutés par chaque employé au cours du mois et en déduira le temps limite de prime T qui doit être attribué à chacun d'eux.

Dans le cas cité plus haut, l'employé chargé de dépouiller des fiches de pointage inscrira, par exemple, sur sa fiche de travail journalière :

Nombre
—

Fiches de pointage dépouillées.   25

Au bout du mois, le nombre des fiches de pointage dépouillées par cet employé sera totalisé, et trouvé égal, par exemple, à 750.

Le temps unitaire donné pour le dépouillement d'une fiche de pointage étant dans le cas particulier de cet employé de 0,043, le temps limite qui lui sera attribué pour ce travail sera de :

$$0,043 \times 750 = 32 \text{ h. } 25$$

En résumé, pour déterminer les temps limites de prime à allouer pour un travail de bureau, il sera nécessaire :

a) De décomposer ce travail en opérations élémentaires à chacune desquelles correspondra un temps limite de prime unitaire élémentaire ;

b) De grouper ensemble, sous le nom de travail-unité, celles de ces opérations élémentaires qui peuvent être rapportées à la même unité et qui sont entraînées les unes par les autres ;

c) De faire prendre attachement des différentes sortes de travaux-unités et du nombre de travaux-unités exécutés chaque jour par chaque employé.

Le nombre de travaux-unités totalisés en fin de mois et la connaissance des temps unitaires correspondant à chacun d'eux, permettront de calculer facilement le temps limite de prime à allouer à chaque employé.

Nous ferons ici une remarque :

L'ouvrier qui exécute un travail dans l'atelier reçoit du Bureau de fabrication un bon de travail comportant la nature et le nombre des travaux à exécuter, ainsi que le temps limite de prime alloué pour chacun d'eux.

Il ne saurait être question, pour un travail de bureau, de créer une sorte de bureau de préparation qui, en remettant à chaque employé un bon précisant le travail à exécuter, lui indiquerait en même temps le temps alloué pour ce travail. Ce système entraînerait une trop grande complexité dans le travail de bureau et irait à l'encontre du but cherché, qui est une économie du nombre d'heures de travail d'employé.

Nous sommes donc amené à laisser à chaque employé le soin de porter sur sa fiche de travail les indications qui permettront de calculer son temps limite de prime ; et par là même, à faire confiance à la sincérité de l'employé.

Le chef de bureau peut toutefois et doit se ménager un certain nombre de recoupements qui lui permettront de vérifier dans une certaine mesure les indications données par les fiches journalières de travail de chaque employé. Il connaît par exemple le nombre de fiches de pointage qui sont distribuées chaque jour entre les différents employés chargés de les dépouiller, et il est évident que le total des nombres de fiches de pointage dépouillées, indiqués par l'ensemble de ces employés doit finalement correspondre, pour une période déterminée, au nombre total de fiches de pointage qui ont été distribuées entre eux pendant cette période.

Le chef de bureau se réserve enfin la possibilité de vériffer, par des sondages, l'exactitude des indications portées sur leurs fiches journalières de travail par ses employés, et chacun de ceux-ci est d'ailleurs dûment averti que la moindre erreur volontaire retrouvée, entraînerait immédiatement son renvoi.

III. — MODE DE FIXATION DES TEMPS LIMITES DE PRIME CORRESPONDANT AUX DIFFÉRENTS TRAVAUX D'UN BUREAU

Le travail à effectuer ayant été décomposé en un certain nombre d'opérations élémentaires, il s'agit de déterminer d'abord le temps nécessaire pour l'exécution de chacune d'elles.

Le chef de bureau commence, autant que possible, par exécuter lui-même le travail. Il en profite pour déterminer le meilleur mode d'exécution de ce travail, c'est-à-dire celui qui lui semble devoir permettre d'obtenir le plus grand rendement. Il relève par chronométrage les temps qui lui sont nécessaires pour l'exécution de chaque opération, en prenant soin d'éliminer soigneusement le temps pendant lequel il a pu être interrompu au cours de son travail.

Il fait ensuite exécuter les mêmes travaux, en les chronométrant, d'abord par l'un de ses chefs de section, puis par un ou deux de ses employés les plus sérieux, connaissant bien le travail à exécuter.

Les relevés de ces chronométrages successifs lui permettront de déterminer un temps moyen qui sera le temps nécessaire pour exécuter chaque opération élémentaire.

Le temps moyen ainsi obtenu est le temps *strictement* nécessaire et ne tient pas compte des pertes de temps dues aux interruptions inévitables. Ce temps doit en outre être majoré dans une certaine proportion pour permettre à l'employé de réaliser une prime suffisamment encourageante.

Lorsqu'il s'agit d'un travail de classement, de copie, de dépouillement, et d'une façon générale d'un travail ne demandant que peu de réflexion, nous majorons en principe d'environ 10 % le temps moyen strict obtenu par chronométrage.

Nous le majorons d'environ 20 % lorsqu'il s'agit d'un travail qui demande de l'attention et de la réflexion (calculs, vérifications comptables, etc.) et qui entraîne, lorsqu il est prolongé, une certaine fatigue cérébrale.

Les temps unitaires correspondant aux opérations élémentaires étant déterminés, ces opérations élémentaires rapportées à la même unité sont groupées de façon à fixer les temps unitaires des travaux-unités dont le nombre permettra le calcul de la prime de chaque employé.

La note ci-dessus ayant été rédigée aux ateliers de locomotives de Nevers, nous donnons ci-après, pour montrer la généralité de la méthode, un exemple provenant des ateliers de voitures et wagons de Saint-Pierre-des-Corps (C. G. C. E. M.). Cet exemple est constitué par le texte de l'Instruction (chaque travail donne lieu à la rédaction d'ordre écrits de cette nature) pour l'établissement des feuilles de paie et d'acompte (travail qui se fait partout). L'instruction est complétée par le libellé de chaque tarif et l'indication du temps alloué correspondant.

Nous indiquons pour terminer les résultats obtenus dans un bureau de comptabilité industrielle de 30 employés.

ATELIERS DE VOITURES ET WAGONS
DE SAINT-PIERRE-DES-CORPS

(C. G. C. E. M.)

INSTRUCTION

pour l'établissement des feuilles de paie et d'acompte
Mise à jour le 29 juillet 1927

PAIE

Tarif 15

Sur les feuilles individuelles de paie qui parviennent des pointeurs, en deux exemplaires, les imputeurs totalisent à la machine les temps alloués et les temps passés.

Ils calculent le % de gain au calculateur de prime et déterminent, suivant la taxe de base, le montant de la prime horaire réalisée.

Tarif 62

Le complément de prime horaire à payer est la différence entre la prime réalisée ainsi déterminée et la prime garantie, et le complément de prime total est représenté par le produit du temps passé à la prime par le complément de prime horaire.

Tarif 63

Les heures de présence sont totalisées, puis multipliées par la taxe totale y compris la prime garantie.

A ce résultat sont ajoutés : le complément de prime, la vie chère et les charges de famille, s'il y a lieu, déduction faite de l'acompte de la première quinzaine et des différentes retenues pour avances en dehors de l'acompte, oppositions diverses, etc. Le résultat final représente la somme due à l'ouvrier.

Les feuilles individuelles de paie, qui reçoivent un numéro d'ordre et une lettre par guichet de paie, sont relevées, pour les indications ci-après, dans l'ordre des numéros qui leur ont été affectés sur la feuille de solde.

Tarifs 64, 65, 66, 67 bis

Nom et première lettre du prénom de l'ouvrier.
Nombre d'heures de présence.
Avoir détaillé et total.
Déductions détaillées et totales.
Net à payer.
Appoint redû.

Tarif 67 ter

Dédoubler les feuilles de solde, enlever le carbone. Rendre les originaux aux dépouilleurs et envoyer les doubles, groupés par section d'atelier, à l'atelier.

ACOMPTE
Tarifs 67, 68, 69, 70

Sur la feuille individuelle de paie, les imputeurs inscrivent le produit d'un temps forfaitaire de la première quinzaine par la taxe, y compris la prime garantie. Ils reportent ce produit avec le nom des ouvriers sur la feuille d'acompte et totalisent.

Tarifs 71, 72

Le bon d'acompte, son talon sont établis avec la feuille d'acompte ; ils comportent : l'inscription du nom, de la première lettre du prénom de l'ouvrier et de la somme à lui payer.

20

LIBELLÉS DÉTAILLÉS DES TARIFS DES DIVERSES OPÉRATIONS DE LA PAIE ET DE L'ACOMPTE

Paie

15. — Additionner les temps alloués et les temps passés. Inscrire le résultat....	8' »	p. 100 sommes
62. — Le temps limite et le temps passé étant indiqués sur la feuille de paie :		
a) A l'aide d'une réglette, calculer le %₀ réalisé et l'inscrire sur la feuille de paie ;		
b) Inscrire la prime horaire, déduction faite de la prime garantie ;		
c) Inscrire le temps passé à la prime ;		
d) Calculer et inscrire le montant de la prime à payer...........	280' »	p. 100 ouvriers
63. — *a)* Totaliser les heures passées pendant le mois (des cinq périodes de 6 jours) et l'inscrire ;		
b) Faire le produit du temps total passé par la taxe plus la prime garantie et l'inscrire		
c) Faire le produit du temps passé par l'allocation horaire de vie chère et l'inscrire ;		
d) Calculer et inscrire le montant des charges de famille ;		
e) Totaliser et inscrire les sommes à payer et les sommes à retenir. Déterminer le reste dû..................	430' »	p. 100 ouvriers
64. — A la main, numéroter à partir du numéro 1 et par guichet de paie, en regard des noms, leur ordre d'inscription sur la feuille de solde...........	4' 25	d°
65. — Sur le bon de paie, composter le numéro correspondant à l'ordre d'inscription sur la feuille de solde..............	18' »	d°
66. — Sur le bon de paie, apposer en regard des numéros ci-dessus, à l'aide d'un timbre spécial, la lettre correspondant au guichet de paie...........	5' 35	d°

67 *bis.* — Établir la feuille de solde et totaliser................	188' »	d°
67 *ter.* — Dédoubler les feuilles de paie. Enlever le carbone. Rendre les originaux aux dépouilleurs et envoyer les doubles à l'atelier, par section d'atelier..................	40' »	d°

Acompte

67. — Établir les feuilles d'acompte par équipe avec les feuilles individuelles de paie ;		
Transcrire le nom et la première lettre du prénom................	18' »	p. 100 ouvriers
68. — Sur la feuille de paie, faire le produit du temps de la quinzaine par la taxe en se servant du calculateur et inscrire le résultat..............	43' »	d°
69. — Reporter de la feuille de paie sur la feuille d'acompte, en regard du nom des ouvriers, le montant de la somme à payer..............	23' »	d°
70. — Additionner deux fois les feuilles d'acompte, inscrire les reports et le total.	10' »	d°
71. — Établir le bon d'acompte à l'aide de la feuille d'acompte ;		
Transcrire le nom, la première lettre du prénom et la somme à payer sur la souche et le talon.................	58' »	d°
72. — Avec le timbre dateur, porteur la date de l'acompte sur le bon d'acompte (souche et talon)...............	4' »	d°
73. — A la main, numéroter à partir du numéro 1 et par guichet de paie, en regard des noms, leur ordre d'inscription sur la feuille d'acompte......	5' 25	d°
74. — Sur la souche et le talon des bons d'acompte, composter le numéro correspondant à l'ordre d'inscription sur la feuille d'acompte...........	7' »	p. 100 ouvriers
75. — Sur la souche et le talon des bons d'acompte, apposer en regard de chacun des numéros ci-dessus, à l'aide d'un timbre spécial, la lettre correspondant au guichet de paie................	5' 35	d°

Tarifs 73, 74, 75

Le bon d'acompte, son talon et la feuille d'acompte reçoivent un numéro qui correspond à l'ordre d'inscription des noms sur la feuille d'acompte, ainsi que la lettre du guichet où l'ouvrier aura à se faire payer.

RÉSULTATS DE L'APPLICATION DU TRAVAIL A LA PRIME DANS UN BUREAU CENTRAL DE COMPTABILITÉ DE FABRICATION COMPRENANT ENVIRON 30 EMPLOYÉS POUR 1300 OUVRIERS

A) *Coefficient du travail à la prime.* — C'est la proportion du nombre des employés du bureau qui ont travaillé progressivement en étant payés à la prime de rendement :

En janvier 1925, 46 % du nombre des employés ;

En janvier 1926, 68 %　　—　　—

Tous les travaux de la section de pointage étaient exécutés à la prime, mais il restait à étudier un certain nombre de tarif correspondant aux travaux exécutés par la section des imputations et paie et par la section des résultats.

L'étude de ces tarifs fut continuée pendant tout le cours des années 1926 et 1927.

Le coefficient du travail à la prime atteignait à la fin de 1926 la valeur de 90 % ; il atteint maintenant 95 %.

B) *Coefficient du rendement de travail à la prime.* — C'est la majoration moyenne de salaire gagnée par le personnel :

En 1926, cette majoration était de 19 % ;

Elle est actuellement de 28 %.

C) *Effectif des employés du bureau central.* — En janvier 1926, 33 employés pour 1.222 ouvriers (non compris le personnel payé au mois) ;

En janvier 1927, 26 employés pour 1.304 ouvriers.

D) *Résultat financier.* — La différence entre les dépenses du bureau central dans la situation acquise en janvier 1926 et les dépenses de ce bureau dans la situation réalisée en septembre 1927, pour un même nombre d'heures de travail des ateliers, représente une économie annuelle de 58.500 francs.

*　*　*

APPLICATION DU TRAVAIL A LA PRIME DANS UNE BANQUE

La formule de prime adoptée a été celle que nous avons indiquée. Si n est le nombre d'opérations de base que l'employé moyen peut faire facilement en un mois et n' est le nombre d'opérations faites, le coefficient de prime sera $\dfrac{n' - n}{n'}$. Si, comme nous l'avons dit déjà, $n = 600$, $n' = 800$, la différence $n' - n$ ou 200, divisée par le nombre des opérations faites 800, soit 1/4 ou 25 %, représente, par rapport aux opérations faites, la majoration sur le nombre de base. Cette majoration étant d'un quart, la prime sera d'un quart du salaire mensuel.

La détermination des nombres de base a été faite par une étude de chaque cas particulier, par chaque chef de service. Prenons par exemple le guichet change. L'estimation du travail est faite sur le total des chèques émis en un mois. Si ce nombre a été trouvé de 1.254 pour 8 employés, la base par employé a été fixée à **137**. On a pu nous communiquer des chiffres de base pour plus de 50 fonctions dans la Banque.

La méthode étant appliquée depuis 1923, on a pu traverser des périodes d'activité fort variable, à la satisfaction de tous ; la statistique montre que de 1923 à 1926 le nombre des documents a augmenté en moyenne de 50 %. L'augmentation du personnel nécessaire pour y faire face n'a pas été, à beaucoup près, proportionnelle à ce nombre ; on aurait difficilement trouvé les employés nécessaires et on n'aurait pas pu les loger sans frais considérables. Les constatations faites sont résumées ainsi :

Rendement meilleur, l'employé ayant un avantage à ne pas voir augmenter le nombre de ceux qui partagent la prime. De ce fait, cohésion plus parfaite dans les différents rouages des services.

Pendant la période de grève des employés de Banque, pas de grévistes dans cette Banque. Dans certains services surchargés, les employés ont fait spontanément des heures supplémentaires pour que le travail ne souffrît d'aucun retard.

D'une part, résultat matériel très appréciable, d'autre part, facteur moral intéressant.

Remarques. — Il serait dangereux de généraliser trop vite les résultats que nous venons d'indiquer. Il faut être tout d'abord bien convaincu que la détermination de l'unité de tâche et des nombres de base demande une grande compétence, de nombreuses observations et beaucoup de prudence. En particulier, le développement du machinisme dans le travail de bureau ne donne pas toujours lieu à des applications assez judicieuses. On a trop tendance à croire qu'il suffit d'acheter des machines et d'apprendre à s'en servir.

C'est une erreur qu'il faut combattre. L'introduction d'une machine doit être faite par deux hommes choisis l'un et l'autre parmi les plus compétents ; l'un doit connaître à fond les ressources de la machine, l'autre doit être au fait, dans les moindres détails, des besoins du service auquel elle est destinée ; il doit avoir l'esprit assez souple pour modifier les procédés en cours, à la demande du meilleur rendement de la machine, tel que son partenaire est en mesure de l'obtenir ; cette collaboration indispensable sera fructueuse et on ne devra pas oublier qu'il est dangereux de se servir de machines sans le concours de mécaniciens.

Si l'on va trop vite dans la fixation des tâches, on peut faire apparaître des rendements de prime excessifs, les nombres de base ayant été choisis trop petits. On peut être tenté alors de ne pas augmenter les salaires de base autant qu'on le pourrait, une portion de la prime gagnée étant considérée comme une augmentation. C'est un procédé à combattre parce que destructeur de la confiance. Nous estimons que le mieux est de s'en expliquer loyalement. Comme il ne saurait être question de modifier à la seule volonté du patron le nombre de base quand il a été adopté, il faut négocier le rachat d'une augmentation de ce nombre jugé trop petit. Supposons que, le nombre de base ayant été fixé à 600, la production soit de 1.200, ce qui conduirait à une prime de 50 %. Il y a eu vraisemblablement une erreur de détermination .

L'employé à 800 francs reçoit de ce fait une prime de 400 francs. Nous conseillons de lui dire : « Je vous propose de consolider la moitié de votre prime et de porter vos appointements à 1.000 fr., mais je vous rachète 300 documents pour le chiffre de base qui sera porté à 900 francs ». Quand cet employé fera 1.200 documents, sa prime sera de 25 %, mais ce sera 25 % de 1.000 francs. Au total, la combinaison est avantageuse pour lui, mais l'erreur est réparée et, à l'avenir, pour un nouvel employé, le chiffre de base aura été ramené à une valeur rationnelle.

APPLICATION DU TRAVAIL A LA PRIME
DANS UNE COMPAGNIE D'ASSURANCES

Les unités-tâches ont été soigneusement déterminées en collaboration avec les chefs de service, compte tenu de l'expérience de chacun.

On a pu nous communiquer les résultats pour les services des contrats, de la comptabilité, des sinistrés et de la statistique.

Le personnel recevant une prime en fonction de l'augmentation du rendement en nombre d'unités de travail a vu augmenter ses gains.

D'autre part le prix de revient de l'unité de travail est le quotient du total des sommes payées au service par le nombre des unités tâches faites.

Il faut tenir compte de ce que l'indice de cherté de vie ayant varié les salaires de base ont varié en conséquences.

Si donc le prix de l'unité de travail de statistique était 0 fr. 895 en 1924 alors que l'indice de cherté de vie était 380, on peut en conclure que cette même unité aurait valu en 1927 1 fr. 35, l'indice de cherté de vie étant passé de 380 à 557. Or ce prix de revient réel en 1927 n'a été que 1 fr. 09 représentant un gain de 0 fr. 22 par unité et, sur 193.927 unités faites en 1927, un gain de 39.097 fr. 50 pour la Compagnie.

Nous donnons ci-dessous un tableau résumé de ces résultats :

ANNÉE	Nombre d'unités	Prix total de l'unité	Indice moyen du prix de la vie	Prix de l'unité calculé d'après le prix de 1924	Gain par unité	GAIN total
			Service de la Statistique			
		fr.		fr.	fr.	
1924.	101.708	0,895	380			
1927.	193.927	1,09	557	1,31	0,22	39.097 fr.
			Service de la Comptabilité			
1924.	154.789	1,541	380			
1927.	196.644	2,14	557	2,258	0,118	23.203 fr.
			Service des Sinistrés			
1924.	11.186	19,03	380			
1927.	15.362	19,79	557	27,894	8,104	124.493 fr.
			Service des Contrats			
1924.	110.541	2,466	380			
1927.	104.320	3,006	557	3,614	0,608	63.426 fr.

Enfin, nous donnons ci-dessous un tableau montrant d'une part les primes payées en supplément de salaire et d'autre part les économies faites par la Compagnie sur ce qu'elle aurait dû payer, le total de ces deux chiffres représentant l'augmentation de rendement et le tableau montrant comment les gains qui en résultent ont été répartis entre les deux intéressés : la Compagnie qui a su organiser l'augmentation du rendement et le personnel qui a obtenu ce rendement .On observera que l'économie de la Compagnie en 1927 par exemple est supérieurr à ce que le chiffre indique, car il ne vise qu'une économie de salaire, mais les 70 employés qu'il aurait fallu embaucher pour faire le même travail auraient entraîné des dépenses supplémentaires (locaux, chauffage, fournitures, etc.).

Résultats pour les années 1925-1926-1927

ANNÉES	Primes payées au personnel	Économies faites en plus par la Compagnie	TOTAUX
	fr.	fr.	fr.
1925.........	145.758	53.756	199.514
1926.........	215.223	274.727	489.950
1927.........	357.085	250.221	607.306
Totaux......	718.066	578.704	1.296.770

TROISIÈME PARTIE

—

Les Méthodes modernes de Vente
et la formation du Vendeur

CHAPITRE XIII

INTRODUCTION A LA VENTE

Par Francis Elvinger.

Il faut savoir gré à la Chambre Syndicale d'Organisation commerciale d'avoir fait une place à la vente dans le cycle des conférences et démonstrations de la Semaine d'organisation commerciale. Son mérite est d'autant plus remarquable qu'il s'agit d'une matière qui, jusqu'à présent, a été très peu étudiée.

Pour nous en rendre compte, passons rapidement en revue l'importance qu'a la vente :

1º Vis-à-vis de la production ;

2º Vis-à-vis de l'administration ;

3º Vis-à-vis de la publicité.

Nous nous apercevrons que l'étude de la vente a été négligée vis-à-vis de chacune de ces branches de l'activité économique.

I. — Vente et production

Il m'a été donné de voir dernièrement une statistique qui jette une lumière crue sur la question qui nous préoccupe.

La constatation qui se dégage de ces chiffres est que le coût de la vente est supérieur au coût de la production.

C'est ainsi que dans le commerce des machines à écrire, le coût de la production ne présente que le cinquième du prix de vente, dans l'édition le tiers et même parfois le quart. Pour un produit dont la vente est pourtant aussi peu compliquée que le lait, les frais de vente n'en atteignent pas moins près de 50 % du coût total de la marchandise.

D'ailleurs, faisons la décomposition du prix global payé par le consommateur pour un produit d'alimentation vendu sous marque dans le magasin du détaillant. On arrivera, à peu de chose près, aux chiffres indiqués dans le tableau ci-dessous (chiffres qui sont évidemment variables suivant le produit).

Coût de la matière première et de la main-d'œuvre ...	40 %
Frais de vente du fabricant.	12 %
Profit du fabricant.	5 %
Rétribution du grossiste	13 %
Rétribution du détaillant	30 %
	100 %

À propos de la vie chère

Il est bien certain que beaucoup d'hommes d'affaires auront été étonnés à l'énoncé brutal de cette vérité pourtant sérieusement vérifiée, que le coût de la vente est plus élevé que le coût de la production.

Mais alors, si les hommes d'affaires eux-mêmes sont si peu familiers avec ce fait, figurez-vous l'état d'esprit du consommateur qui, achetant pour cent sous un article quelconque chez le détaillant, s'entend dire que le coût de la production, c'est-à-dire le coût de la matière première et de la main-d'œuvre, ne figure dans ce coût total que pour quarante sous par exemple et que tout le reste est absorbé par les frais de vente.

Il est très probable que le consommateur qui aura ce tableau sous les yeux en sera surpris d'abord, fâché ensuite et prendra cette « plaisanterie » en mauvaise part.

Toute l'agitation contre la vie chère ces derniers temps, qu'est-elle d'ailleurs autre chose qu'une protestation contre le fait que le coût de la vente est trop élevé vis-à-vis du coût de la production ; que tel produit qui, chez le producteur, le paysan par exemple, coûte 2 francs, revient à 5 francs quand il a passé à travers les mains de nombreux intermédiaires.

Des journalistes bien intentionnés, mais mal renseignés et ayant peu étudié la question, se sont fait l'écho de ces récriminations. Ayant constaté que le coût de la vente était trop élevé, ils en ont mis tout simplement la responsabilité sur le dos du commerce.

Je ne voudrais pas, quant à moi, que cet exposé soit interprété comme un réquisitoire contre les intermédiaires.

Bien au contraire, on sait que ceux qui ont essayé d'éliminer les intermédiaires, ce rouage utile et souvent indispensable du commerce, n'ont pas vu pour cela diminuer leurs frais de vente. « La vente directe du producteur au consommateur » est ordinairement aussi coûteuse, sinon plus, que la vente à travers les échelons du commerce.

La seule morale que je voudrais dégager de l'exposé de ces faits est la suivante : si le coût de la vente dépasse le coût de la production, c'est tout simplement que la vente n'a pas encore fait l'objet, comme la production, d'études approfondies.

La production a été étudiée à fond, mais pas la vente

Voilà plus d'un siècle que le fabricant s'est mis à étudier à fond la production et que toutes les méthodes de fabrication ont été modifiées de fond en comble : la production est devenue spécialisée, concentrée, standardisée ; de nouvelles inventions ont été faites à jet continu, de nouvelles méthodes de production ont été continuellement introduites, le machinisme a fêté des triomphes ; le système Taylor et d'autres systèmes d'organisation sont venus, dans les derniers temps, à la rescousse.

Par contre, on ne s'est guère occupé de la vente.

D'ailleurs, à quoi bon ?

Pendant tout le siècle dernier, le fabricant avait assez à faire pour satisfaire les demandes insatiables des marchés affamés.

Les marchandises ne furent pas vendues ; elles furent achetées.

Ce n'est que pendant les dix ou vingt dernières années du dix-neuvième siècle que la vente a été un peu étudiée.

Ce n'est qu'au moment où les barrières douanières se sont dressées sous l'influence du protectionnisme, que la concurrence est, de tous les côtés, devenue acharnée, qu'on a été obligé de recourir aux colonies pour créer de nouveaux marchés d'écoulement, que l'industrie a subi de véritables crises de surproduction ; ce n'est qu'à ce moment qu'on a vu se manifester quelques améliorations dans l'ordre de la vente : la publicité a pris naissance ; les grands magasins se sont fondés ; les maisons à succursales multiples, les maisons de vente par correspondance ont surgi ; les coopératives ont suivi.

Cependant, malgré tous ces efforts, la vente est loin d'avoir suivi les progrès de la production ; la preuve, c'est que depuis l'introduction du machinisme dans l'industrie, le coût de la production n'a cessé de diminuer, alors que le coût de la vente n'a cessé de s'accroître.

Il faut améliorer nos méthodes de vente

A l'heure actuelle, il n'est pas exagéré d'affirmer que celui qui améliore les méthodes de vente est un bienfaiteur de l'humanité au même titre que l'inventeur de la machine à vapeur, du métier à tisser ou d'un autre perfectionnement de la production.

Il faut donc améliorer nos méthodes de vente. Or, pour ce faire, il faut commencer par les étudier.

II. — VENTE ET FONCTION ADMINISTRATIVE

L'étude de la vente est de même négligée vis-à-vis de l'étude de la fonction administrative. Il n'en est pas moins vrai que la fonction de vente est une fonction essentielle.

En effet, le commerce consiste, dans son essence, dans l'achat et la vente.

Ce sont là les véritables fonctions commerciales, celles qui sont à l'origine de tout commerce.

Les premiers commerçants qui représentaient le commerce dans sa plus simple expression, ne savaient qu'acheter et vendre, rien de plus.

Ce n'est qu'à la suite, lorsque le commerce est devenu plus complexe, et lorsqu'on a vu se monter des entreprises commerciales importantes, qu'à côté de ces fonctions commerciales proprement dites, se sont juxtaposées des fonctions auxiliaires qu'on a appelées, avec raison, fonctions administratives.

Il n'a plus suffi d'acheter et de vendre, mais encore il a fallu tenir des comptes des opérations d'achat et de vente effectuées ; il a fallu faire tout un échange de correspondance ; il a fallu organiser la maison de commerce, diriger du personnel.

Il n'en reste pas moins vrai que l'achat et la vente sont restés les fonctions principales du commerce.

Une maison de commerce peut exister sans être organisée d'une façon parfaite, mais elle n'aurait jamais existé si elle n'achetait et si elle ne vendait.

La vente est bien, à côté de l'achat, la raison d'être de l'entreprise commerciale.

D'ailleurs, l'homme d'affaires reconnaît inconsciemment ce point de vue par l'importance qu'il attache dans son esprit à la vente.

C'est une constatation facile à faire dans toutes les maisons de commerce, et en même temps un sujet de mécontentement dans bien des entreprises : l'agent de vente, l'homme de l'extérieur est mieux considéré et mieux payé que l'homme de l'intérieur, l'homme du bureau.

Somme toute, qu'est-ce là autre chose qu'une preuve de l'importance qu'attache l'homme d'affaires à cette activité commerciale primordiale qu'est la vente ?

Est-ce à dire que cette fonction essentielle qu'est la vente ait reçu toute l'attention qu'elle mérite ? Sûrement non. L'étude de la fonction administrative a fait de grands progrès depuis les travaux de pionnier de Henri Fayolle et de ses disciples.

D'excellents ouvrages existent traitant de la question. Par contre, nous attendons toujours le premier ouvrage français faisant un exposé sérieux de la vente.

Dans l'enseignement commercial, l'étude de la fonction administrative, en particulier de la comptabilité, absorbe la plus grande partie du temps.

Je ne voudrais évidemment pas médire de ces cours qui ont une utilité incontestable, mais je me borne à regretter qu'on ne réserve pas à la fonction commerciale essentielle qu'est la vente, la place qui lui revient.

Car ce qui intéresse l'homme d'affaires, ce n'est pas tant la façon d'enregistrer les résultats, mais la façon de les produire.

III. — VENTE ET PUBLICITÉ

C'est ici que je touche à la partie la plus paradoxale de mon argumentation.

Tout le monde sait l'essor vraiment prodigieux qu'a pris la publicité en France depuis la guerre.

Sous l'impulsion de quelques pionniers, il s'est créé une véritable technique française de la publicité, il existe une quantité d'associations publicitaires, bon nombre de revues traitant de la publicité, plusieurs ouvrages de valeur sur la question. Dans toute école d'enseignement commercial supérieur, il existe un cours de publicité.

Or, qu'est-ce que la publicité ?

N'est-elle pas une méthode de vente à côté de beaucoup d'autres ? La vente comprend la publicité, tout comme elle comprend la vente par correspondance, la vente par voyageurs, la vente par agents exclusifs.

Tout le monde a besoin de vendre, mais tout le monde n'a pas absolument besoin de faire de la publicité : bien des hommes d'affaires trouvent profitable de faire appel à d'autres méthodes de vente qu'à la publicité.

On assiste donc à cette situation paradoxale qu'on étudie de très près un point de détail, savoir la publicité, sans qu'on se soit donné la peine d'approfondir la question d'ensemble, savoir : la vente.

C'est à peu près comme si, ayant à exposer le fonctionnement d'une automobile on s'étendait dans une imposante série de cours sur le carburateur, sans toucher d'un seul mot au mécanisme général du moteur à explosion.

C'est encore comme si on enseignait le droit commercial, sans avoir étudié au préalable les bases fondamentales du droit civil.

L'étude de la publicité réclame donc une étude préalable de la vente.

Je serai évidemment le dernier à médire de la publicité.

Aussi, ne s'agit-il pas de la dénigrer, mais de ramener tout à ses véritables proportions : s'il est vrai que « le tout est plus grand qu'une de ses parties », il est logique que l'étude de synthèse de la vente prime et précède l'étude de détail de la publicité.

Ce que je regrette, ce n'est donc pas qu'il y ait des associations publicitaires, des livres sur la publicité, des revues de publicité, mais bien qu'il n'y ait pas d'associations d'études sur la vente, d'ouvrages sur la vente, de cours de vente, de revues, sauf une, excellente d'ailleurs, traitant de la vente.

RÉSUMÉ

Résumons en trois points :

L'étude de la vente est négligée :

1º Vis-à-vis de la production, alors qu'il est avéré que le coût de la vente grève plus lourdement le prix des marchandises que le coût de la production ;

2º Vis-à-vis de la fonction administrative, alors qu'il est reconnu que la vente constitue une des fonctions commerciales essentielles et que la fonction administrative n'est qu'une activité auxiliaire ;

3° Vis-à-vis de la publicité, alors qu'il saute aux yeux que la publicité n'est qu'une partie de la vente.

Voilà donc suffisamment de raisons pour motiver une journée de la vente pendant la Semaine d'organisation commerciale.

DIVISION DE LA VENTE

Je distingue dans la vente deux parties nettement distinctes :

La première a trait à la « Direction de la vente », le « Sales Management » des Américains.

La deuxième a trait à la « Science du vendeur », le « Salesmanship » des Américains.

La première partie est une question d'organisation, détermination de la politique de vente, analyse du marché, surveillance des agents de vente, etc.

C'est le travail du directeur et du chef de ventes.

La deuxième partie est une question de psychologie : savoir enlever une commande. C'est le travail de l'agent de vente, du voyageur, de l'Illustre Gaudissart.

Nous n'étudierons que la première partie : la direction de la vente. D'ailleurs, il est probable qu'on n'arrivera jamais à serrer en des formules mathématiquement exactes les données de la deuxième partie.

Dans la vente, nous pouvons distinguer *grosso modo* trois méthodes :

1° La vente par correspondance ;

2° La vente par agents de vente ;

3° La vente par publicité.

Cette division est évidemment arbitraire, mais elle présente la commodité de nous permettre de répartir notre étude entre plusieurs rapports qui font l'objet des chapitres suivants, à savoir :

Le recrutement et la formation des agents de vente ;

La surveillance des agents de vente ;

Le rôle du chef de vente ;

La vente par correspondance, ses méthodes et son outillage ;

L'organisation du service de publicité.

Ces quelques études n'ont, bien entendu, pas la prétention de couvrir tout le sujet de la vente. Elles ont été choisies pour exposer quelques détails caractéristiques de l'organisation de la vente, et pour montrer en même temps aux lecteurs toute la complexité du problème traité.

CHAPITRE XIV

LE RECRUTEMENT ET LA FORMATION
DES AGENTS DE VENTE

Par J. WILBOIS,

Par « agent de vente » nous entendons aussi bien le vendeur en boutique que le représentant qui va solliciter la clientèle à domicile. Il est clair que le rôle du second est beaucoup plus important que celui du premier, et par suite c'est à lui surtout que nous penserons en parlant des procédés de recrutement et de formation.

Tout le monde, en maintes circonstances, a pu observer, comme client, la faiblesse des agents chargés de vendre un article. S'agit-il d'un vendeur de grand magasin, il est souvent incapable de comprendre ce qu'un client lui demande ou de trouver l'objet qu'il possède pourtant en rayon. S'agit-il d'un représentant, il vient à vous avec le sourire dit commercial et, avant de rien connaître sur vous, il récite une leçon bien apprise, vous donnant ainsi l'impression de quelqu'un qui tient à placer sa marchandise, même si elle ne doit vous être d'aucune utilité. C'est pourquoi le chef d'une maison de commerce ne saurait prendre trop de soins pour choisir et former ses agents de vente, de quelque nature et de quelque grade qu'ils soient.

Cette conférence se divise naturellement en deux parties consacrées l'une à la sélection, l'autre à l'éducation.

LA SÉLECTION

On a, depuis quelques années, attiré l'attention des chefs d'entreprise sur le problème de la sélection des ouvriers et des employés. Plusieurs méthodes ont été indiquées, les tests, la graphologie, la physiognomonie, etc. Toutes se composent de deux opérations :

1º L'analyse psychologique des fonctions que tel agent doit remplir, d'où l'on déduit les aptitudes qui lui sont indispensables.

2º Un diagnostic facile et sûr pour déceler les aptitudes précédentes.

1º *L'analyse des aptitudes.* — En ce qui concerne les agents de vente, et spécialement les représentants et voyageurs, les quatre aptitudes principales sont :

a) Savoir découvrir, au premier coup d'œil ou aux premières phrases, les besoins du client futur, les ressources qui lui permettraient de les satisfaire, et les passions ou préjugés qui peuvent aider ou contrecarrer sa décision.

b) Bien connaître la marchandise qu'on lui propose, à la fois dans les services qu'elle peut lui rendre et dans certains détails qui pourraient, à la rigueur, être modifiés pour améliorer ces services.

c) Pouvoir lui insinuer le désir d'acheter, soit par des arguments, soit par une simple présentation habile d'un objet.

d) Avoir certaines qualités morales : par exemple être incapable de recevoir d'un client une commission supplémentaire pour obtenir une réduction de prix, ou même de s'attribuer exclusivement une clientèle qui appartient à l'entreprise.

Ces qualités sont les principales, en ce sens surtout qu'elles peuvent se subdiviser en qualités plus élémentaires ; ainsi l'art de découvrir les besoins du client consiste à savoir regarder et à savoir écouter ; savoir regarder veut dire savoir regarder un visage, savoir regarder un costume, savoir regarder l'installation d'un bureau, etc.

Cependant notre liste est réellement incomplète dans des cas spéciaux ; par exemple le voyageur qui parcourt des pays comme la Macédoine doit être polyglotte ; le vendeur d'un rayon de mercerie, qui est toujours debout, ne doit pas être sujet aux varices, etc.

2º L'analyse psychologique achevée, comment découvrir en fait si un candidat vendeur est capable d'exercer son rôle ?

La première méthode qui se présente est celle des tests. Elle est devenue à la mode à la suite de remarquables expériences de laboratoire, parmi lesquelles on peut citer en France celles de M. Lahy à la T. C. R. P.

Nous croyons cependant que ces tests très rigoureux conviennent surtout pour déceler des qualités plus définies, comme le temps de réaction, qui chez un wattman doit être à la fois régulier et petit. Les qualités du vendeur sont au contraire si souples, que non seulement les appareils manqueraient pour les mesurer, mais même les mots pour les exprimer. Ce qu'on pourrait nommer, par exemple, sens psychologique, pour signifier l'aptitude à découvrir un client, est évidemment un terme vague qui peut être partiellement précisé, mais qui ne semble pas pouvoir être jamais parfaitement réduit, comme le mot « électricité » a été réduit en ceux de « potentiel », « résistance », etc.

Donc, à notre avis, le meilleur test consisterait en une épreuve réelle de vente faite par le jeune candidat, en présence d'un vendeur plus âgé, ou du chef de vente, ou du chef du personnel. L'essentiel ici est de diriger cette épreuve de manière à faire ressortir la présence ou l'absence de toutes les qualités que nous avons énumérées. Ainsi, le testé devra avoir examiné la figure, l'attitude, le geste, le vêtement, le mobilier de celui chez qui il se présente, et en avoir déduit un système cohérent d'hypothèses sur ses besoins, ses ressources, ses désirs, sa faculté de décision, etc. On peut d'ailleurs préciser certains signes auxquels un vendeur reconnaîtrait certains besoins de son client. Le temps nous manque pour donner des exemples. Néanmoins il est clair que l'examinateur a ici une part beaucoup plus active que le testeur qui recrute des ouvriers. Moins il a à sa disposition d'appareils qui lui permettent d'agir comme un automate, plus il devra faire effort pour mettre une précision analogue dans son esprit.

A cette première méthode peuvent s'en ajouter d'autres, comme la physiognomonie, la graphologie ou les questionnaires.

Si le candidat se présente en personne au siège de la maison, le chef du personnel, ou un spécialiste délégué par lui, peut reconnaître, au simple examen de la physionomie ou en général de la personne du candidat, s'il possède bien les qualités qu'on exige de lui.

Si le candidat habite une autre ville, c'est par la graphologie, ou à la rigueur par le questionnaire, qu'on aura sur lui des indications analogues.

Ces dernières méthodes sont beaucoup plus imparfaites et surtout beaucoup plus hasardeuses que la précédente ; il ne faut cependant pas les dédaigner : elles peuvent être utiles dans bien des cas. Si, par exemple, pour une place à pourvoir, à la suite d'une annonce dans un journal, cent demandes ont été envoyées, le seul examen graphologique permettra d'éliminer sans regret quatre cinquièmes, par exemple, des noms : les hommes qui restent pourront être appelés au siège et passer un examen plus rigoureux, dont la dépense sera supportée plus volontiers, parce qu'elle portera sur un moins grand nombre de candidats qui auront subi une première sélection.

Si importante que soit la question de la sélection, elle est insuffisante, dans le cas des vendeurs, pour assurer un bon employé. En effet, à l'inverse de certaines aptitudes qu'il est impossible d'accroître, celles du vendeur sont susceptibles de perfectionnement. D'où le problème de la formation.

LA FORMATION

Les vendeurs, jusqu'à ces dernières années, recevaient en France une formation très incomplète. Ce n'est que tout récemment qu'un enseignement de la vente a été introduit, et assez timidement, dans les écoles de commerce. Mais, même formé par une école, le nouveau vendeur n'aurait pu recevoir que des principes ou une technique généraux, et il lui faudrait encore s'adapter à la maison dans laquelle il entre, soit pour en bien connaître le produit, soit pour se pénétrer de son style. Nul chef d'entreprise, par conséquent, ne peut éluder l'éducation de ses vendeurs, quand elle ne serait qu'une éducation complémentaire.

Dans cette éducation nous distinguerons : une éducation professionnelle, et une formation générale.

a) *Éducation professionnelle :*

Deux cas sont à considérer suivant qu'il s'agit du vendeur en boutique ou du voyageur.

A propos de ces deux cas, des études très remarquables ont été faites par M. F. Maurice, professeur à l'école des Hautes Etudes commerciales ; il en a donné quelques aperçus dans le chapitre de la vente des « Études d'Organisations commerciales » publiées à la librairie Ravisse, et il y avait ajouté des compléments beaucoup plus copieux dans son « Cours de Vente » de l'École d'administration et d'affaires. Nous nous sommes souvent inspiré des travaux de M. F. Maurice.

En ce qui concerne les vendeurs sur place, du moins dans certains grands magasins, il serait possible de leur faire faire des exercices pratiques sous la direction du chef ou du sous-chef de rayon, aux heures où la clientèle est la moins nombreuse. Pendant, par exemple, que l'un d'eux serait occupé avec un client, les autres pourraient être placés alentour, faisant de menues besognes, comme ranger des articles, ce qui ne les empêcherait pas de suivre les incidents de la vente. Le vendeur au travail serait soit un débutant qui s'exercerait, soit un virtuose qui servirait de modèle, et, pour finir, une critique serait faite par le directeur de l'exercice.

S'il s'agit de voyageurs, le procédé précédent est inapplicable, mais les débutants seront emmenés par un ancien, et lorsqu'on les abandonnera à eux-mêmes, on commencera par leur faire enlever des affaires faciles.

Des réunions hebdomadaires, plus ou moins semblables à celles qu'Henri Fayol recommandait si expressément pour les chefs de service, peuvent grouper tous les vendeurs autour du chef de vente. On s'efforcera de leur faire indiquer les principales difficultés qu'ils ont rencontrées, surtout s'il s'agit d'un nouvel article qu'on lance, et les arguments qui ont le mieux touché la clientèle. Il est vrai que celui qui a inventé un de ces arguments le considère souvent comme sa propriété, et répugne à s'en dessaisir au profit de camarades qu'il a tendance à considérer comme des rivaux. Pour l'encourager à le divulguer, on peut, comme le conseille M. Maurice, instituer une sorte de livre d'or, où l'on inscrira chaque argument avec le nom de son auteur qui, si l'argument est intéressant, pourra être récompensé soit par une prime, soit même par un avancement.

Il sera possible de consigner l'ensemble de ces arguments dans un House Organ comme celui que publie la « Caisse Nationale enregistreuse ». De tels livres contiennent le recueil des objections les plus fréquemment présentées par le public, et des réponses qui les ont écartées avec le plus de succès. Lorsqu'il s'agissait d'un objet comme la caisse enregistreuse, beaucoup de clients objectaient qu'ils en reconnaissaient les qualités, mais qu'ils n'avaient pas d'argent pour s'en rendre acquéreurs : à quoi l'on répondait que le banquier prêterait l'argent nécessaire d'autant plus volontiers que la caisse éviterait le coulage, et que sa seule présence dans une maison serait la meilleure garantie de son remboursement rapide. Ces livres, dactylographiés ou imprimés, suivant la grandeur de la maison et suivant qu'on aura plus ou moins fréquemment à les refondre, doivent être mis entre les mains des nouveaux employés, comme de véritables livres de chevet qu'ils doivent apprendre d'abord, pratiquer ensuite.

C'est cette pratique qu'on vérifie accessoirement dans les réunions hebdomadaires dont nous avons parlé, ou même, comme c'est le cas de la caisse enregistreuse, dans de grands meetings annuels où l'on fait passer l'examen aux jeunes agents. Un vieux vendeur joue le rôle du client, présente au vendeur novice les plus fortes des objections qu'il a entendues, et le vendeur novice n'est considéré comme ayant satisfait à l'examen que si le client fictif a été, pour ainsi dire, forcé de se rendre.

Une telle formation est un mélange de pratique et de théorie, mais intimement liées l'une à l'autre, la théorie n'étant que le résumé de la pratique des autres, et la pratique étant constamment éclairée par la théorie.

b) A *cette éducation professionnelle doit s'ajouter une éducation générale :*

Le bon vendeur doit en effet connaître une foule de détails, même étrangers à la vente, sur la Maison qu'il représente. A cette condition seulement il peut s'y attacher, et cette affection multipliera sa valeur commerciale.

Il ne doit pas non plus être étranger à certaines questions de psychologie ou d'économie politique par lesquelles il traitera son client futur selon l'humeur qu'il aura découverte en lui, ou suivant ce qu'il connaîtra des facilités ou des crises du marché.

Enfin il ne sera pas indifférent qu'il se maintienne en bonne forme physique, par une hygiène soit de son sommeil, soit de ses repos, que bien des gens ignorent.

Toute cette partie de sa formation lui sera donnée par des conférences faites de temps en temps au personnel, par une bibliothèque mise à sa disposition, ou par une petite revue que la Maison publiera. Des primes d'assiduité seront accordées aux auditeurs les plus attentifs, et aux lecteurs les plus fidèles.

Enfin, le chef de Maison doit organiser sa Maison de manière que la pratique même du métier soit éducative. On y arrive par exemple par un contrôle qui tienne toujours le personnel en haleine, ou encore par une forme de la guelte ou des primes qui proportionne le plus exactement possible le gain de l'agent à l'effort qu'il a donné. Nous disons « à l'effort » et non pas seulement, comme on le fait généralement, « au résultat ». Malheureusement cette

étude, des liens entre la quotité ou le montant d'un salaire et les
éléments psychologiques qu'il est chargé de représenter, est loin
d'avoir été achevée ; néanmoins tout chef d'entreprise doit être
pénétré de son importance, et c'est un des efforts d'organisation
les plus importants à tenter.

De ces brèves remarques nous voudrions tirer une seule conclusion : c'est que, dans les services de vente comme dans n'importe
quels autres services, la sélection et l'éducation, assez négligées
jusqu'ici, doivent passer au premier plan et être menées de façon
systématique.

Dès lors se pose chez le patron une question de psychologie et
de moralité ; de psychologie sans aucun doute ; de moralité, parce
que c'est un devoir du chef vis-à-vis de son personnel de le mettre
à l'emploi qui lui est le plus adapté, donc le plus facile et le plus
rémunérateur, et, cette besogne faite, de lui permettre d'acquérir
la plus grande valeur personnelle possible.

Cette préoccupation dont il sera pénétré, il la transmettra à
son tour à ses agents de vente, en leur montrant que vendre ne
consiste pas seulement à faire un coup heureux qui ne profite qu'à
sa maison ou à lui-même, et qui ne serait que l'escamotage d'un
ordre ; vendre, au contraire, c'est avant tout rendre service à un
client en adaptant une marchandise à un besoin ; et en s'attachant
ce client on justifiera le bénéfice présent en s'assurant des bénéfices futurs.

Par là, l'acte de vente à son tour aura pour devise les mêmes
mots dont s'inspirait le patron en s'entourant de vendeurs : psychologie et moralité.

CHAPITRE XV

CONTROLE DES AGENTS DE VENTES
AU MOYEN D'UN SYSTÈME DE FICHES

Par J.-J. Quaglioni

Dans sa conférence, M. Elvinger a cité parmi les moyens propres à augmenter les ventes, celui qui consiste à contrôler l'activité des représentants ou voyageurs au moyen de fiches spécialement étudées pour cet usage.

A la conférence relative à la journée de la fiche (voir page   ), j'ai exposé le principe des fiches Strafordex et des dispositifs employés pour obtenir la sécurité, la rapidité dans la tenue et la consultation, faute de quoi tout contrôle par les fiches deviendrait inopérant dès que leur nombre dépasserait plusieurs centaines.

Mon but n'est pas de contrôler le représentant, au sens étroit du mot, pour le plaisir de lui dire, lorsqu'il rentre de tournée, qu'il a fait ou n'a pas fait telle chose, mon but immédiat est d'accroître le chiffre des ventes.

C'est donc dans un esprit de collaboration que fonctionnera notre contrôle, il encadrera le représentant dans une série de constatations judicieusement établies qui lui permettront à son tour d'encadrer le client de telle façon que les chances d'évasion de ce dernier seront réduites au minimum.

Le présent contrôle des ventes portera sur les deux modes d'opérations suivants :

1º. *Vente par démarchage* pour le placement d'objets ou de services non susceptibles de renouvellements périodiques, par exemple : machines diverses, automobiles, etc., pour les objets,

Et pour les services : Tenue et vérification de comptabilité, expertises industrielles, assurances, étude de campagne de publicité, opérations de banques, etc.

2° *Vente par voyageurs procédant par visites périodiques* pour le placement d'articles de consommation : huiles de graissage, produits alimentaires, etc., etc.

Nous savons que notre organisation de fiches se présente à l'observateur comme un tableau synoptique, nous porterons donc surtout notre attention sur les indications visibles.

Ayant établi une fiche par chaque client ou prospecté, nous la classerons à une place préétablie ; nous pourrons, à partir de ce moment, si nécessaire, faire nos sélections par catégories de clients, capacité d'achats, stade d'avancement des tractations, par tournées de voyageurs, comme réagissant à telle publicité, etc.

Soit à contrôler les ventes en matière de voitures automobiles ; l'examen de la fiche n° 1 nous permet de voir visiblement que M. Riverain Louis est classé comme agriculteur, qu'il possède une voiture d'une marque concurrente, que Mme Riverain s'intéresse à la question, que notre agriculteur possède aussi une voiture de notre marque, mais assez ancienne, que la vente à crédit pourrait l'intéresser.

Ces renseignements seront à utiliser pour prospecter et relancer ce client par publicité directe, pour préparer le terrain à notre voyageur.

Voulons-nous connaître sur une région déterminée le nombre des affaires probables, ou nécessitant encore de longs effotrs ?

Il nous suffira de tenir compte des rapports de visites journaliers que nous adresse le représentant, d'en faire mention sur la fiche et de mettre un cavalier mobile en regard d'une des lettres *A* à *F* symbolisant l'état de nos relations comme ci-dessous :

A : hostile

B : fait offre

C : pas décidé ou concurrent en ligne

D : affaire probable

E : affaire presque certaine

F : a commandé.

Dans le cas présent, l'affaire de M. Riverain est considérée comme probable. Néanmoins, nous avons à le revoir au mois de mai, et, à cet effet, un cavalier mobile a été placé en regard de ce mois.

Nous suivrons donc ce client au moyen de la fiche jusqu'à conclusion de l'affaire.

On conçoit qu'avec un tel système, nous avons la possibilité de surveiller des milliers de prospectés et ce, par simple examen de la partie visible de notre fichier. Nous pouvons donc travailler notre clientèle en série ou en détail, étayer fortement notre représentant tout en contrôlant son activité et déterminer sur l'ensemble la quantité d'affaires probables.

Par le même procédé nous contrôlerons le voyageur plaçant des matiéres de consommation.

Nous vendons quatre articles principaux :

1º des conserves ;

2º des chocolats ;

3º des biscuits ;

4º certaines liqueurs.

Sur quoi doit se porter notre attention ?

Sur la fidélité de la clientèle pour les marchandises dont nous sommes déjà fournisseurs et sur la possibilité de nous placer pour ceux que l'on ne nous achète pas encore.

Notre fiche, comme dans le cas ci-dessus, fournissant toutes indications nécessaires, procédons à son examen :

Les cases 1 à 4 correspondant aux 4 articles que nous vendons, le pointage dans la case 1 nous indique que M. Dumont, de Lisieux, est déjà client pour les conserves ; par contre, inutile, pour diverses raisons, de lui offrir du chocolat. Pour éviter d'avoir à le relancer pour cet article, nous avons marqué la case nº 2 d'un signe particulier. Le pointage de la case 3 nous indique qu'il nous achète des biscuits, mais l'absence de marque dans la case 4 signifie que ce client est à travailler pour les liqueurs qu'il est susceptible de nous commander.

Les pourparlers relatifs aux affaires à venir peuvent se résumer au verso de la fiche.

Continuant l'examen des signalisations visibles, nous constatons que le commerce de M. Dumont est coté comme grosse affaire d'alimentation, case 6, et qu'elle est visitée par M. Lorioux, représentant, case 11.

Il est d'importance capitale de connaître à tout moment dès qu'un client ne renouvelle pas certains ordres. Tout retard dans cet ordre d'idée sera immédiatement révélé en plaçant un cavalier mobile en regard du dernier mois de la dernière commande.

Veut-on savoir en quelques secondes si M. Dumont a pris des conserves, tous les mois ; il suffira pour cela d'un simple coup d'œil sur la « grille » placée au-dessous des cases des mois, et l'on verra qu'il n'y a eu de commandes de conserves que pendant les seuls mois de février, avril et mai. Le contrôle par ce système de grille est généralement suffisant pour suivre une clientèle, cependant dans les cas où il est nécessaire de faire des statistiques, on peut porter dans le corps de la fiche, aux colonnes réservées à cet effet, la somme des affaires traitées mensuellement.

Pour éviter une trop grande consommation de fiches, on inscrit au crayon les affaires du mois courant, et on ne porte dans les colonnes que le total de chaque mois. On efface à la gomme ces indications pour laisser place aux affaires à venir le mois suivant.

Il est très utile de contrôler automatiquement le rendement des visites des représentants et constater rapidement la fréquence de ces visites et le nombre de celles où le voyageur est passé sans prendre d'ordre.

Si nous donnons comme instruction à la personne chargée de la tenue des fiches de mettre un zéro dans la case correspondant à la visite (voir la grille de la fiche) pour chaque visite négative, et de mettre un tiret pour chaque visite rapportant une commande, nous pourrons ainsi et toujours, en quelques secondes, voir dans quelle semaine ont eu lieu les visites, leur nombre, celle ayant été fructueuse et celles négatives.

La direction veut-elle être prévenue visiblement dès qu'une deuxième visite a été faite sans succès ; il suffit pour cela, aussitôt le pointage effectué sur la grille, de mettre un cavalier sur la position A, lequel étant visible donnera immédiatement les clients faisant déplacer notre voyageur sans passer de commandes.

Ainsi outillé, un service commercial peut se flatter de pouvoir avec précision fixer la situation de chaque client, de chaque région et le rendement de chaque représentant. Dès qu'un concurrent fait un effort dans une région, où pour un article quelconque, notre système de fiches nous alertera suffisamment à temps pour nous permettre de prendre toute disposition pour contre-attaquer et l'empêcher de prendre la place que nous avions occupée jusqu'à présent.

CHAPITRE XVI

LE ROLE DU CHEF DE VENTE

Par Francis Elvinger,

Dans toute organisation, le rôle de l'élément humain est primordial.

Tout le monde sait que ce n'est rien d'établir des plans d'organisation. La difficulté commence quand il s'agit de les appliquer.

Ce jour-là, on se rend compte que les hommes qu'on a à sa disposition ne correspondent pas du tout au personnel idéal qu'on supposait au moment de l'établissement du plan. Les meilleurs plans sont parfois inapplicables du fait du personnel.

Comme nous parlons aujourd'hui de l'organisation de la vente, il est peut-être intéressant d'étudier l'homme qui doit diriger la vente.

En d'autres mots, il s'agit d'exposer le rôle du chef de vente.

La mission du chef de vente est quadruple :

1º L'analyse du marché ;

2º La détermination de la politique de vente ;

3º La direction des vendeurs ;

4º La direction de la publicité.

1º L'ANALYSE DU MARCHÉ

Le premier travail du chef de vente consiste dans l'analyse du marché.

Pourquoi analyser le marché

Combien y a-t-il d'hommes d'affaires qui, à l'heure actuelle, savent mesurer la capacité d'absorption de leur marché, doser les possibilités de vente d'un article, étudier le champ d'action dans lequel il convient de se lancer, supputer la vigueur de la concurrence et en déduire les méthodes de vente à adopter ?

Combien y en a-t-il qui se sont renseignés sur les habitudes et les motifs d'achat des consommateurs de leurs produits, sur leur pouvoir d'achat ; sur les catégories de détaillants qui pourraient « tenir » leurs articles ; sur l'influence des conditions géographiques, climatologiques, sociales, sur la vente d'un nouveau produit à lancer ; sur les influences saisonnières dans leur branche ?

Combien y en a-t-il qui ont recherché d'une façon méthodique les meilleurs arguments à faire utiliser dans la vente de leurs articles, soit par leurs agents de vente, soit par leur publicité ?

Et pourtant, tous ces éléments ont une importance considérable et doivent être étudiés avec la dernière minutie si l'on ne veut pas se lancer à l'aveuglette.

Les méthodes d'analyse du marché

Les méthodes d'analyse du marché que le chef de vente aura à mettre en œuvre sont celles-là mêmes que j'ai eu l'occasion d'exposer l'année dernière au Congrès d'Organisation commerciale.

a) La recherche des faits :

Il s'agit d'abord de rechercher les faits du marché au moyen des différentes méthodes d'investigation qui sont à l'heure actuelle mises en œuvre sous ce rapport.

b) La condensation des faits :

Il s'agit ensuite de condenser ces faits pour les rendre facilement assimilables. C'est l'application de la science statistique à l'analyse du marché.

c) La présentation des faits :

C'est l'utilisation des tableaux et des graphiques dans la science de la vente.

2° LA DÉTERMINATION DE LA POLITIQUE DE VENTE

Le chef de vente a ensuite à déterminer la politique générale de vente de la maison.

Il aura en premier lieu à déterminer quelle est la méthode de vente à employer pour faire parvenir son produit au consommateur à travers les différents échelons du commerce.

Combien de fois ne m'arrive-t-il pas, dans ma partique professionnelle, d'être consulté par un fabricant sur l'opportunité qu'il y aurait, dans son cas déterminé, à éliminer le grossiste et à vendre directement aux détaillants.

Le chef de vente devra rechercher si, pour son produit déterminé et dans les circonstances spéciales que lui aura révélées l'analyse de son marché, il y a lieu de vendre par commissionnaires, par agents généraux, par grossistes ou par détaillants ; s'il y a lieu de concéder, dans un territoire donné, l'agence exclusive à tel grossiste ou à tel détaillant ; s'il faut créer des dépôts ou s'il ne ferait pas mieux d'établir lui-même des succursales, ainsi que l'ont fait déjà beaucoup de fabricants.

Il devra étudier s'il n'y a pas lieu d'adopter une de ces méthodes de vente par correspondance qui ont eu tant de succès de l'autre côté de l'Atlantique.

Il devra enfin prendre position vis-à-vis de toute une série de problèmes qui se poseront continuellement dans son affaire.

Il y a d'abord la question de la politique de la marque. Faut-il adopter une marque et la faire connaître auprès du consommateur ? Un produit de marque réclame d'autres méthodes de vente qu'un produit anonyme.

Il y a ensuite la politique du prix.

Quel est, étant donné un produit déterminé, un marché déterminé, une concurrence déterminée, le meilleur prix à adopter ?

Il y a également la question du prix imposé qui, à l'heure actuelle, est à l'ordre du jour, qui donne bien des tracas aux fabricants et qui soulève des mouvements d'opinion très divers dans les milieux commerçants.

D'autres questions, du ressort du chef de vente, sont celles de l'intégration horizontale dans la vente, « les familles de produits » ; la localisation de la vente ; l'exploitation des foires commerciales ; l'utilisation des références, la standardisation de la vente ; « l'idée de service » ; les rapports des rotations du fonds de roulement avec la vente ; l'utilisation des primes, etc.

3° LA DIRECTION DES AGENTS DE VENTE

Savoir choisir ses agents de vente, savoir les « tenir en haleine » et faire en sorte qu'ils rapportent des commandes, voilà une des préoccupations constantes du chef de vente.

Cette activité se divise en deux parties :

La première partie a trait au recrutement des agents de vente, à leur instruction, leur rétribution et la coordination de leurs efforts avec l'organisation intérieure de la maison.

La question de savoir s'il faut, dans un cas déterminé, des voyageurs exclusivement attachés à la maison et payés ordinairement par un fixe, ou bien des représentants payés à la commission ayant dans leurs portefeuilles les cartes de plusieurs maisons, est déjà à elle seule un problème bien compliqué.

Un autre en est le recrutement des agents de vente.

Le mode de rémunération des agents de vente est, lui aussi, de la plus haute importance.

Faut-il payer les agents de vente par un fixe, par une commission, par un fixe plus une commission, par des primes, par un système de bonis ? Comment utiliser, pour les agents de vente, les différentes échelles de rétribution et de primes que le Scientific Management a mis en honneur ?

Voilà autant de questions dont la solution aura des répercussions immédiates sur le rendement des voyageurs et qui sont du ressort du chef de vente.

Viennent ensuite l'éducation et l'entraînement des voyageurs par les écoles de vente, le manuel de vente, la stimulation des

voyageurs par les différents systèmes d'émulation et de coopéra-
tion mis en pratique dans les derniers temps, la question des congrès de vente, des conférences, etc.

Le directeur de vente devra, de même, diviser, d'une façon
rationnelle, les territoires des agents de vente et organiser les
tournées de ses voyageurs.

La deuxième partie a trait à l'organisation intérieure du service
de vente, ainsi qu'aux rapports entre « l'homme sur la route » et
la maison.

Ici entrent en scène les statistiques et graphiques appliquées
aux ventes ; les rapports périodiques envoyés par les agents, les
house-organs destinés à maintenir le contact entre la maison et
les voyageurs ; les fiches spéciales destinées à suivre le travail des
agents de vente, ainsi que la vie commerciale des clients ; les
méthodes utilisées pour la réception et l'enregistrement des commandes.

4º LA DIRECTION DE LA PUBLICITÉ

Le chef de vente a de même à s'occuper de la direction générale
de la publicité, d'accord avec le chef de publicité.

Le premier point à élucider est de savoir s'il faut ou s'il ne faut
pas faire de la publicité.

En fait, s'il est vrai de dire qu'il y a beaucoup de maisons qui
devraient, à l'heure actuelle, faire de la publicité et qui n'en font
pas, l'on peut dire avec la même assurance qu'il y a des cas où
l'emploi de la publicité est absolument contre-indiqué.

Il m'arrive très souvent, dans ma pratique professionnelle, de
voir des gens qui sont rongés par le microbe de la publicité et auxquels il faut dire, après un examen consciencieux de leur problème,
que celui-ci ne comporte pas l'emploi de cette méthode de vente.

Le jour où l'on aura reconnu que la maison devra faire de la
publicité, le chef de vente aura à s'occuper des questions générales
relatives à cette méthode de vente.

Il n'aura évidemment pas besoin d'être un technicien de la
publicité, de savoir concevoir, rédiger et faire illustrer ses imprimés,
ses affiches, ses annonces, etc., ce qu'il faut, c'est de savoir diriger
la politique générale de la publicité.

Somme toute, ce dont il doit s'occuper, ce sont plutôt les questions relatives aux plans et campagnes de publicité que celles
relatives à la technique de l'élaboration des moyens publicitaires.

D'accord avec le chef de publicité, il devra d'abord déterminer
le budget de publicité, qui, dans un cas déterminé, donnera le
meilleur résultat ; et ensuite surveiller l'établissement du plan de
publicité.

Mais, me dira-t-on, si le chef de vente doit s'occuper d'une façon
aussi étroite de la publicité, le chef de publicité ne sera qu'un
subordonné du chef de vente ?

Parfaitement.

J'estime, quant à moi, que la publicité n'est qu'une méthode de vente à côté de beaucoup d'autres et qu'en conséquence, la publicité, dans une maison, doit être subordonnée à la vente.

En conséquence, le chef de publicité doit dépendre du chef de vente.

Au demeurant, nous avons dit qu'il fallait une coordination entre la vente et la publicité. Or, coordination implique unité de direction. Puisqu'il faut un chef unique, sera-ce le chef de vente ou le chef de publicité ? Sûrement pas ce dernier.

Mais, me dira-t-on encore, cet homme que vous décrivez sous le nom de chef de vente, c'est un homme d'un niveau commercial très élevé. C'est quelqu'un de l'état-major.

Parfaitement.

Il ne s'agit pas ici d'un chef de vente subalterne, mais plutôt d'un directeur de vente qui fait partie du grand état-major de la maison.

Dans une petite maison, la question est résolue d'avance. C'est le patron qui s'occupe de tout ; il est en même temps son propre directeur de vente.

Dans une grande maison, le directeur de vente, tel que nous venons de le décrire, sera le directeur commercial ou même parfois, un administrateur-délégué faisant fonction de directeur de vente.

En tout état de cause, le chef qui a la haute main sur la vente devra être une personnalité en vue dans la maison.

Ce directeur de vente ne pourra évidemment pas s'occuper de tous les détails des quatre parties de son activité que nous venons de décrire. Il lui faudra probablement un homme, une sorte d'agent général ou d'inspecteur général destiné à recruter, à suivre et à surveiller les agents de vente.

Il lui faudra en plus une sorte de chef de bureau pour ce que nous avons appelé l'organisation intérieure du service de vente, réception et enregistrement des commandes, etc.

Et c'est là ce qui va aplanir la querelle entre le chef de vente et le chef de publicité quant à leur prépondérance.

Le directeur de vente tel que nous le demandons, faisant partie du grand état-major, aura sous ses ordres et sur le même plan : un inspecteur général, qui aura à surveiller et à relancer les agents de vente ; un chef de bureau, qui s'occupera des questions intérieures du service de vente et un chef de publicité, qui s'occupera de la publicité.

Ainsi, l'unité de direction sera conservée.

CHAPITRE XVII

LA VENTE PAR CORRESPONDANCE
SES MÉTHODES ET SON OUTILLAGE

Par Paul LAVALLEY,

La vente par correspondance en France est encore peu employée et encore il y a lieu de noter que les Maisons qui usent de ce procédé n'adoptent pas la formule complète.

Ceci tient à différentes raisons d'usages et aussi aux facilités relatives que le commerçant français a à sa disposition pour organiser son service de vente avec la collaboration des représentants.

Le service de vente par correspondance s'est surtout généralisé en Amérique et les Américains l'avaient déjà employé avant la guerre.

Plus que dans tous autres pays le commerçant américain s'est rendu compte rapidement des frais très élevés qu'entraînait pour lui, un service de voyageurs.

En effet, les distances en Amérique sont grandes, entre villes et entre provinces. Même avant la guerre le coût de la vie en Amérique était également excessivement élevé, de sorte que très rapidement la question s'est posée de savoir s'il n'y aurait pas un moyen plus économique de prospection et de vente.

De là est partie l'idée de vendre à la clientèle uniquement par correspondance en essayant de lui présenter et de lui vendre un produit déterminé, uniquement par ce moyen.

Il est inutile d'ajouter que cette innovation en matière de vente a été singulièrement facilitée par cet état de réceptivité inné pour ainsi dire, qu'on rencontre chez le client américain.

A titre d'exemple, et pour illustrer ce qui est dit plus haut, on peut tirer l'exemple de ce marchand de stores de l'État de Cleveland qui, dans l'espace de moins d'un an, a réussi à supprimer les 8/10e de ses vendeurs.

Par la suite toutes ses ventes se faisaient uniquement par correspondance, n'ayant plus à sa disposition que quatre inspecteurs chargés, à époques déterminées, de visiter sa clientèle.

22

En procédant ainsi, il a réussi à abaisser ses frais généraux de façon considérable et, de ce fait, à pouvoir également diminuer dans de notables proportions ses prix de vente, se trouvant ainsi particulièrement bien placé au point de vue de la concurrence et obtenant le résultat très appréciable de voir augmenter sa clientèle.

Grâce à un service excessivement bien organisé, il envoyait chaque jour, même dans des centres très éloignés, des lettres spécialement conçues, non seulement suivant le genre de la clientèle qu'il désirerait atteindre, mais également s'adaptant à la mentalité particulière des provinces qu'il prospectait.

En France, la question de vente par correspondance ne s'est guère posée qu'après la guerre, c'est-à-dire au moment où les tarifs des Chemins de fer ont augmenté dans les proportions que nous connaissons, et avec les frais de séjour (comprenant les frais de repas et d'hôtel), un service de voyageurs revenait à un prix très élevé).

En effet, on peut compter en moyenne qu'un représentant porteur d'un bagage d'échantillonnage normal dépense environ entre 125 et 175 francs par jour.

Ces chiffres sont assez éloquents pour comprendre immédiatement l'intérêt que présente pour certaines catégories de commerces et d'industries, la vente par correspondance.

Pour réaliser ce service de vente, il faudra naturellement avoir une organisation tout à fait spéciale, basée sur les derniers perfectionnements que peut nous offrir l'outillage de bureau moderne.

Malheureusement, il faut le dire, les essais qui ont été faits par certaines maisons, n'ont pas accusé les résultats qui pouvaient être escomptés, mais il faut le dire aussi, 98 fois sur 100, c'est en raison de la mauvaise conception de l'organisation de ces services de vente, qu'est dû l'échec.

Comment donc organiser un service de vente par correspondance avec les moyens que nous offre l'outillage moderne ? C'est ce que nous allons tenter d'expliquer brièvement.

Dans la mise au point de votre organisation le premier travail qui s'impose est celui de la constitution du fichier.

Le fichier sera pour ainsi dire l'âme de tout le service et c'est sur celui-ci qu'on doit reporter tous ses soins.

La constitution d'un fichier ne peut se faire en quelques semaines, en quelques mois, il faut des années pour constituer un fichier complet et bien sélectionné et celui-ci représentera alors une réelle valeur.

A ce propos, il n'est pas inutile d'ajouter qu'en Amérique certaines maisons assurent leurs fichiers pour des dizaines de milliers de dollars et l'auteur de ces lignes, se souvient d'une conversation qu'il a eue avec le directeur d'une grande Maison d'outillage moderne qui lui confiait que chacune des fiches de son fichier lui revenait à une moyenne de 35 francs pour frais d'établissement, corrections, sélections, mise à jour, indications spéciales et confidentielles, etc.

Dans la constitution de ce fichier, interviendra également une très grave question, c'est celle du classement du fichier, classement par ordre alphabétique, classement géographique, classement par capacité d'achat, par professions, etc., questions qu'il faudra résoudre suivant l'article à vendre, la clientèle que l'on désire atteindre, etc.

Lorsque le fichier sera constitué, il servira de base au service de vente par correspondance. Il faudra alors concevoir et rédiger les textes des lettres destinées à atteindre la clientèle, d'abord pour lui présenter le produit, ensuite pour l'engager à l'acheter.

Il faudra que ces textes soient courts, précis, évocateurs de la chose à présenter, ils devront varier, non seulement suivant le genre de clientèle à atteindre, mais également suivant les régions, car c'est un fait connu que le goût et l'esprit ne sont pas les mêmes dans toutes nos grandes provinces et que c'est là qu'intervient justement la psychologie de vente pour s'adapter au milieu que l'on veut atteindre.

La qualité essentielle que devront avoir ces lettres, indépendamment du texte, sera de présenter un caractère personnel afin d'atteindre plus sûrement le prospecté et de lui donner l'illusion que cette lettre a été faite spécialement pour lui.

Pour cela, il sera nécessaire que votre lettre n'ait pas l'apparence d'une circulaire, mais se présente au contraire comme une lettre tapée à la machine à écrire, avec repiquage du nom et de l'adresse.

Cette façon de faire demande évidemment des soins, mais elle est le facteur essentiel du succès.

Un outillage perfectionné permet de réaliser un tel travail, et chaque année notre Exposition d'Organisation Commerciale offre à la clientèle toute une gamme de machines, dont le but est de rationaliser le travail et de faire faire des économies de temps, d'argent et de personnel.

Nous n'allons parler que brièvement des quelques machines qui intéressent plus spécialement le service de vente par correspondance.

En premier lieu, il faut citer les machines dites « Duplicateur » et dans cet ordre d'idée, deux systèmes bien différents sont en présence : le système à stencyl et le système dit à caractères mobiles.

Le système à stencyl permet de taper à la machine à écrire le texte sur un stencyl et de le reproduire à un certain nombre d'exemplaires.

Pour le système dit à caractères mobiles, on emploie des segments à rails, soit horizontaux, soit verticaux, suivant les besoins, dans lesquels on glisse des caractères mobiles de même principe que les caractères d'imprimerie mais dont le pied présente une forme spéciale afin de pouvoir être pris avec une « fourchette » dans un réservoir à caractères appelé « flexotype ».

On emploie pour l'impression un ruban et l'on obtient ainsi une frappe absolument identique à celle de la machine à écrire, ce qui, évidemment, présente un gros avantage, le tirage de plus est illimité et toujours d'une parfaite netteté.

En ce qui concerne le repiquage des noms et adresses ainsi que l'inscription sur les enveloppes, on emploie alors des machines à adresser qui permettront de faire très rapidement un travail excessivement long, s'il devait être réalisé soit à la main, comme on le faisait précédemment, soit à la machine à écrire.

Il y a de nombreux types de machines à adresser, les uns employant également le stencyl, les autres, la plaque métallique sur laquelle on estampe avec une machine spéciale, les indications nécessaires.

Ces plaques passent ensuite dans un dispositif spécial et impriment à travers un ruban qui, lorsqu'il est assorti au ruban qui a servi à imprimer le texte, concourt à donner à l'ensemble de la lettre un aspect vraiment personnel. Certaines de ces machines possédant des dispositifs de sélections permettent ainsi de dégager immédiatement une catégorie de clientèle que l'on veut atteindre et évitent le travail toujours long du triage des fiches, ce procédé, évidemment, présentant de gros inconvénients, notamment celui de faire des erreurs ou omissions assez facilement.

Avec ces machines à adresser à sélections, le travail se fait mécaniquement dans un espace de temps excessivement réduit et évitent également l'emploi d'un nombreux personnel.

Lorsque vos lettres de vente sont ainsi prêtes à être expédiées, on peut encore avoir recours à des machines à fermer le courrier et même à timbrer.

Pour terminer il n'est pas inutile de dire quelques mots au sujet de l'affranchissement qui, évidemment, est encore un élément assez délicat, si vous expédiez vos lettres de vente avec des enveloppes ouvertes, vous risquez de compromettre tout l'effort que vous avez fait, car le prospecté immédiatement, et, même parfois, sans ouvrir vos lettres, verra de suite qu'il s'agit d'une simple circulaire.

Si au contraire, vous affranchissez à 0 fr. 50, les résultats seront supérieurs. Malheureusement, en France, les services postaux n'ont pas toujours compris l'intérêt qu'ils auraient à collaborer d'une façon plus efficace avec les grandes maisons de commerce qui font de la publicité ou qui désireraient généraliser leur vente par correspondance.

Il n'est peut-être pas inutile de citer dans ce domaine, les avantages que les administrations des postes et télégraphes d'Allemagne, d'Amérique et de Suisse offrent à leurs usagers.

a) LISTES D'ADRESSES.

Les maisons de commerce qui veulent faire de la publicité directe peuvent envoyer aux receveurs des différents bureaux de postes d'une ville, la liste d'adresses des maisons de leurs circonscriptions respectives (liste que ces maisons de commerce ont établies elles-mêmes) et ceci aux fins de corrections par le dit receveur ; en effet, le paragraphe 3 de la section 549, des lois et règlements postaux aux États-Unis, oblige un receveur des postes à retourner ces listes au requérent, avec l'autorisation de rectifier les noms et adresses erronés. Voici d'ailleurs en partie la traduction de ce paragraphe.

« Les receveurs ne doivent pas fournir les adresses des personnes domiciliées dans leurs circonscriptions. Cependant les listes d'adresses envoyées aux receveurs pour révision doivent être retournées à l'envoyeur lorsque l'affranchissement de ce retour est payé mais des noms nouveaux ne doivent pas être ajoutés à ces listes ».

« Les receveurs peuvent, si cela leur est demandé, biffer sur cette liste les noms de ceux qui ont changé de domicile en sortant de leur circonscription ou qui sont décédés et rectifier les adresses inexactes ».

Il est de l'intérêt des services postaux, recommande ce règlement, d'éviter les expéditions et manutentions inutiles des lettres et colis postaux, et les services s'emploient en conséquence dans la mesure du possible à corriger les adresses erronées ou à rayer celles qui n'ont plus lieu d'être...

b) Expédition des plis

L'expédition et la manutention (second class matter) est exactement la même (sauf pour l'affranchissement) que celle des plis fermés (first class matter) et leur retour à l'envoyeur, si le destinataire est introuvable, doit se faire sous les mêmes conditions si cela est spécifié.

En effet, le décret du 19 novembre 1919 de la loi postale paru au supplément du Guide postal de janvier 1920, spécifie que si des plis de deuxième, troisième ou quatrième classe portent spécification que l'envoyeur remboursera l'affranchissement pour le faire suivre ou le retourner, ce pli sera, selon les cas, renvoyé à la nouvelle adresse ou retourné à l'envoyeur et à cet effet, recommande l'une des trois mentions suivantes, apporter à l'extérieur au point gauche, en haut de l'enveloppe :

« *Receveur*. — En cas d'impossibilité de livraison, veuillez retourner par X jours... l'affranchissement de retour sera payé au retour par l'envoyeur ».

« *Receveur*. — En cas d'impossibilité de livraison à l'adresse indiquée, et que là nouvelle du destinataire vous est connue, veuillez faire suivre avec l'affranchissement nécessaire à cet effet, s'il est impossible de délivrer, veuillez retourner à l'envoyeur ». Le remboursement de l'affranchissement pour faire suivre ou pour le retour est garanti par l'envoyeur ».

« *Receveur*. — En cas d'impossibilité de livraison ou de faire suivre, veuillez faire suivre à M. ... à... avec l'affranchissement nécessaire dont remboursement est garanti par l'envoyeur ».

Ces formules sont couramment employées et certaines même ajoutent :

« Veuillez donner les raisons exactes pour lesquelles la délivrance n'a pu être faite ».
ce qui est absolument conforme sur les lois postales.

Une certaine provision est déposée au bureau de poste afin de servir de garantie pour paiement des taxes de retour et de cette façon on évite que le prospecté reçoive un pli taxé que souvent il refuse, et qui toujours produit une mauvaise impression.

Par conséquent, lorsqu'un pli ne peut être délivré à l'adresse indiquée, il est retourné dans le délai qui est mentionné par l'expéditeur même et ceci a le double avantage de permettre d'arrêter la suite de la « chaîne de lettres » à cette personne, et de rectifier le fichier d'adresses.

Conséquence. — Économie d'argent, économie de temps et on est ainsi certain que la lettre adressée parviendra sûrement et dans les délais prévus.

De tout ceci qu'avons-nous en France ?

Le spectacle vraiment décevant des quelques millions de lettres au rebut que l'on peut voir au dépôt central des P. T. T.

N'y a-t-il pas un remède à apporter à une telle situation ? Et les pouvoirs publics resteraient-ils sourds si l'on tentait près d'eux une démarche pour l'amélioration des services postaux et la révision des tarifs en ce qui concerne le point de vue qui nous intéresse.

CHAPITRE XVIII

L'ORGANISATION
DU SERVICE DE PUBLICITÉ

M. Meichler et J. Mosse,

Si le délai d'une demi-heure qui nous est imparti est plus que suffisant pour lasser votre attention, il est, au contraire, nettement trop court pour permettre d'exposer en détails, toute l'organisation du service complet de publicité.

Mais, à vrai dire, qui peut se flatter d'avoir chez lui un service complet de publicité, même de pouvoir l'organiser ? Nous-mêmes qui sommes des spécialistes commercialement intéressés à réaliser dans sa perfection ce service, nous ne cessons de l'améliorer chaque jour pour qu'il réponde constamment à nos besoins, ou, plus exactement, à ceux de nos clients.

La matière commerciale est en effet si ample et si diverse, que dans l'existence d'une seule affaire, il faut travailler sans cesse, pour que le service publicité suive pas à pas le service de vente et colle exactement ses efforts aux siens.

Donc, pas de schéma-type d'une organisation de publicité. Quelques règles, et quelques exemples.

I. — Le point vital d'un service de publicité

Il serait vain de vous définir l'organisation d'un service de publicité sur les seuls appareils dont un service, même parfait, disposerait en ce moment.

En matière d'organisation commerciale il y a toujours en préparation un appareil nouveau qui permettra d'exprimer, mieux que son prédécesseur, la complexité du problème commercial.

Ce qui est donc permanent ce sont, bien, plutôt, les règles générales d'organisation que les moyens matériels dans lesquels se casera tout l'appareil publicitaire.

Or, vous permettrez à notre expérience ou, si vous voulez, à nos préférences de conseil, de mettre, au premier plan de l'organisation, ce qui doit en guider tout le détail, c'est-à-dire : *le plan de publicité*.

Non pas que nous ayons une mystique du plan et que nous pensions qu'une fois établi il dispensera de tout travail et de tout effort intellectuel : mais personne parmi vous ne mettra en doute, qu'avant d'engager des dépenses aussi coûteuses et de résultats aussi subtils, que celles de la publicité, il ne soit bon de savoir d'avance jusqu'où l'on veut aller, à quoi l'on veut appliquer son effort, et par quels moyens on entend le réaliser.

Disons, si vous le voulez, en allant jusqu'au paradoxe, que le plan établi au mois de septembre 1927, pour l'exercice 1927-28, servira surtout à nous permettre des modifications incessantes qui en feront, fin 1928, tout autre chose que ce que nous en avions conçu : n'empêche que nous aurons été pendant toute cette année constamment guidés par ses quelques principes clairement définis, et leurs conséquences pratiques numériquement établies.

Nous admettrons donc que dans tout service de publicité vous devez avoir un dossier, ou une série de dossiers de première zone, affectés d'une chemise de couleur spéciale, et qui porteront le titre glorieux, mais utile : dossiers « Études et plans ».

Quand bien même vous n'auriez dans ces chemises que des comptes rendus de conversations avec votre chef de publicité ou votre Conseil de publicité ; quand bien même vous n'auriez que des brouillons de vos réflexions personnelles, l'ensemble doit faire un corps qui vous rappelle clairement votre problème commercial, la politique que vous avez arrêtée pour l'année, et, plus précieux encore, les raisons que vous avez eues de l'adopter, enfin toutes les réflexions qui, vous donnant une vue claire de votre affaire, vous permettront une vue plus claire et plus rapide de toutes les modifications qu'elle pourra subir en cours de l'année.

Bien entendu, si vous êtes méthodique et que votre service en ait le temps, mieux vaudra que ces dossiers contiennent des pièces dactylographiées et triées : les unes portant l'ensemble des raisonnements qui vous ont amenés à définir sur quoi serait axée votre publicité, quels arguments elle emploierait, et dans quelle liaison avec votre service de vente; les autres contenant l'étude et le devis de tous les moyens publicitaires qui peuvent y réussir avec leurs caractéristiques, leurs prix de revient, les sommes minima et maxima à y affecter.

Je souhaiterais même voir classer dans ce groupe une espèce de dossier : « Anticipations ». Il comprendrait l'étude technique, et, si vous permettez le mot, tactique, de moyens de publicité dont vous n'avez pas encore le besoin.

Supposons, par exemple, que vous vendiez un article industriel, bien placé sur le marché comme prix et comme qualité, ayant un marché national très ouvert, mais qui, cependant, débute vis-à-vis de ses concurrents. On peut admettre, sans plus d'explications, qu'il lui faudra pendant une ou plusieurs années une publicité d'argumentation détaillée qui ne trouvera à s'exprimer complètement que dans la presse et dans l'imprimé.

Cependant on peut déjà prévoir comment les qualités de cet

article pourraient être synthétisées dans une affiche qui, à la condition d'une bonne réussite des dessinateurs, aurait une valeur d'expression suffisante pour appuyer la diffusion de cet article industriel. Pourquoi, dans les moments de loisir, ne pas prévoir déjà la diffusion de cette affiche, les localités où elle devrait être apposée, la moyenne d'emplacements intéressants disponibles dans ces localités, le format par conséquent intéressant à donner à l'affiche, enfin tous éléments qui le jour où votre article serait mûr pour l'affichage ne demanderaient qu'à être révisés, sans être l'objet d'une construction complète.

Rappelez-vous qu'en publicité on est toujours long dans la conception, et bousculé dans l'exécution.

Bon remède, par conséquent, de prévoir longtemps à l'avance les actions, et réactions que vous déclancherez un jour lointain, ou même peut-être que vous ne déclancherez jamais.

II. — Mettons donc, dans un meuble spécial, cette matière cérébrale rare, qui s'appelle votre plan de publicité, terminé, si possible, par le plan précis et détaillé de ce que vous voulez faire au cours du prochain exercice, et voyons maintenant :

COMMENT VOUS ALLEZ CLASSER VOTRE MATÉRIEL PUBLICITAIRE
A L'INTÉRIEUR DU SERVICE

Là encore, je demande à mettre au premier plan une organisation que l'on tendrait à reléguer parmi les accessoires, et qui est cependant, à mon sens, le dominant, ou la base de tout votre service : c'est le fichier de clientèle.

Il serait dangereux de le déléguer au seul service de publicité directe ; bien des sondages sur cette clientèle peuvent être faits par d'autres moyens que la publicité directe, tous vos moyens de publicité doivent même tenir compte, plus ou moins, des réactions de clientèle, tous vos devis doivent tenir compte de l'étendue de cette clientèle, étendue géographique ou professionnelle. Enfin la liaison de votre service publicité avec votre service de vente n'a de sens que si l'on parle clients.

Ne laissez jamais en effet un représentant vous dire : « on a eu tort de mettre telle affiche dans tel pays, il aurait mieux valu prendre le journal local ». Tâchez de lui faire comprendre aimablement qu'il discute là, moyens de publicité, ce qui n'est pas son rôle, et qu'il vous serait beaucoup plus utile en vous donnant des avis concrets, psychologiques ou commerciaux, sur les clientèles de ce pays. A votre chef de publicité d'en tenir compte ensuite pour fourbir ses armes publicitaires.

Si votre fichier de clientèle est relégué parmi les accessoires de la publicité directe, les indications de vos représentants viendront s'y emmagasiner pour le plaisir d'enrichir une fiche, et vous risquez que leur substance la plus précieuse soit négligée ; on les utilisera pour vérifier les changements d'adresses, on n'en tirera pas les conclusions globales qui peuvent indiquer à temps les changements nécessaires dans l'axe de votre publicité.

Si, au contraire, vous placez votre fichier de clientèle dans le bureau même de celui qui mène votre publicité, soit vous, soit votre chef de publicité, soit l'employé qui est en liaison avec votre Conseil, vous serez sûrs d'en tirer tous les partis nécessaires pour le diagnostic permanent de votre clientèle.

Verrons-nous en détails ce que doit être un fichier de clientèle ? Vous avez trop l'habitude des fiches pour ne pas comprendre que plus vous y pourrez loger de renseignements et meilleures elles seront.

Les systèmes de classement actuels vous permettent des jeux de couleurs, des jeux de cavaliers, d'onglets, et de repères variables, qui vous permettent toutes les sélections nécessaires.

Commencez seulement par établir un ordre alphabétique fixe, de façon à éviter les doubles emplois, et que la fiche : Société anonyme des Anciens Établissements F... ne risque pas de se promener, au gré du classeur, soit à S, soit à A, soit à E, soit à F.

Vérifiez bien que les cases : adresse, téléphone, mode de paiement, désignation très détaillée du commerce, soient complètes, et surtout tenues à jour.

Prenez garde qu'un fichier n'a sa raison d'être qu'à condition de « vivre », c'est-à-dire de n'avoir jamais 24 heures de retard dans sa mise à jour.

Votre fichier devant être secret, ou, tout au moins, confidentiel, ne manquez pas de loger sur la fiche le plus de renseignements que vous aurez sur chacun de vos clients, même si ces renseignements ne vous paraissent pas, au premier abord, d'un intérêt essentiel : la composition de Conseil d'administration, les augmentations de capital, peuvent vous éclairer un jour sur les difficultés que vous rencontrez près de ce client ou les chances, au contraire, que vous avez d'y pénétrer. Le seul fait de porter ces indications, à mesure qu'elles viennent à votre connaissance, peut vous suggérer des lettres ou des circulaires, qui vous permettent de vous rappeler à l'attention de ce client sous un prétexte excellent et dont même il vous saura gré.

COMMENT CLASSER UN FICHIER CLIENTÈLE

Avouons que là, le problème est particulier dans chaque affaire, et que le classement original doit même permettre des sous-classements ou reclassements qui s'adapteront aux orientations successives de votre affaire.

Vous pouvez avoir un fichier consacré à la clientèle régulière, dont les achats sont périodiques, et dont vous surveillez seulement la cadence d'achat.

Un autre fichier consacré à la clientèle qui a cessé brusquement, ou espacé progressivement ses achats, clientèle qui mérite d'être revue de très près et à laquelle il faut arracher les raisons de son silence.

Enfin un troisième fichier, celui de la clientèle que vous n'avez jamais atteint ou de la clientèle que vous n'avez jamais essayé de toucher.

La répartition géographique serait, elle aussi, excellente, et par géographique il faudrait entendre plutôt des régions de représentation que des régions géographiques proprement dites.

Si vous essayez de ne faire qu'un classement sur ces bases vous en tirerez un premier bénéfice qui sera de raisonner la zône que vous accordez à chaque représentant, au lieu de la lui donner au petit bonheur, sans tenir compte de la concentration de clients dans chaque région, et du temps nécessaire à affecter à cette clientèle ou des résultats annuels possibles qu'elle peut donner.

Comptez que beaucoup de mauvais représentants n'ont été mauvais dans une affaire que parce que la zône même qui leur était impartie impliquait des impossibilités réelles de travail, et, surtout, des impossibilités réelles de gain.

Si vous vous acharnez à ce que votre classement géographique concorde avec l'affectation de chaque zône à chaque représentant, vous avez des chances de déceler très vite les erreurs de répartition que vous aurez commise, erreurs de répartition qui se traduiront par des erreurs d'attribution à chaque représentant, et qui se traduiront surtout par ces disparitions périodiques de représentant, qui font dans beaucoup d'affaires, après des dizaines d'années, de véritables zônes désertiques sur la carte de France.

Enfin, troisième classement type, mais que vous aurez encore avantage à n'employer que comme classement secondaire, classement par cavaliers, par signes distinctifs et non pas classement par boîtes, c'est le classement professionnel.

Entendez par là que, même ne vous adressant qu'à un seul corps de métier tel que serait, par exemple, la quincaillerie, vous avez intérêt à faire figurer sur vos fiches quelle est la spécialité de plus grande vente de chacun de vos clients. Indication qui, elle aussi, n'est peut-être pas toujours utile pour le présent, mais que vous serez fort heureux de trouver à point nommé dans l'avenir ; imaginiez que vous vendiez de la scie à métaux : il peut paraître indifférent que certains de vos petits acheteurs aient une grosse spécialité dans la machine agricole, la pompe ou l'outillage de petite mécanique. Le jour cependant où pour enrichir la carte de vos représentants, vous décideriez soit d'entreprendre une fabrication d'un de ces articles, soit de vous en adjoindre la représentation générale, vous serez fort heureux d'avoir un programme pour les premiers clients à grand rendement qu'il serait intéressant de toucher par vos moyens habituels.

Ne fixons par conséquent pas de fichier type de clientèle ; souvenons nous que nous n'aurons jamais trop de renseignements, ni trop d'éléments de classement sur notre clientèle, quitte à ne pas nous en servir avant telle ou telle période de notre travail.

III. — LES MOYENS PUBLICITAIRES

Vient ensuite le classement des moyens publicitaires existants.

Non pas seulement de ceux que vous employez, mais de tous ceux qui ont attiré votre attention ou l'ont sollicitée, ou simplement que vous avez recueillis au hasard.

Ne vous flattez pas de rassembler jamais une documentation complète sur l'affichage sur tout le territoire, ses prix courants, ses intermédiaires, ses particularités de timbres, de pose, pas plus qu'une documentation complète sur tout le papier imprimé périodique dont on peut user pour atteindre telle ou telle région ou telle ou telle profession.

Ceci est vraiment du ressort de l'agence de publicité plus ou moins technique. A peine les plus gros consommateurs de publicité peuvent-ils se flatter d'entretenir une pareille documentation chaque jour mouvante.

Cependant, quelque confiance que vous ayez en votre Conseil, ou en votre agent de publicité, il est intéressant pour vous de rassembler ce que vous pouvez avoir de documentation sur les divers moyens publicitaires qui paraissent naturels dans une entreprise comme la vôtre : journaux techniques, grands quotidiens si vous avez le bonheur d'avoir un budget national, emplacements d'affichage, etc.

Le mieux pour que cette documentation se développe peu à peu sans absorber entièrement la tâche de quelques-uns, c'est que vous la confondiez avec vos dossiers correspondance et contrats.

Toute affaire que vous traiterez en effet avec un intermédiaire ou un fabricant de publicité, comportera un tarif, un devis, un contrat.

Il est inutile que ce contrat avec tous ses détails prenne place dans le dossier spécial que vous allez consacrer à chacune de vos campagnes de publicité, c'est donc une simplification que d'aller le loger dans votre documentation sur les moyens publicitaires.

Vous y joindrez la correspondance courante pour l'exécution des ordres ; vous aurez ainsi des dossiers très gonflés pour les organes ou les moyens de publicité dont vous userez couramment, et des dossiers schématiques, pour ceux que vous aurez négligés, mis de côté, ou même systématiquement refusés.

Mais dans un classement alphabétique il n'y aura aucun ennui pour le maniement de ces dossiers à ce que leur importance soit disproportionnée.

Je dis dans un classement alphabétique, parce que je vous conseille d'adopter celui-ci comme votre classement de base ; employez pour le classement analytique (par spécialités techniques, par profession, par zone géographique), employez pour celui-ci des cavaliers ou des fiches de couleurs différentes. Vous vous trouverez bien de ne l'avoir admis que comme sous-classement, la limite est en effet difficile à faire, même souvent par des spécialistes de la zone exacte que recouvre un journal ou de la clientèle exacte qui se trouve touchée.

Si vous avez à vendre de la réparation de locomotives, vous trouverez votre clientèle parmi les lecteurs des revues de transports industriels, de mines, de gros travaux de terrassement, ou de bâtiment, mais vous la trouverez aussi parmi les lecteurs de l'*Usine*, tout aussi bien que si vous vendiez du gazogène, de la pompe, de la scie à métaux, du ciment armé.

Vos dossiers classés par ordre alphabétique vous permettront de trouver tous les renseignements que vous souhaiterez sur chaque journal, ou moyens de publicité auxquels vous penserez.

Leurs fiches ou cavaliers donnant le classement analytique vous permettront de rassembler d'un seul coup tous ceux qui atteindront une clientèle spéciale que vous vous décideriez soudainement à aller chercher.

Dans ce classement des moyens publicitaires ne vous bornez pas à loger dans chaque dossier les lettres de sollicitations, les tarifs. Tâchez de vous constituer une documentation véritable.

C'est-à-dire un exemplaire de la revue ou du journal, s'il s'agit de presse, des exemplaires complets d'une semaine s'il s'agit d'un journal, de façon à juger de la présentation différente de chaque jour.

Mettez-y aussi les annonces que vous allez relever de vos concurrents, de façon à en juger, par la suite, le format et la cadence.

Enfin placez l'indication des numéros spéciaux, ou des publicités particulièrement bien venues que vous y aurez remarquées. A défaut de l'expérience technique d'un Conseil ou d'un chef de publicité averti, vous aurez là les premiers éléments pour vous former un jour votre opinion.

IV. — CONTROLE

Le contrôle de vos campagnes de publicité doit vous permettre en réalité deux choses :

1° Contrôler exactement les surfaces et les périodicités que vous avez demandées à chaque moyen publicitaire.

2° Vous donner une image d'ensemble de chaque campagne isolée, pour vous permettre de la juger rétrospectivement, et, chaque année, d'en sentir les insuffisances, les trous ou les excès.

C'est là un matériel qu'il n'est pas commode de mettre sur pied, les dimensions des moyens de publicité étant très variables; certains très fugitifs comme le film publicitaire ou l'étalage, ne pourront même figurer dans vos documents que par reproduction photographique.

Pour un tel ensemble, c'est le registre à feuillets mobiles qui, seul, peut évidemment vous permettre un classement commode.

Le contrôle de vos insertions exigerait un classement continu par journal pour toute une année, de façon à vérifier les factures de chaque insertion.

Ce système aurait en outre l'avantage de vous donner l'ensemble d'une campagne dans chaque moyen.

Mais il a pour effet de vous disloquer une campagne publicitaire complète en autant de compartiments que vous avez eu à employer de moyens publicitaires.

La liaison entre chacun d'eux n'apparaît alors plus et vous risquez de ne pas bien mesurer les pointes de publicité ou les ralentissements, que vous avez opérés à tort ou à raison, au cours de votre campagne.

Si vous n'employez pas un trop grand nombre de moyens, nous vous conseillons donc une autre formule de classement.

Établissez, mois par mois, séparées par des cartonnages, les feuilles qui supporteront tous vos justificatifs d'insertions ; conservez, dans chacun de ces compartiments l'ordre que vous aurez établi une fois pour toute, ordre non pas alphabétique, mais si vous le voulez bien, par importance de moyens. Mettez en tête le journal auquel vous allez consacrer la plus grande partie de votre budget ou les emplacements d'affichage que vous avez couverts le plus abondamment.

Si cet ordre est constant, et à condition d'affecter des feuilles barrées aux moyens de publicité que vous avez cessé d'employer, vous aurez ainsi à la fois un contrôle comptable exact des factures que vous recevrez, et une physionomie vivante de vos campagnes publicitaires.

Rien ne vous empêche, bien entendu, de mettre tout à fait à l'écart, certains efforts qui le seraient complètement, tel qu'un effort d'exportation dans un pays nouveau ou dans une zone de représentation que vous venez justement d'ouvrir.

Vous aurez même ainsi la commodité de vérifier exactement le budget spécial que vous aurez affecté à cet effort lui-même spécial, et dont les résultats doivent être mesurés à part.

V. — CONTROLE DES RÉSULTATS

Nous entrons ici dans le domaine des graphiques. Bien entendu chacun de vous pourra composer son graphique à sa façon.

Parlons cependant d'abord des graphiques généraux de dépenses.

Encore que les divisions mois par mois soient un peu factices, admettons les puisqu'il faut, de toute façon, couper cette continuité qu'est votre effort de publicité.

Une première ligne simple à établir, c'est celle de vos dépenses publicitaires mensuelles.

Il serait bon pour la compléter que vous ayez, au-dessous, une série de courbes différentes, représentant la dépense mensuelle par grande classe de moyens publicitaires : affichage, presse, éventuellement presse nationale, presse régionale et presse technique.

Au-dessus de cette courbe mettez la courbe de vos ventes ou de vos commandes si par hasard vos ventes doivent suivre une commande à des intervalles extrêmement différents des uns des autres, du fait de mise en fabrication compliquée.

Si vous avez le bonheur de pouvoir vendre directement par publicité et que vous ayez à côté une organisation de représentants, établissez deux courbes, celles de votre vente directe et celle de votre vente par représentants, avec une moyenne des deux.

Si vous vendez aussi au crédit ou au comptant, si vous vendez à Paris et en province, distinguez encore ces chiffres de vente.

Quand vous aurez établi cette série de courbes de vente, vous ne tarderez pas à remarquer qu'il s'établit entre elles et les courbes de dépenses publicitaires, une correspondance qui varie avec chaque type d'affaires : ne commettez pas en effet, la naïveté d'affecter les résultats du mois de novembre à votre chiffre de publicité de novembre. Pour certains produits de consommation courante vous pouvez avoir un décalage inférieur à un mois qui justifierait presque cette façon de faire ; mais à mesure que le produit ou les produits que vous vendez sont plus délicats à comprendre et demandent plus d'éducation du public, vous vous trouvez avoir une cadence de vente spéciale qui est décalée par rapport à votre effort publicitaire et qui peut atteindre trois mois, six mois, parfois plus.

Tracez donc une ligne spéciale qui représente votre cadence de vente et qui vous permettra de mesurer les résultats de vos dépenses publicitaires.

Créez, bien entendu, un graphique spécial pour chaque région nouvelle que vous touchez ou pour chaque article nouveau que vous lancez ; vous pourrez mesurer si la région répond comme les précédentes ou si l'article prend à la même vitesse que les autres.

Il pourra vous paraître excessif d'aménager une organisation si détaillée pour une matière en apparence aussi complexe que la publicité, mais vous vous apercevrez vite que c'est précisément dans ce domaine psychologique et fragile que l'on n'a jamais trop de renseignements, et que les chiffres, par comparaison, prennent leur véritable valeur : c'est de leur choc qu'apparaît souvent une anomalie, ce n'est qu'une anomalie qui peut vous alerter, comme la température d'un malade donne l'indication d'un désordre ; à vous ensuite ou à vos conseillers de découvrir, et parfois après de longues recherches, la cause du désordre, mais c'est déjà une grande chose que d'avoir été alerté à temps.

Si nous osions, nous vous conseillerions même, lorsque vous avez établi une campagne d'annonces détaillées, c'est-à-dire maniant chacune des arguments différents, de peser le rendement de chaque annonce. Vous arriveriez ainsi à constater que certains arguments qui vous paraissaient les plus propres à toucher une clientèle sont ceux auxquels elle réagit le moins, ou peut-être le moins rapidement.

Ne croyez d'ailleurs pas que cette organisation demande un matériel compliqué, coûteux, et dont l'entretien absorberait un personnel mieux employé à réfléchir et à interpréter : tous les systèmes et tous les matériels d'organisation commerciale n'ont de valeur que dans la mesure où ils simplifient le travail de classement de recherches, et d'interprétation. Vous pourrez en combiner vous-même de tout à fait adaptés à votre travail, avec ces matières premières banales qui sont : le papier, le quadrillage, le carton, mais vous trouverez aisément, si peu que vous cherchiez, des matériels qui auront déjà fait pour vous la plus grande part de cette besogne, et qui, par une interprétation raisonnable, seront prêts à vous exprimer constamment la physionomie exacte de votre publicité et de ses effets.

Enfin dans tout cela nous n'avons parlé que d'organisation matérielle, et point du personnel.

C'est que là, nous ne pouvons que vous faire confiance, et vous souhaiter de rencontrer l'homme ou les hommes capables d'organiser et de surveiller cette santé de votre affaire qu'est la publicité, sans pouvoir vous dire à quels signes distinctifs vous les reconnaîtrez. Vous les reconnaîtrez surtout à ce qu'ils pourront s'entendre avec vous pour travailler. Mais dites-vous bien, pour parodier un mot célèbre, qu'aux qualités que l'on doit exiger d'un chef ou d'un conseil en publicité, combien de chefs d'entreprise seraient-ils dignes d'être leur propre chef de publicité ?

ANNEXE

~~~~~~~~~

L'ASSURANCE
DES CRÉDITS COMMERCIAUX

par J. Desbrosses,

Parmi les risques que courent les industriels et les commerçants, il en est certains contre lesquels il leur est possible de se couvrir grâce à l'assurance ou sur lesquels ils possèdent un moyen d'action directe susceptible de les réduire : tels sont, par exemple, le risque d'incendie ou de vol.

Il est un autre risque sur lequel le commerçant ne possède que des moyens d'action infimes et qu'il est obligé de subir en totalité s'il n'a pas recours à l'assurance : c'est le risque du crédit.

En effet, dès qu'un vendeur s'est dessaisi de ses marchandises, payables à terme, il a substitué à un droit effectif sur celles-ci, un simple droit de créance. Si, dès lors, la dette n'est pas payée à l'échéance, le vendeur sera obligé d'adopter l'une des deux attitudes suivantes : soit accorder une prorogation, soit poursuivre son débiteur par les voies judiciaires.

Dans l'un ou l'autre des cas, il est possible que le paiement soit obtenu en totalité et avec un certain retard ; le risque se borne alors à un risque de trésorerie que le commerçant peut facilement atténuer, grâce à l'appui de son banquier.

Si, par contre, le débiteur devient définitivement insolvable, c'est-à-dire s'il est déclaré en faillite ou en liquidation judiciaire, ou encore si un concordat avec abandon d'une partie des créances lui est consenti, le vendeur subira, de ce chef, une perte nette définitive.

Or, il est manifestement impossible de se garantir de façon certaine autrement que par l'assurance, contre l'insolvabilité d'un acheteur quel qu'il soit. En effet, l'insolvabilité future d'un individu peut dépendre, soit de causes qu'il est possible d'évaluer au moment où le crédit est accordé, telles que l'incapacité technique
~~~~~~~~~

du dirigeant ou l'insuffisance des capitaux investis dans son affaire ; soit de causes absolument imprévisibles, telles que des fluctuations ultérieures dans la valeur des marchandises, des variations dans le marché des changes, des défaillances dans la clientèle de l'acheteur, ou même certaines catastrophes contre lesquelles il peut être insuffisamment couvert, telles que l'incendie.

Seule, une Compagnie d'assurance organisée dans ce but, pourra assumer la couverture des risques du crédit, car il lui sera possible, d'une part, d'être parfaitement renseignée sur la solvabilité d'une firme quelconque et, d'autre part, elle pourra répartir sur toutes les branches d'industrie, les risques imprévisibles et les réduire par le moyen de la réassurance.

En un mot, la Compagnie d'assurance pourra faire jouer la loi des moyennes, ce qui n'est pas possible pour un industriel ou un commerçant isolé.

Principes de base de « l'Assurance-Crédit »

Pour que « l'assurance-crédit » soit viable, il est nécessaire qu'un certain nombre de principes soit observé. Ceux-ci ont été dégagés à la suite d'une longue expérience acquise par de nombreuses compagnies étrangères qui, depuis plusieurs années, acceptent de garantir ce rique.

Les principes essentiels sont les suivants :

Assurance « Insolvabilité » :

La Compagnie d'assurance couvrira, non pas le risque de trésorerie que le commerçant peut atténuer lui-même, notamment grâce à l'aide de son banquier, mais le risque de perte nette définitive, c'est-à-dire que son indemnité ne sera due qu'autant que le débiteur sera dans un état d'insolvabilité reconnue par jugement, tel que la faillite, la liquidation judiciaire ou un concordat.

Assurance des crédits commerciaux :

La garantie de la Compagnie s'appliquera aux crédits consentis en contre-partie de livraisons effectives de marchandises. Aux risques courus correspond, en effet, une augmentation de l'actif du débiteur. D'autre part, les découverts demandés par un commerçant dans ce cas, sont généralement en relation directe avec ses possibilités de revente, alors qu'il n'en est pas ainsi dans le cas des financements.

Partage du risque :

Afin que l'assuré reste toujours intéressé au risque, la Compagnie ne couvrira qu'un pourcentage de la perte nette définitive. Ce pourcentage peut être variable suivant les branches d'industrie. Il est en général de 75 %, l'assuré restant son propre assureur pour une part de 25 %.

PRINCIPAUX TYPES DE POLICES

Il existe deux catégories principales de polices :

Les unes, appelées *polices individuelles*, ont pour but la couverture des créances sur des débiteurs choisis individuellement par le proposant et soumis à la Compagnie pour acceptation.

Les autres, appelées *polices globales*, ont pour but la garantie de l'ensemble du chiffre d'affaires d'un commerçant, celui-ci s'engageant à couvrir auprès de la Compagnie la totalité de ses transactions.

Il n'est pas douteux que dans le second cas, les conditions d'assurance seront beaucoup plus larges et plus avantageuses que dans le premier.

POLICES INDIVIDUELLES

Ainsi que nous venons de le dire, la garantie de ces polices s'applique à un ou plusieurs débiteurs choisis par l'assuré. Pour chacun de ces débiteurs il est donc possible :

a) De couvrir une opération isolée.

Les caractéristiques de l'opération figurent sur la police. La prime est payée à la souscription du contrat d'assurance, l'importance de celle-ci étant déterminée d'après le montant de la créance assurée, et la durée de celle-ci.

b) De couvrir le courant des affaires à traiter avec le débiteur agréé par la Compagnie.

Sur la police figurent alors le nom du débiteur agréé ainsi que le montant du découvert maximum à concurrence duquel la Compagnie accepte d'être engagée. Par la suite, et au fur et à mesure de ses transactions, le vendeur les déclare à la Compagnie et celles-ci sont couvertes du fait même de la déclaration. Dans ce cas, la prime est payable au moment seulement où chaque créance est déclarée.

Prime :

Le taux de prime appliqué dans le cas des polices individuelles est variable, d'une part, suivant la durée du risque, d'autre part, suivant son importance. A titre indicatif, le taux de prime, pour un crédit moyen d'une durée de 90 jours, est approximativement de 1,25 %₀.

Règlement des indemnités :

Pour ces polices, le règlement des indemnités s'effectue dès que la perte nette définitive peut être déterminée, c'est-à-dire dès que les sommes à récupérer sont connues.

Le calcul de l'indemnité à la charge de la Compagnie se ramène à celui de la perte nette définitive subie par le vendeur. Prenons un exemple :

Supposons que la Compagnie d'assurance ait garanti 75 % de la perte nette définitive sur un débiteur auquel avait été consenti un crédit de 100.000 francs. Si le débiteur est déclaré insolvable et que les dividendes soient de 20 %, par exemple, l'indemnité à la charge de la Compagnie s'établira comme suit :

Montant de la créance assurée.	100.000 fr.
Dividendes à encaisser par l'assuré.	20.000 —
Perte nette définitive subie par l'assuré	80.000 fr.
Indemnité de la Compagnie (75 % de la perte) . .	60.000 —

L'assuré encaissera donc au total une somme de 80.000 francs, se décomposant en 60.000 francs d'indemnité d'assurance et 20.000 francs de dividendes. Sa perte effective sera donc de 20.000 francs seulement, elle sera même inférieure à cette somme car il y aura lieu de déduire le bénéfice escompté sur l'opération qui ne représente qu'un simple manque à gagner.

POLICES GLOBALES

La garantie de ces polices s'applique, par principe, à l'ensemble de la clientèle de l'assuré.

Afin de faciliter les déclarations de l'assuré et de ne pas le gêner dans ses transactions, toutes les polices globales contiennent des clauses qui donnent une grande souplesse à leur fonctionnement. Les principales d'entre elles sont les suivantes :

Latitude dans l'octroi des crédits :

Seuls les débiteurs pour lesquels le découvert éventuel doit être important, sont soumis à la Compagnie pour acceptation, l'assuré restant libre de traiter sans l'accord préalable de la Compagnie, pour tous les découverts inférieurs à cette latitude, sous réserve, bien entendu, que les crédits accordés par lui dans ce cas soient justifiés par son expérience passée ou par les renseignements qu'il a pu obtenir sur ses clients.

Déclaration des crédits :

La déclaration des crédits se borne à l'indication globale et mensuelle du chiffre d'affaires traité avec l'ensemble de la clientèle.

Prime :

Le taux de prime est uniforme et calculé surtout d'après la valeur moyenne de la clientèle, la durée des crédits accordés à celle-ci et les résultats obtenus par le proposant au cours des années précédentes.

La multiplicité de ces éléments fait que l'importance des taux de prime est extrêmement variable suivant les cas. A titre approximatif et pour un assuré ayant subi antérieurement des pertes relativement faibles, les taux peuvent varier de 1 à 5 %₀.

Règlement des indemnités :

Pour toutes les polices globales, qui doivent être considérées comme des polices annuelles, le règlement des sinistres s'effectue à l'expiration de chaque période d'assurance.

Le calcul de l'indemnité à verser par la Compagnie à ce moment, s'effectue suivant un mode analogue à celui des polices individuelles, en ce qui concerne tous les débiteurs pour lesquels la perte nette définitive peut être déterminée.

Par contre, et étant donné l'esprit dans lequel les polices globales sont souscrites, la Compagnie accepte d'effectuer un règlement provisoire en ce qui concerne tous les débiteurs insolvables, pour lesquels la perte nette définitive ne peut être encore connue. Ce règlement a lieu, en général, en évaluant provisoirement à 50 % les dividendes à récupérer. Des ajustements ultérieurs seront effectués au bénéfice de l'assuré, dès que, pour chaque débiteur, la perte nette définitive sera connue.

DIFFÉRENTES SORTES DE POLICES GLOBALES

Il existe deux principaux types de polices globales :

L'une d'elles, dite « police générale », peut être considérée comme une généralisation de la police individuelle à tous les clients du proposant.

Aux termes de cette police, la Compagnie garantira 75 % de toute perte subie sur l'un quelconque des débiteurs.

L'autre, dite « police excédent de pertes », comporte une première franchise à la charge de l'assuré. Le principe de cette police est le suivant :

Toute maison de commerce, traitant un chiffre d'affaires d'une certaine importance, subit annuellement, du fait même de son activité, un pourcentage de perte à peu près constant. Ces pertes, qui sont en général incorporées au prix de revient, peuvent être considérées comme normales et resteront à la charge de l'assuré, à titre de première perte ou franchise. La garantie de la Compagnie ne jouera donc que si dans l'année, le pourcentage des pertes subies a excédé le pourcentage normal.

Prime :

Les taux de prime des polices « excédent de pertes » pourront être plus réduits que les taux de prime des polices générales, étant donné que dans les premières, la Compagnie n'a pas à couvrir les pertes normales à peu près inévitables.

Règlement des indemnités, dans le cas des polices «excédent de pertes» :

Prenons le cas d'un commerçant ayant souscrit une police « excédent de pertes » couvrant 75 % de ses risques en excédent d'une franchise de 60.000 francs. Si, à la fin de l'année d'assu-

rance, le montant total des pertes subies s'élève à 200.000 francs,
l'indemnité de la Compagnie se déterminera comme suit :

Montant total des pertes.	200.000 fr.
Première perte à la charge de l'assuré	60.000 —
Excédent de perte.	140.000 fr.
Indemnité de la Compagnie (75 % de l'excédent de perte).	105.000 —

L'intérêt de la police « excédent de pertes » dont l'esprit correspond le mieux à celui de l'assurance-crédit, est considérable. Elle
apporte, en effet, dans la progression des affaires un élément de
régularité que la constitution de réserves ne peut fournir qu'au
bout de longues années.

AVANTAGES DE L'ASSURANCE DES CRÉDITS COMMERCIAUX

Les principaux avantages des polices d'assurance-crédit sont
les suivants :

1° L'assurance prend à sa charge les risques du crédit et libère
le commerçant du souci de ses pertes éventuelles.

C'est là l'objet même de l'assurance-crédit sur lequel il n'y a
pas lieu d'insister.

2° Elle permet de développer le chiffre d'affaires, sans augmenter les risques dans la même proportion.

Il arrive fréquemment, en effet, qu'un commerçant soit tenu de
limiter les découverts qu'il accorde à l'un de ses clients dont le
crédit semble excellent, uniquement parce que sa propre situation
ne lui permet pas de supporter une perte importante. Grâce à
l'assurance, le vendeur pourra augmenter les découverts qu'il
accorde, dans une large proportion, tout en maintenant les risques qu'il court personnellement, à un montant en rapport avec
sa propre situation.

3° L'assurance des risques du crédit facilite les transactions
avec l'étranger.

En effet, les Compagnies d'assurance ne limitent pas leur activité aux seuls risques intérieurs, mais acceptent de couvrir les
risques consentis à des débiteurs résidant dans de nombreux pays
étrangers.

Dans chacun de ces pays, la Compagnie possède un correspondant susceptible de la renseigner efficacement. Par suite et par
l'intermédiaire de la Compagnie d'assurance, le vendeur peut être
guidé dans le choix des affaires qu'il traite à l'exportation et
éviter les surprises qui sont malheureusement trop fréquentes
lorsque les ventes sont faites par l'intermédiaire d'un représentant plus ou moins compétent.

4° L'assurance-crédit permet aux assurés de suivre la situation
de leurs débiteurs.

Nul n'est mieux placé en effet que la Compagnie d'assurance
pour suivre la situation des débiteurs qu'elle assure. Par conséquent, dès que celle-ci apprendra des bruits défavorables sur le

compte de l'un d'eux, elle ne manquera pas d'en aviser immédiatement son assuré.

5° L'assurance-crédit procure de grandes facilités pour le recouvrement des créances litigieuses.

La Compagnie d'assurance, intéressée au même titre que l'assuré à une récupération complète et rapide des créances litigieuses, pourra se mettre, le cas échéant, à la disposition de l'assuré pour poursuivre elle-même les débiteurs défaillants.

D'autre part, dans le cas des crédits accordés à des débiteurs étrangers, les poursuites seront effectuées par l'intermédiaire du correspondant étranger, lequel étant parfaitement au courant de la procédure dans son pays et, en général, intéressé au risque, obtiendra des récupérations bien supérieures à celles qu'il serait possible d'obtenir par l'intermédiaire d'un simple agent d'affaires.

6° Elle consolide le crédit personnel des assurés.

La souscription d'une police d'assurance met l'assuré à l'abri des pertes importantes et consolide ainsi sa propre situation. Il est fréquent de voir des banquiers accepter d'accorder à leurs clients des conditions plus avantageuses ou plus larges, du fait qu'ils sont assurés.

TABLE DES MATIÈRES

DEUXIÈME PARTIE

Exemples d'application des méthodes de simplification du Travail de Bureau dans quelques services administratifs de l'Entreprise.

TROISIÈME PARTIE

Les méthodes modernes de vente et la formation des vendeurs.

www.ingramcontent.com/pod-product-compliance
Lightning Source LLC
LaVergne TN
LVHW020950050726
842519LV00001B/196